쉽고 정확하게 이해되는
명품 무료 강의!

핵심을 콕콕! 머리에 쏙쏙!
무제한으로 즐기는
SMART 이론 해설!

합격의 그날을 위한
신용분석사
PERFECT 문제풀이!

KB200268

시대에듀

2025 시대에듀 신용분석사 2부
한권으로 끝내기 + 무료동영상

Always **with you**

사람의 인연은 길에서 우연하게 만나거나 함께 살아가는 것만을 의미하지는 않습니다.
책을 펴내는 출판사와 그 책을 읽는 독자의 만남도 소중한 인연입니다.
시대에듀는 항상 독자의 마음을 헤아리기 위해 노력하고 있습니다. 늘 독자와 함께하겠습니다.

보다 깊이 있는 학습을 원하는 수험생들을 위한
시대에듀의 동영상 강의가 준비되어 있습니다.

www.youtube.com ➔ 시대에듀 ➔ 신용분석사

머리말

PREFACE

우리나라의 금융은 과거 양적팽창과 높은 수익성을 중시하던 패러다임에서 벗어나 금융 부문이 보다 효과적으로 실물경제를 지원할 수 있는 시스템 구축을 위해 진일보한 발걸음을 지속해가고 있다. 이와 함께 포용적 금융을 통해 소외된 계층이 다시 일어설 수 있는 기회도 제공하고자 노력하고 있다.

이러한 과정에서 경제 각 부문에 대한 신용평가와 이를 기반으로 한 선진 금융기법의 발전이 무엇보다 중요해지고 있다. 우리가 신용분석사 시험에 주목해야 할 이유도 여기에 있다. 개별 경제주체가 처한 여러 상황들을 금융 및 신용적 관점에서 분석하여 적합한 신용평가를 실시하는 것이야말로 창업, 소외계층 지원, 금융자원의 효율적 배분 등을 달성하는 첫걸음이라 할 수 있다.

이러한 상황에서 본서는 금융 부문에서 최근 그 부가가치가 가장 크게 상승하고 있는 신용분석 업무에서의 필수 지식서, 특히 신용분석사 자격시험 합격을 위한 수험서로 기획되었다. 이에 수험생이 출제 확률이 높은 문제를 중심으로 학습하면서 관련 개념을 이해하도록 하는 방식으로 본서를 구성하였다. 또한 국내의 관련 도서 중에서 가장 많은 수의 문제를 수록하여 충분한 학습기회를 제공하고자 하였다.

이러한 일련의 노력들이 신용분석사 응시생과 신용분석 업무에 관심을 둔 많은 사람들에게 조금이나마 도움이 되었으면 하는 바람이다.

집필진 · 편집진 일동

신용분석사 자격시험 안내

◤ 자격소개

금융기관의 여신관련 부서에서 기업에 대한 회계 및 비회계자료 분석을 통하여 종합적인 신용상황을 판단하고 신용등급을 결정하는 등 기업신용 평가업무를 담당하는 금융전문가로, 이러한 직무를 수행하기 위해서 기본적인 회계지식은 물론 재무분석, 현금흐름분석 등 신용분석에 필요한 지식과 종합적인 신용평가를 할 수 있는 실무처리 능력이 요구됨

◤ 시험과목

구 분	시험과목	세부내용(개별 배점)	배 점	시험시간	시험방법
1부	회계학 I	기업회계기준(100)	100점	1교시 : 120분(09:00 ~ 11:00)	필기시험 (객관식 5지 선다형)
	회계학 II	기업결합회계(50)	100점		
		특수회계(50)			
	소 계		200점	120분	
2부	신용분석	재무분석(70)	200점	2교시 : 90분(11:20 ~ 12:50)	
		현금흐름분석(80)			
		시장환경분석(50)			
	종합신용평가	신용평가 종합사례(100)	100점	3교시 : 90분(14:00 ~ 15:30)	
	소 계		300점	180분	
합 계			500점	300분	

◤ 2025 시험일정

회 차	원서접수	시험일	합격자 발표
61회	01.14 ~ 01.21	02.22(토)	03.07(금)
62회	05.13 ~ 05.20	06.21(토)	07.04(금)
63회	09.16 ~ 09.23	10.25(토)	11.07(금)

※ 시험장소 : 서울, 대전, 대구, 광주, 부산, 제주
※ 구체적인 시험장소 및 일정은 변경될 수 있으므로 한국금융연수원 홈페이지(www.kbi.or.kr)에서 확인하시기 바랍니다.

■ 유의사항

시험 당일 지참물	신분증 및 수험표, 검정색 필기구, 손목시계, 일반계산기를 반드시 지참
시험장 입실 시간	시험 시작 20분 전까지 입실하여야 하며, 시험 시작 후 고사장 입실은 불가

※ 사용불가 품목 : 휴대폰, 스마트워치, 공학용·재무용 계산기 및 기간만료 여권 등

■ 검정시험의 일부 면제

❶ 2002년 2월 8일 이전에 우리원 신용분석 집합연수과정을 수료한 자는 1부 시험 면제

❷ 공인회계사(CPA) 자격을 가진 자는 1부 시험 면제

❸ 검정시험 결과 1부 시험 또는 2부 시험만을 합격한 자는 부분 합격일로부터 바로 다음에 연속되어 실시하는 3회 (년수 제한 2년)의 검정시험에 한하여 1부 시험 합격자는 1부 시험을, 2부 시험 합격자는 2부 시험을 면제

※ 2부 시험만 합격한 자가 합격 이후 ❷의 사유 발생 시 1부 시험 면제를 인정하지 않음

■ 합격자 결정

다음 두 가지 요건을 모두 충족한 경우

시험과목별 40점(100점 만점 기준) 미만이 없는 경우	+	1부·2부 평균이 각각 60점(100점 만점 기준) 이상인 경우

※ 평균은 총 득점을 총 배점으로 나눈 백분율이며, 1부 또는 2부 시험만 합격요건을 갖춘 경우 부분 합격자로 인정

■ 주요 학습내용

과 목	학습내용
재무분석	재무분석의 개요 및 재무제표의 이해, 비율분석, 비용구조분석, 각 비율수치의 의미와 추론
현금흐름분석	현금흐름분석의 의의, 자금의 개념 및 현금흐름의 분류, 재무상태표 등식과 현금흐름표 작성원리, 주요 활동별 현금흐름 계산 및 추정, 현금흐름분석의 응용, 현금수지분석표 및 현금순환분석표, 현금흐름표와 현금수지표의 비교분석, 재무제표분석과 현금흐름분석, 추정재무제표의 의의
시장환경분석	■ 경기분석 : 거시경제학 기초, 주요 경제지표, 경기순환 및 예측, 경기와 금융 ■ 산업분석 : 산업분석의 의의, 산업분석 방법론 일반, 주요산업별 분석 ■ 경영진단 : 경영진단의 개요, 외부환경분석, 내부능력분석, 진단결과의 종합 및 활용, 실무사례
신용평가 종합사례	경제 및 경기의 동향과 전망, 정부정책의 변화, 산업분석과 전망, 기업의 경영능력, 영업의 효율성, 경쟁력, 매출과 수익성에 관한 평가와 전망, 유동성 평가와 전망, 재무구조 평가와 전망, 현금흐름분석과 전망, 상환능력 평가와 전망 등을 통하여 기업의 신용도 평가

※ 신용평가 종합사례는 제시된 사례기업의 재무 및 비재무적 정보를 분석하여 물음에 답을 구하는 문제로 출제

이 책의 구성과 특징

최신출제경향을 반영하여 복원한 기출동형문제 수록

---

09 영업활동으로 인한 현금흐름 〔핵심개념문제〕

다음 중 영업활동으로 인한 현금유출이 아닌 것은? 〔최신출제유형〕

① 원재료, 상품 등의 구입에 따른 현금유출
② 종업원에 대한 급여 등 유출액
③ 법인세비용의 지급
④ 이자비용
⑤ 배당금 지급

해설 배당금의 지급은 재무활동으로 인한 현금유출에 해당한다.
영업활동으로 인한 현금유출의 예 : 원재료, 상품 등의 구입에 따른 현금유출(매입채무 결제 포함), 종업원에 대한 급여 등 유출액, 법인세비용의 지급, 이자비용, 기타 투자활동과 재무활동에 속하지 아니하는 거래에서 발생된 현금유출

정답 ⑤

해당 문제의 핵심이론을 정리한 더 알아보기 수록

더 알아보기

영업활동(Operating Activities)

■ 영업활동의 개념

영업활동은 기업의 주요 수익창출활동과 투자활동 및 재무활동에 해당되지 않는 기타의 활동이다. 영업활동의 현금흐름은 기업이 외부의 재무자원에 의존하지 않고 영업을 통하여 차입금 상환, 영업능력의 유지, 배당금 지급 및 신규투자 등에 필요한 현금흐름을 창출하는 정도에 대한 중요한 지표가 된다.

■ 영업현금흐름의 의의

역사적 영업현금흐름의 특정 구성요소에 대한 정보를 다른 정보와 함께 사용하면 미래 영업현금흐름을 예측하는 데 유용하다. 영업활동 현금흐름은 주로 기업의 주요 수익창출활동에서 발생한다. 따라서 영업활동 현금흐름은 일반적으로 당기순손익의 결정에 영향을 미치는 거래나 그 밖의 사건의 결과로 발생한다.

■ 영업활동 현금흐름의 예
• 재화의 판매와 용역 제공에 따른 현금유입
• 로열티, 수수료, 중개료 및 기타수익에 따른 현금유입
• 재화와 용역의 구입에 따른 현금유출
• 종업원과 관련하여 직·간접으로 발생하는 현금유출
• 보험회사의 경우 수입보험료, 보험금, 연금 및 기타 급부금과 관련된 현금유입과 현금유출
• 법인세의 납부 또는 환급. 다만 재무활동과 투자활동에 명백히 관련되는 것은 제외한다.
• 단기매매목적으로 보유하는 계약에서 발생하는 현금유입과 현금유출

제 1 편 | 재무분석

출제예상문제

01 다음 중 재무분석의 방식이 상이한 것은?

① ROI
② 지수법
③ ROE
④ 비용구조분석
⑤ 기업체종합평가제도

해설 비용구조분석 방법은 재무분석 기법 중 실수법에 해당한다. 다른 보기의 내용은 모두 비율법(비율분석법)이다.

신용분석사 2부

최종모의고사

최종 점검을 위한 실제 시험 난이도의 최종모의고사 수록

재무분석

01 산업구조분석에 대한 설명으로 적절한 것은?

① 규모의 경제는 진입장벽을 낮게 해준다.
② 광고 등 제품의 차별화는 진입장벽이 될 수 없다.
③ 높은 진입장벽은 이미 진출한 기업들에게 수익성과 위험을 높게 해준다.
④ 기존업체의 저렴한 제조비용도 진입장벽이 된다.
⑤ 포터의 산업구조분석 기법을 이용할 경우 시장 상황을 크게 3가지 요소로 구분하여 분석한다.

이 책의 차례

신용분석사 2부 한권으로 끝내기

PART1 재무분석

행운이란 100%의 노력 뒤에 남는 것이다.

– 랭스턴 콜먼 –

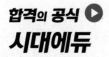

제 01 장 재무분석의 의미와 재무제표

학습전략

재무분석의 의의와 목적, 한계점에 대해 살펴보고 재무분석의 기초가 되는 재무제표(재무상태표, 포괄손익계산서, 현금흐름표 등)에 대한 개념을 정확히 이해해야 한다. 또한 정확한 재무분석을 위해 재무제표 간 상관관계를 파악하고 넘어가야 한다.

---

01 | **재무분석의 의의와 목적**　　　　　　　　　　　**핵심개념문제**

다음 중 재무분석의 수행 목적을 설명하는 내용에 부합하지 않는 것은?

① 재무분석은 과거와 현재의 경영상황을 기반으로 하지만 미래의 경영상황 예측에도 큰 비중을 둔다.

② 재무분석은 재무제표분석에 비해 광의의 개념이다.

③ 재무분석에서는 재무제표뿐만 아니라 기업에 대하여 수치화된 자료 모두가 활용 범위에 포함된다.

④ 재무분석의 수요자는 기업 내부자들이다.

⑤ 재무분석 내용에 비계량적 내용을 추가하여 경영분석을 수행할 수 있다.

해설　④ 재무분석을 수행한 내용은 단순히 기업 내부 경영자뿐만 아니라 잠재적 투자자, 감독당국, M&A 관련 기업 등에게도 유용하게 활용된다.
　　①, ②, ③ 재무분석은 재무제표 등 경영성과에 대하여 계량화된 자료를 바탕으로 기업의 과거와 현재 그리고 미래의 경영상태를 판단하는 것에 목적을 두고 있다.
　　⑤ 재무분석은 계량적 자료를 바탕으로 수행하나, 경영분석은 이보다 넓은 개념으로 비계량적 자료도 활용하여 수행한다.

　　　　　　　　　　　　　　　　　　　　　　　　　　　　　　　　　　　정답 ④

재무분석의 개념

■ 재무제표 유사 개념의 비교

구 분	재무제표분석	재무분석	경영분석
의 미	재무제표의 내용을 바탕으로 한 기업현황 분석이 주된 관심임	재무제표와 같은 회계자료 이외에도 기업 내·외부에서 작성된 계량 자료를 중심으로 분석	가장 광의의 개념으로 기업과 관련된 전반적인 내용을 모두 포괄하여 수행된 분석
조사 대상 내용	재무상태표, 포괄손익계산서, 현금흐름표 등의 재무제표	재무제표, CRM 자료, 시장점유율, 제품불량률, 주가, 거래량 변동률	• 생산, 판매, 재무 등의 제반 자료로 계량화되지 못한 자료도 포함 • 비계량 자료로는 해당 회사에 대한 고객들의 충성도, CEO의 경영 능력, 제품에 대한 평판, 국가의 정책적 지원 여부가 있음

■ 재무분석의 세 가지 범주의 의미

• 재무분석
기업의 재무활동 전반에 대한 내용 분석을 의미한다. 다시 말해 자금흐름과 관련된 모든 기업활동을 분석하여, 이를 바탕으로 기업 운영을 위한 의사결정에 도움을 주기 위한 활동을 말한다. 투자분석, M&A, 기업부실 내지 신용평가 등을 위해 재무분석을 수행하고 있으며, 최근 재무분석의 활용 폭은 점점 넓어지고 있다.

• 협의의 재무분석
기업의 현재와 과거의 재무상태 및 경영성과를 확인하여 미래의 기업 경영에 필요한 제반 자료를 생산해 내는 활동을 말한다. 이러한 의미에서의 대표적인 재무분석으로는 과거의 시장점유율, 원가, 매출액 등에 대한 자료분석이 있다.

• 가장 협의의 재무분석
재무상태표와 손익계산서를 분석하는 행위를 의미한다.

■ 재무분석의 종류

종 류	내 용
비율 정보	재무제표의 항목들을 바탕으로 해당 회사의 유동성, 레버리지, 안정성, 수익성 등의 분석에 필요한 다양한 비율을 계산하여 제시하는 내용
실수 정보	비율 정보가 재무제표의 두 개 이상의 항목을 가공하여 작성한 것에 반해 실수 정보는 기업상황을 있는 그대로 표현해 주는 수치들과 관련된 내용임. 대표적으로 비용구조분석, 현금구조분석 등이 여기에 해당
예측 정보	미래 경영상황을 진단하기 위하여 기업상황에 따라 변수를 변화시켜 이에 따른 기업성과 변화를 분석한 내용
가치 정보	해당 기업이 내포하고 있는 가치 수준을 다양한 관점에서 진단하기 위한 방법으로 주식, 채권, 무형자산 등의 가치를 바탕으로 해당 기업이 보유하고 있는 가치를 분석하는 내용

다음 중 재무분석 주체별 주요 목적으로 짝지은 것 중 잘못된 것은?

① 경영자 – 경영계획수립 및 경영의사결정을 위한 자료 획득
② 금융기관 – 차입자의 원리금 상환능력 평가
③ 주 주 – 투자여부 판단을 위한 정보 획득
④ 감사인 – 회계처리의 적정성, 계속기업의 가능성 평가
⑤ 신용평가기관 – 적정 과세와 탈세 방지

해설   적정 과세와 탈세방지는 세무당국의 재무분석 목적이며, 신용평가기관의 재무분석 목적은 투자자에게 정보를 제공하는 데 있다.

정답 ⑤

더 알아보기

분석 주체별 재무분석의 주요 목적과 분석 대상

분석 주체	목 적	분석 대상
경영자	경영계획수립 및 경영의사결정을 위한 자료 획득	기업의 강점·약점
금융기관	차입자의 원리금 상환능력 평가	유동성, 안정성
주 주	투자여부 판단을 위한 정보 획득	수익성, 위험
신용평가기관	투자자에게 정보 제공	채권의 신용등급
기업 인수합병 관련자	해당 기업에 대한 가치평가	기업가치
감사인	회계처리의 적정성, 계속기업의 가능성 평가	재무상태, 경영성과
세무당국	적정 과세와 탈세 방지	담세능력, 수익성

02 재무분석의 한계점

다음 중 재무분석이 내포하고 있는 한계점을 지적한 것으로 잘못된 것은?

① 과거 성과 내용인 재무제표를 바탕으로 기업의 미래를 판단해야 한다는 한계점이 있다.

② 기업마다 회계처리 방식이 상이하여 이로 인한 왜곡이 유발될 수 있다.

③ 재무분석의 평가 기준을 자의적으로 활용할 수 있다는 한계가 있다.

④ 즉각적인 재무정보가 투영되어 혼란을 야기할 수 있다.

⑤ 각 기업이 활동하는 분야가 다르기 때문에 분석 결과를 동일하게 판단할 수 없다.

해설 재무분석의 가장 중요한 근거자료인 재무제표는 일정 주기마다 작성되기 때문에 재무제표가 새로이 작성되기 전에는 이전 재무상태를 바탕으로 재무분석을 수행해야 한다. 따라서 즉각적인 재무분석은 수행하기 어렵다.

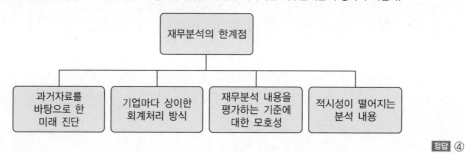

정답 ④

더 알아보기

재무분석의 목적

재무분석은 기업의 경영활동을 자금의 흐름을 통해서 확인하는 분석 방식이라고 할 수 있다. 다시 말해 기업활동을 자금을 투입하여 생산활동을 수행하고 이를 통해 자금의 창출에 해당하는 수익을 창출하는 과정이라고 바라보는 것이다.

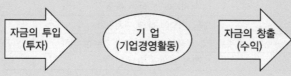

아래 보기는 재무상태표의 계정들에 대한 설명이다. 이 중 올바른 내용은?

> 가. 유동자산 : 1년 이내에 현금화가 가능한 자산으로 환금성 정도에 따라 당좌자산과 재고자산으로 구분한다.
> 나. 비유동자산 : 현금화하는데 1년 이상이 필요한 자산으로 크게 유형자산, 무형자산으로 구분한다.
> 다. 유동부채 : 대표적인 유동부채로는 매입채무, 단기차입금, 사채 등이 있다.
> 라. 자본 : 자본은 1년을 기준으로 단기자본과 장기자본으로 구분된다.
> 마. 자본잉여금 : 주식발행초과금과 감자차익이 포함된다.

① 가, 마
② 가, 다
③ 나, 라
④ 가, 라
⑤ 라, 마

해설   나. 비유동자산은 유형자산, 무형자산 이외에도 투자자산으로도 분류된다.
     다. 사채는 비유동부채이다.
     라. 재무상태표에서 자본은 그 성격에 따라 자본금, 자본잉여금, 이익잉여금, 자본조정, 기타포괄손익누계액으로 구분된다.

정답 ①

더 알아보기

재무상태표의 이해

■ 재무상태표 주요 항목 세부내용

재무상태표의 구분 방법에는 자산 및 부채를 유동성과 비유동성을 기준으로 하여 유동자산, 유동부채, 비유동자산, 비유동부채로 구분하는 방법이 있다. 유동성 순서를 바탕으로 표시하는 방법도 있다.

유동자산	현금및현금성자산, 단기투자증권, 매출채권
비유동자산	투자부동산, 장기대여금, 설비자산, 건설중인자산, 영업권, 산업재산권
유동부채	매입채무, 단기차입금
비유동부채	사채, 장기차입금, 기타비유동부채
자 본	자본금, 자본잉여금, 이익잉여금, 자본조정, 기타포괄손익누계액

■ 재무상태표 구조

자 산	부 채
Ⅰ. 유동자산	Ⅰ. 유동부채
(1) 당좌자산	Ⅱ. 비유동부채
(2) 재고자산	
Ⅱ. 비유동자산	**자 본**
(1) 투자자산	Ⅰ. 자본금
(2) 유형자산	Ⅱ. 자본잉여금
(3) 무형자산	Ⅲ. 자본조정
(4) 기타 비유동자산	Ⅳ. 기타포괄손익누계액
	Ⅴ. 이익잉여금
자산총계	**부채와 자본총계**

• 당좌자산 : 판매과정을 거치지 않고 용이하게 현금화할 수 있는 자산을 말한다.
• 재고자산 : 판매라는 과정을 거쳐서 현금화되는 자산을 말한다.
• 유형자산 : 토지, 건물, 기계, 비품 등 구체적인 형태를 갖춘 고정자산으로 영업목적 달성을 위하여 장기간 사용할 목적으로 보유하고 있는 자산을 말한다.
• 유동부채 : 주로 단기매매목적으로 보유하는 것으로 보고기간 후 12개월 이내에 결제하기로 되어 있는 것이 유동부채로 분류된다. 매입채무, 단기차입금, 미지급금, 미지급법인세, 선수금 등이 해당된다.
• 순운전자본 : 운전자본은 재무상태표상에 나타나는 모든 유동자산을 의미하지만, 순운전자본(Net Working Capital)은 유동자산에서 유동부채를 뺀 금액을 의미한다.

다음 중 재무상태표에 대한 설명으로 잘못된 것은?

① 재무상태표는 일정기간 기업의 재무상황을 확인하기 위한 도표이다.

② 기업활동을 수행하는 데 필요한 자금을 주식 발행을 통해 직접 조달한 자기자본과 외부에서 빌려온 타인자본으로 구분하여 집계한다.

③ 자기자본은 주식을 발행하여 조달한 자본금과 기업활동 과정에서 얻게 된 잉여금으로 구분된다.

④ 자본잉여금은 본연의 경영활동 이외의 활동을 통해 얻게 된 잉여금이며, 이익잉여금은 기업 본연의 활동 과정에서 창출한 이익을 바탕으로 형성된 것이다.

⑤ 재무상태표를 통해서 기업활동에 필요한 자금을 어떠한 방식으로 조달하여 어떻게 활용하였는지를 확인할 수 있다.

해설 재무상태표는 일정기간이 아니라 일정시점의 기업의 재무 및 경영상황을 확인해 주는 도표이다. 반면 손익계산서는 일정기간동안 기업의 재무 및 경영성과에 대한 내용을 확인해 주는 도표이다.

정답 ①

더 알아보기

재무상태표 개요

구 분	내 용
정 의	재무상태표는 일정시점 그 기업의 재무상태를 나타낸다. 재무상태표는 기업의 재무구조와 자본구조에 대한 정보와 기업의 유동성 및 안정성에 대한 정보를 제공한다.
작성 원리	거래의 이중성에 의하여 모든 회계거래는 차변과 대변에 같은 금액을 동시에 기록하게 되어 있다. 따라서 아무리 많은 거래를 기입하더라도 계정 전체를 놓고 보면 차변금액의 합계와 대변금액의 합계는 반드시 일치하게 되어 있는데, 이것을 대차평균의 원리라고 한다.
재무상태표 등식	자 산 = 부 채 + 자 본 (왼쪽) (오른쪽)
구분 표시	재무상태표 항목은 자산, 부채, 자본으로 구분하고 자산은 유동자산, 비유동자산으로, 부채는 유동부채, 비유동부채 등으로, 자본은 자본금, 자본잉여금, 자본조정, 기타포괄손익누계액, 이익잉여금으로 구분하여 표시한다.
총액 표시	자산, 부채, 자본은 총액으로 기재함을 원칙으로 하기 때문에 자산항목과 부채, 자본항목을 상계하여 전부나 일부를 생략해서는 안된다.
1년 또는 정상적인 영업주기 기준	자산과 부채는 1년 또는 정상적인 영업주기를 기준으로 하여 분류한다.
잉여금의 구별	자본거래에서 발생한 자본잉여금과 손익거래에서 발생한 이익잉여금은 구별하여 표시해야 한다. 손익거래는 수익이나 비용이 발생하는 거래로 당기순이익에 영향을 미치게 된다. 손익거래는 수익거래, 비용거래, 수익비용동시거래로 나누어진다.
유동성 배열법	재무상태표에 자산과 부채 관련 항목들을 배열하는 기준은 현금화가 용이한 순서대로 유동성 배열법으로 한다.
미결산항목의 표시	가지급금, 가수금 등의 미결산항목은 그 내용을 나타내는 적절한 과목으로 표시한다.

다음 중 이익에 대한 수식으로 옳지 않은 것은?

① 매출총이익 = 매출액 − 매출원가

② 영업이익 = 매출총이익 − 판매비와관리비

③ 법인세비용차감전순이익 = 영업이익 + 영업외수익 − 영업외비용

④ 계속사업이익 = 법인세비용차감전순이익 − 중단사업이익

⑤ 당기순이익 = 계속사업이익 + 중단사업이익

해설 포괄손익계산서는 일정기간 해당 회사가 얼마만큼의 비용을 투여하여 얼마만큼의 수익을 거두었는지를 확인할 수 있는 도표이다. 특히 포괄손익계산서는 다양한 계정과목으로 이익의 내용을 구분하여 표기함으로써 기업의 이익 창출 형태와 내용을 상세히 구분해 파악할 수 있는 기회를 제공해 준다. 이 중 계속사업이익은 법인세비용차감전순이익에서 법인세비용을 차감하여 계산한다.

정답 ④

더 알아보기

영업손익계산서 계산 흐름 : 포괄손익계산서 양식

포괄손익계산서

회사명	제0기 20x7년 1월 1일부터 12월 31일까지	(단위 : 원)
과 목		**금 액**
매출액		7,500,000
매출원가		(5,420,000)
매출총이익		2,080,000
기타수익		250,000
물류비		(450,000)
일반관리비		(980,000)
마케팅비용		(230,000)
기타비용		(40,000)
법인세비용차감전순이익		630,000
법인세비용		(60,000)
당기순이익		570,000
기타포괄손익		(30,000)
총포괄손익		540,000

다음 중 처분전이익잉여금 항목이 아닌 것은?

① 당기순이익
② 전기오류수정이익
③ 기타법정적립금
④ 기타처분전이익잉여금
⑤ 회계변경의 누적효과

해설 처분전이익잉여금은 전기이월이익잉여금에 회계처리기준의 변경으로 인한 누적효과, 전기오류수정손익, 중간배당액 및 당기순이익 등을 가감한 금액으로 구성된다. 기타법정적립금이란 상법상의 적립금인 이익준비금 이외에 법령에 의해 의무적으로 적립해야 하는 금액을 의미하며 임의적립금에 해당한다.

정답 ③

더 알아보기

이익잉여금 작성 구조와 개념

■ 이익잉여금 작성 구조

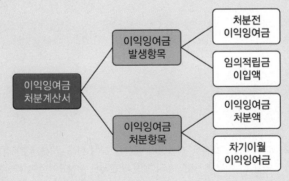

■ 이익잉여금 개념

구 분	개 념
처분전이익잉여금	전기이월미처분이익잉여금(또는 전기이월미처리결손금)에 회계정책의 변경으로 인한 누적효과(비교재무제표의 최초 회계기간 직전까지의 누적효과), 오류수정의 누적효과(비교재무제표의 최초 회계기간 직전까지의 누적효과), 중간배당액 및 당기순이익(또는 당기순손실)을 가감하여 산출
임의적립금이입액	임의적립금을 다시 처분가능한 이익잉여금으로 환원시킨 것
이익잉여금처분액	미처분이익잉여금과 임의적립금이입액의 합계액을 원천으로 하여 배당금으로 처분하거나, 법정적립금 및 임의적립금으로 적립한 금액
차기이월이익잉여금	미처분이익잉여금에 임의적립금이입액을 가산하고 이익잉여금처분액을 차감한 잔액

다음 중 재무제표 간의 상호 관련성에 대해 잘못 설명한 것은?

① 영업활동에 필요한 자산, 원재료 등의 보유 정보는 재무상태표에 기재되어 있다.

② 재무활동 등에 따른 현금유출의 정보는 현금흐름표를 통해 확인할 수 있다.

③ 계속사업이익과 중단사업이익은 영업활동과 관련된 이익이다.

④ 포괄손익계산서는 재무상태표의 자산을 활용해 얻어진 기업활동의 내용이다.

⑤ 기업이 사용하는 자본에 대한 대가로는 타인자본비용과 자기자본비용을 함께 고려해야 한다.

해설 포괄손익계산서에 표현되는 이익인 계속사업이익과 중단사업이익 등은 재무활동과 관련된 내용이다.

정답 ③

더 알아보기

재무제표 간 상관관계

■ 재무제표의 구성

회계기간의 말에는 각 계정 원장의 내용을 취합하여 결산을 해야 한다. 이를 위해 총계정원장의 각 계정별 차변과 대변의 합계와 잔액을 자산, 부채, 자본, 수익, 비용의 순서로 시산표에 집계해야 한다. 결산할 때 시산표에 집계된 내용 이외에 추가로 수정, 조정이 필요한 사항에 대해서는 결산정리분개(수정 분개)를 통해 수정한다. 결산을 거쳐 재무제표를 완성하기 위해서는 '수정후시산표 작성 → 재무상태표, 포괄손익계산서 작성' 등의 과정을 거친다. 이를 바탕으로 최종적으로 현금흐름표, 자본변동표 등 재무제표를 작성한다.

재무제표에 대한 주석도 재무제표이므로 재무제표는 재무상태표, 포괄손익계산서, 현금흐름표, 자본변동표, 주석으로 구성되어 있다고 볼 수 있다.

■ 재무제표 비교

전반적인 목적	정보이용자들의 경제적 판단을 위한 제반정보 제공		
구 분	재무상태표	포괄손익계산서	현금흐름표
정보의 성격	재무상태	경영성과	재무상태 변화

■ 재무제표 작성 흐름도

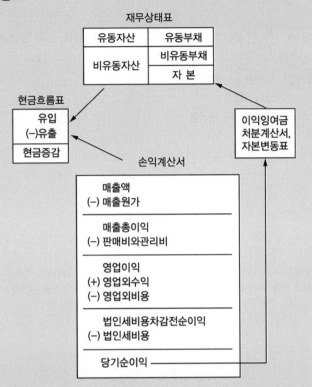

한편, 재무제표상 상이한 항목 간의 관계를 통한 재무분석을 관계비율 분석 또는 항목비율 분석이라고 한다.

다음은 자금의 흐름을 표시한 전개도이다. 이 중 바르게 표현된 것을 모두 고르면?

> 가. 완제품 → 매출채권 → 현금 → 매입채무
> 나. 매출 → 현금 → 미지급제조원가
> 다. 비유동자산 구입 → 감가상각 → 재공품
> 라. 자본금 → 현금 → 매입채무
> 마. 매출 → 현금 → 배당금 지급

① 가　　　　　　　　　　　　　　　② 가, 나
③ 가, 나, 다　　　　　　　　　　　④ 나, 라
⑤ 가, 나, 다, 라

해설　재무관리는 경영학의 다른 분야와 달리 기업의 경영활동을 자금의 흐름으로 바라보는 특징이 있다. 즉, 자금을 투입하여 생산활동을 수행하고 이를 통해 자금의 창출에 해당하는 수익을 창출하는 과정을 기업활동으로 바라보는 것이다.

정답 ⑤

더 알아보기

자금관리의 이해

■ 자금관리의 내용

자금관리란 자금을 가장 효율적으로 조달하는 방법을 분석하고, 조달한 자금을 운용할 때 어떤 곳에 투자하는 것이 가장 높은 수익성을 보이는지 그리고 투자 과정에서 발생하는 위험을 어떻게 하면 효과적으로 관리할 수 있는지 그 방법을 분석하는 것이라고 할 수 있다.

■ 자금관리와 재무관리 비교

자금관리는 자금의 조달과 운용, 투자의사결정과 위험관리를 통해서 기업가치의 극대화를 추구하지만, 재무관리는 자금의 조달과 자금의 운용이라는 두 가지 기능을 통해서 기업가치의 극대화를 달성하고자 한다.

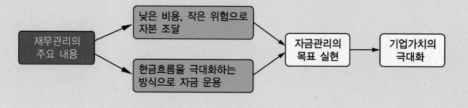

다음 중 현금흐름표에 대한 설명 중 잘못된 것은?

① 해당 기업의 미래 현금흐름창출능력을 평가하고 예측할 수 있다.

② 영업활동에서 발생한 순현금흐름과 당기순이익의 차이 및 그 이유에 관한 정보를 제공한다.

③ 기업의 부채상환능력과 배당금지급능력을 알 수 있다.

④ 기업의 투자활동과 재무활동으로 인한 현금흐름을 검토함으로써 일정기간 자산이나 부채가 증가하거나 감소하게 된 이유를 더 잘 파악할 수 있다.

⑤ 현금흐름표는 감가상각비 등의 회계처리에 따라 영향을 받기 때문에 회계처리자의 주관적인 판단에 부분적으로 영향을 받는다.

[해설] 현금흐름표의 작성에는 추정이나 예측과 같은 작성자의 주관적 판단이 개입되지 않기 때문에 다른 재무제표가 제공하는 정보보다 더 나은 정보를 제공한다.

[정답] ⑤

더 알아보기

현금흐름표의 이해

■ 현금흐름의 집계 방법

• 직접법 : 현금을 발생시키는 수익이나 비용항목을 총액으로 표시하여 현금유입액을 원천별로 나타내고 현금유출액은 용도별로 구분하여 표시

• 간접법 : 당기순이익에 특정 항목을 가감하여 영업활동으로 인한 현금흐름을 산출하는 방법

① 현금유출이 없는 비용과 투자활동 및 재무활동으로 인한 비용 등의 가산

② 현금유입이 없는 수익과 투자활동 및 재무활동으로 인한 수익 등의 차감

③ 영업활동과 관련하여 발생한 자산 및 부채의 증가 또는 감소 표시

■ 현금흐름표의 유용성

• 미래현금흐름의 금액과 시기를 조절하는 능력을 평가할 수 있다.

• 현금창출능력을 평가할 수 있고, 다른 기업의 미래현금흐름의 현재가치와 비교해 볼 수 있다.

• 영업성과에 대한 기업 간 비교가 가능하다.

• 역사적 현금흐름(미래현금흐름의 금액, 시기, 불확실 정도)에 관한 정보를 얻을 수 있다.

• 과거에 추정한 미래 현금흐름의 정확성을 검증할 수 있다.

■ 현금흐름표의 한계

• 현금주의에 기초 : 현금흐름표는 현금주의에 따르므로 발생주의를 기반으로 하고 있는 현행 회계체계와는 다른 방식으로 집계되고 기록된다.

• 자의적인 자금개념 : 현금흐름표는 재무상태표의 현금및현금성자산을 자금으로 파악하는데, 지나치게 자의적인 판단이 투영된다는 문제점이 있다.

• 현금자금의 한계 : 현금흐름표에서 사용하는 현금의 개념이 순운전자본 내지 총재무자원 등 여타의 재무개념보다 반드시 우월한 것은 아니다.

제02장 재무분석 비율의 이해

재무분석
23%

학습전략

재무상태표, 포괄손익계산서, 시장가치분석 등에 필요한 다양한 재무비율에 대한 개념 이해뿐만 아니라 공식 암기가 필수로 요구되는 부분이다. 기초적인 재무비율을 구하는 문제는 물론 각 재무비율을 응용해서 원하는 값을 찾아내는 문제들이 출제되기에 재무비율 공식을 완벽하게 암기하는 것이 좋다.

01 비율분석체계 핵심개념문제

다음 중 성장성분석을 위한 비율분석 내용은? 최신출제유형

① 매출액총이익률
② 매출액증가율
③ 총자본회전율
④ 부가가치율
⑤ 매출채권회전율

해설 성장성분석을 위한 비율분석에는 매출액증가율, 총자산증가율, 주당이익증가율이 있다.

재무상태표 기반 비율분석	유동성분석	유동비율, 당좌비율, 현금비율, 순운전자본비율
	레버리지분석	부채비율, 자기자본비율, 차입금의존도, 차입금평균이자율, 이자보상비율, EBITDA/이자비용비율
	안정성분석	비유동비율, 비유동장기적합률
	자산구성분석	유동자산구성비율, 유형자산구성비율, 투자자산구성비율
포괄손익계산서 기반 비율분석	수익성분석	매출액총이익률, 매출액영업이익률, 매출액세전순이익률, 매출액순이익률, 총자본영업이익률, 기업세전순이익률, 자기자본순이익률, 총자본순이익률
	활동성분석	총자산회전율, 자기자본회전율, 비유동자산회전율, 재고자산회전율, 매출채권회전율, 매입채무회전율, 1회전 운전기간, 1회전 운전자본
	생산성분석	부가가치율, 노동생산성, 자본생산성, 노동소득배율
	성장성분석	매출액증가율, 총자산증가율, 순이익증가율, 주당이익증가율, 자기자본증가율
주가 기반 비율분석	시장가치분석	PER, PBR, PSR, PCR, EV/EBITDA

정답 ②

더 알아보기

재무비율의 분류

구 분	내 용
유동성비율	단기적인 지급능력을 평가하는 비율이다.
레버리지비율	기업활동 수행 시 타인자본에 의존하는 수준을 파악하기 위한 비율이다.
안정성비율	부채상환능력과 경기변동대처능력을 평가하는 비율이다.
수익성비율	기업이 보유하고 있는 자산으로 얼마의 수익을 얻고 있는가를 파악하기 위한 비율이다.
활동성비율	기업자산의 활용 정도를 파악하기 위한 비율로서, 손익계산서상의 매출액을 재무상태표상의 각 자산항목(총자산, 고정자산, 재고자산 등)으로 나눈 비율을 의미하며, 다른 말로 회전율이라고도 한다.
생산성비율	투입 대비 산출 수준을 파악하기 위한 비율이다.
성장성비율	기업의 성장 정도를 비교해 보기 위한 비율로서, 자사의 작년과 금년을 비교하는 방법과 자사를 동업 타사 또는 업계 평균과 비교하는 방법이 있다.
시장가치비율	기업활동이 현재 시장에서 어떻게 평가받고 있는지를 파악하기 위한 비율이다.

다음 중 재무상태표를 통한 위험분석에 대한 설명으로 적합하지 않은 것은?

① 재무상태표는 위험의 정도에 따라 자산, 부채 등을 구분하여 기재하고 있다.

② 재무상태표를 활용한 유동성분석은 유동부채를 유동자산으로 커버할 수 있는지 여부를 확인하는 것을 내용으로 한다.

③ 재무상태표를 활용한 레버리지분석은 타인자본 의존도에 대한 분석으로, 부채와 자본의 구성 상태를 분석 대상으로 한다.

④ 재무상태표를 활용한 안정성분석은 자기자본을 유동자산에 어떠한 수준으로 활용하고 있는지 여부를 분석하는 것이다.

⑤ 재무상태표를 활용한 자산구성분석은 유동자산과 비유동자산 간의 구성비율에 대한 분석이다.

해설 재무상태표를 활용한 안정성분석은 위험수위가 높은 비유동자산을 유지하기 위한 투자를 자기자본 특히 장기자기자본으로 충분히 수용할 수 있는지 여부를 확인하기 위한 것이다.

〈재무상태표를 통한 위험분석〉

구 분	내 용	주요 분석 대상
유동성분석	단기채무 변제 능력	유동부채, 유동자산
레버리지분석	타인자본 의존도	유동부채, 자기자본
자본배분의 안정성분석	비유동자산에서 자본이 차지하는 비중	비유동자산, 자기자본
자산구성분석	위험도에 따른 자산구성 상태	유동자산, 비유동자산

정답 ④

● **더 알아보기**

재무상태표의 계정과목별 위험 수위

구 분	위험도	
	낮 음	**높 음**
자산 종류별	유동자산	비유동자산
부채 종류별	비유동부채	유동부채
자본 조달별	자 본	부 채

유동자산이 비유동자산보다 위험도가 낮은 이유는 쉽게 현금화가 가능하여 위험에 대비할 수 있기 때문이다. 부채의 경우 비유동부채는 1년 이상 원금상환 기간이 남아 있는 반면, 유동부채는 1년 안에 원금을 상환해야 하기 때문에 위험도가 더 높다고 할 것이다. 자본 조달방식에서는 자본의 경우 원금상환으로부터 자유롭기 때문에 부채에 비해 위험부담이 낮다고 할 수 있다.

다음 재무상태표를 바탕으로 유동성비율 계산을 수행한 내역으로 옳지 않은 것은? 　최신출제유형

재무상태표

(주)시대산업			(단위 : 백만원)
현 금	500	매입채무	400
매출채권	1,200	단기차입금	1,800
재고자산	2,000	장기차입금	2,300
비유동자산	3,300	자 본	2,500
총자산	7,000	총자본	7,000

① 유동비율 = 168.1%

② 당좌비율 = 77.2%

③ 현금비율 = 22.7%

④ 순운전자본비율 = 21.4%

⑤ 모두 맞다.

해설

① 유동비율 $= \dfrac{\text{유동자산}}{\text{유동부채}} \times 100(\%) = \dfrac{500 + 1{,}200 + 2{,}000}{400 + 1{,}800} \times 100(\%) \fallingdotseq 168.1\%$

② 당좌비율 $= \dfrac{\text{당좌자산}}{\text{유동부채}} \times 100(\%) = \dfrac{500 + 1{,}200}{400 + 1{,}800} \times 100(\%) \fallingdotseq 77.2\%$

③ 현금비율 $= \dfrac{\text{현금및현금성자산}}{\text{유동부채}} \times 100(\%) = \dfrac{500}{2{,}200} \times 100(\%) \fallingdotseq 22.7\%$

④ 순운전자본비율(NWC) $= \dfrac{\text{순운전자본}}{\text{총자산}} \times 100(\%) = \dfrac{\text{유동자산} - \text{유동부채}}{\text{총자산}} \times 100(\%)$

$\qquad\qquad\qquad\qquad = \dfrac{3{,}700 - 2{,}200}{7{,}000} \times 100(\%) \fallingdotseq 21.4\%$

정답 ⑤

▶ 더 알아보기

유동비율은 유동부채에 대한 유동자산의 비율로서, 이 비율이 높으면 기업의 지급능력은 양호하다고 보며, 200%가 표준비율이다. 그리고 단기적인 지급능력을 평가하는 비율로서 당좌비율이 있다. 이 비율은 유동자산 대신에 당좌자산을 넣어 계산한 비율이며 산성시험비율이라고도 하며, 100%를 상회하면 유동성이 양호하다고 할 수 있다. 그리고 가장 단기적인 유동성을 측정하는 비율은 현금비율이다.

다음 재무제표를 통한 레버리지분석으로 잘못된 것은? (단, (주)시대산업의 감가상각비는 500만원이었다)

최신출제유형

재무상태표

(주)시대산업			(단위 : 만원)
현 금	500	매입채무	400
매출채권	1,200	단기차입금	1,800
재고자산	2,000	장기차입금	2,300
비유동자산	3,300	자 본	2,500
총자산	7,000	총자본	7,000

포괄손익계산서

(주)시대산업		(단위 : 만원)
	매출액	16,000
−	매출원가	10,000
	매출총이익	6,000
−	판매비와관리비	3,500
	영업이익	2,500
−	이자비용	400
	세전순이익	2,100
−	법인세비용	300
	당기순이익	1,800

① 부채비율 = 180%

② 차입금의존도 = 58.5%

③ 차입금평균이자율 = 9.7%

④ 이자보상비율 = 6.25배

⑤ EBITDA/이자비용비율 = 6.25배

해설　① 부채비율 = [타인자본(부채) / 자기자본(자본)] × 100(%)
　　　　　　 = [(400 + 1,800 + 2,300) / 2,500] × 100(%) = 180%
　　　② 차입금의존도 = [(장·단기차입금 + 사채) / 총자본] × 100(%)
　　　　　　 = [(1,800 + 2,300) / 7,000] × 100(%) ≒ 58.5%
　　　③ 차입금평균이자율 = [이자비용 / (장·단기차입금 + 사채) 평균 잔액] × 100(%)
　　　　　　 = [400 / (1,800 + 2,300)] × 100(%) ≒ 9.7%
　　　④ 이자보상비율 = 영업이익 / 이자비용
　　　　　　 = 2,500 / 400 = 6.25배
　　　⑤ EBITDA/이자비용비율 = (2,100 + 400 + 500) / 400 = 7.5배

정답 ⑤

참고 개념

- 매입채무란 기업이 상품을 매입하는 과정에서 발생한 채무로, 외상매입금과 지급어음을 말하는 것이다.
- EBITDA(Earnings Before Interest, Taxes, Depreciation and Amortization)는 기업이 영업활동으로 벌어들인 현금 창출 능력을 나타내는 지표이다.

$$EBITDA = EBIT + 감가상각비 + 무형자산상각비$$

이자와 세금을 제하기 전 순이익인 EBIT(Earnings Before Interest & Tax)는 곧 회사가 영업활동을 통해 벌어들인 현금흐름을 의미한다. EBITDA는 여기에 실질적인 현금유출이 발생하지 않는 감가상각비와 무형자산상각비를 가산함으로써 실제 현금흐름의 상황을 명확히 파악할 수 있도록 한 것이다.

레버리지분석과 적정비율

구 분	수 식	내용 및 적정비율
부채비율	[타인자본(부채) / 자기자본(자본)] × 100(%)	• 채권 회수에 대한 안정성을 확인할 수 있다. • 일반적으로 100% 이하를 표준비율로 간주한다.
자기자본 비율	(자기자본 / 총자본) × 100(%)	• 전체 자본 중 자기자본의 비중을 알 수 있다. • 일반적으로 50% 이하를 기준비율로 간주한다.
차입금 의존도	[(장단기차입금 + 사채) / 총자본] × 100(%)	• 전체 자본 중 차입금을 통해 조달한 자본의 비중을 통해 금융비용의 수위를 확인한다. • 일반적으로 30% 이하를 기준비율로 간주한다.
차입금평균 이자율	[이자비용 / (장단기차입금 + 사채) 평균 잔액] × 100(%)	• 차입금 및 사채로 인한 이자비용 수준을 확인하기 위한 비율이다. 비율분석 시 재무상태표 항목은 기초 잔액과 기말 잔액의 평균치를 사용한다. • 최근에는 6% 내외를 유지하는 경향이 크다.
이자보상 비율	영업이익 / 이자비용	• 부채로 인한 이자비용을 영업활동으로 인해 어느 정도까지 감당할 수 있는지 확인하기 위한 비율이다.
EBITDA/ 이자비용비율	(세전순이익 + 이자비용 + 감가상각비 및 무형자산상각비) / 이자비용	• 기업활동으로 인해 얻은 이익으로 이자비용을 감당할 수 있는 수준을 파악하기 위한 비율이다.

다음 재무상태표를 바탕으로 비유동비율을 바르게 계산한 것은? 최신출제유형

재무상태표

(주)시대산업			(단위 : 백만원)
현 금	500	매입채무	400
매출채권	1,200	단기차입금	1,800
재고자산	2,000	장기차입금	2,300
비유동자산	3,300	자 본	2,500
총자산	7,000	총자본	7,000

① 110% ② 145%
③ 122% ④ 168%
⑤ 132%

해설 비유동비율 = (비유동자산 / 자기자본) × 100(%) = (3,300 / 2,500) × 100(%) = 132(%)

정답 ⑤

더 알아보기

■ 비유동비율의 의의
회사의 자본이 자산에 어떻게 배분되어 있는지는 안정성 측면에서 반드시 확인해야 할 내용이다. 예를 들어 상대적으로 위험성이 높은 비유동자산의 확보에 자기자본을 초과하여 투자할 경우에는 회사의 안정성이 손상될 수 있기 때문이다. 따라서 비유동비율은 비유동자산을 자기자본으로 나눈 비율을 통해서 회사의 안정성을 확인하고자 한다.

■ 비유동비율 판단기준
일반적으로 100%를 판단기준으로 삼고 있다. 하지만 해당 기업이 활동하고 있는 산업의 특성에 따라서 큰 차이가 있다. 예를 들어 대규모 시설 투자가 필요한 중공업의 경우에는 비유동자산의 비중이 높을 수밖에 없는 반면, 서비스산업의 경우에는 별도의 시설 투자가 많지 않아 비유동자산의 비중이 낮다.

■ 비유동장기적합률의 의미
비유동비율이 자기자본을 바탕으로 비유동자산의 보유 정도를 비교한 내용이라면, 비유동장기적합률은 자기자본뿐만 아니라 타인자본인 비유동부채까지 고려하여 비유동자산의 보유 정도를 비교한 내용이다.

■ 비유동장기적합률 계산 수식

$$비유동장기적합률 = \frac{비유동자산}{자기자본 + 비유동부채} \times 100(\%)$$

■ 비유동장기적합률의 특징
자기자본만으로는 비유동자산을 확보하기 어려운 산업인 기간산업과 중공업 분야의 안정성을 분석하기에 적합한 비율분석방식이다.
비유동자산은 단기간 회수가 어려운 자산이므로 이러한 자산을 확보하기 위해 필요한 자금은 자기자본 내지 장기부채가 적합하며, 따라서 비유동장기적합률은 자기자본과 장기부채라 할 수 있는 비유동부채를 바탕으로 계산된다. 일반적으로 국내의 경우 비유동장기적합률은 100%를 기준비율로 간주하고 있다.

다음 중 기업의 자산구성 상황을 확인하는 비율분석 내용은?

① 이자보상비율
② 비유동장기적합률
③ 자기자본비율
④ 차입금의존도
⑤ 유동자산구성비율

해설 자산구성분석을 위해 활용하는 비율분석으로는 유동자산구성비율, 유형자산구성비율, 투자자산구성비율 등이 있다.

정답 ⑤

더 알아보기

자산구성분석 비율 종류

구 분	유동자산구성비율	유형자산구성비율	투자자산구성비율
수 식	$\dfrac{유동자산}{총자산} \times 100(\%)$	$\dfrac{유형자산}{총자산} \times 100(\%)$	$\dfrac{투자자산}{총자산} \times 100(\%)$
특 징	시설투자가 적게 필요한 산업에 종사하는 기업의 경우 유동자산구성비율이 상대적으로 높다.	유형자산구성비율이 높을 경우 경기변동에 크게 영향을 받을 수 있다.	투자자산이란 해당 기업의 영업활동과 무관하게 수익 창출 내지 기업지배를 위해 보유하고 있는 자산을 의미한다.
해 석	유동자산구성비율이 높을수록 유동성확보가 용이해 변제능력이 높다고 할 수 있다. 유동자산구성비율이 높으면 수익성을 창출할 비유동자산 투자가 적다는 의미이므로 수익성이 악화될 수 있다.	총자산 중 유형자산이 차지하는 비중을 나타낸 비율이다. 유형자산구성비율이 높을수록 유동성이 떨어져 위험성이 높다. 유형자산의 대부분은 고정비를 유발함으로 해당 비율이 높다는 것은 고정비 부담이 큰 회사임을 보여준다.	투자자산 보유의 적합성 여부는 투자자산에서 창출되는 수익률과 기업의 영업활동에서 창출되는 수익률 간의 비교를 통해 판단한다. 일반적으로 국내의 경우 투자자산의 수익률이 기업활동의 수익률보다 낮다.

다음 중 포괄손익계산서에 대한 설명 중 잘못된 것은?

① 포괄손익계산서는 기업에 대한 수익성, 활동성, 생산성, 성장성에 대한 정보를 유추할 수 있는 비율분석의 자료들을 내포하고 있다.
② 포괄손익계산서는 기업활동을 생산 및 영업 관점에서 파악하고 있다.
③ 영업활동에 대한 수익성은 영업이익을 통해서 확인할 수 있다.
④ 영업이익은 생산 및 판매 관리에 투여된 비용까지 고려된 내용이다.
⑤ 영업이익에는 감가상각비 등이 반영되어 있다.

> **해설** 포괄손익계산서는 기업활동을 생산 및 영업 관점에서만 파악하지 않고 영업활동과 영업외활동으로 파악하여 작성하는 것이다. 즉, 포괄손익계산서는 기업이 경영활동을 통해 수익을 창출하는 모든 내용을 포괄하고 있다. 기업은 기업 본연의 영업활동을 통해서도 이익을 거두지만, 영업 이외의 활동인 투자 및 기타 요인으로 인해서도 이익을 거둘 수 있다. 포괄손익계산서는 이러한 내용을 상세히 구분해서 확인할 수 있도록 구성되어 있다.

〈표괄손익계산서를 통해 살펴본 기업활동의 세부내용〉

매출액	생산활동	영업활동
− 매출원가		
매출총이익		
− 판매비와관리비	판매관리활동	
영업이익		
+ 영업외수익	영업외활동	
배당금수익		
이자수익		
외환차익		
− 영업외비용		
이자비용		
외환차손		
세전순이익		
− 법인세비용	기타활동	
+ 계속사업이익		
+ 중단사업이익		
당기순이익		

정답 ②

포괄손익계산서와 손익계산서의 차이

■ 포괄손익계산서(Statement of Comprehensive Income)

일정기간 소유주와의 거래 이외의 모든 원천에서 자본이 증가하거나 감소한 정도 및 그 내역에 관한 정보를 제공하는 재무보고서를 말한다.

■ 손익계산서의 구조와 내용(성격별 vs 기능별)

• 성격별 표시방식

수익과 비용의 성격을 기준으로 분류한다. 예 재료비, 급여, 감가상각비, 광고비 등

• 기능별 표시방식

수익과 비용을 그 기능별로 분류한다. 예 매출원가, 물류원가, 관리비, 판매비, 금융비 등

성격별 분류표시	(단위 : 원)	기능별 분류표시	(단위 : 원)
매출액	23,000	매출액	23,000
기타수익	3,500	기타수익	3,500
(총수익)	26,500	(총수익)	26,500
제품과 재공품의 변동	9,000	매출원가	16,000
원재료와 소모품의 사용액	6,500	판매비	3,250
종업원급여	3,000	관리비	2,500
운송비	1,200	금융비용	400
기타비용	2,600	기타비용	150
(총비용)	22,300	(총비용)	22,300
법인세비용차감전순이익	4,200	법인세비용차감전순이익	4,200
법인세비용	1,100	법인세비용	1,100
당기순이익	3,100	당기순이익	3,100
지분귀속	–	지분귀속	–
지배기업소유주지분	2,480	지배기업소유주지분	2,480
소수주주지분	620	소수주주지분	620
주당순이익	1,350	주당순이익	1,350

■ 분리표시방식

• 당기순손익(A) + 기타포괄손익(B) = 당기총포괄손익
• 손익계산서(A) : 전통적인 손익계산서에 보고되는 당기순이익(즉, 수익 – 비용)
• 포괄손익계산서(B) : 국제회계기준(IFRS)의 요구에 의해 자본에 직접 반영하는 수익과 비용(법인세효과 차감 후 순액)으로 구성

■ 포괄손익계산서를 통해 살펴본 기업활동 관련 비율분석

구 분	세부 비율 내용
수익성분석	매출액총이익률, 매출액영업이익률, 매출액세전순이익률, 매출액순이익률, 총자본영업이익률, 기업세전순이익률, 자기자본순이익률, 총자본순이익률
활동성분석	총자산회전율, 자기자본회전율, 비유동자산회전율, 재고자산회전율, 매출채권회전율, 매입채무회전율, 1회전 운전기간, 1회전 운전자본
생산성분석	부가가치율, 노동생산성, 자본생산성, 노동소득분배율
성장성분석	매출액증가율, 총자산증가율, 순이익증가율, 주당이익증가율, 자기자본증가율

다음 중 수익성분석과 관련된 설명 중 잘못된 것은?

① 수익성을 분석하는 방식은 크게 매출을 중심으로 한 방식과 자본을 중심으로 한 방식으로 구분된다.

② 수익성분석 비율 계산 시 일정기간의 경영성과를 나타내는 포괄손익계산서의 정보와 일정시점의 경영
    상태를 나타내는 재무상태표의 정보를 함께 이용해서는 안된다.

③ 매출액총이익률은 생산마진을, 매출액영업이익률은 영업마진을 확인하는 근거가 된다.

④ 매출액세전순이익률과 매출액영업이익률의 차이가 클 경우 영업 외 기업활동 부분이 주요 원인인 경우가
    많으므로 확인해 볼 필요가 있다.

⑤ 기업의 사후적 내부수익률(IRR)에 해당하는 수익성비율은 총자본영업이익률이 해당한다.

> **해설**   수익성분석을 수행하기 위해 분자에는 포괄손익계산서 항목을, 분모에는 재무상태표 항목을 사용하는 경우가 있다. 이
>   경우 분모에 해당하는 재무상태표 계정은 기초와 기말 금액의 평균치를 사용한다.

정답 ②

▶ 더 알아보기

수익성분석 비율

구 분		수 식	내 용
매출대비 수익성 비율	매출액총이익률	$\dfrac{\text{매출총이익}}{\text{매출액}} \times 100(\%)$	생산활동을 통한 마진 정도를 확인할 수 있는 비율
	매출액영업이익률	$\dfrac{\text{영업이익}}{\text{매출액}} \times 100(\%)$	영업활동을 통한 마진 정도를 확인할 수 있는 비율
	매출액세전순이익률	$\dfrac{\text{세전순이익}}{\text{매출액}} \times 100(\%)$	기업 본연의 활동뿐만 아니라 재무활동으로 인한 수익까지 포괄하여 수익성을 확인하는 비율
	매출액순이익률	$\dfrac{\text{당기순이익}}{\text{매출액}} \times 100(\%)$	기업이 최종적인 수익성을 확인하는 비율
자본대비 수익성 비율	총자본영업이익률	$\dfrac{\text{영업이익}}{\text{총자본(기초기말평균)}} \times 100(\%)$	총자본에 대하여 얼마만큼의 영업이익이 나왔는가를 검토하는 경우에 사용되는 비율
	기업세전순이익률	$\dfrac{\text{세전순이익 + 이자비용}}{\text{총자본(기초기말평균)}} \times 100(\%)$	영업외적인 부분의 경영활동에 대한 내용을 확인할 수 있는 비율
	자기자본순이익률(ROE)	$\dfrac{\text{순이익}}{\text{자기자본(기초기말평균)}} \times 100(\%)$	주주가 투자 대비 얻은 수익률을 확인하기 위한 비율
	총자본순이익률(ROI)	$\dfrac{\text{순이익}}{\text{총자본(기초기말평균)}} \times 100(\%)$	주주와 채권자가 투자한 금액 대비 수익률을 확인하기 위한 비율
자산대비 수익성 비율	총자산영업이익률(ROA)	$\dfrac{\text{영업이익}}{\text{총자산(기초기말평균)}} \times 100(\%)$	기업이 보유한 자산으로 기업 본연의 활동인 영업활동을 통해 거둔 수익률의 상황을 확인하기 위한 비율

다음 재무제표를 통해서 활동성분석을 잘못 계산한 것은? (단, (주)시대산업의 감가상각비는 500만원이었다) 　최신출제유형

재무상태표

(주)시대산업 　(단위 : 백만원)

현 금	500	매입채무	400
매출채권	1,200	단기차입금	1,800
재고자산	2,000	장기차입금	2,300
비유동자산	3,300	자 본	2,500
총자산	7,000	총자본	7,000

포괄손익계산서

	매출액	16,000
−	매출원가	10,000
	매출총이익	6,000
−	판매비와관리비	3,500
	영업이익	2,500
−	이자비용	400
	세전순이익	2,100
−	법인세비용	300
	당기순이익	1,800

① 총자산회전율 2.29

② 총자산회전기간 0.44년

③ 자기자본회전율 6.4

④ 자기자본회전기간 0.16년

⑤ 매입채무회전율 30

해설

⑤ 매입채무회전율 $= \dfrac{\text{매출액}}{\text{매입채무(기말기초평균)}} = \dfrac{16,000}{400} = 40$

① 총자산회전율 $= \dfrac{\text{매출액}}{\text{총자산(기말기초평균)}} = \dfrac{16,000}{7,000} ≒ 2.29$

② 총자산회전기간 $= \dfrac{1}{\text{총자산회전율}} = \dfrac{1}{2.29} ≒ 0.44$

③ 자기자본회전율 $= \dfrac{\text{매출액}}{\text{자기자본(기말기초평균)}} = \dfrac{16,000}{2,500} = 6.4$

④ 자기자본회전기간 $= \dfrac{1}{\text{자기자본회전율}} = \dfrac{1}{6.4} ≒ 0.16$

정답 ⑤

활동성분석 비율

구 분	수 식	내 용
총자산회전율	$\dfrac{매출액}{총자산(기말기초평균)}$	총자산을 1년 동안 몇 번 회전했는지를 확인하는 비율
총자산회전기간	$\dfrac{1}{총자산회전율}$	총자산 수준만큼의 매출을 거두는 데 걸리는 기간
자기자본회전율	$\dfrac{매출액}{자기자본(기말기초평균)}$	주주의 투자 자본을 얼마만큼 활용했는지를 확인하는 비율
자기자본회전기간	$\dfrac{1}{자기자본회전율}$	주주투여자본만큼의 매출을 거두는 데 걸리는 기간
비유동자산회전율	$\dfrac{매출액}{비유동자산(기말기초평균)}$	비유동자산을 기업활동과정에서 얼마나 활용했는지를 알아보는 비율
비유동자산회전기간	$\dfrac{1}{비유동자산회전율}$	비유동자산만큼의 매출을 달성하는 데 걸리는 기간
재고자산회전율	$\dfrac{매출액}{재고자산(기말기초평균)}$	재고자산의 활동 정도를 확인하는 비율
재고자산회전기간	$\dfrac{1}{재고자산회전율}$	재고자산금액만큼의 매출을 달성하는 데 걸리는 기간
매출채권회전율	$\dfrac{매출액}{매출채권(기말기초평균)}$	매출채권의 현금화하는 속도
매출채권 (평균)회수기간	$\dfrac{1}{매출채권회전율}$	매출채권을 회수하는 데 걸리는 기간
매입채무회전율	$\dfrac{매출액}{매입채무(기말기초평균)}$	매입채무를 갚는 데 걸리는 기간
매입채무회전기간	$\dfrac{1}{매입채무회전율}$	매입채무를 변제하는 데 걸리는 기간
1회전 운전자본	(매출액 − 영업이익 − 감가상각비) × 1회전 운전기간	1회전 운전기간 동안 소요되는 비용
1회전 운전기간	재고자산회전기간 + 매출채권회수기간 − 매입채무회전기간	설비 투자 이후 제품 생산 및 판매에 투여된 비용이 현금으로 회수되는 데 걸리는 기간

재무제표상에서의 생산성분석 비율에 대한 설명으로 가장 거리가 먼 것은? 최신출제유형

① 자본생산성은 투여자본이 1년 동안 산출한 부가가치의 정도로 측정한다.

② 사양산업일수록 부가가치율이 낮고, 성장기업일수록 부가가치율이 높다.

③ 부가가치율은 흔히 생산액 중에서 부가가치가 차지하는 비율을 도출한다.

④ 노동소득분배율은 부가가치 배분의 적정성을 확인하는 비율이다.

⑤ 물가상승은 노동소득분배율을 하락시키는 요인 중 하나이다.

해설 부가가치율은 생산액에서 부가가치가 차지하는 비율을 의미하는 것은 사실이다. 그러나 재무제표를 통해서는 생산액을
도출하기가 어렵기 때문에 매출액을 많이 활용한다.

정답 ③

더 알아보기

생산성분석 비율

구 분	수 식	내 용
부가가치율	$\dfrac{\text{부가가치}}{\text{매출액}} \times 100(\%)$	기업이 창출한 부가가치의 수준을 확인할 수 있다.
노동생산성	$\dfrac{\text{부가가치}}{\text{평균종업원수}}$	종업원 1인당 부가가치
자본생산성	$\dfrac{\text{부가가치}}{\text{총자본(기초기말평균)}}$	자본 1원당 부가가치
노동소득분배율	$\dfrac{\text{인건비}}{\text{요소비용부가가치}} \times 100(\%)$	기업이 창출한 부가가치 중 노동자에게 지급한 금액의 비율

다음은 성장성을 분석할 수 있는 비율들에 대한 설명이다. 이 중 잘못된 내용으로 묶인 것은?

가. 경쟁기업에 비해 매출액증가율이 더 클 경우 시장점유율이 높아졌다고 볼 수 있다.
나. 매출액증가율은 안정기에 접어든 기업의 성장성 확인에 더 중요하다.
다. 매출액증가율은 외형적 성장성을 보여주는 지표이고, 총자산증가율은 내형적 성장성을 보여주는 지표이다.
라. 자기자본증가율은 실질가치를 기준으로 주주의 가치가 얼마인지를 확인하는 비율이다.
마. 매출액증가율은 외형적 성장세를, 순이익증가율은 실질적 성장세를 의미한다.

① 가, 나, 라
② 가, 나, 다
③ 나, 다, 라
④ 가, 다, 마
⑤ 가, 라, 마

해설 나. 매출액증가율은 성장기에 놓인 기업의 성장성을 분석하는 데 더 적합한 비율이다.
다. 매출액증가율과 총자산증가율 모두 외형적 성장성을 보여주는 지표이다.
라. 자기자본증가율은 장부가치를 기준으로 측정한 비율이다.

정답 ③

더 알아보기

성장성분석 비율

구 분	수 식	내 용
매출액증가율	$\frac{당기매출액 - 전기매출액}{전기매출액} \times 100(\%)$	기업의 영업활동으로 인한 외형적 성장세를 확인하는 비율
총자산증가율	$\frac{당기말총자산 - 전기말총자산}{전기말총자산} \times 100(\%)$	자산 증가 정도를 통하여 외형적 성장세를 확인하는 비율
순이익증가율	$\frac{당기순이익 - 전기순이익}{전기순이익} \times 100(\%)$	실질적 성장세를 확인하는 비율
주당이익증가율	$\frac{당기주당이익 - 전기주당이익}{전기주당이익} \times 100(\%)$	직접적으로 주주에게 귀속되는 주당이익의 증가 추이를 확인하는 비율
자기자본증가율	$\frac{당기말자기자본 - 전기말자기자본}{전기말자기자본} \times 100(\%)$	장부가치를 바탕으로 하여 주주가치 증가분을 확인하는 비율
지속가능성장률	유보율 × 자기자본순이익률	기업이 보유한 잠재성장률

다음 PER 비율에 대한 설명 중 잘못된 것은?

① 주가의 적정성 여부를 확인하기 위한 지표이다.

② PER의 수치를 결정하는 요인으로는 위험, 성장성, 배당수준 등이 있다.

③ 실제PER은 실제 주가를 바탕으로 계산한다.

④ 이론적인 주가를 바탕으로 도출한 PER을 적정PER이라고 한다.

⑤ 실제PER보다 적정PER이 높은 경우 주가가 고평가되어 있다는 의미이다.

해설 실제PER에 비해 적정PER이 더 낮을 경우에 주가가 고평가되어 있다고 할 수 있다.
주가수익비율(Price Earning Ratio ; PER)은 주가를 주당순이익으로 나눈 비율로서 주가가 주당순이익의 몇 배인가를 나타낸다. 이 비율이 높으면 주가가 너무 높든가 주당순이익이 너무 낮은 것으로 생각할 수 있다. 이 비율이 너무 높으면 시장에서 과대평가되어 있거나 기업을 너무 좋게 평가하고 있다고 볼 수 있다. 반면, 주당순이익이 너무 낮다면 수익성이 좋지 못한 것으로 판단할 수 있다.

$$PER = \frac{주가}{주당순이익}(배)$$

정답 ⑤

더 알아보기

주가수익비율(Price Earning Ratio ; PER)

■ 주가수익비율 의의

PER이란 현재의 주가를 주당순이익으로 나눈 값으로, 기업의 이익 한 단위에 대하여 투자자가 지불하고 있는 대가를 나타내며 투자승수라고도 한다. PER은 기업 수익력의 성장성, 위험, 회계처리방법 등 질적인 측면이 총체적으로 반영된 지표이다. 예를 들어 어느 기업의 주당순이익이 2,000원이고 현재 주가가 30,000원이라면 PER은 15배(30,000/2,000)가 된다. 이는 이익 1원을 벌기 위하여 투자자가 15배의 대가를 지불하고 있는 셈이다.

■ PER 결정요인

PER은 배당성향(1 − f)과 성장률(g)이 클수록 높아지며, 요구수익률(k)이 증가할수록 낮아진다.
• 배당성향 : 배당성향이 높을수록 미래성장에 중요한 영향을 미치기 때문에 성장률과 함께 종합적으로 검토해야 한다.
• 성장률 : 다른 조건이 일정하다면 성장률이 높을수록 PER은 높아지게 된다.
• 요구수익률 : 요구수익률은 증권의 위험과 경제상황에 따라 달라진다. 강세시장에는 낮은 요구수익률이 요구되지만, 약세시장에는 보다 높은 요구수익률이 요구될 것이다. 그리고 위험이 커짐에 따라 PER은 낮아지지만 동일증권에 대해서도 강세시장에서는 높은 PER이 적용된다.

■ PER의 해석

• PER이 높다는 말은 성장기회의 현가(Present Value of Growth Opportunity ; PVGO)인 주가가 높거나 순이익이 비교적 안정적이어서 기대수익률이 낮다는 의미이다.
• 주당이익 규모가 같은 동일 업종에 속한 두 주식 간에 PER이 다른 경우 저PER 주식이 상대적으로 저평가된 주식이다. 향후 이 업종에 호재가 발생하면 저PER 주식의 상승률이 상대적으로 높을 것이다.

■ PER 계산상 문제점

• PER 계산 시에 어느 시점의 주가를 이용하는지가 중요하다.
• 주당순이익은 다음 기의 추정치를 이용하는 것이 더욱 합리적이다.
• 주당순이익은 특별손익을 제외한 경상이익을 이용하는 것이 일반적이다.

다음 중 PBR에 대한 설명 중 잘못된 것은?

① PBR도 PER과 마찬가지로 배당성향, 성장률, 위험 정도에 따라 결정된다.

② PBR은 장부가치와 주가와의 비교를 수행하기 위한 비율이다.

③ PBR이 1보다 낮은 경우 기업이 보유하는 잉여금이 주가에 충분히 반영되지 않았다는 내용이다.

④ 주당장부가치는 총자본의 장부가치를 발행주식수로 나눈 값이다.

⑤ 장부가치란 매입가격에서 감가상각비를 제외하고 남은 가치를 의미한다.

해설   주당장부가치는 자기자본의 장부가치를 발행주식수로 나눈 값이다. 자기자본의 장부가치란 자산에서 부채를 장부가치 기준으로 차감한 내용이다.

정답 ④

더 알아보기

주가순자산비율(Price Book-value Ratio ; PBR)

■ 의 의

PBR은 주가를 주당장부가치로 나눈 비율로서 주가가 주당순자산의 몇 배인가를 나타내며, 보통주의 주당가치를 시장가격과 장부가격으로 대비한 지표이다. 즉, 주식의 시장가치와 장부가치의 괴리도를 나타낸 자료라고 할 수 있다. 여기에서 주당순자산이란 기업의 순자산을 발행주식수로 나눈 값이다. PBR이 높으면 주가가 너무 높거나 주당순자산이 너무 낮은 것으로 생각할 수 있다. 이 비율이 높으면 시장에서 기업을 과대평가하고 있다고 볼 수 있다. 반면, 다른 조건은 동일한데 이 비율이 낮으면 시장에서 과소평가되어 있다고 볼 수 있다. 이론적 적정주가는 정상적인 PBR에 주당순이익을 곱한 금액이다. 그리고 정상적 PBR은 유사기업 PBR, 동업종 평균 PBR, 과거평균 PBR 등을 이용한다.

■ 산 식

$$PBR = \frac{주 가}{주당장부가치}(배)$$

$$주당장부가치(BPS) = \frac{순자산(총자산 - 총부채)}{발행주식수}$$

■ 주식과 시장가격과 장부가격 불일치 원인

• 시간상의 차이 : 분자인 주가는 현재의 시장가치로 미래지향적이며, 분모인 주당순자산은 역사적 원가에 준하는 과거지향적 가치이다.

• 집합성의 차이 : 분자인 주가는 기업의 가치를 총체적으로 반영한 가치이지만, 분모인 주당순자산은 개별자산의 단순집합에 불과하다.

• 자산·부채의 인식기준의 차이 : 주가는 시장에서 수급에 의해 자유롭게 가격이 형성되지만, 자산이나 부채의 장부가격은 일정한 회계관습에 따른 제약을 받는다.

다음은 (주)시대산업의 재무상황에 대한 설명이다. 다음에 따라 주가매출액비율을 계산하시오.

- 발행주식수 : 30만주
- 매출액 : 80억원
- 주식 액면가 : 7,000원
- 현재 주가 : 8,000원
- 당기순이익 : 6억 6천만원

① 0.3

② 0.4

③ 0.5

④ 0.6

⑤ 0.7

해설 주가매출액비율(Price Sales Ratio ; PSR)은 주가를 주당매출액으로 나눈 비율이다. PER은 벤처기업과 같이 수익이 나지 않는 신생기업 등에서는 이익이 0(영)이기 때문에 사용할 수 없다. 그러나 매출액은 기업의 영업성과를 객관적으로 나타내는 것으로 (−)가 나오는 경우가 절대 없기 때문에 PER의 보완비율로 사용된다.

$$PSR = \frac{주가}{주당매출액} = \frac{8,000}{80억/30만주} = 0.3(배)$$

정답 ①

더 알아보기

PSR의 장점
- PER 또는 PBR의 경우 음수 값이 나올 경우 실질적인 의미가 없지만, PSR은 음의 값이 나올 경우에도 구할 수 있다.
- 순이익 내지 장부가치 등은 감가상각비를 어떻게 처리하는가에 따라 값이 변경될 수 있지만, 매출액은 이러한 임의 조정이 불가능하기 때문에 더욱 객관성이 높다.
- PSR은 여타의 주가 관련 비율에 비해 변동성이 작아 신뢰성이 높다.
- PSR은 기업의 가격 전략 내지 영업활동에 대한 다양한 정보가 매출액에 투영되어 있어 이에 대한 반영이 가능한 지표이다.

다음 중 EV/EBITDA에 대한 계산식과 이에 대한 의미를 잘못 설명한 것은? 최신출제유형

① EV/EBITDA는 시가총액과 수익 수준을 상호 비교하기 위한 수식이다.

② EV는 발행주식수 × 기초주가로 계산한다.

③ EBITDA는 이자비용을 포함한 현금흐름 내역이다.

④ EBITDA = EBIT + 감가상각비와 무형자산상각비

⑤ EBITDA = 세전순이익 + 이자비용 + 감가상각비와 무형자산상각비

해설 EV는 '발행주식수 × 기말주가'로 계산한다.
EV/EBITDA는 해당업체의 내재가치(수익가치)와 기업가치를 비교하는 투자지표이다. EV는 기업가치(Enterprise Value)로서 보통 기업의 시가총액(주가 × 발행주식수)과 순부채(총차입금 − 현금예금)로 나타난다. 이를 EBITDA(Earnings Before Interest, Tax, Depreciation, and Amortization), 즉 지급이자, 세금, 감가상각비(유·무형고정자산의 감가상각비를 모두 포함) 지출 전 이익으로 나눈 것을 말한다.

정답 ②

더 알아보기

■ EV/EBITDA 비율

이 비율은 PER, PCR과는 달리 기업이 자기자본과 타인자본을 이용하여 영업활동을 통하여 창출할 수 있는 이익의 개념으로 어느 기업의 이 비율이 8배라면 기업의 시장가치는 1년간 벌어들인 EBITDA의 8배에 해당하는 기업임을 의미한다. 또는 그 회사를 시장가치(EV)로 매수했을 때 그 회사가 벌어들인 이익(EBITDA)을 8년간 합하면 투자 원금을 회수할 수 있다는 의미이다.

■ EV/EBITDA 비율 식의 의미

순수하게 영업으로 벌어들인 이익에 대한 기업가치의 비율을 기준으로 공모기업의 전체 자산가치(Enterprise Value ; EV)를 추정하는 방식이다.

• EV는 주주가치와 채권자가치를 합계한 액을 의미한다.

　EV = [주주가치 + 채권자가치]

　EV = [시가총액 + (이자지급성부채 − 현금 및 유가증권)]

• EBITDA(Earnings Before Interest, Tax, Depreciation and Amortization)는 이자 및 세금, 감가상각비 차감 전 이익을 의미하며 기업이익에 감가상각비, 기타 상각비(대손상각 등)를 더한 금액으로 계산된다.

• 공모기업의 시장가치 추정

유사기업의 EV/EBITDA를 산출하고 이를 공모기업의 EBITDA와 비교하여 추정할 수 있다.

　① [유사기업의 EV/EBITDA] × 공모기업의 EBITDA ⇒ 공모기업의 EV를 추정

　② 공모기업의 EV − [부채가치(차입금 − 현금예금)] ⇒ 예상시가총액 추정

　③ 예상시가총액 ÷ 공모 후 발행주식수 = 주당가치 추정

■ 장점 및 한계

EV/EBITDA 방식에 의한 가치추정은 당기순이익을 기준으로 평가하는 주가수익배수모형(PER)의 한계를 보완하고 있다. 즉, 기업자본구조를 감안한 평가방식이라는 점에서 유용성이 있다. 또한 추정방법이 단순하다. 분석기준이 널리 알려져 있고 회사 간 비교가능성이 높아 공시정보로서의 유용성이 크다. 그러나 시가총액의 경우 분석시기에 따라서 변동되므로 추정 시와 실제 상장/등록 시의 시가변동에 대한 차이를 고려하여야 한다.

다음 중 EV/EBITDA비율과 PCR비율에 대한 설명으로 옳지 않은 것은?

① PCR이 주주현금흐름을 기준으로 주가 평가정도를 파악하는 재무정보이다.

② EV/EBITDA비율은 기업의 영업현금흐름을 기준으로 주가평가 정도를 파악하는 재무정보이다.

③ PCR은 기업의 재무레버리지 효과가 반영된 당기순이익을 기준으로 하는 시장가치 비율이다.

④ EV/EBITDA비율은 기업 고유의 영업활동의 결과인 영업이익을 기준으로 한 시장가치 비율이다.

⑤ 일반적으로 EV/EBITDA비율은 PCR비율보다 변동성이 크다.

해설   PCR비율이 재무레버리지 효과로 인하여 EV/EBITDA비율보다 변동성이 크다.

정답 ⑤

더 알아보기

주가현금흐름비율(PCR)
주가와 주당현금흐름을 비교하는 비율로, 증권시장에서 평가된 주가를 주당현금흐름으로 나눈 비율이다. 여기서 현금흐름은 주주현금으로 당기순이익에 현금유출이 없는 비용(감가상각비, 무형자산상각비 등)을 가산하고 현금유입이 없는 수익(유가증권평가이익 등)을 차감해서 구한다. PCR이 낮다는 것은 일반적으로 기업이 창출하는 현금흐름이 주가에 충분히 반영되어 있지 않음을 의미한다.

$$주가현금흐름비율(PCR) = \frac{실제주가}{주당현금흐름}$$

다음 중 EVA에 대한 설명으로 잘못된 것은? [최신출제유형]

① 회계적 이익이 내포하고 있는 한계점을 보완하기 위해 등장한 개념이다.

② EVA는 회계적 이익과 자본 조달비용을 함께 고려할 수 있는 개념이다.

③ EVA는 법인세 차감 후의 상황에서 자본 조달비용을 함께 고려한 개념이다.

④ EVA에서 고려하는 자본 조달비용은 타인자본 조달비용에 해당한다.

⑤ EVA는 실질적인 기업의 수익성에 대한 보다 정확한 정보를 제공해 준다고 할 수 있다.

해설   EVA는 자본을 사용하기 위한 조달비용 중 타인자본 사용비용과 자기자본 사용비용을 모두 합산한다.

정답 ④

더 알아보기

경제적 부가가치(Economic Value Added ; EVA)
EVA는 기업이 영업활동을 통해 창출한 순가치의 증가분으로, 세후영업이익에서 자본비용을 차감한 이익을 말한다. 자본비용이란 타인자본 사용에 대한 대가인 이자비용 외에도 자기자본 사용에 대한 대가인 주주의 요구수익, 즉 자기자본 조달비용을 포함한다. 따라서 자본에 대한 비용 이상의 이익을 창출하여야 EVA가 (+)가 되며 기업을 경영할 가치가 있다. EVA를 이용한 적정주가의 모형에서는 주가를 주당순자산에 미래 EVA 흐름의 현재가치를 합친 금액을 가지고 구한다.

> EVA = 세후영업이익 − 총자본비용 = (영업이익 − 법인세비용) − (타인자본비용 + 자기자본비용)

다음 중 ROI분석의 유용성에 대한 설명 중 잘못된 것은?

① 수익성과 활동성 모두를 분석하는 지표이다.
② 각 경영활동의 세부내용별로 수치를 구분하여 분석할 수 있다.
③ ROI는 사전적으로 기업경영활동에 대한 계획을 수립하기 위한 도구이다.
④ 손익계산서의 자료와 재무상태표의 자료를 함께 이용한다.
⑤ 자본 중 자기자본만 활용한 기업성과지표 중 가장 많이 활용하는 지표이다.

해설 ROI는 자기자본뿐만 아니라 타인자본까지 포함한 총자산에 의거하여 분석된 지표이다.

ROI는 $\dfrac{순이익}{매출액} \times \dfrac{매출액}{총자산}$ 으로 계산된다. 이는 매출액순이익률과 총자산회전율을 의미하며, 다른 측면에서는 매출마진 과 회전속도를 의미한다.

정답 ⑤

더 알아보기

■ ROI의 의미
사업부별 경영성과를 확인할 수 있는 재무분석 비율로 기존의 여타 재무분석 비율과는 달리 경영활동별로 구분 하여 해당 수치가 도출된 이유를 분석할 수 있다.

■ ROI의 수식

$$ROI = \frac{순이익}{매출액} \times \frac{매출액}{총자산} = 매출액순이익률 \times 총자산회전율 = 매출마진 \times 회전속도$$

■ ROI의 유용성
• 매출수익성과 회전율을 함께 고려할 수 있다.
• ROI는 각 재무적 활동에 따라 구분하여 분석이 가능하다.

■ ROI를 ROE로 확장
• $ROE = \dfrac{순이익}{매출액} \times \dfrac{매출액}{총자산} \times \dfrac{총자산}{자기자본}$
• ROE = 매출액순이익률 × 총자산회전율 × (1 + 부채비율)
• ROE = ROI × (1 + 부채비율)

다음 중 ROE 수식에 대한 설명 중 잘못 표현된 것은?

① $ROE = \dfrac{순이익}{매출액} \times \dfrac{매출액}{총자산} \times \dfrac{총자산}{자기자본}$

② $ROE = $ 매출액순이익률 $\times$ 총자본회전율 $\times$ (1 + 부채비율)

③ $ROE = ROI \times$ (1 − 부채비율)

④ $ROE = \dfrac{순이익}{자기자본}$

⑤ $ROE = $ 자기자본순이익률

해설 $ROE = ROI \times$ (1 + 부채비율)이다.

정답 ③

더 알아보기

■ **ROE 의미**

자기자본이익률은 이익을 자기자본으로 나눈 비율로서, 자기자본에 대하여 얼마의 이익을 얻었는지를 평가하는 지표이다.

■ **ROE의 문제점과 분해식**

한두 개의 지표에 의존하여 기업 전체의 건전성을 판단하기보다는 다양한 방면의 지표를 종합적으로 검토하는 것이 중요하다. 그런 점에서 ROE의 장점은 다른 비율분석에 비해 탁월하다.

■ **자기자본이익률을 높이기 위한 세 가지 방법**

듀퐁의 분해공식에 의하면 자기자본이익률을 높이기 위한 수단에는 세 가지 방법이 있다. 매출총이익률은 매출액에 비하여 얼마의 이익을 냈는지를 나타내고(수익성 지표), 총자산회전율은 총자산에 비하여 얼마의 매출을 올렸는지를 나타내며(활동성 지표), 자기자본비율의 역수는 총자산 중에서 자기자본이 어느 정도인지를 나타내는 지표(안전성 지표)이다.

■ **PBR과 다른 재무비율과의 관계**

PBR은
- ROE와 (+)의 관계이다.
- 위험과 (−)의 관계이다.
- ROE > 자본비용(k)이면 PBR은 1보다 크고 g가 높을수록 커진다(단, g : 성장률).
- ROE < 자본비용(k)이면 PBR은 1보다 작고 g가 높을수록 작아진다(단, g : 성장률).

본래 재무상태표상 보통주 한 주에 귀속되는 주당순자산가치가 실질가치를 정확히 반영하게 되면, PBR은 1이 되어야 하나 주가와 주당순자산이 같지 않아 1이 아니다. 그 이유로서는 다음 몇 가지를 들 수 있다.

① 시간성의 차이, 즉 분자의 주가는 미래 지향적인 반면에 분모의 주당순자산은 역사 취득원가에 의한 것이어서 과거 지향적이다.

② 집합성의 차이, 즉 분자의 주가는 기업을 총체적으로 반한 것이지만, 분모의 BPS는 수많은 개별자산의 합에서 부채를 차감한 것에 불과하다.

중소건설회사를 운영하는 김지환 사장은 대학가 근처에 원룸 건물을 신축하려고 한다. 원룸 건물을 신축하는 데 4,500만원의 비용이 소요될 예정인 반면, 원룸 임대를 통해 3년 동안 매년 2,000만원의 순현금유입이 예상된다고 한다. 내부수익률법을 통해 투자안의 경제성을 바르게 평가한 것은? (단, 이자율은 연 10%로 적용한다)

① 4,400만원

② 4,500만원

③ 4,600만원

④ 4,700만원

⑤ 4,800만원

해설 $\dfrac{2천만원}{(1+x)} + \dfrac{2천만원}{(1+x)^2} + \dfrac{2천만원}{(1+x)^3} = 4,500만원$

위의 식을 만족시키는 x의 값은 15.9%이다. 따라서 이자율 10%보다 수익률이 높은 투자안이므로 김지환 사장은 원룸 건축을 선택하는 것이 합리적이다.

정답 ②

더 알아보기

내부수익률 정의

내부수익률법을 이용한 투자의사 결정은 내부수익률과 할인율과의 비교를 통해서 이루어진다. 내부수익률이란 투자안을 수행할 경우 발생할 미래 현금흐름의 현재가치와 투자비용을 같게 만드는 할인율을 의미한다. 즉 순현재가치를 0으로 만드는 할인율이 내부수익률이다.

기업은 내부수익률이 할인율보다 크면 투자하고, 내부수익률이 할인율보다 작으면 투자하지 않는다.

제약회사를 운영하고 있는 박진호 회장은 신약 개발을 위한 장비를 800만원에 구입하였다. 박진호 회장은 신약개발에 대한 투자금을 4년 이내에 회수하려고 한다. 신약 개발을 위한 장비로 인해서 매년 다음과 같은 현금유입이 예상된다고 가정할 때, 투자비용 800만원을 회수하는 데 소요되는 기간은? (단, 신약 개발을 위한 비용은 장비 구입을 제외하고는 전혀 추가 비용이 소요되지 않는다)

기 간	1년	2년	3년	4년	5년
순현금유입액	350만원	250만원	200만원	150만원	150만원

① 1년

② 2년

③ 3년

④ 4년

⑤ 5년

해설 위의 예시에서 투자비용으로 800만원을 모두 회수하는 데는 3년이 소요된다. 따라서 해당 투자안은 받아들여진다.

정답 ③

더 알아보기

회수기간법의 의미
투자안을 수행하기 위해서 지출된 투자비용을 회수하는 데 걸리는 시간을 말한다. 투자안의 회수기간이 짧다는 것은 현금이 빨리 회수된다는 것이기 때문에 그만큼 더 안전한 투자라 할 수 있다. 회수기간법을 통한 투자안의 경제적 평가에서는 기업 내부에서 미리 기준으로 정해 놓은 회수기간보다 짧으면 투자가치가 있다고 판단한다. 반대로 기준이 되는 회수기간보다 길면 투자가치가 없는 것이다.

시대출판사는 새로운 인쇄기를 3,000만원을 주고 구입하였다. 이 설비를 구입하고 난 후 5년 동안 다음과 같은 순이익이 예상된다. 인쇄기의 내용연수가 3년이고, 잔존가치가 없다고 할 때 이 투자안의 평균이익률을 구하여라.

기 간	1년	2년	3년	4년	5년
순현금유입액	90만원	110만원	70만원	90만원	140만원

① 6.1%

② 6.3%

③ 6.5%

④ 6.7%

⑤ 6.9%

해설 먼저 인쇄기로 인한 연평균투자액을 구해 보면, 내용연수가 3년이므로 매년 1,000만원씩 감가상각한다. 따라서 1년 후에 장부상 투자액은 2,000만원이 되기 때문에 (3,000만원 + 2,000만원) / 2 = 2,500만원이다. 이와 같은 방법으로 2년 후와 3년 후를 평가할 경우 각각 1,500만원과 500만원이 된다. 따라서 연평균투자액은 다음과 같다.

$$\frac{2,500 + 1,500 + 500}{3} = 1,500만원$$

연평균순이익은 다음과 같다.

$$\frac{90 + 110 + 70 + 90 + 140}{5} = 100만원$$

연평균이익률은 $\frac{100}{1,500} \fallingdotseq 0.067$이 된다. 따라서 6.7% 정도이다.

정답 ④

▶ 더 알아보기

평균이익률

• 평균이익률은 연평균순이익을 연평균투자액으로 나누어서 산출된 값이다.

$$평균이익률 = \frac{연평균순이익}{연평균투자액}$$

• 연평균순이익
연평균순이익이란 투자기간 발생한 순이익을 평균한 값이며, 연평균투자액은 연초투자액과 연말투자액을 평균한 값들을 평균하여 구한 값이다.
• 평균이익률을 구하기 위해서는 회계자료를 이용하기 때문에 평균이익률은 회계적 이익률이라고도 한다.
• 연평균이익률법은 기업이 내부적으로 미리 정해 놓은 이익률을 넘지 않을 경우에는 기각되고 넘을 경우에만 채택된다.

중소건설회사를 운영하는 김지환 사장은 대학가 근처에 원룸 건물을 신축하려 한다. 원룸 건물을 신축하는 데 4,500만원의 비용이 소요될 예정인 반면, 원룸 임대를 통해 3년 동안 매년 2,000만원의 순현금유입이 예상된다고 한다. 순현재가치법을 통해 투자안의 경제성을 평가한다면? (단, 할인율은 연 10%로 적용한다)

① 470만원   ② 460만원

③ 450만원   ④ 440만원

⑤ 430만원

해설   이 투자안으로 발생할 현금흐름의 현재가치를 구하면 다음과 같다.

$$\frac{2,000만원}{(1+0.1)} + \frac{2,000만원}{(1+0.1)^2} + \frac{2,000만원}{(1+0.1)^3} ≒ 4,970만원$$

따라서 이 투자안을 실행했을 경우 발생할 순현재가치는 4,970만원 − 4,500만원 = 470만원으로 예상된다.

정답 ①

더 알아보기

■ 순현재가치법

투자안으로 발생하는 현금흐름을 적정 할인율로 할인하여 산출한 현재가치에서 투자비용을 차감한 순현재가치를 기준으로 투자안을 평가하는 방법이다.

$$순현가(NPV) = \sum_{t=1}^{N} \frac{C_t}{(1+R)^t} - C_0$$

$$\frac{C_1}{1+R} + \frac{C_2}{(1+R)^2} + \frac{C_3}{(1+R)^3} + \frac{C_4}{(1+R)^4} + \cdots + \frac{C_N}{(1+R)^N} - C_0 = 순현재가치$$

(단, C_t : t시점 현금흐름, C_0 : 투자비용, R : 할인율)

■ 현재가치, 할인율 그리고 기간의 상호 관계 예시

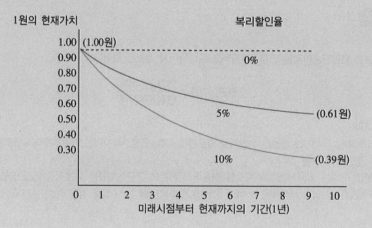

지윤기업이 판매하고 있는 제품의 판매단가는 9만원이다. 이 제품의 단위당 변동비는 5만원이고, 고정비가 3,500만원이라고 할 때, 손익분기점 수량은 얼마인가? 최신출제유형

① 875개
② 874개
③ 873개
④ 872개
⑤ 871개

해설 위의 사례에서 공헌이익은 판매단가 9만원 − 단위당 변동비 5만원 = 4만원이다. 따라서 손익분기점은 다음과 같다.

$$손익분기점 = \frac{3,500만원}{4만원} = 875(개)$$

정답 ①

더 알아보기

■ 손익분기점(Break Even Point, BEP)의 개념

매출액과 비용이 일치하여 이익(또는 손실)이 발생하지 않는 매출수준(또는 수량, 조업도)으로, 매출액이 손익분기점을 초과할 경우 이익이 발생하고 손익분기점에 미달한 경우에는 손실이 발생한다. 손익분기점 분석은 비용−조업도−이익(Cost−Volume−Profit, CVP) 분석이라고도 한다. 손익분기점 분석에서는 비용을 변동비와 고정비로 구분할 수 있다는 것을 기본전제로 하고 있다.
• 변동비 : 매출액이 증가함에 따라 동일한 비율로 증가하는 비용
• 고정비 : 일정 조업도 범위 내에서는 매출액 증가와 관계없이 일정한 비용
• 공헌이익 = 매출액 − 변동비
• 영업이익 = 공헌이익 − 고정비
• 손익분기점 : 영업이익이 0일 때의 매출수준

■ BEP 측정

• 손익분기점에서 영업수익(TR) = 영업비용(TC)
• 영업수익(TR) = 판매단가(P) × 매출량(Q)
• 영업비용(TC) = 고정비(FC) + 변동비(VC)
• 변동비(VC) = 단위당 변동비(V) × 매출량(Q)
• 단위당 변동비(V) = 한계비용(Marginal Cost, MC)
• 판매단가(P) = 한계수익(Marginal Revenue, MR)

■ BEP 매출량

• BEP에서는 영업수익과 영업비용이 동일하다.
• 판매단가 × 매출량 = 고정비 + 변동비
   = 고정비 + (단위당 변동비 × 매출량)
• 매출량(판매단가 − 단위당 변동비) = 고정비

$$∴ 매출량 = \frac{고정비}{판매단가 − 단위당 변동비}$$

■ BEP 매출액

- 영업수익 = 판매단가 × 매출량

$$= 판매단가 \times \frac{고정비}{판매단가 - 단위당 \ 변동비}$$

$$= \frac{고정비}{1 - \dfrac{단위당 \ 변동비}{판매단가}} = \frac{고정비}{1 - \dfrac{단위당 \ 변동비 \times 판매량}{판매단가 \times 판매량}} = \frac{고정비}{1 - \dfrac{변동비}{매출액}}$$

- 변동비율 $= \dfrac{단위당 \ 변동비}{판매단가}$

- 공헌이익률 $= 1 - \dfrac{단위당 \ 변동비}{판매단가} = 1 - 변동비율$

■ 손익분기점률과 목표이익

- 손익분기점률 $= \dfrac{BEP \ 매출액}{실현한 \ 매출액}$

- 목표이익(Target Profit, TP)을 얻기 위한 매출량 $= \dfrac{고정비 + 목표이익}{판매단가 - 단위당 \ 변동비}$

- 목표이익을 얻기 위한 매출액 = 판매단가 × 목표이익을 얻기 위한 매출량

$$= 판매단가 \times \frac{고정비 + 목표이익}{판매단가 - 단위당 \ 변동비} = \frac{고정비 + 목표이익}{1 - \dfrac{단위당 \ 변동비}{판매단가}}$$

$$= \frac{고정비 + 목표이익}{1 - 변동비율} = \frac{고정비 + 목표이익}{공헌이익률} = \frac{고정비 + 목표이익}{1 - \dfrac{변동비}{매출액}}$$

■ 안전한계(Margin of Safety, MS)비율

- 안전한계비율은 실현한 매출액이 BEP 매출액을 얼마나 초과하는지를 나타내는 지표로 MS비율이 높을수록 기업의 안정성이 높아진다.

- 안전한계(MS)비율 $= \dfrac{실현한 \ 매출액 - BEP \ 매출액}{실현한 \ 매출액} = (1 - 손익분기점률)$

■ 현금분기점(Cash Break Even Point, CBEP)

- 현금지출액을 모두 회수할 수 있는 최소한의 매출수준으로 고정비 가운데 현금으로 지출되지 않는 감가상각비만큼은 공헌이익으로 회수하지 않아도 현금기준으로 적자가 없다는 데 이론적 근거를 두고 있다. 이처럼 현금분기점은 감가상각비를 비용으로 고려하지 않기 때문에 현금분기점은 일반적인 손익분기점보다 작다.

- 현금분기점 매출량 $= \dfrac{고정비 - 감가상각비}{판매단가 - 단위당 \ 변동비}$

- 현금분기점 매출액 = 판매단가 × 현금분기점 매출량

$$= \frac{고정비 - 감가상각비}{1 - \dfrac{단위당 \ 변동비}{판매단가}} = \frac{고정비 - 감가상각비}{1 - 변동비율} = \frac{고정비 - 감가상각비}{공헌이익률}$$

$$= \frac{고정비 - 감가상각비}{1 - \dfrac{변동비}{매출액}}$$

지윤기업이 판매하고 있는 제품의 판매단가는 9만원이다. 이 제품의 단위당 변동비는 5만원이고, 고정비가 3,500만원이라고 할 때, 총 1,000만원의 이익을 달성하기 위한 판매량은 얼마인가? 　최신출제유형

① 1,115개

② 1,125개

③ 1,315개

④ 1,415개

⑤ 1,515개

해설　특정 수준의 이익을 달성하기 위한 매출액 내지 판매량을 파악하기 위한 방법은 다음과 같다.

$$\text{목표이익 달성을 위한 수량} = \frac{\text{고정비} + \text{목표이익}}{\text{판매단가} - \text{단위당 변동비}} = \frac{3,500\text{만원} + 1,000\text{만원}}{4\text{만원}} = 1,125(\text{개})$$

정답 ②

다음 자료를 활용하여 FBEP를 구하면 얼마인가? 　최신출제유형

> 제1안 : 발행주식수 10만주, 이자비용 5억원
>
> 제2안 : 발행주식수 5만주, 이자비용 3억원

① 1억원

② 2억원

③ 3억원

④ 4억원

⑤ 5억원

해설

$$FBEP = \frac{(\text{제1안 발행주식수} \times \text{제2안 이자비용}) - (\text{제2안 발행주식수} \times \text{제1안 이자비용})}{\text{제1안 발행주식수} - \text{제2안 발행주식수}}$$

$$= \frac{(10\text{만주} \times 3\text{억원}) - (5\text{만주} \times 5\text{억원})}{10\text{만주} - 5\text{만주}}$$

$$= 1\text{억원}$$

정답 ①

◤ 더 알아보기

■ 손익분기점비율

현재 매출수준이 손익분기점을 어느 정도 초과했거나, 손익분기점에서 어느 정도 모자라는지를 파악할 필요가 있다. 이를 파악하는 방법은 다음과 같다.

$$\text{손익분기점비율} = \frac{\text{손익분기점}}{\text{현재 매출수준}} \times 100(\%)$$

■ 자본조달분기점분석(Financial Break-Even Point, FBEP)

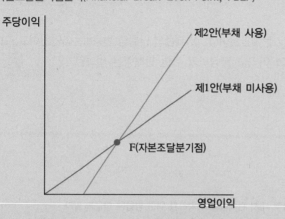

자본조달분기점이란 자본구성비와 관계없이 주당이익을 동일하게 하는 영업이익 수준을 말하며, 자본조달분기점에서는 각 자본조달안의 EPS가 같으므로 자본조달분기점은 다음과 같이 산출할 수 있다. 재무레버리지효과를 응용한 분석으로서, 자본조달방법이 주당이익에 미치는 영향을 이해하는 데 유용한 분석이다.

$$\frac{(FBEP - I_1)(1 - t)}{N_1} = \frac{(FBEP - I_2)(1 - t)}{N_2}$$
$$\therefore FBEP = \frac{N_1 \times I_2 - N_2 \times I_1}{N_1 - N_2}$$

$FBEP$: 자본조달분기점

N_1, N_2 : 제1안, 제2안 각각의 발행주식수

I_1, I_2 : 제1안, 제2안 각각의 이자비용

t : 법인세율

∴ 영업이익이 자본조달분기점 이하일 경우에는 총자본영업이익률(투자수익률)이 이자율보다 낮기 때문에 부채를 전혀 사용하지 않는 제1안이 유리

∴ 영업이익이 자본조달분기점 이상일 경우에는 총자본영업이익률이 이자율보다 높기 때문에 부채를 사용하는 제2안이 유리

A사의 현재주가는 20,000원, 주당이익은 2,500원이며 매년 10%의 성장을 계속하고, 50%의 배당성향을 유지할 것으로 전망된다. 투자자의 요구수익률이 15%이고 내년도 주당이익은 2,750원으로 예상된다. 한편 동종산업 평균 PER은 10배이고 과거 5년 평균 PER은 8배였다. 이 회사의 1년 후 추정주가는?

① 30,250원

② 30,150원

③ 30,100원

④ 30,050원

⑤ 30,000원

해설 현재 PER = 20,000 / 2,500 = 8(배)
산업평균을 이용할 경우 추정주가(P) = PER × EPS = 10 × 2,750 = 27,500(원)
과거평균을 이용한 주가(P) = 8 × 2,750 = 22,000(원)
배당평균모형을 이용할 경우
• P / E = PER / EPS = (1 − f)(1 + g)/(k − g) = 0.5(1.1) / (0.15 − 0.10) = 11
• P = 11 × 2,750 = 30,250(원)

정답 ①

더 알아보기

PER을 이용한 주가추정

PER = P / EPS에서

P* = PER* × EPS

이 경우 정상적 PER은 동일 위험의 유사기업 PER, 동종산업 평균 PER, 과거평균 PER 또는 배당평가모형에 의한 PER을 구하는 방법이 있다. 이 중 배당평가모형에 의한 PER은 다음과 같이 구한다.

$P_0 = \dfrac{d_0(1+g)}{(k-g)}$ 의 양변을 주당이익(E)로 나누어 정상적인 PER을 구한다.

P/E = $\dfrac{d_0(1+g)}{k-g} \div E = \dfrac{d_0(1+g)}{k-g} \div \dfrac{d_1}{1-f} = \dfrac{1-f}{k-g}$

단, g : 성장률, k : 요구수익률, d_t : t기의 배당수익, d_t = $(d_{t-1})(1+g)$, $1-f$: 배당성향, f : 사내유보율

제03장 재무분석을 활용한 종합적분석

학습전략

특정 재무비율 자료를 종합적으로 분석하여 기업을 전체적으로 평가하는 방법이다. 종합적인 분석에는 지수법, 레버리지도, 기업체종합평가표 등이 있다.

---

01 **지수법분석의 이해** 핵심개념문제

다음 중 다양한 비율분석 자료들을 가중하여 해당 기업에 대한 종합적인 평가를 내리는 비율분석 기법을 무엇이라 하는가?

① 지수법
② 지표법
③ 내부수익률법
④ 종합경기지수
⑤ BSI

해설 지수법은 흔히 가중비율종합법이라고 한다. 즉 각종 재무분석 비율들을 계산하여 해당 기업이 내포하고 있는 전반적인 상황을 하나의 수치로 표시하여 제시하는 비율분석 방법이다.

정답 ①

> **더 알아보기**
>
> 지수법의 평가절차
> ① 분석 목적에 따라 몇 개의 주요 비율을 선정한다.
> ② 선택된 주요 비율의 중요도에 따라서 가중치를 부여한다.
> ③ 선택된 방식의 비율들을 바탕으로 하여 비교 대상의 표준 비율을 계산한다.
> ④ 비율별 가중치를 곱하여 지수값을 도출한다.
> ⑤ 100점 이상이면 양호, 이하이면 불량을 의미한다.

다음 (   ) 안에 들어갈 말로 옳게 짝지어진 것은?

> 월의 지수법은 (ㄱ) 입장에서의 분석이고, 트랜트의 지수법은 (ㄴ) 입장에서의 분석이며, 브리체트의 지수법은 분석 주체에 따라 가중치를 달리하는 분석이다.

	(ㄱ)	(ㄴ)
①	채권자	경영자
②	채무자	경영자
③	경영자	채권자
④	경영자	채권자
⑤	경영자	금융기관

해설 월의 지수법은 채권자 입장에서, 트랜트의 지수법은 경영자 입장에서의 분석이다.

정답 ①

더 알아보기

- **지수법의 개념**

  지수법은 가중비율총합법(Weighted Ratio Method)이라고도 하며, 월(A.Wall)에 의하여 최초로 제시된 종합적인 비율분석 방법이다. 분석대상 기업의 재무상태나 경영성과를 단편적으로 평가하는 데 이용되는 개별적인 비율분석의 한계점을 극복하기 위하여 지수법이 사용되지만, 지수법 사용 시 이용되는 주요 비율의 선정과 가중치의 부여에 있어서 분석자의 주관적인 판단이 개입되어 있기 때문에 평가결과의 객관성을 보장받기 어렵다는 한계점을 지니고 있다.

- **지수법의 평가절차**
  ① 분석목적에 따라 몇 개의 주요 비율을 선정한다.
  ② 주요 비율에 중요도에 따라 가중치를 부여하고 합계는 100점이 되도록 한다.
  ③ 주요 비율의 해당 기업 실제비율과 산업평균비율인 표준비율을 비교하여 관계비율(= 실제비율/표준비율)을 산출한다.
  ④ 관계비율에 가중치를 곱하여 평점을 계산하고 각 비율별 평점을 합하여 지수를 구한다.
  ⑤ 지수가 100점 이상이면 양호한 것으로 판단하고 10점 이하이면 불량한 것으로 판단한다.

- **지수법의 종류**

구 분	내 용
월의 지수법 (A. Wall)	• 유동비율과 부채비율에 가장 큰 가중치를 부여 • 재무유동성을 비롯한 재무안정성을 중시하고 있어 채권자 입장에서의 분석
트랜트의 지수법 (J.B. Trant)	• 재고자산회전율과 비유동자산회전율에 가장 큰 가중치를 부여 • 기업자산의 활용 정도, 활동성을 중시하고 있어 경영자 입장에서의 분석
브리체트의 지수법 (F.F. Brichett)	• 기업의 지급능력 분석 시 분석 주체에 따라 관심영역이 조금씩 차이가 난다는 생각에서 주요 비율의 선정과 가중치 부여를 분석 주체에 따라 다르게 함 • 금융기관의 입장에서는 유동비율, 당좌자산구성비율, 재고자산회전율, 매출채권회전율 등의 단기지급능력비율과 활동성비율에 큰 가중치 • 채권자의 입장에서 부채비율, 총자산회전율 및 이자보상비율에 큰 가중치 • 월과 트랜트와는 달리 수익성비율도 주요 비율로 선정

영업레버리지분석에 관한 설명으로 잘못된 것은?

① 단위당 변동비가 작을수록 영업레버리지는 크게 나타난다.

② 판매단가가 낮을수록 영업레버리지는 크게 나타난다.

③ 매출량이 작을수록 영업레버리지는 크게 나타난다.

④ 고정영업비가 클수록 영업레버리지는 크게 나타난다.

⑤ 영업레버리지는 설비자산의 의존도를 나타낸다.

> **해설** 고정자산 등을 보유함으로써 고정영업비용을 부담하는 것을 영업레버리지라고 한다. 영업레버리지는 영업이익의 실현과정에서 고정적인 영업비용이 발생하기 때문에 생긴다. 영업고정비를 많이 부담할수록 커지며, 변동비가 클수록 커진다. 통상 영업고정비의 대부분은 감가상각비로 감가상각비 비중이 큰 중화학산업 또는 장치산업에 속하는 기업들은 큰 영업레버리지를 갖는 경향이 있다.

정답 ①

더 알아보기

영업레버리지분석

레버리지분석이란 고정비가 매출액이 변동함에 따라 순이익에 어떠한 영향을 미치는지를 분석하는 것을 말하며, 영업레버리지와 재무레버리지로 구분하여 분석한다.

이 중 영업레버리지는 총비용 중에서 고정비가 차지하는 비중으로 영업레버리지 비중이 높은 기업일수록 매출액 증가에 따라 영업이익이 큰 폭으로 상승하고, 반대로 매출액이 감소하면 영업이익의 폭이 큰 폭으로 줄어든다. 영업레버리지도 측정 시 영업비 중에서 고정비의 비중이 높을수록 기업의 수익력은 개선될 수 있지만, 영업위험이 증가되므로 적절한 위험수준에서 수익률을 높일 수 있는 비용구조를 결정하여야 한다. 일반적으로 고정영업비가 클수록, 매출액이 작을수록, 판매단가가 낮을수록, 단위당 변동비가 클수록 영업레버리지는 크게 나타난다.

$$\text{영업레버리지도(DOL)} = \frac{\text{영업이익의 변화율}}{\text{매출액의 변화율}} = \frac{\text{공헌이익}}{\text{영업이익}} = \frac{\text{매출액} - \text{변동비}}{\text{매출액} - \text{변동비} - \text{고정비}}$$

다음 중 재무레버리지분석에 대한 설명 중 잘못된 것은?

① 기업이 자본 조달의 결과로 이자비용을 부담하는 수준을 의미한다.

② 타인자본을 활용할 경우 이들에게 지불하는 자본 조달비용을 차감한 뒤 주주들에게 이익을 나누어주면 영업이익의 변화수준보다 더 크게 변한다.

③ 재무레버리지는 영업이익이 변할 때 주주들에게 제공되는 이익은 어떠한 수준으로 변화하는지 확인하기 위한 것이다.

④ 재무레버리지의 분석 대상은 포괄손익계산서에서 매출액부터 영업이익까지의 구간이다.

⑤ 재무레버리지 효과가 발생하는 가장 큰 이유는 재무적 고정비가 발생하기 때문이다.

해설 재무레버리지 효과를 분석하기 위해 살펴봐야 할 내용은 포괄손익계산서에서 영업이익부터 당기순이익까지의 구간이다.

정답 ④

다음 (　　) 안에 들어갈 말로 옳은 것은?

> 재무레버리지도는 (　　)가(이) 클수록 커진다.

① 이자비용   ② 법인세비용
③ 변동비   ④ 자기자본 의존도
⑤ 발행주식수

해설 재무레버리지도는 이자비용(고정재무비용) 또는 부채비율(타인자본 의존도)이 클수록 커진다.

정답 ①

더 알아보기

재무레버리지분석

■ 재무레버리지

총비용 중에서 고정재무비용(이자)이 차지하는 비중으로, 재무레버리지 비중이 높은 기업일수록, 영업이익 증가에 따라 순이익이 큰 폭으로 상승하고, 반대로 영업이익이 감소하면 순이익은 큰 폭으로 떨어진다.

■ 재무레버리지도의 측정

$$\text{재무레버리지도(DFL)} = \frac{\text{주당순이익 변화율}}{\text{영업이익 변화율}} = \frac{\text{영업이익}(EBIT)}{\text{영업이익}(EBIT) - \text{이자}(I)}$$

재무레버리지도는 고정재무비용이 작을수록 그 크기가 작게 나타난다. 주주들은 재무레버리지도가 높은 기업에 대하여 위험을 크게 느끼고 높은 기대수익률을 요구하게 된다.

결합레버리지분석을 가장 바르게 정의한 것은?

① 기업의 당기순이익의 변화가 주주들의 이익에 어떠한 영향을 주는지에 대한 분석이다.
② 기업의 영업이익의 변화가 주주들의 이익에 어떠한 영향을 주는지에 대한 분석이다.
③ 기업의 자기자본투여 수준이 주주들의 이익에 어떠한 영향을 주는지에 대한 분석이다.
④ 기업의 매출액의 변화가 주주들의 이익에 어떻게 영향을 미치는지에 대한 분석이다.
⑤ 기업의 세전이익의 변화가 주주들의 이익에 어떠한 영향을 주는지에 대한 분석이다.

해설　결합레버리지란 매출액 변동에 따른 주당순이익의 변동 정도를 말한다. 즉 영업레버리지와 재무레버리지를 결합한 것으로, 총비용 중에서 고정비와 고정재무비용이 차지하는 비중으로 측정이 가능하다.

정답 ④

다음 자료를 바탕으로 영업이익을 구하시오.　　　　　　　　　　　　　　최신출제유형

> 재무레버리지도(DFL) : 4
> 결합레버리지도(DCL) : 8
> 공헌이익 : 1억 2,000만원

① 1,000만원　　　　　　　　　　　　② 6,000만원
③ 8,000만원　　　　　　　　　　　　④ 1억 2천만원
⑤ 2억 4,000만원

해설　결합레버리지도(DCL) = 재무레버리지도(DFL) × 영업레버리지도(DOL)이므로 DOL은 2이고 영업레버리지도는 공헌이익/영업이익이므로 영업이익은 6천만원이다.

정답 ②

> **더 알아보기**
>
> 결합레버리지도 수식
>
> $$\text{결합레버리지도(DCL)} = \text{DOL} \times \text{DFL} = \frac{\text{주당순이익변화율}}{\text{매출액변화율}} = \frac{\text{매출액} - \text{변동비}}{\text{매출액} - \text{변동비} - \text{고정비} - \text{이자비용}}$$

다음 중 기업체종합평가표분석에 대한 설명으로 잘못된 것은?

① 과거 기업체종합평가표는 한국은행에서 작성한 것을 이용하였다.

② 기업체종합평가표는 100점 이상인 경우 긍정적, 100점 이하는 부정적인 것으로 평가한다.

③ 기업체종합평가표는 재무상태뿐만 아니라 운영효율성, 환경대응력 등 다양한 요소를 포괄하고 있다.

④ 기업체종합평가표는 안정성, 수익성, 활동성, 성장성 등의 분야로 구분한다.

⑤ 실제 금융회사들은 자체 기업체종합평가표를 활용해 대출심사를 수행하기도 한다.

해설　기업체종합평가표는 100점 만점으로 구성되어 있다.

정답 ②

더 알아보기

기업체종합평가표 주요 특징
• 기업체종합평가표는 100점 만점으로 구성된다.
• 산업별로 상이한 배점 구성을 취한다.
• 대부분 안정성, 수익성, 성장성, 활동성, 생산성, 현금흐름 등을 구분하여 집계한다.
• 경영상태에 대한 정보도 포함하여 관련 정보로는 기업규모, 업력, 경영관리능력 등이 담겨 있다.
• 산업요인도 기업평가에 포함되는데 해당 산업의 평가, 유망성, 경쟁현황이 포함되어 있다.

태훈기업은 올해 배당금으로 6,000원을 지급할 예정이다. 그런데 태훈기업은 앞으로 이익이 증가할 것이기 때문에 매년 배당금을 전년 대비 4%씩 증가시켜서 배당할 예정이다. 이러한 경우 적정 주가는 얼마인가? (단, 적정할인율은 12%라고 가정하자)

① 75,000원

② 74,000원

③ 73,000원

④ 72,000원

⑤ 71,000원

해설 $\dfrac{6,000}{0.12 - 0.04} = 75,000$원

정답 ①

더 알아보기

주식의 이론적 가격 도출

기업의 이익과 배당이 매년 일정비율(g%) 증가한다고 가정할 경우 주식의 이론적 가치를 나타낸 것으로, 모형 도출을 위하여 필요한 가정은 다음과 같다.

① 성장에 필요한 자본은 자기자본인 내부자금만으로 조달한다.

② 이익과 배당은 일정한 성장률 g%의 비율로 계속 성장한다.

③ 주주의 요구수익률(k)은 일정하며, 요구수익률(k)은 성장률(g)보다 크다.

$$P_0 = \frac{d}{(1+k)} + \frac{d(1+g)}{(1+k)^2} + \frac{d(1+g)^2}{(1+k)^3} + \cdots + \frac{d(1+g)^\infty}{(1+k)^\infty} = \frac{d}{k-g}$$

김수호는 정호실업 주식을 보유함으로써 올해 말 1주당 2,000원, 내년 말에는 3,000원의 배당금을 지급받을 예정이다. 또한 김수호는 배당을 받은 후 내년에 이 주식을 21,000원에 처분할 계획이다. 이러한 경우 정호실업의 적정 주가는 얼마인가? (단, 할인율은 12%이다)

① 20,988원

② 24,918원

③ 20,518원

④ 22,918원

⑤ 20,918원

해설 이 주식의 적정가격은 다음과 같다.

$$\frac{2,000}{(1 + 0.12)} + \frac{3,000}{(1 + 0.12)^2} + \frac{21,000}{(1 + 0.12)^2} \fallingdotseq 20,918(원)$$

정답 ⑤

> **더 알아보기**
>
> 배당평가모형이란 주식의 가치를 해당 주식 보유 주주에게 기대되는 미래의 배당금의 현재가치에 의해 평가하는 방법이다. 따라서 이 모형에 의한 적정주가를 측정하기 위해서는 주당이익흐름과 배당금을 측정하여 현재가치를 구하면 된다.
>
> 배당수익, 처분가격, 요구수익률이 적절히 평가되었다면 보통주의 내재가치는 다음과 같이 표현이 가능하다. 만일 주식을 n년간 보유하고 n년 후에 매각하였다고 가정하면 이 모형에 의한 주식의 내재가치는 다음과 같다.
>
> $$P_0 = \frac{d_1}{(1+k)^1} + \frac{d_2}{(1+k)^2} + \cdots + \frac{d_n}{(1+k)^n} + \frac{p_n}{(1+k)^n}$$
>
> (단, d_t : t기의 배당수입, k : 주주 요구수익률, p_n : n년 후의 처분가격)
>
> 여기서 n년 후의 처분가격(p_n)은 (n+1)년 이후에 발생하는 배당수입의 현재가치와 같다.
>
> $$P_0 = \frac{d_1}{(1+k)} + \frac{d_2}{(1+k)^2} + \cdots + \frac{d_n}{(1+k)^n} + \frac{d_{n+1}}{(1+k)^{n+1}} + \cdots + \frac{d_\infty}{(1+k)^\infty} = \sum_{t=1}^{\infty} \frac{d_t}{(1+k)^t}$$
>
> 따라서 현재의 주식 가격을 결정하는 현금흐름은 주식을 어느 시점에 처분할 것인가와는 전혀 상관없으며, 해당 주식을 보유함으로써 앞으로 얻게 될 배당금에 의해서 결정된다는 사실을 알 수 있다.

다음 중 기업부실 판별모형에 대한 설명으로 잘못된 것은?

① 판별분석이란 몇 개의 재무지표에 의해 성격이 상이한 2개 이상의 집단을 구분해 내는 계량방법으로서 부실가능기업과 우량가능기업의 판별에 적용하는 기법이다.
② 기업부실의 판별분석 예측모형인 Altman의 Z-Score Model과 국내기업을 위한 K-Score Model, 한국은 행의 도산예측모델과 로짓모형에 의한 Model K 등이 대표적이다.
③ 재무비율을 종합적으로 결합시킨 최초의 부실예측모형은 Z-Score Model이다.
④ 기업의 부실이란 용어는 일반적으로 법률적 차원의 도산은 제외한 개념이다.
⑤ 기업부실을 계량적 방법으로 예측할 때는 하나 또는 다수의 재무변수를 중심으로 예측한다.

해설　기업의 부실이란 용어는 일반적으로 경영부실, 지급불능, 법률적 도산의 삼자를 포함하는 포괄적 개념으로 사용된다.

정답 ④

기업부실 판별모형 중 알트만이 제시한 모형으로 비상장기업에 적용할 수 있는 모형은?

① Z-Score 모형
② Z`-Score 모형
③ Zeta 모형
④ 한국은행 K-Score 모형
⑤ 정답 없음

해설　Z`-Score 모형은 비상장기업의 부실예측을 위하여 Z-Score 모형을 변형하여 개발되었다.

정답 ②

▶ **더 알아보기**

■ 기업부실의 의미

대체로 기업이 경제적 실패 또는 지급불능상태에 있거나 법원에 의하여 파산선고를 받는 경우를 총칭

구 분	내 용
경제적 실패	기업의 수익성이 저하된 상태를 의미 • 총수익 〈 총비용 • 투자수익률 〈 자본비용 • 투자수익률 〈 동일업종 평균투자수익률

지급불능상태	경제적 실패보다 기업의 부실화가 더욱 진행된 상태로, 기업이 이행해야 할 채무변제, 즉 원금과 이자의 변제가 불가능한 상태를 말함	
	기술적 지급불능상태	부채 규모와 비교해서 자산 규모가 충분히 크더라도 장기적으로 묶여있는 자산이 많고 현금화할 수 있는 자산이 적은 경우로 일시적인 유동성 부족에 의해 발생하는 지급불능상태. 단기적으로 현금화할 자산이 부족하다는 의미일 뿐 장기적으로는 유동성확보가 가능한 경우가 대부분(≒ 흑자도산상태)
	실질적 지급불능상태	기업의 경영성과가 나빠지고 누적되어 부채가치가 자산가치를 초과하게 되어 발생한 지급불능상태. 장기적으로도 정상화되기 어려운 경우가 많으며, 주주의 잔여재산 분배청구권이 사실상 의미를 상실(≒ 기업부도)

■ 기업부실 예측모형의 분류

구 분	내 용
단순예측모형	• 비버(W.H. Beaver)의 프로파일분석 • 즈뮤스키(M.E. Zmijewski)의 예측모형
단일변량 예측모형	하나의 재무정보를 기준으로 기업부실을 예측하는 모형 1. 표본기업 선택 : 실제 부실된 기업들과 정상적인 기업들을 선택 2. 분류기준 재무정보의 선택 : 양집단을 잘 분류할 수 있는 재무정보를 선택 3. 최적절사점 : 양집단을 분류하는 데 기준이 되는 최적절사점을 결정 4. 추정모형의 확인 : 확인표본을 대상으로 추정모형의 예측정확도를 검증
다변량 예측모형	기업부실은 다양한 내적·외적요인이 복합적으로 작용한 결과이며, 시간적으로도 여러 요인이 계속되어 작용한 결과이기 때문에 하나의 요건으로만 설명될 수 없다. 이러한 단일변량 예측모형의 한계점을 극복하기 위하여 다수의 재무정보를 기준으로 기업부실을 예측하는 모형 1. 표본기업 선택 : 실제 부실화된 기업들과 정상적인 기업들을 선택 2. 분류기준 재무정보의 선택 : 양집단을 잘 분류할 수 있는 재무정보를 2개 이상 선택 3. 판별함수의 결정 : 2개 이상의 재무정보를 변량으로 하는 판별함수를 추정 4. 최적절사점의 결정 : 양집단을 분류하는 데 기준이 되는 최적절사점을 결정한다. 5. 추정모형의 확인 : 확인표본을 대상으로 추정모형의 예측정확도를 검증한다.

■ 실제 기업부실 판별모형

구 분	내 용
Z-Score 모형	1946년부터 1965년 사이에 파산한 미국의 33개 제조기업과 이들 기업과 업종·규모 등이 유사한 정상적인 33개 제조기업을 추정표본으로 개발한 모형
Z'-Score 모형	비상장기업의 부실예측을 위하여 Z-Score 모형을 변형하여 개발한 모형
Zeta 모형	대기업을 추정표본으로 하여 개발한 모형
한국은행 K-Score 모형	한국은행과 알트만이 공동으로 개발한 모형

■ 유용성
• 분석대상기업의 재무변수를 개별적으로 검토하는 것이 아니라 여러 재무변수들을 동시에 고려하는 종합적인 재무분석 기법
• 판별모형은 많은 기업을 대상으로 동일한 기준으로 동시에 평가하는 분석이므로 분석자의 주관이 개입할 여지가 없다.

■ 한 계

• 이미 발표된 과거의 재무자료를 사용하여 판별함수를 추정하고 이를 기준으로 미래 상황을 예측하는 기법이다. 따라서 기업환경이 전체적으로 변하거나 기업의 경영패턴이 변하면 모형의 예측력이 떨어진다.

• 어떤 재무변수가 판별함수를 추정하는 데 최적인가에 대한 객관적 산정기준과 이론적 근거가 명확하지 못하다.

• 판별모형은 기업가치에 영향을 미치는 비회계적 자료를 고려하지 못하고 있으며 표본기업들 간에 회계처리 방법이 상이할 경우 판별함수의 예측력이 감소한다.

• 판별분석에 의한 기업부실 판별모형은 판별집단의 예측치에 대한 분산-공분산행렬이 동일하고, 예측치의 분포가 정규분포를 갖는다는 가정을 충족해야만 하는 통계적인 한계점을 지니고 있다.

■ 한계 해소를 위한 노력

• 판별분석에 사용될 재무변수를 객관적으로 선정하고 이에 대한 이론적 근거 제시

• 이론적으로 기업가치를 보다 적절하게 나타내는 주식시장 정보를 이용한 기업부실 판별모형 개발

• 판별분석에서 요구되고 있는 판별집단의 예측치에 대한 분산-공분산 행렬이 동일하여야 한다는 가정 없이도 사용할 수 있는 모형 개발

01 다음 중 재무분석의 방식이 상이한 것은?

① ROI

② 지수법

③ ROE

④ 비용구조분석

⑤ 기업체종합평가제도

해설 비용구조분석 방법은 재무분석 기법 중 실수법에 해당한다. 다른 보기의 내용은 모두 비율법(비율분석법)이다.

02 비율분석을 통해서 해당 기업을 분석하는 방식에 해당하지 않는 것은?

① 유동성분석

② 안정성분석

③ 수익성분석

④ 활동성분석

⑤ 유지성분석

해설 비율분석을 통해서 확인하고자 하는 내용은 기업의 현상 유지가 아니라 향후 성장성에 대한 내용이다.

03 신용평가기관이 수행하는 가장 중추적인 역할은 무엇인가?

① 산업상황분석

② 주가수준분석

③ 상품평판분석

④ 채권등급분석

⑤ 특허가치분석

해설 기업에 대한 신용평가 결과는 해당 기업이 발행하는 유가증권의 이자율 수준을 결정하여 해당 증권의 가격 수준을 결정하는 중요한 판단 근거가 된다.

정답 01 ④ 02 ⑤ 03 ④

04 다음 중 재무제표가 갖고 있는 유용성에 대한 설명으로 적합한 것은?

> ⓐ 정보이용자의 합리적인 의사결정을 돕는다.
> ⓑ 사회전체적으로 자원배분이 효율적으로 이루어질 수 있도록 돕는다.
> ⓒ 경영자의 관리적 의사결정에 기초자료로 활용된다.
> ⓓ 공정한 재무정보는 이해관계자의 이해조정을 위한 기초자료로 활용된다.

① ⓐ, ⓑ, ⓒ
② ⓑ, ⓒ, ⓓ
③ ⓒ, ⓓ
④ ⓐ, ⓑ, ⓒ
⑤ ⓐ, ⓑ, ⓓ

해설 재무회계는 회계정보이용자가 기업실체와 관련하여 합리적인 의사결정을 할 수 있도록 재무상의 자료를 일반적으로 인정된 원칙하에 처리하여 제공한다. 이는 사회 전체적인 자원 배분의 효율성을 높일 뿐만 아니라 이해관계자의 이해 조정을 위한 기초자료로 활용된다.

05 다음 중 재무상태표 등식에 대한 설명으로 옳지 않은 것은?

① '자산 = 부채 + 자본'이라는 등식이 성립한다.
② 등식의 좌변, 즉 차변은 자원구조를 나타낸다.
③ 등식의 우변, 즉 대변에는 재무구조를 나타낸다.
④ 항상 대변과 차변이 일치할 필요는 없다.
⑤ 차변에는 자산의 증가, 자본의 감소, 비용의 발생 등을 표시한다.

해설 재무상태표 등식에서는 항상 대변과 차변이 일치하여야 한다.

06 다음 중 유동자산으로 분류할 수 없는 것은?

① 현금및현금성자산
② 감채기금
③ 매출채권
④ 상 품
⑤ 선급비용

해설 유동자산은 크게 당좌자산, 재고자산으로 분류된다. 당좌자산에는 현금및현금성자산, 단기투자자산, 매출채권, 미수금, 미수수익, 선급금, 선급비용이 있고, 재고자산에는 상품, 제품, 재공품, 원재료 등이 있다. 참고로 감채기금이란 기업운전자본의 안정적 운영을 위하여 사채상환용 자금을 확보해 두려는 목적으로 사채발행회사가 사채 존속기간 중 매사업연도 적립하는 기금을 말한다.

07 다음 중 자본에 대한 설명 중 올바른 내용으로 연결된 것은?

> ⓐ 자본은 소유주지분이다.
> ⓑ 자본은 총자산에서 총부채를 차감한 것이다.
> ⓒ 기업의 자산에 대한 청구권은 소유주가 채권자보다 우선한다.
> ⓓ 자본은 잔여지분이다.
> ⓔ 자본에는 기업의 소유주가 투자하여 회사에 납입한 자본금과 영업활동 결과 이익을 낸 이익잉여금으로 구성된다.

① ⓐ, ⓑ
② ⓐ, ⓑ, ⓓ
③ ⓐ, ⓑ, ⓒ
④ ⓐ, ⓑ, ⓒ, ⓓ
⑤ ⓐ, ⓑ, ⓒ, ⓓ, ⓔ

해설 ⓒ 기업의 자산에 대한 청구권은 채권자가 소유주보다 우선한다.
ⓔ 자본에는 기업의 소유주가 투자하여 회사에 납입한 자본금과 영업활동 결과 이익을 낸 이익잉여금 그리고 자본의 운용 등에서 발생한 자본잉여금, 자본조정, 기타포괄손익누계액이 해당한다.

08 다음 중 레버리지분석에 활용하는 비율은?

① 당좌비율
② 투자자산구성비율
③ 매입채무회전율
④ 매출채권회전율
⑤ 이자보상비율

해설 레버리지분석에 활용되는 비율은 부채비율, 자기자본비율, 차입금평균이자율, 이자보상비율, EBITDA/이자비용 비율 등이 해당한다.

09 다음 중 이자보상비율에 대한 설명으로 옳지 않은 것은?　　최신출제유형

① 이자보상비율은 영업이익으로 이자비용을 얼마나 감당할 수 있는지를 보여주는 지표이다.
② 일정기간 부채사용의 적정성을 나타내는 비율로 추가로 부채를 차입할지의 여부를 결정할 때 활용된다.
③ 이자보상비율이 1이면, 기업은 영업이익으로 이자비용을 부담하고 추가이익을 낼 수 있다.
④ 일반적으로 이자보상비율은 최소 3배 정도는 되어야 영업이익에서 이자비용을 지급할 능력이 있다고 본다.
⑤ 이자보상비율은 부채비율보다 기업의 채무불이행과 더 직접적인 관련을 맺고 있다.

해설 이자보상비율이 1이면, 기업의 영업이익으로 이자비용만을 갚는 상황이므로 주주에 대한 보상이 이루어지지 않는다. 즉 이자보상비율이 1배 정도의 수준이라는 것은 투자수익률이 채권자 자본비용에 미치지 못하고 있다는 것을 의미한다.

10 S기업은 매년 5%의 이자가 발생하는 부채 1,000억원을 보유하고 있다. 올해 매출액이 1,000억원이고 매출원가가 500억원, 판매비와관리비가 200억원으로 예상된다면 S기업의 이자보상비율은 얼마인가? [최신출제유형]

① 4배   ② 4.5배

③ 5배   ④ 5.5배

⑤ 6배

해설

$$이자보상비율 = \frac{영업이익}{이자비용}$$

영업이익 = 매출액 − 매출원가 − 판매비와관리비
= 1,000억원 − 500억원 − 200억원
= 300억원

이자비용 = 부채 × 이자율
= 1,000억원 × 0.05 = 50억원

$$따라서 \ 이자보상비율 = \frac{300억원}{50억원} = 6배$$

11 다음 재무비율 중 안정성비율이 아닌 것은?

① 자기자본비율
② 자기자본회전율
③ 고정비율
④ 유동비율
⑤ 매출액증가율

해설 안정성비율은 부채상환능력과 경기변동대처능력을 평가하는 비율이다. 자기자본회전율은 기업의 활동성비율에 해당한다.

12 재무제표상 항목 간의 비율을 바탕으로 재무분석을 수행하는 비율분석은?

① 혼합비율분석
② 관계비율분석
③ 구성비율분석
④ 동태비율분석
⑤ 정태비율분석

해설 관계비율분석은 다른 말로 항목비율분석이라고도 하는데, 재무제표의 상이한 항목 간의 관계를 통해 재무분석을 수행하는 내용이다.

62 제1편 재무분석   10 ⑤ 11 ② 12 ②   정답

13 과거의 거래 또는 사건의 결과로서 특정의 실체가 소유 또는 통제하고 있는 장래의 경제적 효익은?

① 자 산

② 부 채

③ 자 본

④ 수 익

⑤ 매출채권

해설 ① 자산 : 과거의 거래 또는 사건의 결과로서 특정의 실체가 소유 또는 통제하고 있는 장래의 경제적 효익
② 부채 : 특정 실체의 과거 거래의 결과로 장래에 다른 실체나 개인에게 자산이나 용역을 제공하여야 할 의무
③ 자본 : 총자산에 대한 소유주의 청구권으로 소유주지분이라고도 한다.
④ 수익 : 일정기간 기업의 계속적인 영업활동의 결과로서 발생된 현금이나 기타 자산의 유입
⑤ 매출채권 : 상거래에서 제품이나 상품을 매출하고 대금을 현금으로 받는 경우가 있으나 실질적으로 소매거래
를 제외하고는 외상으로 거래하는 경우가 더 많다. 이러한 경우 판매한 제품이나 상품에 대한 외상대금은
외상매출금으로 회계처리된다.

14 다음 재무비율에 관한 설명 중 옳지 않은 것은?

① 유동비율은 기업의 단기채무지급능력을 나타낸다.

② 유동비율이 높아질수록 기업자산의 수익성이 높아진다.

③ 당좌비율은 재고자산 없이 단기채무지급능력을 나타낸다.

④ 당좌비율이 유동비율보다 엄격한 기준이다.

⑤ 고정비율은 자기자본이 고정자산에 어느 정도 투입되었는지를 알아보는 비율이다.

해설 유동비율은 안정성비율로서 기업자산의 수익성과는 관계가 없다.

15 주가순자산비율을 나타내는 표시는?

① PER

② PBR

③ PCR

④ PSR

⑤ EV/EBITDA

해설 ① 주가수익비율(PER), ③ 주가현금흐름비율(PCR), ④ 주가매출액비율(PSR), ⑤ 기업가치 대비 상각 전 영업이
익(EV/EBITDA)

16 다음 중 비용에 관한 설명으로 올바른 내용만을 고른 것은?

> ⓐ 비용은 실제의 현금유출이나 예상되는 현금유출을 표시한다.
> ⓑ 비용과 지출은 동일한 개념이다.
> ⓒ 비용은 반드시 당장 현금유출을 수반하지는 않는다.
> ⓓ 비용은 소모된 자산이나 원가의 소멸로 정의되기도 한다.

① ⓑ, ⓒ   ② ⓑ, ⓒ, ⓓ
③ ⓐ, ⓑ, ⓒ   ④ ⓐ, ⓒ, ⓓ
⑤ ⓐ, ⓑ, ⓓ

해설 ⓑ 비용과 지출은 일치하는 개념이 아니다.
　　　ⓒ 지출은 현금의 실제적 유출을 의미하지만, 비용은 반드시 당장의 현금유출을 수반하지 않을 수도 있다.
　　　ⓓ 비용은 소모된 자산이나 사용된 용역에 따라 매출원가, 판매비와관리비, 영업외비용, 특별손실, 법인세비용
　　　　으로 구분된다.

17 다음 중 표준비율로 가장 많이 사용되는 비율은?

① 과거평균비율
② 일반적 경험비율
③ 실현가능 목표비율
④ 산업평균비율
⑤ 최근 3년치 평균비율

해설 산업평균비율은 한국은행에서 매년 공표하는 '기업경영분석'을 통해서 제시하고 있는 내용으로 해당 기업과
　　　같은 업종에 속해 있는 기업들의 상황을 집계하여 이들 기업의 평균값을 제시한 비율이다. 현재 비율분석 시
　　　기준비율로 가장 많이 사용하는 표준비율이다.

18 재무상태표를 활용한 레버리지분석의 주요 대상은?

① 위험이 큰 부채, 위험이 작은 자본
② 위험이 작은 부채, 위험이 큰 자본
③ 위험이 작은 부채, 위험이 작은 자본
④ 위험이 큰 부채, 위험이 큰 자본
⑤ 위험이 큰 부채, 위험이 작은 부채

해설 레버리지분석의 주된 목적은 타인자본에 얼마만큼 의존하고 있는지를 확인하는 것이므로 위험성 높은 타인자본
　　　인 부채와 위험성 낮은 자기자본 간의 구성비율이 주된 분석 대상이 된다.

19 다음 재무상태표를 바탕으로 당좌비율을 계산하시오.

재무상태표			
(주)시대산업			(단위 : 백만원)
현 금	300	매입채무	300
매출채권	1,000	단기차입금	1,200
재고자산	1,700	장기차입금	2,000
비유동자산	3,000	자 본	2,500
총자산	6,000	총자본	6,000

① 72.4%

② 85.7%

③ 86.6%

④ 200%

⑤ 65%

해설 당좌비율 = (당좌자산 / 유동부채) × 100(%) = [(유동자산 − 재고자산) / 유동부채] × 100(%)
= [(300 + 1,000) / (300 + 1,200)] × 100(%) ≒ 86.6%

20 다음 재무상태표를 바탕으로 유동비율을 계산하시오.

재무상태표			
(주)시대산업			(단위 : 백만원)
현 금	300	매입채무	300
매출채권	1,000	단기차입금	1,200
재고자산	1,700	장기차입금	2,000
비유동자산	3,000	자 본	2,500
총자산	6,000	총자본	6,000

① 72.4%

② 85.7%

③ 165%

④ 200%

⑤ 230%

해설 유동비율 = (유동자산 / 유동부채) × 100(%) = [(300 + 1,000 + 1,700) / (300 + 1,200)] × 100(%) = 200(%)

21 다음 재무상태표를 바탕으로 순운전자본비율을 계산하시오. [최신출제유형]

재무상태표

(주)시대산업			(단위 : 백만원)
현 금	300	매입채무	300
매출채권	1,000	단기차입금	1,200
재고자산	1,700	장기차입금	2,000
비유동자산	3,000	자 본	2,500
총자산	6,000	총자본	6,000

① 21.6%

② 25%

③ 60%

④ 20%

⑤ 28%

해설 순운전자본비율(NWC) = (순운전자본 / 총자산) × 100(%) = [(유동자산 − 유동부채) / 총자산] × 100(%)
= (300 + 1,000 + 1,700 − 300 − 1,200 / 6,000) × 100(%) = 25%

22 다음 재무상태표를 바탕으로 현금비율을 계산하시오.

재무상태표

(주)시대산업			(단위 : 백만원)
현 금	300	매입채무	300
매출채권	1,000	단기차입금	1,200
재고자산	1,700	장기차입금	2,000
비유동자산	3,000	자 본	2,500
총자산	6,000	총자본	6,000

① 20%

② 25%

③ 60%

④ 30%

⑤ 28%

해설 현금비율 = (현금및현금성자산 / 유동부채) × 100(%) = (300 / 1,500) × 100(%) = 20%

66 제1편 재무분석

21 ② 22 ① 정답

23 다음 재무제표를 사용하여 이자보상비율을 계산한 것은? (단, (주)시대산업의 감가상각비는 500만 원이었다) `최신출제유형`

재무상태표

(주)시대산업			(단위 : 백만원)
현 금	500	매입채무	200
매출채권	1,200	단기차입금	1,400
재고자산	1,500	장기차입금	2,200
비유동자산	3,000	자 본	2,400
총자산	6,200	총자본	6,200

포괄손익계산서

	매출액	15,000
−	매출원가	9,000
	매출총이익	6,000
−	판매비와관리비	3,000
	영업이익	3,000
−	이자비용	400
	세전순이익	2,600
−	법인세비용	300
	당기순이익	2,300

① 7.5배
② 6.0배
③ 5.5배
④ 13.2배
⑤ 8.5배

`해설` 이자보상비율 = 영업이익 / 이자비용 = 3,000 / 400 = 7.5(배)
'영업이익 / 이자비용'을 통해서 이자보상비율을 계산할 수 있다. 특히 이자보상비율은 일정기간 기업이 수행한 영업활동으로 인한 이익으로 이자비용을 얼마만큼 부담할 수 있는지를 확인할 수 있다는 장점을 갖고 있다. 재무상태표를 통해 얻을 수 있는 안정성 관련 지표들이 일정시점의 부채 규모를 알려주는 데 반해 이자보상비율은 실질적인 부담 능력을 판단할 수 있도록 해준다는 데 의미가 있다.

24 다음 재무제표를 사용하여 EBITDA/이자비용비율을 계산한 것은? (단, (주)시대산업의 감가상각비는 500만원이었다) 최신출제유형

재무상태표

(주)시대산업   (단위 : 만원)

현 금	500	매입채무	200
매출채권	1,200	단기차입금	1,400
재고자산	1,500	장기차입금	2,200
비유동자산	3,000	자 본	2,400
총자산	6,200	총자본	6,200

포괄손익계산서

(주)시대산업   (단위 : 만원)

	매출액	15,000
−	매출원가	9,000
	매출총이익	6,000
−	판매비와관리비	3,000
	영업이익	3,000
−	이자비용	400
	세전순이익	2,600
−	법인세비용	300
	당기순이익	2,300

① 7.5배

② 6.0배

③ 5.5배

④ 13.2배

⑤ 8.75배

해설 EBITDA/이자비용 = (세전순이익 + 이자비용 + 감가상각비 및 무형자산상각비) / 이자비용
= (2,600 + 400 + 500) / 400 = 8.75(배)

EBITDA/이자비용비율은 기업활동을 통해 얻은 실질적인 현금흐름이 이자비용을 얼마만큼 부담할 수 있는지를 확인하기 위한 지표이다. 이러한 실질적인 현금흐름 관점에서 내용을 확인하기 위해 감가상각비와 같이 실제 현금유출이 없었던 내용에 대해서는 이러한 사실을 고려하기 위해 감가상각비의 내용을 가산해 준다.

25 다음 재무제표를 기반으로 한 레버리지분석 의견 중 잘못된 내용은? (단, (주)시대산업의 감가상각비는 500만원이었다)

재무상태표

(주)시대산업 (단위 : 백만원)

현 금	500	매입채무	200
매출채권	1,200	단기차입금	1,400
재고자산	1,500	장기차입금	2,200
비유동자산	3,000	자 본	2,400
총자산	6,200	총자본	6,200

포괄손익계산서

	매출액	15,000
−	매출원가	9,000
	매출총이익	6,000
−	판매비와관리비	3,000
	영업이익	3,000
−	이자비용	400
	세전순이익	2,600
−	법인세비용	300
	당기순이익	2,300

① 부채비율은 158%로 100% 이상이므로 안정성 측면에서 표준비율을 상회한다.

② 자기자본비율의 경우 38% 수준으로 표준비율인 100% 미만을 보였다.

③ 차입금의존도는 58% 수준으로 확인되었다.

④ 차입금평균이자율은 11% 수준으로 확인되었다.

⑤ 당좌비율은 106% 수준이다.

해설 ② 자기자본비율 = (자기자본 / 총자본) × 100(%) = (2,400 / 6,200) × 100(%) ≒ 38.7%로 비율 산정은 옳게 되었으나, 자기자본비율의 경우 일반적으로 100%가 아닌 50%를 표준비율로 삼고 있다.

① 부채비율 = [타인자본(부채) / 자기자본(자본)] × 100(%) = [(200 + 1,400 + 2,200) / 2,400] × 100(%) ≒ 158(%)

③ 차입금의존도 = [(장・단기차입금 + 사채) / 총자본] × 100(%) = [(1,400 + 2,200) / 6,200] × 100(%) ≒ 58%

④ 차입금평균이자율 = [이자비용 / (장・단기차입금 + 사채)평균 잔액] × 100(%) = [400 / (1,400 + 2,200)] × 100(%) ≒ 11%

⑤ 당좌비율 = (당좌자산 / 유동부채) × 100(%) = [(유동자산 − 재고자산) / 유동부채] × 100(%) = [(500 + 1,200) / (200 + 1,400)] × 100(%) ≒ 106%

26 레버리지분석에 대한 설명 중 잘못된 것은?

① 레버리지분석은 기업경영활동에 필요한 위험을 어느 주체가 부담하고 있는지를 확인하기 위한 방편이다.

② 레버리지비율이 높을수록 소유주는 적은 자기자본을 활용해 기업활동을 수행하고 있다는 의미이다.

③ 자산을 운영하여 얻은 수익률이 이자율을 초과하면, 레버리지 비율이 높을수록 자기자본순이익률이 확대된다.

④ 레버리지분석에 필요한 비율분석은 부채와 자본에 대한 정보를 얻을 수 있는 재무상태표를 통해서만 얻을 수 있다.

⑤ 레버리지분석을 통해서 타인자본에 대한 의존도를 확인할 수 있다.

> **해설** 이자보상비율과 EBITDA 등은 포괄손익계산서를 활용해서 작성한 비율분석이다. 포괄손익계산서를 통한 레버리지분석은 일정기간 이자부담 능력을 판단하는 주요한 수단이다.

27 다음 중 포괄손익계산서 항목과 재무상태표 항목을 함께 이용해야 구할 수 있는 비율분석은?

① 이자보상비율
② 차입금평균이자율
③ 차입금의존도
④ 부채비율
⑤ 자기자본비율

> **해설** 차입금평균이자율 계산 시 이자비용에 대한 정보는 손익계산서에서, 차입금과 사채 등에 대한 정보는 재무상태표에서 얻어야 한다.

28 비유동장기적합률 계산에 활용되는 항목들로 묶인 것은? 최신출제유형

① 비유동자산, 자기자본
② 비유동자산, 자기자본, 유동부채
③ 비유동자산, 비유동부채
④ 비유동자산, 비유동부채, 자기자본
⑤ 비유동자산, 유동부채

> **해설** 비유동장기적합률은 중공업 내지 기간산업 분야 기업들의 비유동자산 확보 상황을 파악하기 위해 고안된 비율이다. 이 기업들은 비유동자산이라고 할 수 있는 시설 투자에 자기자본만을 사용하기가 어렵기 때문에 비유동자산 상황 파악 시 장기부채를 함께 고려하는 것이다.

29 (주)시대산업의 안정성분석 결과, 일반적인 기준으로 비유동비율이 90%, 비유동장기적합률이 110%로 집계되었다고 한다. 이에 대해 올바른 판단은? 최신출제유형

① 비유동비율(안정성 양호), 비유동장기적합률(안정성 비양호)
② 비유동비율(안정성 비양호), 비유동장기적합률(안정성 비양호)
③ 비유동비율(안정성 양호), 비유동장기적합률(안정성 양호)
④ 비유동비율(안정성 비양호), 비유동장기적합률(안정성 양호)
⑤ 비유동비율과 비유동장기적합률은 안정성분석과는 무관한 비율분석이다.

> **해설** 산업 상황에 따라 차이는 있지만, 일반적으로 비유동비율이 100% 미만인 경우에 안정성이 양호한 것으로 보며, 비유동장기적합률의 경우에도 100% 미만인 경우에 안정성이 양호한 것으로 판단한다.

30 자산구성비율 관련 내용으로 잘못된 것은?

① 유동자산구성비율이 높을 경우 수익성이 높아진다.
② 유동자산구성비율이 높을 경우 위험이 일반적으로 낮다.
③ 유형자산구성비율이 높을 경우 고정비 부담이 높다.
④ 유형자산구성비율이 높을 경우 경기변동에 크게 영향을 받는다.
⑤ 투자자산구성비율이 적정한지는 이 비율이 영업활동 수익률보다 높은지 여부에 달려 있다.

> **해설** 유동자산구성비율이 높다는 것은 기업이 수익창출에 필요한 시설 투자와 같은 비유동자산을 상대적으로 적게 보유하고 있을 가능성이 높다는 것을 의미하며, 이는 수익성 저하로 이어진다.

31 재고자산회전율에 대한 설명으로 잘못된 것은?

① 재고자산회전율을 계산할 때 기업의 상황 내지 특징에 따라 기초와 기말 잔액의 평균액 이외의 다른 타당한 수치를 사용할 수 있다.
② 재고자산회전율에는 물가상승 상황이 반영되어 있다.
③ 재고자산이 일정기간 동안 당좌자산으로 몇 번 바뀠는지 확인하는 비율이다.
④ 재고자산을 판매에 활용하는 수준을 확인하는 비율이다.
⑤ 재고자산회전기간이 길수록 자금 압박을 받을 가능성이 높다.

> **해설** 재고자산회전율은 재고자산(기말기초평균)에 대한 매출액의 비율로 재고자산이 당좌자산으로 변화하는 속도를 나타내는 비율이다. 여기에서 재고자산은 구입 당시의 금액으로 표시되어 있으며, 매출액은 당해 연도 가격으로 표시되어 있다. 따라서 물가상승이 크게 유발되었을 경우 재고자산회전율이 내포하고 있는 의미가 정확하다고 보기는 어렵다. 이 경우 매출액 대신 매출원가를 사용하여 재고자산회전율을 계산하기도 한다.

32 다음 자본에 대한 설명 중 잘못된 것은?

① 자본은 크게 시설자본과 운전자본으로 구분할 수 있다.

② 시설자본은 기업활동을 수행하기 위해 초기에 필요한 시설을 구비하는 데 투여된 자본이다.

③ 운전자본은 기업활동을 실질적으로 운영하는 데 투여된 자본을 말한다.

④ 흔히 운전자본과 시설자본은 1년 수행 기간을 기준으로 분석된다.

⑤ 1회 운전자본은 시설 투자 이후 제품 생산 및 판매에 투여된 비용을 회수하는 데 걸리는 기간의 운전자본을 의미한다.

> 해설 운전자본은 통상 영업활동을 1회 수행하는 데 필요한 자본을 말한다. 하지만 시설자본은 초기 투자금액이므로 1회당으로 계산되지 않는다.

33 시대산업은 매출액 100억원, 영업이익 20억원, 감가상각비 15억원, 회전운전기간은 0.4년으로 집계되었다. 시대산업의 1회전 운전자본은? `최신출제유형`

① 24억원

② 25억원

③ 26억원

④ 27억원

⑤ 28억원

> 해설 '(매출액 − 영업이익 − 감가상각비) × 1회전 운전기간 = 1회전 운전자본'이다.
> 따라서 (100 − 20 − 15) × 0.4 = 26

34 다음 중 1회전 운전기간을 도출하는 수식으로 올바른 것은? `최신출제유형`

① 재고자산회전기간 + 매출채권회수기간 − 매입채무회전기간

② 재고자산회전기간 + 매입채무회수기간 − 매출채권회전기간

③ 재고자산회전기간 + 매입채무회수기간 + 매출채권회전기간

④ 재고자산회전기간 − 매입채무회수기간 − 매출채권회전기간

⑤ 재고자산회전기간 + 매입채무회수기간

> 해설 1회전 운전기간은 '재고자산회전기간 + 매출채권회수기간 − 매입채무회전기간'으로 도출된다.

35 주주가 자신이 투여한 자본을 기업이 얼마나 원활히 사용하고 있는지에 대해 확인하고 싶을 경우 찾아봐야 할 분석 비율로 가장 적합한 것은?

① 총자본회전율
② 매출채권회전율
③ 매입채무회전율
④ 자기자본회전율
⑤ 비유동자산회전율

> 해설 주주가 투여한 투자금액은 자기자본을 구성하므로, 자기자본을 매출액과 비교하는 것이 투자자의 자금을 활용한 정도를 확인하는 가장 적합한 방법이다.

36 다음은 기업의 생산성분석에 대한 설명이다. 잘못된 것은?

① 생산성은 효율성을 측정하기 위한 부분이다.
② 생산성을 판단하는 기준은 투입 대비 산출을 비교함으로써 얻어질 수 있다.
③ 투입물에 대한 평가 시 평균종업원수 내지 총투자자본을 활용할 수 있다.
④ 산출물 파악에는 부가가치보다 매출액을 활용하는 것이 적합하다.
⑤ 투입요소에 따라 특정 생산요소가 보유한 효율성을 따로 구분하여 파악할 수 있다.

> 해설 산출물 수준은 매출액을 통해 파악하지 않으며, 부가가치를 활용한다.

37 다음 중 부가가치 측정에 대한 설명 중 잘못된 것은? `최신출제유형`

① 부가가치를 구하는 방식은 차감법과 가산법이 있다.
② 차감법은 특정 기간의 생산액에서 재료비, 외주가공비 등의 투입액을 차감하여 계산한다.
③ 가산법은 부가가치를 창출하는 모든 요소를 더해 계산한다.
④ 가산법에 의한 부가가치는 '영업잉여 + 인건비 + 금융비용 + 조세공과 + 감가상각비'로 계산한다.
⑤ 산업 전반 내지 국가 전체의 부가가치를 계산하는 데는 조부가가치법이 더 적합하다.

> 해설 부가가치는 크게 영업잉여, 인건비, 금융비용, 조세공과, 감가상각비로 구성된다. 이중에서 감가상각비가 포함된 부가가치를 조부가가치 내지 총부가가치라고 부른다. 그리고 감가상각비를 제외하여 구한 부가가치를 순부가가치라고 부른다.
> 일반적으로 특정 기업의 부가가치를 계산할 경우에는 조부가가치법을 사용하고, 국가 내지 산업 전반의 부가가치를 계산할 경우에는 순부가가치법을 사용한다. 이는 국가 전반의 부가가치를 계산할 때 감가상각비를 차감한 순부가가치법을 사용할 경우, 감가상각비를 중복하여 고려하게 되기 때문이다.

38 다음 중 부가가치 구성항목에 대한 설명으로 잘못된 것은?

① 영업잉여는 주주에게 분배되는 부분이다.

② 인건비에는 급료, 임금뿐만 아니라 근로자에게 지급하는 상여금, 기타 수당 등의 지급분도 포함되어야 한다.

③ 금융비용은 채권자에게 분배되는 부분이다.

④ 조세공과는 부가가치 중 정부에 분배되는 부분이다.

⑤ 감가상각비는 생산 및 판매 활동으로 인해 발생한 부분에 대한 감가상각비를 의미한다.

해설 영업잉여는 법인세, 배당, 사내유보금액 등으로 구성된 금액이다. 따라서 정부, 회사, 주주들에게 분배되는 몫을 의미한다.

39 다음 중 생산성비율에 해당하지 않는 것은?

① 기계장비율

② 자본집약도

③ 설비투자효율

④ 부가가치율

⑤ 1회전 운전기간

해설 1회전 운전기간은 활동성을 확인하는 지표이다.

40 종업원 1인에게 부여된 자본 수준을 확인할 수 있는 것은?

① 노동장비율

② 자본집약도

③ 설비투자비율

④ 노동소득분배율

⑤ 노동생산성

해설 노동장비율은 노동자 1명에게 부여된 장비 이용 정도를 의미한다.

41 설비투자효율의 산식으로 올바른 것은?

최신출제유형

① $\dfrac{\text{부가가치}}{\text{유형자산} - \text{감가상각비}} \times 100(\%)$

② $\dfrac{\text{매출액}}{\text{유형자산} - \text{감가상각비}} \times 100(\%)$

③ $\dfrac{\text{부가가치}}{\text{유형자산} - \text{건설중인자산}} \times 100(\%)$

④ $\dfrac{\text{부가가치}}{\text{유형자산} - \text{감가상각비}} \times 100(\%)$

⑤ $\dfrac{\text{매출액}}{\text{유형자산} - \text{건설중인자산}} \times 100(\%)$

해설 설비투자효율은 해당 기업에서 실제로 사용하는 설비자산이 그 기업의 부가가치 창출에 얼마나 기여하는지를 확인하는 수식이다.

42 자본집약도를 도출하는 수식은?

① $\dfrac{\text{총자본}}{\text{종업원평균임금}}$

② $\dfrac{\text{자기자본}}{\text{종업원평균임금}}$

③ $\dfrac{\text{타인자본}}{\text{종업원평균임금}}$

④ $\dfrac{\text{총자본}}{\text{종업원수}}$

⑤ $\dfrac{\text{자기자본}}{\text{종업원수}}$

해설 자본집약도는 종업원 1인에게 어느 정도의 자본을 투여해 주었는지를 확인하는 내용의 비율이다.

43 노동장비율의 산식으로 적합한 것은?

최신출제유형

① $\dfrac{\text{유형자산} + \text{건설중인자산}}{\text{종업원수}}$

② $\dfrac{\text{유형자산} + \text{건설중인자산}}{\text{종업원임금}}$

③ $\dfrac{\text{유형자산} - \text{건설중인자산}}{\text{종업원수}}$

④ $\dfrac{\text{유형자산} + \text{건설중인자산}}{\text{종업원임금}}$

⑤ $\dfrac{\text{유형자산} + \text{건설중인자산}}{\text{종업원 평균임금}}$

해설 노동자 1인에게 투여된 실질적인 장비 수준을 측정하기 위한 방법이다.

44 지속가능성장률을 바르게 표현한 것은?

① 유보율 × 총자본순이익률

② 유보율 × 매출액순이익률

③ 유보율 × 자기자본순이익률

④ 유보율 × 주당이익증가율

⑤ 자기자본순이익률 × 주당이익증가율

> **해설** 지속가능성장률이란 기업이 보유한 잠재적 성장률을 확인할 수 있는 비율로, '유보율 × 자기자본순이익률'로 계산한다.

45 주당이익증가율에 대한 설명 중 잘못된 것은?

① 주당이익증가율은 순이익증가율의 보조적인 지표로 볼 수 있다.

② 직접적으로 주주에게 귀속되는 이익의 추세를 확인할 수 있다.

③ 순이익증가율이 발행주식수증가율보다 크면, 주당이익증가율이 순이익증가율에 비해 작다.

④ 주당이익증가율은 증자 여부를 반영한 지표이다.

⑤ 주주의 투자 단위를 기준으로 판단할 수 있는 지표이다.

> **해설** 주당이익증가율이 커질 경우 발행 주식 총수는 작고, 순이익은 커져야 한다. 따라서 순이익증가율이 발행주식수 증가율보다 크면, 주당이익증가율이 순이익증가율에 비해 커진다.

46 다음 회계자료를 바탕으로 총자산증가율을 바르게 계산한 것은?

연 도	매출액(억원)	순이익(억원)	총자산(억원)	자기자본(억원)	주당이익(원)
전년도	110	7	90	44	3,400
금년도	115	8	100	67	5,600

① 11.1% ② 5%

③ 8.8% ④ 13%

⑤ 7.5%

> **해설** [(당기말총자산 − 전기말총자산) / 전기말총자산] × 100(%)을 바탕으로 계산하면, [(100 − 90) / 90] × 100(%) ≒ 11.11%가 된다.

47 일반적으로 국내기업의 경우 부가가치 비중이 가장 큰 부분은?

① 영업잉여
② 금융비용
③ 인건비
④ 조세공과
⑤ 감가상각비

해설 한국의 경우 창출된 부가가치 중 인건비로 분배되는 비율이 가장 높다.

48 다음 중 감가상각비 내지 재고자산에 대한 회계처리의 영향을 받지 않고, 기업의 성과가 주가에 투영된 정도를 확인할 수 있는 지표는?

① PER
② PBR
③ PSR
④ 적정PBR
⑤ EV/EBITDA

해설 순이익 내지 장부가치 등은 감가상각비를 어떻게 처리하느냐에 따라 값이 변경될 수 있지만, 매출액은 이러한 임의 조정이 불가능하기 때문에 더욱 객관성이 높다. 주가매출비율(PSR)이란 주가를 주당매출액으로 나눈 것으로 기업의 성장성에 주안점을 둔다.

49 매출액 200억원, 매출채권 50억원, 매입채무 40억원, 재고자산 40억원, 영업이익 20억원, 감가상각비 10억원이다. 1회전 운전자본은? [최신출제유형]

① 45.2억원
② 42.5억원
③ 36.6억원
④ 28.5억원
⑤ 23.8억원

해설 1회전 운전기간 = 재고자산회전기간 + 매출채권회수기간 − 매입채무회전기간
= 1/재고자산회전율 + 1/매출채권회전율 − 1/매입채무회전율
= 재고자산/매출액 + 매출채권/매출액 − 매입채권/매출액
= 40/200 + 50/200 − 40/200 = 1/5 + 1/4 − 1/5 = 1/4년
1회전 운전자본 = (매출액 − 영업이익 − 감가상각비) × 1회전 운전기간
= (200 − 20 − 10) × 1/4 = 42.5억원

50 A기업에 대한 정보가 다음 보기와 같을 때 1회전 운전자본은 약 얼마인가? 최신출제유형

> • 매출액 : 400억원
> • 매출원가 : 300억원
> • 판매비와관리비 : 60억원(감가상각비 40억원 포함)
> • 세전이익 : 20억원
> • 1회전 운전기간 : 162일

① 140억원   ② 142억원

③ 145억원   ④ 148억원

⑤ 150억원

해설 1회전 운전자본

= (매출액 − 영업이익 − 감가상각비) × 1회전 운전기간(년)

$= (400억 − 40억 − 40억) \times \dfrac{162}{365}$

≒ 142억원

51 기업의 1회전 운전기간과 1회전 운전자본에 영향을 미치는 요인들을 고려한 다음의 설명 중 잘못된 것은? 최신출제유형

① 매출채권회수기간이 짧을수록 1회전 운전기간은 짧아진다.

② 총자산회전율이 높을수록 1회전 운전기간은 짧아진다.

③ 매입채무회전율이 높을수록 1회전 운전기간은 길어진다.

④ 감가상각비가 클수록 1회전 운전자본은 작아진다.

⑤ 재고자산이 많을수록 1회전 운전기간은 길어진다.

해설 매출채권회전율, 재고자산회전율이 높을수록, 매입채무회전율이 낮을수록 1회전 운전기간이 짧아진다. 총자산회전율은 관련성이 적다.

52 매출액영업이익률과 매출액순이익률은 불량하고 총자산순이익률은 양호하다. 다음의 가능한 추론 중에서 가장 옳은 것은?

① 매출원가율이 낮고, 총자산회전율도 낮다.

② 판매관리 활동이 효율적이고, 총자산회전율은 낮다.

③ 최종마진이 불량하고, 총자산회전율은 높다.

④ 매출액 대비 영업비용이 적고, 총자산회전율은 높다.

⑤ 매출액 대비 총비용이 적고, 총자산회전율은 높다.

해설 매출액영업이익률은 (영업이익/매출액) × 100(%), 매출액순이익률은 (당기순이익/매출액) × 100(%), 총자산순이익률은 (순이익/총자본) × 100(%)로 계산한다. 매출액영업이익률과 매출액순이익률이 불량하고 총자산순이익률은 양호하다는 것은 영업마진과 최종마진이 불량하고 총자산회전율은 높다는 것이다.

53 매출액과 영업비용 그리고 감가상각비는 산업평균과 동일한데, 재고자산과 매출채권은 많으며 매입채무회전기간은 짧다. 다음 설명 중 가장 옳은 것은?

① 1회전 운전기간이 산업평균과 동일하다.
② 산업평균에 비해서 1회전 운전기간이 짧다.
③ 산업평균에 비해서 외상으로 파는 비중이 적다.
④ 산업평균에 비해서 운영자금 압박을 많이 받는다.
⑤ 산업평균에 비해서 외상으로 매입하는 비중이 많다.

> **해설** 1회전 운전기간 = 재고자산회전기간 + 매출채권회수기간 − 매입채무회전기간
> = 재고자산/매출액 + 매출채권/매출액 − 매입채권/매출액
>
> 매출액과 영업비용 그리고 감가상각비 수준은 산업평균과 동일한데 재고자산과 매출채권은 많으며 매입채무회전기간은 짧다는 것은 '산업평균에 비해 1회전 운전기간이 길다', '산업평균과 비교해서 외상으로 파는 비중이 많다', '산업평균과 비교해서 외상으로 매입하는 비중이 적다', '산업평균에 비해서 운영자금 압박을 많이 받는다'는 의미이다.

54 활동성분석과 생산성분석에서 가장 중요한 항목을 제대로 묶은 것은?

① 활동성분석 − 매출액, 생산성분석 − 부가가치
② 활동성분석 − 매출원가, 생산성분석 − 부가가치
③ 활동성분석 − 매출액, 생산성분석 − 경제적 부가가치
④ 활동성분석 − 매출원가, 생산성분석 − 경제적 부가가치
⑤ 활동성분석 − 부가가치, 생산성분석 − 경제적 부가가치

> **해설** 활동성분석 비율인 총자산회전율, 자기자본회전율, 비유동자산회전율, 재고자산회전율, 매출채권회전율, 매입채무회전율 등은 모두 회전율 앞에 붙는 지표에 대한 매출액의 비율이다. 또한 수익성분석 비율인 부가가치율, 노동생산성, 자본생산성은 부가가치를 각각 매출액, 평균종업원수, 총자본으로 나눈 것이며 노동소득분배율은 (인건비/노동비용부가가치) × 100(%)으로 구한다. 따라서 활동성분석에서는 매출액이, 생산성분석에서는 부가가치가 필수적 요소라고 할 수 있다.

55 ROI(Return On Investment)에 대한 다음 설명 중 옳지 않은 것은?

① 자본수익성지표이다.
② 분모와 분자가 논리적으로 대응되는 비율로서 사용범위가 넓다.
③ 재무상태표와 손익계산서를 집약한 성과지표이다.
④ 총자본순이익률 또는 총자산순이익률이라고 한다.
⑤ ROE와 일정한 관계를 갖고 있다.

> **해설** 총자본순이익률(ROI)은 주주와 채권자가 투자한 금액 대비 수익률을 확인하기 위한 비율로
>
> $$ROI = \frac{순이익}{총자본} \times 100(\%)이다.$$
>
> 분자는 순이익으로 주주에게 귀속되는 이익이고 분모는 주주와 채권자가 제공한 총자본(총자산)이기 때문에 논리적으로 잘 대응되는 비율은 아니다.

56 (주)시대산업의 부채비율이 100%, 매출액순이익률이 4.5%, 총자본회전율이 2.5회전일 때 ROE는 얼마인가?

① 20%

② 21.5%

③ 22.5%

④ 24%

⑤ 25.5%

> 해설 ROE = 매출액순이익률 × 총자본회전율 × (1 + 부채비율)
> = 4.5 × 2.5 × (1 + 100%)
> = 4.5 × 2.5 × (1 + 1)
> = 22.5%

57 ROE는 산업평균에 비해서 높은데 ROI는 산업평균에 비해서 낮은 기업이 있다. 그 이유를 바르게 설명하고 있는 것은? (단, ROI는 양의 값이다)

① 총자본회전율이 산업평균에 비해서 높다.

② 부채비율이 산업평균에 비해서 낮다.

③ 매출액영업순이익률이 산업평균에 비해서 높다.

④ 매출액영업이익률이 산업평균에 비해서 낮다.

⑤ 자기자본비율이 산업평균에 비해서 낮다.

> 해설 $ROI = \dfrac{순이익}{총자본} \times 100(\%)$, $ROE = \dfrac{순이익}{자기자본} \times 100(\%)$이다.
> 레버리지효과란 타인의 자본을 가지고 투자하여 자기자본이익률(ROE)을 높이는 효과를 말한다. 총자본에서 부채비율이 높으면(자기자본비율이 낮으면) ROI가 낮아도 레버리지효과로 ROE는 높게 된다.

58 다른 것은 일정한데 영업고정비는 증가하고 이자비용이 줄어드는 경우, 다음 설명 중 가장 옳은 것은?

① 매출액 변동률보다 영업이익 변동률이 확대되는 효과가 줄어든다.

② 영업이익 변동률보다 매출액 변동률이 확대되는 효과가 늘어난다.

③ 매출액 변동률보다 순이익 변동률이 확대되는 효과가 늘어난다.

④ 영업이익 변동률보다 순이익 변동률이 확대되는 효과가 늘어난다.

⑤ 영업이익 변동률보다 순이익 변동률이 확대되는 효과가 줄어든다.

해설 ① 영업고정비가 증가한다는 것은 영업레버리지도가 커진다는 뜻이므로 영업이익 변동률 확대 효과가 커진다.

② 영업고정비 증가로 영업레버리지도가 커지며, 이는 영업이익 변동률이 매출액 변동률보다 확대되는 효과가 크다는 것을 의미한다.

③ 이자가 작아지면 재무레버리지도가 작아지므로 영업이익 변동률보다 순이익 변동률이 확대되는 효과가 줄 어든다.

④ 영업레버리지도는 커지고, 재무레버리지도는 작아지므로, 영업이익 변동률이 순이익 변동률보다 확대 효과 보다 크게 나타난다고 할 수 있다.

- 영업레버리지도(DOL) $= \dfrac{\text{영업이익의 변화율}}{\text{매출액의 변화율}} = \dfrac{\text{매출액} - \text{변동비}}{\text{매출액} - \text{변동비} - \text{고정비}}$

- 재무레버리지도(DFL) $= \dfrac{\text{주당이익의 변화율}}{\text{영업이익의 변화율}} = \dfrac{\text{영업이익}(EBIT)}{\text{영업이익}(EBIT) - \text{이자}(I)}$

- 레버리지분석이란 매출액 변동에 따라 고정비가 순이익 또는 영업이익에 어떠한 영향을 미치는지를 분석하는 것을 말한다. 위 식에서 알 수 있듯이, 고정영업비가 클수록, 매출액이 작을수록, 판매단가가 낮을수록, 단위당 변동비가 클수록 영업레버리지는 크게 나타나고, 영업이익이 클수록, 고정재무비용(이자)이 작을수록 재무레 버리지가 작게 나타난다. 영업레버리지가 큰 기업일수록 매출액이 증가함에 따라 영업이익이 크게 상승하고 매출액이 감소하면 영업이익이 크게 감소하며, 재무레버리지가 높은 기업일수록 영업이익이 증가함에 따라 순이익이 크게 증가하고, 영업이익이 감소함에 따라 순이익이 크게 감소한다.

59 PSR의 장점에 대한 설명 중 잘못된 것은?

① 음의 값이 나올 수 없기 때문에 수치에 대한 해석이 적절하다.

② 회계처리 방식에 따라 결과가 바뀌지 않아 객관성이 높다.

③ PER보다 변동성이 크지 않아 객관성이 높다.

④ 기업의 전략 등에 대한 간접적인 평가도 이루어질 수 있다.

⑤ PSR은 기업이 비용을 조절할 수 있는 경우 보다 적합하다.

해설 주가매출액비율(Price Sales Ratio ; PSR)은 주가를 주당매출액으로 나눈 비율이다.

60 PSR을 해석하는 것에 대한 설명 중 잘못된 것은?

① 수치가 1보다 작을 경우 해당 기업이 시장에서 아직 저평가 중이라고 판단할 수 있다.

② 수치가 1보다 작을 경우 해당 기업의 성장 가능성이 낮아서일 수 있다.

③ 비교 대상 기업을 무엇으로 하느냐에 따라 해석이 달라질 수 있다.

④ 비교 대상 기업을 적정하게 선정하였다고 하더라도 비교 대상 기업과의 상황이 다르기 때문에 수치 해석에 대한 부분이 항상 동일할 수는 없다.

⑤ PSR은 PER와는 달리 배당성향과는 무관하다.

해설 PSR 역시 위험, 배당성향, 성장성 등의 영향을 받는다.

61 B기업의 금기 주당이익이 1,000원이고, 배당성향이 60%, 자기자본비용이 16%, 배당성장률이 3%로 일정하다면, B기업의 정상PER은 얼마인가? (단, 소수점 셋째 자리에서 반올림한다)

① 3.75
② 4.15
③ 4.35
④ 4.75
⑤ 5.25

해설 정상PER

$$= \frac{(1 - b)(1 + g)}{r - g} = \frac{0.6 \times (1 + 0.03)}{0.16 - 0.03} \fallingdotseq 4.75$$

(b : 유보율, $1 - b$: 배당성향, g : 성장률, r : 주주의 요구수익률(자기자본비용))

62 다음은 순현재가치(NPV)에 대한 설명이다. 가장 잘못된 설명은 어느 것인가?

① 투자비용과 현금흐름을 예측하고, 적당한 할인율을 사용하여 구한다.
② 기업이 해당 프로젝트에서 얻고자 하는 수익률이다.
③ 투자 관련 의사결정을 내릴 때 일반적으로 사용되는 방법이다.
④ 여러 개의 프로젝트 중 하나를 선택한다면, 가장 큰 NPV를 선택한다.
⑤ 한 개의 프로젝트일 경우, NPV가 0보다 크면 프로젝트를 채택해야 한다.

해설 NPV는 Net Present Value의 약자로 순현재가치를 의미한다. 기업이 투자안의 경제성을 평가하기 위해 사용하는 방법으로 IRR과 함께 널리 사용되고 있다. NPV는 투자안의 각 연도에 발생하는 투자비용과 현금흐름을 적절한 할인율(보통 시장이자율)로 할인하여 현재가치를 구한다. 복수의 투자안에서 하나를 선택하는 경우에는 각각 구해진 NPV 중 가장 큰 NPV를 선택한다. 만약 한 개의 투자안일 경우, NPV가 0보다 크다면 채택하고 0보다 작은 경우에는 기각한다. 0보다 작은 경우에는 투자비용이 수익보다 더 크다는 것을 의미한다. NPV는 비율(%)이 아닌 값(가치)을 구하는 것이고, 수익률과 같이 비율을 구하고자 할 때는 IRR을 사용한다.

63 다음 중 기업의 단기부채에 대한 지급능력을 나타내는 지표로 주로 사용되는 재무비율은?

① 고정비율
② 활동성비율
③ 자본회전율
④ 유동비율
⑤ 부채비율

해설 유동비율 = (유동자산 / 유동부채)
유동비율은 회사의 지불능력을 판단하기 위해서 사용하는 분석지표로, 유동부채의 몇 배의 유동자산을 가지고 있는가를 나타내며 이 비율이 높을수록 지불능력이 커진다. 주로 단기부채에 대한 지급능력을 분석하는 지표로 사용된다. 부채비율은 회사의 부채총액을 자기자본액으로 나눈 백분율로, 기업자본 구성의 안전도, 특히 타인자본 의존도를 표시하는 지표이다.

64 기업이 자기자본을 확충할 수 있는 방법으로 거리가 먼 것을 모두 고르면?

> ㉠ 주식 발행
> ㉡ 회사채 발행
> ㉢ 전환사채(CB) 발행
> ㉣ 대손충당금 추가 적립
> ㉤ 주주 이익 배당률 축소

① ㉠, ㉡   ② ㉡, ㉣

③ ㉢, ㉤   ④ ㉢, ㉣

⑤ ㉣, ㉤

해설 대손충당금은 이익에서 빼내 적립된다. 이에 충당금을 적립하면 이익이 감소해 자기자본비율이 악화된다. 회사
채는 자기자본과 무관하며, 타인자본과 관련된 것이다.

65 다음은 (주)시대산업이 발행한 주식 관련 정보이다. 2017년 기본주당순이익은?

> • 가중평균유통보통주식수 10,000주
> • 2017년도 당기순이익 ₩4,000,000
> • 2016년 7월 1일 우선주 3,000주 발행(액면배당률 4%, 액면가액 ₩5,000)

① ₩310   ② ₩330

③ ₩340   ④ ₩370

⑤ ₩380

해설 기본주당순이익(EPS)
(당기순이익 − 우선주 배당금) / 보통주
= [4,000,000 − (3,000주 × 5,000 × 4%)] / 10,000주 = ₩340

66 다음은 자본금 50만원인 (주)시대전자가 새로운 기계설비를 도입한 내용에 대한 설명이다. 해당
내용은 인쇄 설비를 40만원에 취득하면서 현금 10만원을 지급하였고, 나머지 금액은 3개월 후에
지급하기로 한 내용이다. 이를 반영한 회사의 유동비율은 얼마인가?

> • 총자산 : 100만원
> • 유동자산 : 40만원
> • 비유동부채 : 20만원

① 50%   ② 60%

③ 70%   ④ 80%

⑤ 90%

유동비율은 (유동자산 ÷ 유동부채) × 100(%)의 계산식으로 산출된다. 유동비율은 기업이 보유하는 지급능력, 또는 그 신용능력을 판단하기 위하여 쓰이는 것으로 신용분석적 관점에서는 가장 중요한 재무비율 중 하나이다.

| | | (차) 기 계 | 400,000 | (대) 현 금 | 100,000 |
| | | | | 미지급금 | 300,000 |

계정과목	거래 전	거래 후
유동자산	400,000	300,000
유동부채	300,000	600,000
유동비율	133%	50%

67 이익민감도와 관련된 영업레버리지효과를 가장 적절하게 설명한 것은?

① 매출액 변동률보다 영업이익 변동률이 줄어드는 효과를 말한다.

② 영업이익증가율보다 순이익증가율이 늘어나는 효과를 말한다.

③ 매출액증가율보다 순이익증가율이 늘어나는 효과를 말한다.

④ 영업비용의 변동률이 매출액의 변동률보다 축소되는 효과를 말한다.

⑤ 영업변동비의 구성비중이 클수록 커진다.

④ 영업레버리지효과는 영업이익의 변동률이 매출액의 변동률보다 확대되는 현상으로, 영업비용의 변동률이 매출액의 변동률보다 축소되는 효과를 말한다.
①, ③ 매출액 변동률(증가율)보다 영업이익 변동률(증가율)이 커지는 효과를 말한다.
② 재무레버리지효과에 대한 설명이다.
⑤ 영업변동비의 구성비중이 작을수록 커진다.

68 자본조달분기점(FBEP)이 500억원이다. 다음 설명 중 항상 옳은 것은? `최신출제유형`

① 영업이익이 500억원을 초과하면 부채를 사용할수록 주당순이익이 작아진다.

② 영업이익이 500억원일 때, 부채의존도와 관계없이 주당순이익이 일정하다.

③ 매출총이익이 500억일 때, 당기순이익은 0이다.

④ 매출액이 500억원일 때, 세전순이익이 0이다.

⑤ 매출액이 500억원일 때, 영업이익이 0이다.

자본조달분기점(FBEP)이란 부채의존도와 관계없이 주당순이익이 동일하게 되는 영업이익 수준이다. 자본조달 분기점을 통해서 부채와 자기자본 중 어느 원천으로부터 자본을 조달해야 하는가에 대한 정보를 얻을 수 있다. 자본조달분기점에 해당하는 영업이익을 초과할 경우 부채를 사용하는 것이 주당순이익이 높아지고, 자본조달분 기점보다 영업이익이 작을 경우 보통주를 통해서 자본을 조달하는 것이 주당순이익이 높아진다는 의미이다.

69 주어진 정보를 바탕으로 EV/EBITDA비율을 바르게 계산한 것은?

- 기초주가 : 8,000원
- 기말주가 : 9,000원
- 발행주식수 : 40만주
- 세전순이익 : 10억
- 세후순이익 : 8억
- 이자비용 : 1억
- 감가상각비 : 1억

① 1   ② 2

③ 3   ④ 4

⑤ 5

해설 EV는 '발행주식수 × 기말주가'로 계산한다. EBITDA는 '세전순이익 + 이자비용 + 감가상각비와 무형자산상각
비'를 합산하여 계산한다.
EV = 40만주 × 9,000원 = 36억원
EBITDA = 10억원 + 1억원 + 1억원 = 12억원
EV/EBITDA = 36억원 / 12억원 = 3억원

70 PCR과 EV/EBITDA비율의 차이점을 바르게 표현한 것은?

① PCR은 주주의 현금흐름을 기준으로 주가 수준을 파악하는 재무정보인데 반해, EV/EBITDA는
기업의 영업현금흐름을 바탕으로 한 주가평가 정보이다.

② PCR은 영업현금흐름을 기준으로 주가 수준을 파악하는 재무정보인데 반해, EV/EBITDA는 기업
의 영업 및 비영업 현금흐름을 바탕으로 한 주가평가 정보이다.

③ PCR은 주주의 영업 및 비영업 현금흐름을 기준으로 주가 수준을 파악하는 재무정보인데 반해,
EV/EBITDA는 기업의 영업현금흐름을 바탕으로 한 주가평가 정보이다.

④ PCR은 주주의 비영업현금흐름을 기준으로 주가 수준을 파악하는 재무정보인데 반해, EV/EBITDA
는 기업의 영업현금흐름을 바탕으로 한 주가평가 정보이다.

⑤ 상호비교가 적합한 대상이 아니다.

해설 EV/EBITDA는 영업이익을 바탕으로 산출된 지표이지만, PCR은 기업의 재무레버리지 효과를 반영한 지표이다.
따라서 정답은 ①이다.

71 PCR 수식을 바르게 표현한 것은?

① $PCR = \dfrac{주가}{주당현금흐름}$ (배), $주당현금흐름 = \dfrac{당기순이익}{발행주식수}$

② $PCR = \dfrac{발행가}{주당현금흐름}$ (배), $주당현금흐름 = \dfrac{주주현금흐름}{발행주식수}$

③ $PCR = \dfrac{발행가}{주당현금흐름}$ (배), $주당현금흐름 = \dfrac{당기순이익}{발행주식수}$

④ $PCR = \dfrac{주가}{주당현금흐름}$ (배), $주당현금흐름 = \dfrac{주주현금흐름}{발행주식수}$

⑤ $PCR = \dfrac{주가}{주당현금흐름}$ (배), $주당현금흐름 = \dfrac{세전영업이익}{발행주식수}$

> 해설 PER은 주가와 주당순이익을 비교하는 비율이나, PCR은 주가와 주당현금흐름을 비교하는 비율이다. 주당순이익은 당기순이익을 발행주식수로 나누어 구하는 것이나, 주당현금흐름은 당기순이익에 현금유출이 없는 비용인 감가상각비와 무형자산상각비 등의 항목을 가산한 주주현금흐름(Cash Flow to Stockholders)을 발행주식수로 나누어 구한다.

72 주가현금흐름비율에 대한 설명으로 잘못된 것은?

① 주가를 1주당 현금흐름으로 나눈 것으로 PCR이 낮으면 주가가 저평가된 것으로 볼 수 있다.
② PER이 높은 경우에도 PCR이 낮으면 해당 주가가 낮은 것이고, PER이 낮은 경우에 PCR이 높다면 현재의 주가는 높다고 할 수 있다.
③ 현금흐름이란 당기순이익에 현금지출을 수반하지 않는 감가상각비, 외환 및 유가증권평가차손 등을 더한 것이다.
④ PCR이 2.0이면 이는 주당 가치가 주당 현금흐름의 2배라는 사실을 의미한다.
⑤ PCR의 계산 시 실질적으로 현금유입이 없는 수익 등인 외환 및 유가증권평가차익은 차감하지 않는다.

> 해설 PCR(Price Cash flow Ratio)은 실질적인 현금흐름을 바탕으로 한 지표이기 때문에 실제 현금흐름이 왜곡되어 있는 회계처리 내용은 전부 수정하여 계산한다.

73 EBITDA를 도출하는 연산으로 바르게 표현된 것은? 최신출제유형

① EBITDA = 세전순이익 + 이자비용 − 감가상각비와 무형자산상각비
② EBITDA = 세전순이익 − 이자비용 + 감가상각비와 무형자산상각비
③ EBITDA = 세전순이익 + 이자비용 + 감가상각비와 무형자산상각비
④ EBITDA = 세후순이익 + 이자비용 + 감가상각비와 무형자산상각비
⑤ EBITDA = 세후순이익 + 이자비용 + 감가상각비와 무형자산상각비

> 해설 EBITDA(Earnings Before Interest, Tax, Depreciation and Amortization), 즉 지급이자, 세금, 감가상각비(유·무형고정자산의 감가상각비를 모두 포함) 지출 전 이익을 의미한다.

74 다음 중 EVA에 대한 설명으로 잘못된 것은?

① EVA의 이론은 전통적인 재무관리 관점에서 제시된 이론이다.

② EVA는 기업의 투자수익률과 주주의 요구수익률 간의 비교가 가능한 지표이다.

③ EVA는 자기자본에 대한 사용 비용을 고려하여 이를 통해 주주들이 투자여부를 결정하기 용이한 지표이다.

④ 주주들의 투자 가능 여부를 명확히 확인하기 위해 회계장부상에 표현되어 있는 이익 등의 개념을 중시한다.

⑤ 최근 주인-대리인 문제의 부각 등으로 인해 더욱 부각된 비율 분석 방법이다.

> 해설 EVA(Economic Value Added)란 세후영업이익에서 자본비용을 차감한 값을 말한다. 자본비용이란 주주, 채권자 등 투자자가 제공한 자본에 대한 비용을 말한다. 기존의 수익성분석 비율들은 회계장부상에서 표현된 이익 내지 비용 등에 근거하여 작성한 것이지만, 실질적으로 주주에게 지불해야 할 자기자본 사용 비용에 대한 부분은 반영하지 않은 것이다. 따라서 주주 관점에서 자신들에게 돌아갈 실질적인 상황을 확인하기 위해 회계장부상의 내용을 보완하여 사용하고 있다.

75 EVA의 수식으로 적합한 것은?　　　　　　　　　　　　　　　　　　　　　　最新出題類型

① EVA = (영업이익 + 조정된 법인세) − 투하자본 조달비용

② EVA = (영업이익 − 조정된 법인세) − 투하자본 조달비용

③ EVA = (영업이익 − 조정된 법인세)

④ EVA = (영업이익 − 조정된 법인세) + 투하자본 조달비용

⑤ EVA = (영업이익 + 조정된 법인세) + 투하자본 조달비용

> 해설 EVA는 세후영업이익에 투하자본 조달비용을 차감하여 연산한다.

76 다음 중 자산에 대한 설명으로 잘못된 것은?

① 자산을 구분하는 방법 중 영업자산과 비영업자산으로 구분하는 방법도 있다.

② 비영업자산에는 금융자산, 투자자산, 건설중인자산 등이 포함된다.

③ 투자자산에서 관계회사에 출연한 출자금 및 대여금은 제외해야 한다.

④ 건설중인자산은 당기에 기업활동에 활용되지 못한 자산을 의미한다.

⑤ 무형자산이라 하더라도 개발비 등은 영업자산에 포함된다.

> 해설 관계회사에 출연한 출자금 및 대여금 역시 투자 목적으로 간주하여 투자자산에 포함한다.

77 다음 중 시장부가가치(MVA)에 대한 정의를 바르게 한 것은?

① MVA는 미래에 발생할 EVA를 합산한 것이다.

② MVA는 미래에 발생할 EVA를 산술평균자본비용으로 할인한 현재가치이다.

③ MVA는 미래에 발생할 EVA를 가중평균자본비용으로 할인한 현재가치이다.

④ MVA는 지금까지 발생한 EVA를 합산한 것이다.

⑤ MVA는 미래에 발생할 EVA를 기하평균자본비용으로 할인한 현재가치이다.

> 해설 MVA(Market Value Added)는 현재 시점에서 기업가치가 앞으로 얼마만큼 증가할 것인지를 평가한 것이다. 따라서 앞으로 발생할 EVA를 가중평균자본비용으로 할인하여 도출한다.

78 다음 중 주인-대리인 문제를 해소하는 데 기여할 수 있는 재무분석 비율은?

① PER
② PBR
③ PSR
④ EVA
⑤ PCR

> 해설 EVA는 자본에 대한 비용 이상의 이익을 창출하여야 (+)가 되고, 이를 통해 기업을 경영할 가치가 있는지 여부를 판단하는 데 사용된다. 세후순이익에서 주주에 대한 자본비용을 차감한 이익을 사용해 주주 가치 실현에 가장 적합한 근거를 제공한다.

79 PER, PBR, PSR 수치에 모두 영향을 주는 요인들을 모두 고르면?

가. 위험	나. 성장률
다. ROS	라. ROE

① 가, 라
② 나, 다
③ 가, 다
④ 나, 라
⑤ 가, 나

> 해설 위에 열거된 지표들은 위험, 성장률, 배당성향 등에 의해 영향을 받는다.

80 ROI에 대한 설명 중 잘못된 것은?

① 기업을 종합적으로 평가하는 방식으로 재무제표상의 정보를 종합적으로 활용한다.

② ROI는 총자본순이익률을 의미한다.

③ ROI는 목표수익률에 못미치는 세부적인 이유까지 부분적으로 확인할 수 있다.

④ ROI는 재무분석의 기준 역할을 한다.

⑤ ROI는 매출액순이익률과 자본회전율을 상승시켜야만 달성 가능하다.

> 해설 ROI는 매출액순이익률과 총자산회전율에 의해 상승한다.

81 ROI의 산식으로 적합한 것은?

① $ROI = \dfrac{영업이익}{매출액} \times \dfrac{매출액}{총자산}$

② $ROI = \dfrac{순이익}{매출액} \times \dfrac{매출원가}{총자산}$

③ $ROI = \dfrac{순이익}{매출액} \times \dfrac{매출액}{총자산}$

④ $ROI = \dfrac{순이익}{매출원가} \times \dfrac{매출액}{총자산}$

⑤ $ROI = \dfrac{순이익}{매출액} \times \dfrac{매출액}{자본}$

해설 ROI는 매출액순이익률과 총자산회전율을 통해 도출한다.

82 ROI는 매출액순이익률과 총자산회전율의 곱으로 계산된다. 이것이 내포하고 있는 의미는?

① 두 비율 모두를 상승시키기 위해서는 매출액 증가가 중요하다.
② 두 비율 모두를 상승시키기 위해서는 매출원가 절감이 중요하다.
③ 두 비율 모두를 상승시키기 위해서는 총자산의 증가가 필요하다.
④ 두 비율 모두를 상승시키기 위해서는 자기자본 비중이 증가해야 한다.
⑤ 일반적으로 두 비율 모두 증가할 수는 없다.

해설 매출마진을 높이기 위해 가격을 높일 경우 그만큼 판매량이 줄어들 수 있기 때문에 총자산회전율이 떨어질 수 있다. 따라서 매출액순이익률과 총자산회전율을 함께 올리는 것은 어렵다.

83 ROE에 대한 설명 중 잘못된 것은?

① 자기자본이익률은 이익을 자기자본으로 나눈 비율이다.
② 분해공식에 의하면, 자기자본이익률을 높이기 위한 수단은 세 가지 방법이 있다.
③ ROE는 세 개의 세부비율인 매출액총이익률, 총자본회전율, 자기자본비율로 구성된다.
④ 자기자본에 대하여 얼마의 이익을 얻었는지를 평가하는 지표이다.
⑤ ROE를 세분화하는 방식은 듀퐁에서 개발하였다.

해설 $ROE = \dfrac{순이익}{자기자본} = \dfrac{순이익}{매출액} \times \dfrac{매출액}{총자산} \times \dfrac{총자산}{자기자본}$

분해된 세 개의 세부비율은 각각 매출액총이익률, 총자본회전율, 자기자본비율의 역수(逆數)로 구성되어 있다.

84 C기업의 매출액순이익률이 4.8%, 자기자본순이익률이 24%, 총자본회전율이 1.25회전일 때, C기업의 자기자본비율은 얼마인가? `최신출제유형`

① 25% 　　　　　　　② 40%

③ 50% 　　　　　　　④ 75%

⑤ 80%

> **해설** ROE = 매출액순이익률 × 총자본회전율 × (1 + 부채비율)
>
> 24% = 4.8% × 1.25 × (1 + 부채비율)
>
> $1 + \text{부채비율} = \dfrac{24}{4.8 \times 1.25} = 4$
>
> $\text{부채비율} = 3 = \dfrac{\text{부채}(300)}{\text{자기자본}(100)}$
>
> 따라서 $\text{자기자본비율} = \dfrac{\text{자기자본}}{\text{부채 + 자기자본}} = \dfrac{100}{300 + 100} = 25\%$

85 내부수익률에 대한 설명으로 가장 거리가 먼 것은?

① 내부수익률은 투자로부터 기대되는 현금유입의 현가와 현금유출의 현가를 같게 하는 할인율을 의미한다.
② 내부수익률은 투자안의 순현가가 0이 되는 할인율이다.
③ 혼합현금흐름인 경우에는 내부수익률이 존재하지 않거나 복수의 내부수익률이 존재할 수 있다.
④ 내부수익률과 자본비용을 비교하여 의사결정을 한다.
⑤ 채권만기수익률은 곧 가중평균자본비용이다.

> **해설** 채권만기수익률은 채권의 현재 시장가격과 채권을 만기까지 보유했을 때 얻게 될 이자 및 원금의 현재가치를 같게 해주는 할인율이므로 채권투자의 내부수익률(IRR)이다. 한편 내부수익률은 평균투자수익률 개념으로 현금흐름의 시간성을 고려한 개념이다.

86 투자안의 경제성평가와 관련된 설명으로 옳지 않은 것은?

① 순현가법과 내부수익률법은 화폐의 시간가치를 고려한 투자안평가기법으로서, 투자안의 현금흐름을 기회자본비용으로 할인하여 계산한다.
② 내부수익률법과 수익성지수법은 투자규모의 차이를 무시하는 평가기법이다.
③ 증분 IRR이 자본비용보다 크다면 자본비용은 피셔의 수익률보다 작아진다.
④ 현금흐름의 발생시점이 상이한 상호배타적 투자안이라도 피셔의 수익률이 없을 수 있다.
⑤ 상호배타적 투자안이라고 하더라도 항상 상반된 평가결과를 가져오는 것은 아니다.

> **해설** 내부수익률법과 순현가법의 결과가 상반되는 경우는 투자규모, 투자수명, 현금흐름의 양상이 다른 경우에 발생한다. 상반되는 이유는 순현가법에서는 자본비용을 재투자수익률로 가정하고 내부수익률법에서는 그 투자안의 IRR(내부수익률)을 재투자수익률로 가정하기 때문이다.

87 유동성비율이 110%일 때, 이 비율을 감소시키는 상황은?

① 현금으로 단기차입금을 상환할 경우
② 외상매출금을 현금으로 상환할 경우
③ 현금으로 재고자산을 구입할 경우
④ 재고자산을 외상으로 구입할 경우
⑤ 사채로 고정자산을 구입할 경우

해설 유동비율은 유동자산을 유동부채로 나누어 계산하는 바, 현재 유동비율이 100% 이상이므로 유동부채만 증가하든 유동자산만 감소하든 유동자산과 유동부채의 동일한 금액이 증가하면 유동비율은 감소한다. ④의 경우 유동자산과 유동부채가 증가하므로 유동비율이 감소한다.

88 복식부기의 특징을 바르게 연결한 것은?

Ⓐ 거래의 이중성   Ⓑ 자기검증기능
Ⓒ 대차평균의 원리   Ⓓ 차변과 대변

① Ⓐ, Ⓑ, Ⓒ, Ⓓ
② Ⓑ, Ⓒ, Ⓓ
③ Ⓒ, Ⓓ
④ Ⓐ, Ⓑ, Ⓒ
⑤ Ⓑ, Ⓓ

해설 거래의 이중성에 의하여 모든 회계거래는 차변과 대변에 같은 금액을 동시에 기록하게 되어 있다. 따라서 아무리 많은 거래를 기입하더라도 계정 전체를 놓고 보게 되면 차변금액의 합계와 대변금액의 합계는 반드시 일치하게 되어 있는데 이것을 대차평균의 원리라고 한다. 거래가 갖고 있는 대차평균의 원리를 이용할 경우 회계처리 과정에서 발생한 오류를 쉽게 확인할 수 있어 자기검증이 가능하다.

89 다음 빈칸에 공통적으로 들어갈 말로 적절한 것을 고르면?

( )을(를) 재무의사결정의 기준으로 하여야 하는 이유는 미래 ( )이(가) 기업가치를 결정하기 때문이다. 기업은 미래에 보다 많은 ( )을(를) 얻기 위해 현재의 현금유출을 통한 투자를 한다. 또한 기업이 재투자를 하거나 부채상환 혹은 배당지급 시 필요한 것은 현금이지 이익이 아니다. 회계상의 이익은 현금의 형태로 전환되지 않는다면 실제적인 의미가 없다. 예를 들어, 유가증권 평가이익이 기업가치에 실제적인 효과가 있을 것인가? 따라서 ( )이(가) 모든 기업의 의사결정의 중심기준이 되는 것이다.

① 순현가   ② 자본비용
③ 투자수익률   ④ 위험관리
⑤ 현금흐름

해설 투자수익률에 대한 설명이다.

90 다음에 제시된 상황 중에서 재무관리자로 하여금 양(+)의 NPV 값을 갖는 투자계획을 연기시키게 끔 하는 상황은? (단, 이 투자계획을 지금 채택한다면 그 NPV값은 일정한 값을 갖는다)

① 무위험이자율의 하락
② 상기 투자안에 대한 예산 투자금액의 감소
③ 상기 투자안에서 창출된 최초의 현금유입이 기대치에 못 미쳤을 때
④ 미래투자안가치의 불확실성의 증가
⑤ 해당사항 없음

해설 불확실성이 증가하면 투자안의 할인율이 증가하여 NPV가 '－'가 될 수 있다.

91 다음 투자안 평가 방법 중에서 투자안으로부터 예상되는 현금흐름을 이용하지 않는 방법은?

① 회계적이익률법
② 내부수익률법
③ 수익성지수법
④ 순현재가치법
⑤ 회수기간법

해설 회계적이익률법(Accounting Rate of Return ; ARR)은 투자안의 연평균순이익을 연평균투자액(또는 총투자액)으로 나눈 값이므로 현금흐름을 이용하지 아니한다.

92 투자안의 경제성분석 기법 중 화폐의 시간가치를 고려하고 있는 것을 모두 고르시오.

A. 순현재가치법   B. 회계적이익률법
C. 회수기간법   D. 내부수익률법
E. 수익성지수법   F. 할인현금회수기간법
G. 연간균등가치법

① A, D, E, F, G   ② A, B
③ A, B, C, D   ④ A, E, G
⑤ A, B, C, D, E, F

해설 투자안의 경제성분석 기법 중 화폐의 시간가치를 고려하는 방법은 순현재가치법과 내부수익률법이다. 회계적이익률법과 회수기간법을 화폐의 시간가치가 고려되도록 조정한 것이 할인현금회수기간법이고, 수익성지수법과 연간균등가치법은 순현가법의 변형이다.

93 순현가법(순현재가치법)에 관한 설명으로 가장 부적절한 것은?

① 순현가는 현금유입의 현가에서 현금유출의 현가를 차감한 것이다.

② 투자안의 순현가가 0보다 크다면 투자안은 채택가능하다.

③ 순현가 계산을 위한 할인율은 내부수익률을 이용한다.

④ 순현가는 화폐의 시간가치를 고려한다.

⑤ 순현가법과 내부수익률법은 모두 현금흐름을 할인한다.

해설 순현가법에서 현재가치는 자본비용이 되는 시장수익률을 이용하여 계산한다.

94 (주)시대의 매출액은 200억원, 매출액순이익률은 5%, 주가수익비율은 10배, 유보율은 60%, 발행주식수는 100만주일 때 (주)시대의 배당수익률은 얼마인가?

① 4%   ② 5%

③ 6%   ④ 8%

⑤ 10%

해설 당기순이익 = 매출액 × 매출액순이익률 = 200억원 × 0.05 = 10억원
주당순이익 = 당기순이익/발행주식수 = 10억원/100만주 = 1,000원
P = PER × EPS = 10 × 1,000원 = 10,000원
DPS = 10억원 × 0.4/100만주 = 400원
배당수익률 = DPS/P = 400/10,000 = 0.04

95 내부수익률법과 순현가법의 가장 기본적인 차이점은?

① 화폐의 시간가치를 고려하는지의 문제

② 현금흐름을 중심으로 하는지의 문제

③ 재투자수익률을 무엇으로 하는지의 문제

④ 회계적 이익을 고려하는지의 문제

⑤ 회수기간을 고려하는지의 문제

해설 순현가법에서는 자본비용으로 재투자됨을 가정하고, 내부수익률법에서는 내부수익률로 재투자됨을 가정한다.

96 다음 중 물가변동이 재무비율분석에 미치는 원인에 대한 설명으로 잘못된 것은?

① 물가인상이 심각할 경우 명목가치인 회계장부의 가치와 실제 기업성과의 차이가 커진다.

② 물가인상의 경우 실물 자산을 보유하고 있을 때 영업과 관련없는 이익을 얻을 수 있다.

③ 취득자산은 원가로 표시되어 있지만 영업성과는 시가로 표현된다.

④ 물가인상으로 인한 회계수치 내용과 실제 현실 내용의 괴리는 다시 재무분석 비율에 영향을 미친다.

⑤ 물가변동이 각 재무분석 비율에 미치는 영향의 정도는 동일하다.

해설 각 재무분석 비율에 따라 물가변동으로 인한 영향이 달라질 수 있다.

97 다음 중 각 재무비율이 물가변동으로 인해 받는 영향으로 잘못된 것은?

① 유동비율 – 물가가 크게 상승할 경우 유동비율은 실제보다 낮다.

② 부채비율 – 물가상승 시 타인자본 의존도를 크게 묘사한다.

③ 수익성비율 – 물가상승 시 실수익성비율은 낮게 나타난다.

④ 활동성비율 – 물가상승 시 실제보다 활동성이 높은 것으로 나타난다.

⑤ 성장성비율 – 물가상승 시 수치가 실제보다 높게 나타난다.

해설 물가상승 시 실제 취득자산인 분모는 취득원가로 표시되어 실제보다 낮게 표시되지만, 분자인 이익은 물가상승 추세가 반영되어 실제는 더 크게 나타난다.

98 다음 중 현금예산에 대한 설명으로 옳지 않은 것은?

① 현금예산은 기업의 현금흐름에 대한 통제와 관리를 위해 필요한 절차이다.

② 현금예산은 일정기간 동안 현금유입과 유출에 대한 내용을 항목별로 구분하여 나타낸다.

③ 통상적으로 현금예산은 중장기적인 기간에 대한 현금상황을 분석한다.

④ 현금흐름의 불확실성이 더욱 높을 경우 분석 기간을 더욱 짧게 한다.

⑤ 3개월 수준의 초단기 현금예산에 대한 분석도 수행된다.

해설 현금흐름은 통상적으로 1년 이내의 단기적인 기간에 대한 현금흐름에 대한 분석을 수행한다.

99 다음 중 소요자금 분석에 대한 설명으로 잘못된 것은?

① 매출액백분율법은 매출액의 변화에 따라 소요되는 자금 수위를 분석한 내용이다.

② 흔히 매출액이 증가하면 현금, 매출채권, 재고자산도 함께 증가한다.

③ 매출액이 증가할 경우 부채항목의 미지급금과 매입채무도 함께 증가한다.

④ 매출액백분율법은 손익계산서의 항목을 바탕으로 소요자금을 계산한다.

⑤ 각 항목별 변화를 추정하여 계산할 수 있다.

해설 매출액백분율법은 재무상태표의 항목을 바탕으로 매출액 변화에 따른 소요자금을 분석한 내용이다.

100 다음 경영실태평가 시의 적기시정조치에 해당되는 것만으로 묶인 것은?

> ㉠ 경영개선권고   ㉡ 경영개선요구
> ㉢ 경영개선명령   ㉣ 경영개선조치
> ㉤ 경영개선시정

① ㉠, ㉢, ㉤   ② ㉠, ㉣
③ ㉣, ㉤   ④ ㉠, ㉡, ㉢
⑤ ㉢, ㉣

해설 적기시정조치는 경영개선권고, 경영개선요구, 경영개선명령의 3가지 종류이다.

101 다음 내용은 (주)시대전자의 2020년도 재무제표 주요 내용들이다. 이를 바탕으로 EBITDA를 계산하면 얼마인가?   최신출제유형

> • 매출액 : 40,000원   • 당기순이익 : 9,000원
> • 이자비용 : 500원   • 감가상각비 : 2,500원
> • 퇴직급여 : 3,500원   • 법인세비용 : 2,000원

① 13,000원   ② 14,000원
③ 15,000원   ④ 16,000원
⑤ 17,000원

해설 EBITDA(Earnings Before Interest, Taxes, Depreciation and Amortization)는 기업이 영업활동으로 벌어들인 현금 창출 능력을 나타내는 지표로 이론적으로는 이자비용과 법인세 공제 전 이익에서 감가상각비와 무형자산 상각비를 더해 구하지만, 편의상 영업이익과 감가상각비의 합으로 계산한다. 이에 대한 구체적인 산식은 아래와 같다.
EBITDA = 매출액 − 영업비용 + 감가상각비
= 당기순이익 + 법인세비용 + 이자비용 + 감가상각비
따라서 본 문제의 경우
EBITDA = 9,000 + 2,000 + 500 + 2,500 = 14,000

102 기업부실 판별모형의 한계점에 대한 설명으로 잘못된 것은?

① 과거의 재무정보를 바탕으로 미래의 상황을 판단한다는 점이 가장 근본적인 한계점이다.
② 다양한 재무분석 비율 중 무엇을 사용할지에 대한 객관적인 근거가 부족하다.
③ 비교 대상 집단과 동일한 정규분포를 따른다는 전제하에 수행된다.
④ 비재무적 정보를 포함하지 못하는 단점이 있다.
⑤ 여러 기업들을 동일한 기준으로 평가하고 있다.

해설 기업부실 판별모형은 다양한 재무정보를 통계기법을 활용하여 동일한 방식으로 처리함으로써 기업 간 비교를 원활하게 해준다는 장점이 있다.

103 다음 중 시장가치를 분석한 비율분석 수식 중 바른 것을 모두 고르면?

> 가. 주가수익비율(PER) = $\dfrac{주\ 가}{주당순이익}$
>
> 나. 주가장부가치비율(PBR) = $\dfrac{주\ 가}{주당장부가치}$
>
> 다. 주가현금흐름비율(PCR) = $\dfrac{주\ 가}{주당현금흐름}$
>
> 라. 주가매출액비율(Price Sales Ratio ; PSR) = $\dfrac{주\ 가}{주당매출액}$
>
> 마. 토빈의 q비율 = $\dfrac{자산의\ 시장가치}{대체비용의\ 추정치}$

① 가
② 가, 나
③ 가, 나, 다
④ 가, 나, 다, 라
⑤ 가, 나, 다, 라, 마

해설 모두 옳은 수식이다.

104 다음 중 수익성을 확인하는 비율은?

① 매출액경상이익률
② 매출액증가율
③ 이익증가율
④ 재고자산회전율
⑤ 노동생산성증가율

해설 매출액경상이익률(%) = (경상이익 /매출액) × 100(%)은 매출액 중에서 경상이익이 차지하는 비중을 통해 수익성을 확인하기 위한 방법이다.

105 다음 중 EV/EBITDA비율에 대한 설명으로 옳지 않은 것은? [최신출제유형]

① EV/EBITDA비율은 주주현금흐름을 기반으로 주가를 평가한다.
② EV/EBITDA비율이 높을수록 주가가 과대평가되었을 가능성이 높다.
③ EV/EBITDA비율은 시계열지표를 비교하여 주가의 수준을 판단하는 데 이용된다.
④ EV/EBITDA비율은 기업 고유의 영업활동의 결과인 영업이익을 기준으로 한 시장가치비율이다.
⑤ EV/EBITDA비율이 낮은 주식을 투자대상으로 하는 전략은 주가 미반영부분을 의식한 전략이다.

해설 주주현금흐름을 기반으로 주가를 평가하는 것은 주가현금흐름비율(PCR)이다. EV/EBITDA비율은 영업현금흐름을 기반으로 주가를 평가한다.

106 PBR ≠ 1로 도출되기 어려운 이유가 아닌 것은?

① 주가는 기업의 총체를 반영하나 주당순자산은 개별자산과 부채의 단순한 합계에 불과하다.

② 주가는 미래현금흐름의 순현가를 나타내는 것으로 볼 수 있다는 점에서 미래지향적이므로 예측에 따라 달라진다.

③ 주당순자산은 감가상각비 등 회계처리로 인해 제약을 받는다.

④ 주당순자산은 역사적 취득원가에 준하여 기업의 과거에서 현재까지의 누적된 재산과 부채를 나타낸다는 점에서 과거지향적이므로 물가 수준에 따른 변화가 반영되지 못한다.

⑤ 기업이 처음 출범한 시점에는 PBR이 1이다.

해설 기업이 처음 설립된 시점이라고 하더라도 장부가치와 주가는 다르다. 장부가치는 현재 시점에 의거한 가치들을 반영한 데 반해, 주가는 미래 지향적인 관점에 의해 평가되기 때문이다.

107 다음 중 PER 수치를 크게 만드는 요인을 모두 고른 것은?

가. 기대수익률	나. 배당성향
다. 배당성장률	라. 이익성장률
마. 주식의 위험도	

① 나, 다, 라 ② 가, 나, 다

③ 가, 다, 라 ④ 가, 라, 마

⑤ 가, 다, 마

해설 가. 기대수익률 : 기대수익률이 큰 주식은 작은 PER을 갖는다.
   나. 배당성향 : 배당성향이 큰 주식은 큰 PER을 갖는다.
   다. 배당성장률 : 배당성장률이 큰 주식은 큰 PER을 갖는다.
   라. 이익성장률 : 기대되는 이익성장률이 클수록 PER도 커진다.
   마. 주식의 위험도 : 위험이 큰 주식의 PER은 낮고 위험이 작은 주식의 PER은 높다. 위험이 클수록 투자자들이 요구하는 기대수익률이 크기 때문이다.

108 B기업의 금기 주당이익이 1,000원이고, 배당성향이 60%, 자기자본비용이 16%, 배당성장률이 3%로 일정하다면, B기업의 정상PER은 얼마인가? (단, 소수점 셋째 자리에서 반올림한다)

최신출제유형

① 3.75 ② 4.15

③ 4.35 ④ 4.75

⑤ 5.25

해설 정상PER

$$= \frac{(1-b)(1+g)}{r-g} = \frac{0.6 \times (1+0.03)}{0.16 - 0.03} ≒ 4.75$$

(b : 유보율, $1-b$: 배당성향, g : 성장률, r : 주주의 요구수익률(자기자본비용))

109 자본자산가격결정모형(Capital Asset Pricing Model ; CAPM)에 대한 설명으로 잘못된 것은?

① 투자자들이 포트폴리오 이론에 따라 행동할 때 자본시장이 균형인 상태에서 위험이 적절히 반영된 균형가격이 어떻게 결정되는지를 설명하는 모델로, 기대수익률과 위험의 관계를 나타낸다.

② CAPM은 개별주식이나 포트폴리오의 기대수익률과 위험이 균형상태에서 벗어났을 때 균형상태를 찾아가는 가격 메커니즘을 보여 준다.

③ 베타계수(β)는 위험의 정도를 나타내는 것으로 β의 크기에 따라 개별주식의 요구수익률이나 기대수익률은 달라진다.

④ 증권시장선(Security Market Line ; SML)은 무위험이자율과 시장포트폴리오 기대수익률이 고정되어 있는 상황에서 각 증권의 베타와 기대수익률과의 관계를 표시한 그래프이다.

⑤ 일반적으로 $\beta < 1$이면 공격적 증권, $\beta > 1$이면 방어적 증권이라 한다.

해설   일반적으로 $\beta > 1$이면 공격적 증권, $\beta < 1$이면 방어적 증권이라 한다.

110 기업의 수익성을 측정하는 지표 중 경제적 부가가치(Economic Value Added ; EVA)라는 개념이 있다. 이것은 투하된 자본을 빼고 실제로 얼마나 이익을 냈는지를 보여주는 경영지표이다. 다음 중 이를 올바르게 측정하는 방법은?   최신출제유형

① (투하자본 수익률 – 자기자본비용) × 자기자본

② (투하자본 수익률 – 가중평균자본비용) × 투하자본

③ (투하자본 수익률 – 자기자본비용) × 투하자본

④ (자기자본 수익률 – 가중평균자본비용) × 타인자본

⑤ (자기자본 수익률 – 가중평균자본비용) × 자기자본

해설   경제적 부가가치(EVA)는 투하자본의 기회비용과 영업활동에 의한 현금흐름을 함께 고려함으로써 기존의 회계적 이익을 나타내는 지표들보다 가치중심의 경영성과를 평가하는 데 적절하다. EVA는 '(투하자본 수익률 – 가중평균자본비용) × 투하자본' 또는 '세후순영업이익 – (가중평균자본비용 × 투하자본)'으로 구해진다.

111 다음 보기에서 괄호 안에 들어갈 말로 가장 적절한 것은?   최신출제유형

> 월(Wall)의 지수법은 재무유동성을 비롯한 재무안정성을 중시하고 있는 여신자 입장에서의 분석으로 (㉠)비율과 (㉡)비율에 가장 큰 가중치를 부여하고 있다.

① ㉠ 유동   ㉡ 비유동
② ㉠ 유동   ㉡ 부채
③ ㉠ 비유동   ㉡ 부채
④ ㉠ 비유동   ㉡ 이자보상
⑤ ㉠ 유동   ㉡ 이자보상

해설   월(Wall)의 지수법은 재무유동성을 비롯한 재무안정성을 중시하고 있는 여신자 입장에서의 분석으로 **(유동)**비율과 **(부채)**비율에 가장 큰 가중치를 부여하고 있다. 지수법은 주요 비율의 산정과 가중치의 부여에 있어서 분석자의 주관적인 판단이 개입되어 있기 때문에 종합적인 평가결과의 객관성을 보장받기 어렵다는 한계점이 있다.

PART2 현금흐름분석

아이들이 답이 있는 질문을 하기 시작하면 그들이 성장하고 있음을 알 수 있다.

– 존 J. 플롬프 –

제 01 장 현금흐름표의 기초 이해

학습전략

현금흐름분석 과목은 수험자들이 공부할 때 가장 까다롭게 느끼는 부분이다. 이 장에서는 현금흐름표의 개념과 현금흐름분석의 중요성, 현금흐름의 분류에 대해 이해하고 넘어가야 한다.

---

01 일상적 거래 vs 회계적 거래   **핵심개념문제**

다음 중 회계처리가 필요한 사항에 해당하는 것은?

> 가. 용역을 제공하는 행위
> 나. 부동산을 매각하는 행위
> 다. 물품을 구매하거나 판매하기로 한 계약만을 체결한 경우
> 라. 물품의 도난이나 손괴 등으로 인한 손실

① 가, 나, 다
② 나, 다, 라
③ 나, 다
④ 다, 라
⑤ 가, 나, 라

해설   단순 계약은 회계처리 요인이 아니며, 실질적으로 금전적인 거래가 이루어져야 회계처리가 된다.

정답 ⑤

더 알아보기

회계적 거래 VS 경제적 거래

모든 거래가 회계적 처리를 요하는 거래는 아니다. 회계처리를 요하는 회계적 거래는 기업의 자산, 부채, 자본의 증감을 가져오거나 수익, 비용의 발생을 가져오는 거래이다. 물품을 구입하는 행위, 부동산을 매각하는 행위, 용역을 제공하는 행위, 물품을 교환하는 행위는 기업의 자산, 부채, 자본의 증감을 가져오거나 수익, 비용의 발생을 가져오는 거래로서 기업활동 과정에서 발생하는 일상적인 거래임과 동시에 회계적 처리를 요하는 회계적 거래에 해당한다. 그러나 물품을 구매하거나 판매하기로 계약만을 체결한 경우, 기업의 자산, 부채, 자본의 증감이나 수익, 비용의 발생을 가져오는 거래가 아니므로 일상적 거래에는 해당되지만 회계적 거래에는 해당되지 않는다. 비정상적으로 발생한 물품의 도난이나 손괴 등으로 인한 손실은 일상적 거래에는 해당되지 않지만 기업 재산의 증감을 가져오므로 회계적 거래에는 해당된다.

다음 중 현금흐름표가 가지는 경제적 의미를 잘못 설명한 것은?

① 포괄적인 현금흐름의 내용과 변동원인, 현금창출능력에 대한 분석을 중심으로 기업의 재무적 건전도를 평가하는 분석체계이다.

② 기업 내부자인 경영자에게는 자금의 조달과 상환이라는 재무의사결정과 관련된 현금흐름에 대한 정보 제공을 의미한다.

③ 기업 외부 이해관계자인 채권자에게는 대출기업의 채무 불이행의 가능성이 어느 정도인지 평가하기 위한 정보 제공을 의미한다.

④ 현금흐름에 관한 정보는 재무상태표, 손익계산서분석이나 재무비율분석을 통해서는 얻을 수 없는 정보이다.

⑤ 다른 재무제표는 기업의 경영 과정에서의 순환 과정을 바탕으로 파악하지만, 현금흐름은 순환 관점이 아닌 현금의 관점에서만 파악한다.

> 해설   기업의 자금 운영과 조달은 영업활동, 투자활동, 재무활동의 세 가지 부분으로 구성되어 있으며, 현금흐름표에서는 영업활동을 중심으로 투자 및 재무활동이 상호 유기적인 관계를 가지면서 순환하는 상황을 파악할 수 있다.
>
> 정답 ⑤

다음 중 현금흐름표와 현금수지분석표의 차이점으로 옳지 않은 것은?   최신출제유형

① 현금수지분석표는 비교적 단시간 내에 쉽게 작성이 가능하다.

② 현금수지분석표는 현금흐름표에 비해 그 내용이 요약되어 있기 때문에 기업의 현금흐름을 한눈에 알아볼 수 있다.

③ 현금수지분석표는 영업활동으로 인한 현금흐름이 이자지급 전/후 현금흐름으로 구분되어 있다.

④ 현금수지분석표는 현금흐름표와 활동구분에 있어서 과목별로 차이가 있을 수 있다.

⑤ 현금수지분석표에서는 투자활동 현금흐름과 재무활동 현금흐름은 자세히 표시한 반면 영업활동 현금흐름은 요약하여 표시하고 있다.

> 해설   현금수지분석표에서는 영업활동 현금흐름은 자세히 표시한 반면 투자활동 현금흐름과 재무활동 현금흐름은 요약하여 표시하고 있다.
>
> 정답 ⑤

▶ 더 알아보기

현금흐름표
기업의 현금흐름을 나타내는 표로서 현금의 변동 내용을 나타내고 있다. 현금흐름표는 당해 회계기간에 어떤 원인으로 현금이 유출이 되고 유입이 되었는지에 대한 현금의 유입과 유출 원인에 대한 정보를 제공한다. 현금흐름표는 영업활동으로 인한 현금흐름, 투자활동으로 인한 현금흐름, 재무활동으로 인한 현금흐름으로 구분하여 표시한다.

다음 중 현금흐름분석의 중요성을 설명한 내용이 아닌 것은?

① 현재 현금흐름의 예측 및 평가에 관한 정보 제공
② 부채상환능력과 외부금융의 필요성에 관한 정보 제공
③ 채권자에게 이자비용을, 주주들에게 적정한 배당을 할 수 있는지에 대한 정보를 제공
④ 당기순이익과 이에 관련된 현금유·출입 간의 차이에 관한 정보 제공
⑤ 회계적 이익 조작영향을 최소화

해설 기업의 미래 현금흐름의 금액, 시기, 불확실성을 예측하고 평가하는 데 유용한 정보를 제공한다.

정답 ①

▶ 더 알아보기

현금흐름분석의 중요성
• 미래 현금흐름의 예측 및 평가에 관한 정보 제공
  기업의 미래 현금흐름 금액, 시기, 불확실성을 예측하고 평가하는 데 유용한 정보를 제공
• 부채상환능력과 외부금융의 필요성에 관한 정보 제공
  기업이 현재의 영업활동능력을 유지하고 미래에도 계속 성장해 가며, 채권자에게 이자비용을, 주주들에게 적정
  한 배당을 할 수 있는지에 대한 정보를 제공
• 당기순이익과 이와 관련된 현금유·출입 간의 차이에 관한 정보 제공
  영업활동에 의한 현금흐름과 당기순이익 간의 차이에 관한 원인을 분석하고, 회계상 이익의 현금화 정도를 평가
  할 수 있는 정보를 제공
• 회계적 이익 조작영향을 최소화
  현금흐름 산출 원리에 따라 과대계상된 부분의 이익조작 영향을 제거할 수 있으므로 보다 정확한 기업의 실체를
  평가할 수 있는 정보를 제공

다음 중 부도 위험이 예측되는 기업을 분석하는 데 있어 가장 중요시 여겨야 할 요인은?

① 세 금
② 현 금
③ 이 익
④ 미지급금
⑤ 고정비

해설　어느 회계정보보다도 영업활동에 의한 현금흐름 정보가 중요하다.

정답 ②

다음 중 현금수지분석표에서 매출액을 감소시키고 매출원가를 증가시키는 원인으로 짝지은 것으로 옳지 않은 것은?　최신출제유형

	매출액 감소 요인	매출원가 증가 요인
①	경기둔화로 인한 불경기	국제 원자재가격 상승
②	경쟁으로 인한 시장점유율 감소	노무비 상승
③	주력제품의 진부화	유가 상승
④	신제품개발로 인한 투자 증가	소비자물가지수 상승
⑤	노사분규로 인한 생산의 감소	생산자물가지수 상승

해설　신제품개발이 저조할 경우 매출액을 감소시키며 소비자물가지수는 대표적인 인플레이션 지표로 소비자물가지수가 상승하였다고 매출원가가 증가하는 것은 아니다.

정답 ④

더 알아보기

순이익의 경우 부도 발생 기업들 중 극소수만이 적자를 기록한다. 그러나 영업활동에 의한 현금흐름을 분석해 보면 부도 발생 직전 연도의 기업 대부분이 마이너스 현금흐름을 기록한다. 이는 영업활동을 활발히 펼쳤음에도 현금이 들어오지 않았다는 의미로, 부실기업 예측 시에 기업의 현금흐름, 특히 영업활동에 의한 현금흐름의 중요성이 강조되는 이유이다.

다음 중 각각의 현금흐름표 작성 내용에 대한 설명 중 잘못된 것은?

① 손익계산서의 이익창출 내용은 현금흐름에 반영된다.

② 이익잉여금의 변화는 현금흐름표에 반영되지 않는다.

③ 현금흐름표 작성은 영업활동, 투자활동, 재무활동으로 구분한다.

④ 현금흐름표는 기중에 작성된다.

⑤ 현금흐름표의 내용은 회계분기 말에 재무상태표에 반영된다.

해설   이익잉여금처분을 통해 변화된 현금 상황을 현금흐름표에 집계한다.

정답 ②

더 알아보기

재무제표 간의 상관관계

각 재무제표는 독립적으로 작성되는 것이 아니고 아래와 같이 서로 상관관계를 가지고 있다.

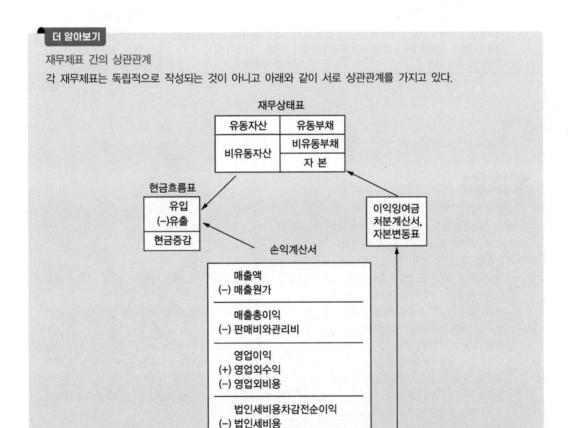

다음 중 영업활동으로 인한 현금유입에 해당하는 것은?　　　　　　　　　　최신출제유형

① 대여금 회수　　　　　　　　　　　　　② 유가증권 처분
③ 어음 발행　　　　　　　　　　　　　　④ 주식 발행
⑤ 이자수익

해설　　　　　　　　　　　　　〈기업 경영활동에 따른 현금흐름 구분〉

기업의 경영활동	현금흐름	
	현금의 유입	현금의 유출
영업활동 : 제품의 생산과 상품, 용역의 구매 및 판매 활동 등을 말하며 투자 및 재무활동에 속하지 아니한 거래를 말한다.	• 제품의 판매 (매출채권 회수활동 포함) • 이자수익 • 배당금수취	• 상품 · 원자재의 구매 (매입채무 지급활동 포함) • 이자비용의 지급 • 법인세비용의 지급
투자활동 : 현금의 대여와 회수활동, 유가증권, 투자자산, 유형자산 등의 취득, 처분활동 등 영업활동과 관련이 없는 자산의 증가 · 감소거래	• 대여금의 회수 • 유가증권의 처분 • 투자자산의 처분 • 고정자산의 처분	• 대여금의 증가 • 유가증권의 취득 • 투자자산의 증가 • 고정자산의 취득
재무활동 : 현금의 차입 및 상환활동, 신주발행이나 배당금지급 등 영업활동과 관련이 없는 부채 및 자본의 증가 · 감소거래	• 장 · 단기차입금의 증가 • 어음 · 사채의 발행 • 주식의 발행	• 장 · 단기차입금의 상환 • 어음 · 사채의 상환 • 배당금의 지급

정답 ⑤

더 알아보기

현금흐름표의 작성

기업의 현금흐름을 나타내는 표로서 현금의 변동 내용을 나타내고 있다. 현금흐름표는 당해 회계기간에 어떤 원인으로 현금이 유출되고 유입되었는지에 대한 정보를 제공한다.
• 영업활동으로 인한 현금흐름
　– 현금유입 : 경상적인 영업활동에서 발생한 수입으로 인한 현금유입으로서 상품, 제품의 판매로 인한 수입과 이자수익 등의 유입액이 여기에 해당된다.
　– 현금유출 : 경상적인 영업활동을 위하여 지출된 현금유출로서 상품, 원재료 등의 매입으로 인한 지급과 인건비, 제반비용, 이자비용, 법인세비용의 지급이 여기에 해당된다.
• 투자활동으로 인한 현금흐름
　– 현금유입 : 주된 영업과 관련 없이 설비 등 유형자산의 매각(감소)과 유가증권, 투자자산 등 자산 등의 매각(감소)으로 인하여 발생한 현금유입액이다.
　– 현금유출 : 주된 영업과 관련 없이 설비 등 유형자산의 취득(증가)과 유가증권, 투자자산 등 자산 등의 취득으로 인하여 발생된 현금유출액이다.
• 재무활동으로 인한 현금흐름
　– 현금유입 : 회사채, 장단기 차입금 등 차입금 조달과 유상증자 등으로 인한 현금유입액이다.
　– 현금유출 : 단기차입금 상환, 배당금 지급 등으로 인한 현금유출액이다.

다음 보기 중 현금흐름표의 유용성을 제대로 평가한 것을 모두 고르면?

가. 순자산의 변화, 유동성, 현금흐름 조절 능력의 평가
나. 현금창출능력의 평가 및 미래 현금흐름의 현재가치평가모형의 개발
다. 기업 간의 비교가능성의 향상
라. 미래 현금흐름의 예측 및 평가

---

① 가, 나, 다   ② 나, 다, 라
③ 가, 나, 다, 라   ④ 가, 나, 라
⑤ 가, 나

해설 재무상태표상 기초와 기말시점의 현금의 차이에 대한 것으로, 현금 이외의 자산, 부채, 자본의 변동내역 중 현금흐름에
       영향을 미치는 사항의 증감내역을 표시하여 현금의 변동원인을 파악하기 위한 것이다.

정답 ③

더 알아보기

현금흐름표의 개념 및 유용성
현금흐름표는 '일정기간 영업활동, 투자활동, 재무활동으로 인한 현금의 유입과 유출의 내역을 현금주의에 따라
작성한 보고서'이다. 현금흐름표의 유용성에 대하여 살펴보면 다음과 같다.
• 순자산의 변화, 유동성, 현금흐름조절 능력의 평가
  현금흐름표는 다른 재무제표와 같이 사용되는 경우 순자산의 변화, 재무구조(유동성과 지급 능력 포함), 그리고
  변화하는 상황과 기회에 적응하기 위하여 현금흐름의 금액과 시기를 조절하는 능력을 평가하는 데 유용한 정보
  를 제공한다.
• 현금창출능력의 평가 및 미래현금흐름의 현재가치평가모형의 개발
  현금흐름 정보는 현금및현금성자산의 창출능력을 평가하는 데 유용할 뿐만 아니라, 서로 다른 기업의 미래 현금
  흐름의 현재가치를 비교·평가하는 모형을 개발할 수 있도록 한다.
• 기업 간의 비교가능성의 향상
  현금흐름 정보는 동일한 거래와 사건에 대하여 서로 다른 회계처리를 적용함에 따라 발생하는 영향을 제거하기
  때문에 영업성과에 대한 기업 간의 비교가능성을 제고한다.
• 미래 현금흐름의 예측 및 평가 등
  역사적 현금흐름 정보는 미래 현금흐름의 금액, 시기 및 확실성에 대한 지표로 자주 사용된다. 또한 과거에
  추정한 미래 현금흐름의 정확성을 검증하고, 수익성과 순현금흐름 간의 관계 및 물가 변동의 영향을 분석하는
  데 유용한다.

다음 중 현금흐름표의 작성 단계를 옳게 표현한 것은?

① 비교재무상태표에서 현금의 변동액 계산 → 영업활동으로 인한 현금흐름 → 투자활동으로 인한 현금흐름
　　→ 재무활동으로 인한 현금흐름

② 비교재무상태표에서 현금의 변동액 계산 → 투자활동으로 인한 현금흐름 → 재무활동으로 인한 현금흐름
　　→ 영업활동으로 인한 현금흐름

③ 재무활동으로 인한 현금흐름 → 영업활동으로 인한 현금흐름 → 투자활동으로 인한 현금흐름 → 비교재무
　　상태표에서 현금의 변동액 계산

④ 영업활동으로 인한 현금흐름 → 비교재무상태표에서 현금의 변동액 계산 → 투자활동으로 인한 현금흐름
　　→ 재무활동으로 인한 현금흐름

⑤ 비교재무상태표에서 현금의 변동액 계산 → 영업활동으로 인한 현금흐름 → 재무활동으로 인한 현금흐름
　　→ 투자활동으로 인한 현금흐름

[해설]　비교재무상태표에서 현금의 변동액 계산 → 영업활동으로 인한 현금흐름 → 투자활동으로 인한 현금흐름 → 재무활동으
　　　　로 인한 현금흐름

정답 ①

더 알아보기

현금흐름표의 양식

<u>현금흐름표</u>

(주)시대　　　　　　　　　　20x7년 1월 1일 ～ 20x7년 12월 31일　　　　　　　　　　(금액 : 원)

영업활동으로 인한 현금흐름

투자활동으로 인한 현금흐름

재무활동으로 인한 현금흐름

현금의 증감
기초의 현금
기말의 현금

다음 중 현금흐름표의 작성 과정에 대한 설명 중 잘못된 것은?

① 당기 손익계산서뿐만 아니라 비교재무상태표는 이용하지만 기타거래자료는 객관성을 위해 배제한다.
② 기중 현금유입과 현금유출을 결정하는 데 유용한 추가적인 정보를 얻는다.
③ 영업활동으로 인한 현금흐름을 계산하는 데 필요한 정보를 얻는다.
④ 재무상태표에서 영업활동에 관련되지 않은 다른 모든 계정의 변동을 분석한다.
⑤ 당기 현금및현금성자산의 기초 잔액과 기말 잔액을 비교하여 결정한다.

해설　현금흐름표는 재무제표에서 왜곡된 실제 현금흐름을 바로잡기 위해 기타 자료를 이용해 다시 수정한다.

정답 ①

더 알아보기

현금흐름표 작성 과정
현금흐름표는 다음 자료를 이용하여 작성된다.

비교재무상태표	자산, 부채, 자본 각 항목이 회계기간 중 어떻게 변동했는지에 대한 정보를 얻는다.

↓

포괄손익계산서	영업활동으로 인한 현금흐름을 계산하는 데 필요한 정보를 얻는다.

기타 거래자료	기중 현금유입과 현금유출을 결정하는 데 유용한 추가적인 정보를 얻는다.

현금흐름표를 작성하기 위하여 다음과 같은 세 가지 주요단계를 거치게 된다.

현금증감액의 결정	당기 현금및현금성자산의 기초 잔액과 기말 잔액을 비교하여 결정한다.

영업활동	당기 손익계산서뿐만 아니라 비교재무상태표와 기타 거래자료까지도 이용한다.

↓

투자와 재무활동	재무상태표에서 영업활동과 관련되지 않은 다른 모든 계정의 변동을 분석한다.

다음 중 현금흐름표의 장점으로 잘못된 것은?

① 발생주의 회계에 의해 작성한 재무상태표나 손익계산서를 보완함으로써 재무제표 전체의 이용가치를 향상시킨다.
② 현금흐름표를 보면 영업활동으로 인하여 실질적으로 얼마의 현금이 창출되었는지 판단이 가능하다.
③ 장기적인 현금흐름을 예측한다.
④ 유가증권의 보유 또는 처분 등 일시적인 요인으로 인한 현금보유액의 변동사항을 반영한다.
⑤ 회계추정 및 평가손익 인식 관련 문제를 보완한다.

해설 장기적인 현금흐름에 대한 예측은 어렵다.

정답 ③

더 알아보기

현금흐름분석의 유용성 및 한계
■ 장 점
  비용의 기간배분, 회계추정 및 평가손익 인식 관련 문제 등을 보완

■ 유용성
 • 기업경영활동별로 현금흐름의 원천과 운용내역에 관한 정보 제공
  기업경영활동을 영업활동, 투자활동, 재무활동으로 구분하여 각 활동별 현금의 조달 및 운용상황을 나타냄으로써 재무상태표나 손익계산서가 주지 못하는 정보 제공
 • 다른 재무제표 보완 기능
  – 재무상태표와 손익계산서는 발생주의 회계의 결과인 이익흐름은 잘 나타내는 반면 현금흐름에 대한 정보는 제공하지 못하는 한계 내재
  – 그러나 현금주의 회계기준에 의해 작성한 현금흐름표는 발생주의 회계에 의해 작성한 재무상태표나 손익계산서를 보완함으로써 재무제표 전체의 이용가치를 향상
 • 기업의 단기적인 현금창출능력 파악 가능 : 특히 기업이 분식회계를 통해 이익을 낸 경우에도 현금흐름표를 보면 영업활동으로 인하여 실질적으로 얼마의 현금이 창출되었는지 판단 가능
 • 기타 여러 부수적 정보도 제공 : 기업의 미래 현금흐름 예측, 부채 상환능력, 배당금 지급능력, 외부차입의 필요성 등에 대한 여러 가지 유용한 정보 제공

■ 한 계
 • 현금흐름분석은 유가증권의 보유 또는 처분 등 일시적인 요인으로 현금보유액이 변동될 수 있어 기업의 단기지급능력에 대한 평가가 달라질 수 있음
 • 장기적인 현금흐름 예측에도 한계

제02장 현금흐름표의 세부 작성내용분석

학습전략

현금흐름표의 세부 작성법에 관련된 내용이다. 시험에 자주 출제되는 현금흐름표 작성원리인 직접법, 간접법에 대한 차이 및 유용성과 영업/투자/재무활동별 현금흐름 구분에 대해 정확히 알아둬야 한다.

---

01 현금및현금성자산 핵심개념문제

다음 중 현금및현금성자산에 해당하는 것을 모두 고르면?

> 가. 당시 만기가 3개월 이내에 도래하는 채권
> 나. 취득 당시 상환일까지의 기간이 3개월 이내인 상환우선주
> 다. 타인발행수표
> 라. 환매채(3개월 이내의 환매조건)
> 마. 자회사 주식

① 가, 나, 다, 라
② 나, 다, 라, 마
③ 가, 라, 마
④ 가, 나, 다, 라, 마
⑤ 가, 다, 마

해설 현금성자산이란 현금의 단기적 운용을 목적으로 한 유동성이 높은 유가증권으로서 ㉠ 큰 거래비용 없이 현금으로 전환이 용이하고, ㉡ 이자율 변동에 따른 가치변동의 위험이 중요하지 않을 것 등의 조건을 충족하는 유가증권을 말한다.

정답 ④

더 알아보기

현금흐름표의 구성

■ 현금흐름표 구성항목

현금흐름표는 현금주의에 의하여 작성되는 재무제표이다. 현금흐름표의 현금이란 재무상태의 현금및현금성자산이며, 다음과 같은 항목들로 구성되어 있다.

- 현금 : 보유 현금과 요구불예금
- 현금성자산 : 유동성이 매우 높은 단기투자자산으로서 확정된 금액의 현금으로 전환이 용이하고 가치변동의 위험이 경미한 자산

■ 현금성자산의 구성항목

- 현금성자산은 투자나 다른 목적이 아닌 단기의 현금수요를 충족하기 위한 목적으로 보유한다. 따라서 취득일로부터 만기일이 3개월 이내인 단기투자자산은 현금성자산으로 분류된다.
- 지분상품은 현금성자산에서 제외한다. 다만 상환일이 정해져 있고 취득일로부터 상환일까지의 기간이 단기인 우선주는 현금성자산이다.
- 잉여현금을 현금성자산에 투자하는 현금관리 등과 같은 현금및현금성자산 구성항목 간의 이동은 영업활동, 투자활동 및 재무활동의 일부가 아닌 현금관리의 일부이므로 이러한 항목 간의 변동은 현금흐름에서 제외한다.
- 은행 차입은 일반적으로 재무활동으로 간주된다. 그러나 일부 국가의 경우 금융회사의 요구에 따라 즉시 상환하여야 하는 당좌차월은 현금및현금성자산의 구성요소에 포함된다.

다음 중 현금흐름표상에서 현금과 동일하게 처리할 수 없는 것은?

① 통화 및 통화대용증권

② 당좌예금

③ 보통예금

④ 정기예금·정기적금

⑤ 현금성자산

해설 기업회계기준상의 현금에 해당하는 단기투자산은 금융기관이 취급하는 정기예금·정기적금·사용이 제한되어 있는 예금 및 기타 정형화 상품 중 단기적 자금운용목적으로 소유하거나 기간이 1년 내에 도래하는 것이다. 따라서 정기예금· 정기적금의 경우 단기적 자금운영을 목적으로 하거나 기간이 1년 내에 도래하는 것이어야 한다.

정답 ④

더 알아보기

현금의 의의와 평가

현금(Cash)은 모든 재무제표계정의 측정과 보고의 기준이 되는 것으로 모든 계정은 현금으로 환산되어 금액으로 표시된다.

- 회계상의 현금 : 통화 및 통화대용증권(타인발행수표 등)
  - **예** 통화대용증권 : 자기앞수표, 타인발행의 당좌수표, 가계수표, 송금수표, 여행자수표, 우편환증서, 기한이 도래한 공사채의 이자표, 기한이 도래한 약속어음, 환어음, 관청의 지급통지서, 주식의 배당권 등
- 광의의 현금 : 보유현금(Cash On Hand) + 현금성자산(Cash In Bank)
- 협의의 현금 : 보유현금
- 기업회계기준상의 현금(광의의 현금개념 채택) : 우리나라에서는 현금과 예금을 현금및현금성자산 계정과 단기투자자산 계정으로 구분하고 있다.
  - 현금및현금성자산 계정 : 통화 및 통화대용증권, 당좌예금, 보통예금, 현금성자산
    *현금성자산 : 큰 거래비용 없이 현금으로 전환이 용이하고 이자율변동에 따른 가치변동의 위험이 중요하지 않은 금융상품으로서 취득 당시 만기(또는 상환일)가 3개월 이내에 도래하는 것이다.
  - 단기투자자산 : 금융기관이 취급하는 정기예금·정기적금·사용이 제한되어 있는 예금 및 기타 정형화 상품 등으로 단기적 자금운용목적으로 소유하거나 기간이 1년 내에 도래하는 것이다.
    *사용이 제한되어 있는 예금(**예** 감채기금)은 그 내용을 주석으로 기재하여야 한다.

다음 중 현금흐름표 작성을 위해 현금의 수입 · 지출을 기록하는 장부로서 현금의 수납업무와 지급업무를
분리하여 명세를 기입하는 보조부는 무엇인가?

① 현금출납장
② 손익계산서
③ 수정후시산표
④ 수정전시산표
⑤ 현금수입장

해설　현금출납장은 현금의 수입 · 지출을 기록하는 장부로서 현금의 수납업무와 지급업무를 분리하여 명세를 기입하는 보조부
　　　를 말한다.

정답 ①

더 알아보기

현금 분개 절차
• 현금의 기록은 현금 계정과 현금출납장에 기록한다.
• 현금은 현금 계정에 기록한다.

현 금

전기이월	×××	지급액	×××
수입액	×××	차기이월	×××
	×××		×××
전기이월	×××		

• 현금장부란 현금의 수입 · 지출을 기록하는 장부로 현금출납장, 현금수입장, 현금지급장, 소액현금출납장 등을
　말한다.
• 현금출납장은 현금의 수입 · 지출을 기록하는 장부로 현금의 수납업무와 지급업무를 분리하여 명세를 기입하는
　보조부를 말한다.

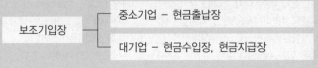

　　　　　　　　보조기입장　┌─ 중소기업 – 현금출납장
　　　　　　　　　　　　　　└─ 대기업 – 현금수입장, 현금지급장

다음 중 현금과부족의 원인이 아닌 것은?

① 기장상의 오류

② 도 난

③ 현금 수입·지출의 착오

④ 분 실

⑤ 대 손

해설   현금과부족의 원인으로는 ㉠ 기장상의 오류, ㉡ 도난·분실, ㉢ 현금 수입·지출의 착오 등이 있다.

정답 ⑤

더 알아보기

■ 현금과부족의 개념

현금과부족의 원인을 조사하여 결산 시까지 원인이 밝혀지지 않으면 부족액을 잡손실 계정에, 초과액은 잡이익 계정에 대체하여 처리한다. 기업회계기준에서 잡손실은 영업외비용으로, 잡이익은 영업외수익으로 처리하도록 규정하고 있다.

■ 현금과부족 회계처리

장부상의 현금과 현금시재액이 일치하지 않을 때 (현금과부족)이라는 임시계정을 사용한다.
- 장부상의 현금 > 현금시재액 보유(부족할 때) – 차변
- 장부상의 현금 < 현금시재액 보유(남을 때) – 대변

현금과부족			
현금부족액	×××	현금초과액	×××

- 결산 때까지 현금과부족의 원인이 판명되면 해당 계정에 대체하고 기말까지 원인이 판명되지 않으면 잡손익(영업외손익)으로 처리한다.
- 현금과부족의 원인으로는 ㉠ 기장상의 오류, ㉡ 도난·분실, ㉢ 현금 수입·지출의 착오 등이 있다.

다음 중 예금으로 분류될 수 없는 것은?

① 당좌예금

② 보통예금

③ 대체저금

④ 정기적금

⑤ 연금적금

해설 예금에는 당좌예금, 보통예금, 저축예금, 정기적금, 대체저금 등이 있다.

정답 ⑤

더 알아보기

예금의 종류와 당좌예금

▪ 예금의 종류

  예금에는 당좌예금, 보통예금, 저축예금, 정기예금, 정기적금, 대체저금 등 여러 가지가 있다. 이 중 기업의 관점에서 대표적인 예금이 당좌예금이다.

▪ 당좌예금

  • 당좌예금이란 기업과 은행이 당좌계약을 맺고서 은행에 현금을 예치하고, 필요 시에 당좌수표를 발행하여 현금을 인출할 수 있는 제도이다.

  • 당좌예금 계정의 차변에는 예입이 기록되고 대변에는 인출이 기입된다.

당좌차월에 대한 설명으로 잘못된 것은?

① 당좌예금 계정의 차변에는 예입이 기록되고 대변에는 인출이 기입된다.
② 은행과 미리 당좌차월계약을 체결하여 일정한 한도 내에서 예금 잔액을 초과하여도 수표로 처리한다.
③ 당좌예금과 당좌차월을 구분하여 회계처리한다.
④ 기업회계기준에서는 단기차입금(유동부채)으로 분류한다.
⑤ 기말에 당좌예금 잔액이 차변 잔액이면 당좌예금으로, 반대로 대변 잔액이면 당좌차월로 처리한다.

해설 기간 중에는 당좌예금과 당좌차월을 구분하지 않고 당좌예금만으로 처리하였다가 기말에 당좌예금 잔액이 차변 잔액이면 당좌예금으로, 반대로 대변 잔액이면 당좌차월로 하는 방법이다.

정답 ③

더 알아보기

당좌차월

- 은행과 미리 당좌차월계약을 체결하여 일정한 한도 내에서 예금 잔액을 초과하여도 수표를 발행하여 은행이 지급할 수 있도록 하는 것을 당좌차월(Bank Overdraft)이라고 한다.
- 기업회계기준에서는 단기차입금(유동부채)으로 분류한다.
- 처리방법
  - 당좌예금과 당좌차월을 구분하는 방법
    당좌차월이 있을 때마다 당좌예금 잔액을 확인하고 이 잔액을 초과하는 부분을 당좌차월로 처리하는 방법이다.
  - 당좌예금과 당좌차월을 구분하지 않고 기말에 당좌차월액을 당좌차월로 계산하는 방법(일반적으로 사용)
    회계기간 중에는 당좌예금과 당좌차월을 구분하지 않고 당좌예금만으로 처리하였다가 기말에 당좌예금 잔액이 차변 잔액이면 당좌예금으로, 반대로 대변 잔액이면 당좌차월로 분개하는 방법이다.

처음 용도계에 일정액의 현금을 전도하고 일정기간 후에 실제의 지급액을 보고받으면 그 지급액과 동일한 자금을 보충해 주는 방법은?

① 정액자금전도제도

② 부정액자금전도제도

③ 미수금처리제도

④ 현금확정제도

⑤ 대손처리제도

해설   정액자금전도제도는 현금관리가 편리하고, 전도액이 미리 정해지므로 용도계의 책임이 명확해지며, 정기적으로 지급액을 보고함으로써 미결된 지출보고가 없어지는 것이 장점이다.

정답 ①

더 알아보기

소액현금제도

■ 소액현금제도의 개념

소액현금제도란 소액현금취급부서를 마련하고 이 부서에 현금을 전도하여 운영하는 제도이다.

■ 소액현금제도의 구성

소액현금제도에는 정액자금전도제도와 부정액자금전도제도가 있다.

• 정액자금전도제도

처음 용도계에 일정액의 현금을 전도하고 일정기간 후에 실제의 지급액을 보고받으면 그 지급액과 동일의 자금을 보충해 주는 방법이다. 이 방법의 장점은 현금관리가 편리하고, 전도액이 미리 정해지므로 용도계의 책임이 명확해지며, 정기적으로 지급액을 보고함으로써 미결된 지출보고가 없어진다는 점이다.

• 부정액자금전도제도

전도액을 확정하지 않고 필요에 따라 소액현금자금을 수시로 보충해 주는 방법이다.

다음 중 나머지 넷과는 다른 현금흐름 처리 방식에 대해 서술하고 있는 것은?

① 현금유출이 없는 비용과 투자활동 및 재무활동으로 인한 비용 등의 가산
② 현금유입이 없는 수익과 투자활동 및 재무활동으로 인한 수익 등의 차감
③ 영업활동과 관련하여 발생한 자산 및 부채의 증가 또는 감소를 표시
④ 현금을 발생시키는 수익이나 비용항목을 총액으로 표시
⑤ 당기순이익에 특정 항목을 가감하여 영업활동으로 인한 현금흐름을 산출

`해설` ④는 직접법에 대한 설명이다.

`정답` ④

`더 알아보기`

직접법과 간접법

- **직접법**

  현금을 발생시키는 수익이나 비용항목을 총액으로 표시하고 현금유입액은 원천별로 나타내며 현금유출액은 용도별로 분류하여 표시

- **간접법**

  당기순이익에 특정 항목을 가감하여 영업활동으로 인한 현금흐름을 산출하는 방법
  • 현금유출이 없는 비용과 투자활동 및 재무활동으로 인한 비용 등의 가산
  • 현금유입이 없는 수익과 투자활동 및 재무활동으로 인한 수익 등의 차감
  • 영업활동과 관련하여 발생한 자산 및 부채의 증가 또는 감소를 표시

직접법	간접법
Ⅰ. 영업활동으로 인한 현금흐름 　1. 매출 등 수익활동으로부터의 유입액 　2. 수입이자, 수입배당금 유입액 　3. 매입처 및 종업원에 대한 유출액 　4. 지급이자 유출액 　5. 법인세 등 유출액 　6. 기타 영업활동에 따른 유출액	Ⅰ. 영업활동으로 인한 현금흐름 　1. 당기순이익(손실) 　2. 현금의 유출이 없는 비용 등의 가산 　3. 현금의 유입이 없는 수익 등의 차감
Ⅱ. 투자활동으로 인한 현금흐름 　1. 투자활동으로 인한 현금유입액 　2. 투자활동으로 인한 현금유출액	Ⅱ. 투자활동으로 인한 현금흐름 　1. 투자활동으로 인한 현금유입액 　2. 투자활동으로 인한 현금유출액
Ⅲ. 재무활동으로 인한 현금흐름 　1. 재무활동으로 인한 현금유입액 　2. 재무활동으로 인한 현금유출액	Ⅲ. 재무활동으로 인한 현금흐름 　1. 재무활동으로 인한 현금유입액 　2. 재무활동으로 인한 현금유출액
Ⅳ. 현금의 증가(감소) (Ⅰ+Ⅱ+Ⅲ) Ⅴ. 기초의 현금 Ⅵ. 기말의 현금	Ⅳ. 현금의 증가(감소) (Ⅰ+Ⅱ+Ⅲ) Ⅴ. 기초의 현금 Ⅵ. 기말의 현금

다음 중 영업활동으로 인한 현금유출이 아닌 것은? 　　　　　　　　　　　　　최신출제유형

① 원재료, 상품 등의 구입에 따른 현금유출
② 종업원에 대한 급여 등 유출액
③ 법인세비용의 지급
④ 이자비용
⑤ 배당금 지급

해설　배당금의 지급은 재무활동으로 인한 현금유출에 해당한다.
　　　영업활동으로 인한 현금유출의 예 : 원재료, 상품 등의 구입에 따른 현금유출(매입채무 결제 포함), 종업원에 대한 급여
　　　등 유출액, 법인세비용의 지급, 이자비용, 기타 투자활동과 재무활동에 속하지 아니하는 거래에서 발생된 현금유출
　　정답 ⑤

더 알아보기

영업활동(Operating Activities)

■ 영업활동의 개념

　영업활동은 기업의 주요 수익창출활동과 투자활동 및 재무활동에 해당되지 않는 기타의 활동이다. 영업활동의
　현금흐름은 기업이 외부의 재무자원에 의존하지 않고 영업을 통하여 차입금 상환, 영업능력의 유지, 배당금
　지급 및 신규투자 등에 필요한 현금흐름을 창출하는 정도에 대한 중요한 지표가 된다.

■ 영업현금흐름의 의의

　역사적 영업현금흐름의 특정 구성요소에 대한 정보를 다른 정보와 함께 사용하면 미래 영업현금흐름을 예측하
　는 데 유용하다. 영업활동 현금흐름은 주로 기업의 주요 수익창출활동에서 발생한다. 따라서 영업활동 현금흐름
　은 일반적으로 당기순손익의 결정에 영향을 미치는 거래나 그 밖의 사건의 결과로 발생한다.

■ 영업활동 현금흐름의 예

　• 재화의 판매와 용역 제공에 따른 현금유입
　• 로열티, 수수료, 중개료 및 기타수익에 따른 현금유입
　• 재화와 용역의 구입에 따른 현금유출
　• 종업원과 관련하여 직·간접으로 발생하는 현금유출
　• 보험회사의 경우 수입보험료, 보험금, 연금 및 기타 급부금과 관련된 현금유입과 현금유출
　• 법인세의 납부 또는 환급. 다만 재무활동과 투자활동에 명백히 관련되는 것은 제외한다.
　• 단기매매목적으로 보유하는 계약에서 발생하는 현금유입과 현금유출

다음과 같은 내용의 영업활동으로 인한 현금흐름은 얼마인가?

> 시대기업은 2001년 1월 1일에 50,000원의 컴퓨터 한 대를 가지고 영업을 시작했다. 자산은 이 컴퓨터 한 대뿐이며, 부채는 없고 자본금은 50,000원이다. 2001년 중 총수익은 60,000원이었는데 모두 현금으로 받았고, 40,000원의 총비용 중 감가상각비 10,000원을 제외한 모든 비용도 현금으로 지불하였다.

① 30,000원 　　　　　　　　　　　② 40,000원
③ 50,000원 　　　　　　　　　　　④ 55,000원
⑤ 60,000원

해설　영업활동으로 인한 현금흐름은 당기순이익(60,000원 − 40,000원)에 현금의 유출을 수반하지 않는 비용인 감가상각비 10,000원을 가산한 30,000원이 된다.

정답 ①

더 알아보기

영업활동 현금흐름

영업활동 현금흐름은 발생기준 포괄손익계산서상의 손익에 영업현금흐름과 관련 없는 손익 및 영업활동과 관련된 자산, 부채의 증감액을 가감하여 구한다(당기순이익 + 비현금비용 − 비현금수익).
위의 문제에 대한 회계처리 내용은 아래와 같다.

기초재무상태표

자 산		부 채	−
현 금	−	자 본	
유형자산	50,000	자본금	50,000
		이익잉여금	−
총 계	50,000	총 계	50,000

기말재무상태표

자 산		부 채	−
현 금	30,000	자 본	
유형자산	40,000	자본금	50,000
		이익잉여금	20,000
총 계	70,000	총 계	70,000

손익계산서

총수익	₩60,000
총비용	40,000
당기순이익	₩20,000

다음 중 투자활동으로 인한 현금유출에 해당하지 않는 것은? 최신출제유형

① 현금의 대여
② 유가증권 취득
③ 투자자산 취득
④ 유형자산 취득
⑤ 대여금 회수

해설 • 투자활동으로 인한 현금유입액의 예 : 대여금의 회수, 유가증권·투자자산·유형자산·무형자산의 처분 등
　　 • 투자활동으로 인한 현금유출액의 예 : 현금의 대여, 유가증권·투자자산·유형자산·무형자산의 취득 등

정답 ⑤

더 알아보기

투자활동 현금흐름

■ 투자활동의 개념

투자활동(Investing Activities)이란 장기성자산(유형자산, 무형자산) 및 현금성자산에 속하지 않는 기타 투자자산의 취득 및 처분활동을 말한다.

■ 투자활동 현금흐름의 개념과 예시

투자활동 현금흐름은 미래수익 및 현금흐름을 창출할 자원의 확보를 위하여 지출된 정도를 나타내며, 투자활동 현금흐름의 예는 다음과 같다.
• 유형자산, 무형자산 및 기타 장기성자산의 취득에 따른 현금유출. 이 경우 현금유출에는 자본화된 개발원가와 자가건설 유형자산에 관련된 지출이 포함됨
• 유형자산, 무형자산 및 기타 장기성자산의 처분에 따른 현금유입
• 다른 기업의 지분상품이나 채무상품 및 조인트벤처 투자지분의 취득에 따른 현금유출(현금성자산으로 간주되는 상품이나 단기매매목적으로 보유하는 상품의 취득에 따른 유출액은 제외)
• 다른 기업의 지분상품이나 채무상품 및 조인트벤처 투자지분의 처분에 따른 현금유입(현금성자산으로 간주되는 상품이나 단기매매목적으로 보유하는 상품의 처분에 따른 유입액은 제외)
• 제3자에 대한 선급금 및 대여금(금융회사의 현금 선지급과 대출채권은 제외)
• 제3자에 대한 선급금 및 대여금의 회수에 따른 현금유입(금융회사의 현금 선지급과 대출채권은 제외)
• 선물계약, 선도계약, 옵션계약 및 스왑계약에 따른 현금유출(단기매매목적으로 계약을 보유하거나 현금유출이 재무활동으로 분류되는 경우는 제외)
• 선물계약, 선도계약, 옵션계약 및 스왑계약에 따른 현금유입(단기매매목적으로 계약을 보유하거나 현금유입이 재무활동으로 분류되는 경우는 제외)

다음 중 재무활동으로 인한 현금흐름의 방향성이 다른 것은? 　　최신출제유형

① 배당금 지급

② 유상감자

③ 차입금 상환

④ 주식의 발행

⑤ 자산 취득에 따른 부채의 지급

해설　①, ②, ③, ⑤는 재무활동으로 인한 현금유출, ④는 현금유입에 해당한다.
- 재무활동 : 현금의 차입·상환활동, 신주발행이나 배당금의 지급활동 등과 같이 부채 및 자본계정에 영향을 미치는 거래
- 재무활동으로 인한 현금유입의 예 : 장·단기차입금의 차입, 어음·사채의 발행, 주식의 발행 등
- 재무활동으로 인한 현금유출의 예 : 배당금의 지급, 유상감자, 자기주식의 취득, 차입금의 상환, 자산 취득에 따른 부채의 지급 등

정답 ④

더 알아보기

재무활동(Financing Activities)이란 기업의 자본과 차입금의 크기 및 구성내용에 변동을 가져오는 활동이다. 재무활동 현금흐름은 미래 현금흐름에 대한 자본제공자의 청구권을 예측하는 데 유용하며, 재무활동 현금흐름의 예는 다음과 같다.
- 주식이나 기타 지분상품의 발행에 따른 현금유입
- 주식의 취득이나 상환에 따른 소유주에 대한 현금유출
- 담보·무담보부사채 및 어음의 발행과 기타 장·단기차입에 따른 현금유입
- 차입금의 상환에 따른 현금유출
- 리스이용자의 금융리스부채 상환에 따른 현금유출

이자와 배당금에 대한 현금흐름 처리 방법 중 잘못 설명된 것은?

① 같은 경제활동이라고 하더라도 회사의 종류에 따라 처리하는 방식이 다르다.

② 이자와 배당금의 수취 및 지급에 따른 현금흐름은 각각 별도로 구분한다.

③ 각 현금흐름은 매 기간 일관성 있게 영업활동, 투자활동 또는 재무활동으로 분류한다.

④ 비금융회사의 경우 이자지급, 이자수입 및 배당금수입은 모두 투자활동으로 분류한다.

⑤ 금융회사의 경우 이자지급, 이자수입 및 배당금수입은 일반적으로 영업활동 현금흐름으로 분류한다.

해설　금융업 이외의 업종에서는 이러한 현금흐름의 분류방법에 대하여 합의가 이루어지지 않았다.

정답 ④

더 알아보기

이자와 배당금의 처리

• 이자와 배당금의 수취 및 지급에 따른 현금흐름은 각각 별도로 공시한다.

• 각 현금흐름은 매 기간 일관성 있게 영업활동, 투자활동 또는 재무활동으로 분류한다.

• 금융회사의 경우 이자지급, 이자수입 및 배당금수입은 일반적으로 영업활동 현금흐름으로 분류한다. 그러나 금융업 이외의 업종에서는 이러한 현금흐름의 분류방법에 대하여 합의가 이루어지지 않았다.

• 이자지급, 이자수입 및 배당금수입은 당기순손익의 결정에 영향을 미치므로 영업활동 현금흐름으로 분류할 수 있다.

• 대체적인 방법으로 이자수입 및 배당금수입은 투자자산에 대한 수익으로 보아 투자활동 현금흐름으로 분류할 수도 있으며, 이자지급은 재무자원을 획득하는 원가로 보아 재무활동 현금흐름으로 분류할 수 있다. 배당금의 지급은 재무자원을 획득하는 비용이므로 재무활동 현금흐름으로 분류할 수 있다.

• 대체적인 방법으로 재무제표 이용자가 영업활동 현금흐름에서 배당금을 지급할 수 있는 기업의 능력을 판단하는 데 도움을 주기 위하여 영업활동 현금흐름의 구성요소로 분류할 수 있다.

법인세로 인한 현금흐름의 회계처리에 대한 방법으로 바른 것은?

① 법인세로 인한 현금흐름은 통상적으로 투자활동 현금흐름으로 분류한다.

② 법인세로 인한 현금흐름은 통상적으로 재무활동 현금흐름으로 분류한다.

③ 법인세로 인한 현금흐름은 통상적으로 영업활동 현금흐름으로 분류한다.

④ 법인세로 인한 현금흐름은 통상적으로 현금흐름에 반영하지 않는다.

⑤ 법인세로 인한 현금흐름은 통상적으로 주석으로 처리한다.

해설 법인세로 인한 현금흐름은 통상적으로 별도로 공시하며, 재무활동과 투자활동에 명백히 포함되지 않는 한 영업활동 현금흐름으로 분류한다.

〈법인세의 활동분류〉

발생원천	구 분	활동구분
당기순이익	당기법인세	영업활동
	부동산 양도차익에 대한 법인세	투자활동
기타자본요소	당기법인세	재무활동

정답 ③

■ 법인세 처리

법인세는 현금흐름표에서 영업활동, 투자활동, 재무활동으로 분류되는 현금흐름을 유발하는 거래에서 발생
• 법인세의 지급은 일반적으로 영업활동 현금흐름으로 분류한다. 그러나 투자활동이나 재무활동으로 분류한
 현금흐름을 유발하는 개별 거래와 관련된 법인세 현금흐름을 실무적으로 식별할 수 있다면 그 법인세 현금흐
 름은 투자활동이나 재무활동으로 적절히 분류한다.
• 법인세 현금흐름이 둘 이상의 활동에 배분되는 경우에는 법인세의 총지급액을 공시한다.

■ 계정과목과 기업활동의 내용 종합

자 산	영업활동	투자활동	재무활동	비 고
비유동자산		O		
단기매매금융자산	O			단기매매 목적
매출채권(선수금 포함)	O			
선급비용	O			
미수이자(이자수익)	O	O		기업이 선택 가능
미수배당금(배당수익)	O	O		기업이 선택 가능
재고자산	O			
대여금, 미수금		O		
유상증자 등 자본거래			O	
배당금의 지급	O		O	기업이 선택 가능
확정급여부채(퇴직급여)	O			
매입채무(선급금 포함)	O			
미지급비용, 선수수익	O			
미지급이자(이자비용)	O		O	기업이 선택 가능
법인세지급	O	O	O	
장기차입금, 금융부채			O	
당좌차월				현금의 구성요소

다음 중 현금흐름 분개에 대한 설명으로 잘못된 것은?

① 현금유입 없는 이자수익은 차변처리
② 미수이자 증가분은 차변처리
③ 미수배당금 증가분은 차변처리
④ 배당금수익 증가분은 차변처리
⑤ 미지급이자 증가분은 대변처리

해설   배당금수익 증가분은 대변처리한다.

정답 ④

더 알아보기

이자와 배당에 대한 현금흐름 계산

■ **이자수익 유입액**

이자수익 유입액은 포괄손익계산서의 이자수익 및 현금유입이 없는 이자수익과 재무상태표의 미수이자와 선수이자 등을 고려하여 다음과 같이 계산한다.

이자수익의 현금유입액 계산

현금유입액	xxx	이자수익	xxx
현금유입 없는 이자수익	xxx	선수이자 증가	xxx
미수이자 증가	xxx		

■ **배당수익 유입액**

배당금수익으로 인한 현금유입액은 배당금수익과 미수배당금을 이용하여 다음과 같이 계산한다.

배당금수익의 현금유입액 계산

현금유입액	xxx	배당금수익	xxx
미수배당금 증가	xxx		

■ **이자비용 유출액**

이자비용 유출액은 포괄손익계산서의 이자비용 및 현금유출이 없는 이자비용과 재무상태표의 선급이자와 미지급이자 등을 고려하여 다음과 같이 계산한다.

이자비용의 현금유출액 계산

이자비용	xxx	현금유출액	xxx
차입원가	xxx	현금유출 없는 이자비용	xxx
선급이자 증가	xxx	미지급이자 증가	xxx

다음 중 주석으로 표기할 사항을 모두 고르면? 최신출제유형

> 가. 현물출자로 인한 설비자산의 취득
> 나. 유형자산의 연불구입
> 다. 자산재평가
> 라. 무상증자
> 마. 주식배당

① 가, 나, 다
② 가, 라, 마
③ 가, 나, 라, 마
④ 나, 다, 라, 마
⑤ 가, 나, 다, 라, 마

해설 보기의 내용 모두 주석 표기가 필요하다.

정답 ⑤

더 알아보기

■ 현금거래와 비현금거래

거 래	현금거래 : 현금의 유입이나 유출을 동반하는 거래
	비현금거래 : 현금이 변동하지 않는 거래
	• 비현금손익거래 : 비용이나 수익이 발생하였으나 현금의 변동이 없는 거래
	예 유형자산의 감가상각, 무형자산의 상각, 퇴직급여의 계상, 단기매매증권평가손익의 계상, 지분법손익의 계상, 외화환산손익의 계상, 재해손실의 계상
	• 비현금교환거래 : 현금의 변동도 없고 손익계정의 변동도 없는 거래이다. 현금흐름표에 기재되지 않지만 총재무적 자원의 입장에서는 자금의 변동이 있는 것으로 분석하기 때문에 재무제표에 대한 주석으로 표시
	예 현물출자로 인한 유형자산의 취득, 유형자산의 연불구입 및 연불매각, 무상증자, 무상감자, 주식배당액, 전환사채의 전환, 건설중인자산의 유형자산 계정대체, 장기차입부채의 유동성대체

■ 주석 표기 이유

기업의 투자활동과 재무활동 중 상당 부분이 현금흐름을 수반하지 않고 발생하게 된다. 따라서 현금흐름에 영향을 미치는 거래만이 현금흐름표에 나타나도록 하면 중요한 거래에 대한 정보가 누락될 가능성이 있다. 이를 방지하고자 기업회계기준에서는 현금의 유입과 유출이 없는 거래내용 중 중요한 것은 재무제표의 주석으로 공시하도록 하여 기업 이해관계자들의 의사결정 왜곡을 방지하도록 하고 있다.

다음 중 현금유출이 없음에도 불구하고 비용처리되는 항목을 모두 고르면?

> 가. 감가상각비
> 나. 대손상각비
> 다. 지분법 손실
> 라. 무형자산상각비

① 가, 다, 라
② 가, 나, 다
③ 나, 다, 라
④ 가, 나, 다, 라
⑤ 가, 나, 라

해설 (가) ~ (라)는 실제 현금유출이 없는 대표적인 비용 내용이다.

정답 ④

더 알아보기

(+)현금유출 없는 비용 등의 가산

■ 현금유출 없는 비용
 • 감가상각비
 • 무형자산상각비
 • 기타의 대손상각비
 • 사채할인발행차금 상각분
 • 투자채권할증차금 상각분
 • 부채 현재가치할인차금 상각분
 • 지분법손실

■ 투자 · 재무활동 손실
 • 매도가능금융자산처분손실
 • 투자부동산처분손실
 • 유형자산처분손실
 • 장기부채상환손실

다음 중 현금유입이 없는 수익에 해당하지 않는 것은?

① 사채할인발행차금 상각분

② 투자채권할인차금 상각분

③ 자산현재가치할인차금 상각분

④ 지분법이익

⑤ 감가상각 방식 변경으로 인한 이득

해설　감가상각비 내지 대손상각비 등은 실제 현금유출이 없는 대표적인 비용 내용이다.

정답 ⑤

더 알아보기

(−)현금유입 없는 수익 등의 차감

■ 현금유입 없는 수익
- 사채할인발행차금 상각분
- 투자채권할인차금 상각분
- 자산 현재가치할인차금 상각분
- 지분법이익

■ 투자 · 재무활동 이익
- 매도가능금융자산처분이익
- 투자부동산처분이익
- 유형자산처분이익
- 장기부채상환이익

제 **03** 장 현금흐름표 종합분석

학습전략

작성된 현금흐름표를 활용하여 기업의 현금흐름에 대해 분석하고 응용하는 장이다. 현금흐름을 분석하는 데 필요한 지표와 수식, 측정방법을 암기해두는 것이 좋다.

---

01 현금흐름표분석 핵심개념문제

다음 중 만기가 된 단기부채를 지급할 수 있는 능력을 측정할 수 있는 비율은?

① 현금보유비율

② 영업현금흐름/유동부채비율

③ 영업현금흐름/총부채비율

④ 영업현금흐름/현금배당금비율

⑤ 영업현금흐름/자본지출액비율

해설 만기가 된 단기부채를 지급할 수 있는 능력은 영업현금흐름/유동부채비율을 통해 측정할 수 있다.

정답 ②

더 알아보기

비율분석

■ 현금보유비율

현금 및 예금이 총자산에서 차지하는 비율

$$현금보유비율 = \frac{현금 및 예금}{총자산}$$

■ 영업현금흐름/유동부채비율

만기가 된 단기부채를 지급할 수 있는 능력을 측정

$$영업현금흐름 / 유동부채비율 = \frac{영업현금흐름}{유동부채}$$

■ 영업현금흐름/총부채비율

만기가 된 총부채를 지급할 수 있는 기업의 전반적 지급능력이나 장기지급능력을 측정

$$영업현금흐름 / 총부채비율 = \frac{영업현금흐름}{총부채}$$

■ 영업현금흐름/현금배당금비율

현금배당을 지급할 수 있는 충분한 현금을 보유하고 있는가를 측정

$$영업현금흐름 / 현금배당금비율 = \frac{영업현금흐름}{현금배당금}$$

다음 중 매출 관련 현금흐름에 대한 분개방식을 잘못 설명한 것은?

① 대손상각비 유발은 차변
② 선수금 유발은 대변
③ 재고자산감모손실은 차변
④ 매입채무 증가는 대변
⑤ 재고자산평가손실은 대변

해설 매입활동과 관련된 현금유출액 중 손익계산서의 매출원가, 재고자산감모손실, 재고자산평가손실은 차변 계상에 해당하는 사항이다.

정답 ⑤

더 알아보기

매출 관련 활동으로 인한 현금흐름 분개

■ 매출 등 수익활동의 유입액

매출 등 수익활동으로 인한 현금유입액은 포괄손익계산서의 매출액, 대손상각비와 재무상태표의 매출채권, 대손충당금, 선수금의 증감변동을 이용하여 다음과 같이 계산된다.

매출활동의 현금유입액 계산

현금유입액	xxx	매출액	xxx
매출채권 증가	xxx	대손충당금 증가	xxx
대손상각비	xxx	선수금 증가	xxx

*재무상태표의 관련항목은 증가한 경우를 가정하여 표시하고, 감소한 경우에는 반대쪽에 표시하여 계산한다.

■ 매입 및 제품생산과 관련된 유출액

매입활동과 관련된 현금유출액은 손익계산서의 매출원가, 재고자산감모손실, 재고자산평가손실과 재무상태표의 재고자산, 선급금, 매입채무의 증감을 이용하여 다음과 같이 계산한다.

매입활동의 현금유출액 계산

매출원가	xxx	현금유출액	xxx
재고자산감모손실	xxx	매입채무 증가	xxx
재고자산평가손실	xxx		
재고자산 증가	xxx		
선급금 증가	xxx		

*포괄손익계산서의 매출원가금액에 재고자산감모손실과 재고자산평가손실금액이 포함되어 있을 경우 감모손실과 평가손실은 표시하지 않는다.

다음은 (주)시대의 최근 3개년 현금흐름표를 요약한 내용이다. (주)시대의 현금흐름 유형으로 옳은 것은?

최신출제유형

구 분	20X1년	20X2년	20X3년
영업활동으로 인한 현금흐름	100	120	150
투자활동으로 인한 현금흐름	(30)	(40)	(60)
재무활동으로 인한 현금흐름	(50)	(60)	(80)

① 현금보유형

② 우량·성숙기업형

③ 일부사업 구조조정형

④ 성장형

⑤ 저수익사업 매각형

해설 우량·성숙기업형은 영업활동에서 창출된 현금으로 투자자산이나 유형자산에 투자하고 나머지 현금으로 차입금상환과 주주에 대한 배당금지급까지 가능한 기업의 유형이다. 기업의 수명주기 중 성숙기에 진입한 회사이며 성공적인 기업의 유형이다.

정답 ②

더 알아보기

현금흐름의 유형

구 분	①	②	③	④	⑤	⑥	⑦	⑧
영업활동	+	+	+	+	−	−	−	−
투자활동	+	−	+	−	+	−	+	−
재무활동	+	−	−	+	+	+	−	−

① 현금보유형

영업활동에서도 현금을 창출하고 투자활동 관련 자산도 매각하여 현금을 마련하며, 재무활동을 통해서도 현금을 조달하여 현금을 쌓아두고 있는 유형. 유동성이 매우 높은 기업이며 향후 다른 기업을 취득할 가능성이 있음

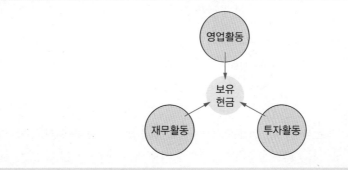

※ 화살표는 현금이 흐르는 방향을 의미

② 우량·성숙기업형
영업활동에서 현금을 조달하여 설비투자에 사용하거나 차입금상환, 배당금지급에 사용하고 있는 유형

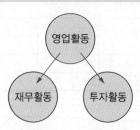

③ 부채축소형, 일부사업 구조조정형
영업활동에서 현금을 조달하고 유형자산의 매각을 통해서도 자금을 조달하여 차입금을 상환하거나 배당금을 지급하는 유형

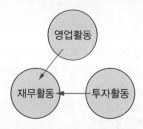

④ 성장형
영업활동에서 현금을 조달하고 차입금이나 증자를 통해서도 자금을 조달하여 설비확장에 나서는 유형

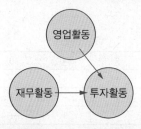

⑤ 저수익사업 매각형
유형자산의 처분과 차입금 또는 증자를 통하여 조달한 현금으로 영업활동에서의 현금부족액을 메우는 유형

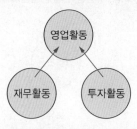

⑥ 신생기업, 급성장기업형
급성장하는 기업에서 나타나는 유형으로서 영업활동에서 현금부족액과 설비투자 현금소요액을 장기차입금이나 증자로 조달하는 유형

⑦ 대규모 구조조정형
영업활동에서 부족한 현금과 차입금상환 또는 배당금지급에 필요한 현금을 설비자산의 처분대금으로 메우는 유형

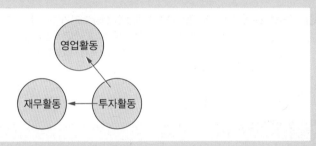

⑧ 보유현금소진형, 쇠퇴기업형
보유현금으로 영업활동에서 부족한 현금과 설비투자 및 차입금상환(또는 배당금지급)에 필요한 자금을 충당하는 유형

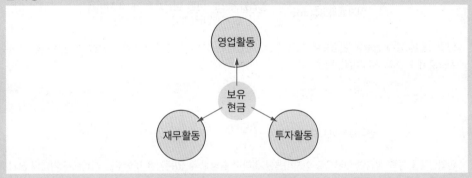

다음 중 기업의 단기지급능력과 관련된 것을 모두 고른 것은?

> ㄱ. 현금흐름보상비율　　　　　　　　ㄴ. 현금흐름이자보상비율
> ㄷ. 투자안정성비율　　　　　　　　　ㄹ. 영업활동현금흐름 대 총부채
> ㅁ. 영업활동현금흐름 대 차입금　　　ㅂ. 주당현금흐름

① ㄱ, ㄴ　　　　　　　　　　　　　② ㄱ, ㅁ
③ ㄴ, ㅁ　　　　　　　　　　　　　④ ㄷ, ㄹ
⑤ ㄹ, ㅂ

해설 현금흐름보상비율은 영업활동을 통해 창출한 현금으로 기업이 단기차입금과 이자비용을 얼마만큼 감당할 수 있는지를 보여주는 지표로서 기업의 단기지급능력을 나타내고, 현금흐름이자보상비율은 영업활동을 통해 창출한 현금으로 이자비용을 얼마나 충당할 수 있는가를 보여주는 지표로서 기업의 단기지급능력을 나타내는 보조지표로 활용된다.

정답 ①

더 알아보기

현금흐름 분석지표

■ 현금흐름보상비율

$$\text{현금흐름보상비율} = \frac{\text{영업활동으로 인한 현금흐름 + 이자비용}}{\text{단기차입금(평균) + 이자비용}}$$

영업활동을 통해 창출한 현금으로 기업이 단기차입금과 이자비용을 얼마만큼 감당할 수 있는지를 보여주는 지표로서 기업의 단기지급능력을 나타낸다.

■ 현금흐름이자보상비율

$$\text{현금흐름이자보상비율} = \frac{\text{영업활동으로 인한 현금흐름 + 이자비용}}{\text{이자비용}}$$

영업활동을 통해 창출한 현금으로 이자비용을 얼마나 충당할 수 있는가를 보여주는 지표로서 기업의 단기지급능력을 나타내는 보조지표로 활용된다.

■ 영업활동현금흐름 대 매출액

$$\text{영업활동현금흐름 대 매출액} = \frac{\text{영업활동으로 인한 현금흐름}}{\text{매출액}}$$

매출액을 통한 현금창출능력을 파악하기 위한 지표이다. 이 비율이 낮으면 매출채권이 과다하여 앞으로 자금사정이 악화될 위험이 있음을 의미한다.

■ 당기순이익 대 영업활동현금흐름

$$\text{당기순이익 대 영업활동현금흐름} = \frac{\text{당기순이익}}{\text{영업활동으로 인한 현금흐름}}$$

영업활동으로 인한 현금흐름 중에서 당기순이익이 차지하는 비중을 나타내는 지표이다.

■ 투자안정성비율

$$투자안정성비율 = \frac{영업활동으로\ 인한\ 현금흐름}{유형자산\ 투자순지출}$$

영업활동을 통해 창출한 현금으로 유형자산투자를 위한 현금지출에 어느 정도 충당할 수 있는가를 나타내는 지표이다. 이 비율이 100% 미만이면 기업이 영업활동을 통해 조달한 현금보다 많은 자금을 유형자산에 투자하여 유동성부족 위험이 높다는 것을 의미한다.

■ 영업활동현금흐름 대 투자활동현금지출

$$영업활동현금흐름\ 대\ 투자활동현금지출 = \frac{영업활동으로\ 인한\ 현금흐름}{투자활동\ 순현금지출}$$

영업활동을 통해 창출한 현금으로 투자활동에 필요한 현금지출을 어느 정도 충당할 수 있는가를 나타내는 지표

■ 영업활동현금흐름 대 총부채

$$영업활동현금흐름\ 대\ 총부채 = \frac{영업활동으로\ 인한\ 현금흐름}{총부채(평균)}$$

영업활동을 통해 창출한 현금으로 총부채를 어느 정도 상환할 수 있는가를 보여주는 지표로서 기업의 부채상환능력을 나타낸다.

■ 영업활동현금흐름 대 차입금

$$영업활동현금흐름\ 대\ 차입금 = \frac{영업활동으로\ 인한\ 현금흐름}{차입금(평균)}$$

영업활동을 통해 창출한 현금으로 차입금을 어느 정도 상환할 수 있는가를 보여주는 지표로서 기업의 차입금상환능력을 나타낸다.

■ 주당현금흐름비율(Cash Flows Per Share, CPS)

$$주당현금흐름비율 = \frac{영업활동으로\ 인한\ 현금흐름}{총유통보통주식수}$$

주당순이익의 대체적인 비율로서, 발생주의에 의한 회계이익은 기업의 임의적인 손익배분이나 회계처리방법에 따라 조정되는 숫자인데 반하여, 영업활동현금흐름은 그와 같은 임의성이 배제되었기 때문에 기업을 평가하는 데 좀 더 유용하다.

■ 주가현금흐름비율(Price Cash Flows Ratio, PCR)

$$주가현금흐름비율 = \frac{보통주\ 1주당\ 시가}{CPS}$$

주당현금흐름비율과 마찬가지로 기업의 성장 가능성을 가늠하는 지표로 사용되며, PCR이 낮다는 것은 영업활동으로 현금을 창출하는 능력에 비해 주가가 상대적으로 낮다는 것을 의미하므로 주식투자에서는 PCR이 낮은 기업의 주식을 사도록 권유하는 경향이 있다.

다음 중 투자활동으로 분류하기 어려운 것은? 　최신출제유형

① 토지·건물의 취득
② 장기성예금 회수
③ 무형자산의 취득
④ 단기매매금융자산의 취득과 처분
⑤ 장기대여금 증가

해설 단기매매금융자산의 취득과 처분은 한국채택국제회계기준에서 영업활동으로 분류되므로 투자활동 현금흐름에 포함되지
않는다.

정답 ④

🔖 **더 알아보기**

투자활동으로 인한 현금흐름
투자활동으로 인한 현금흐름은 투자자산, 유형자산 및 무형자산의 취득과 처분활동 등과 같이 주로 비유동자산의
운용과 관련된 거래로부터 발생한다.

현금유입	현금유출
① 장기금융자산·투자부동산의 감소 　• 장기성예금·장기대여금 회수 　• 매도가능금융자산 등의 처분 ② 유형자산·무형자산의 감소 　• 토지·건물의 처분 　• 무형자산의 처분	① 장기금융자산·투자부동산의 증가 　• 장기성예금·장기대여금 증가 　• 매도가능금융자산 등의 취득 ② 유형자산·무형자산의 증가 　• 토지·건물의 취득 　• 무형자산의 취득

다음의 경영활동을 바탕으로 현금흐름표가 바르게 작성된 것은?

시대(주)의 2017년도 기계장치 및 감가상각누계액 계정의 증감 및 그 원인은 다음과 같다.

구 분	기 초	기 말
기계장치	₩7,800	₩8,700
감가상각누계액	₩4,600	₩5,300

[증감원인]
(1) 기계장치를 ₩1,200에 현금으로 취득하였다.
(2) 취득원가 ₩300, 감가상각누계액 ₩200의 기계장치를 ₩150에 처분하였다.
(3) 당기의 기계장치 감가상각비는 ₩900이다.

현금흐름표

	①	②	③	④	⑤
Ⅰ. 영업활동으로 인한 현금흐름					
현금유출 없는 비용 등 가산 : 감가상각비	₩900	₩900	₩900	₩900	₩900
현금유입 없는 수익 등 차감 : 유형자산처분이익	(₩50)	₩50	(₩50)	(₩50)	₩50
Ⅱ. 투자활동으로 인한 현금흐름					
기계장치 취득	(₩1,200)	(₩1,200)	₩1,200	(₩1,200)	₩1,200
기계장치 처분	₩150	₩150	₩150	(₩150)	₩150

[해설]

구 분	기 초		증감원인분석		기 말	
	차 변	대 변	차 변	대 변	차 변	대 변
기계장치	₩7,800		(1) ₩1,200	(2) ₩300	₩8,700	
감가상각누계액		₩4,600	(2) ₩200	(3) ₩900		₩5,300

정답 ①

다음 중 재무활동의 방향성이 다른 것은?

① 사채 상환
② 자기주식 취득
③ 유상감자
④ 배당금 지급
⑤ 주식 발행

해설   주식 발행은 현금유입 활동에 해당한다.

정답 ⑤

더 알아보기

재무활동에 대한 처리 내용

재무활동으로 인한 현금흐름은 ① 현금의 차입과 차입금의 상환활동, ② 신주 발행, ③ 배당금의 지급활동 등과 같이 주로 장기부채 및 자본계정에 영향을 미치는 자금조달활동으로 발생한다.

현금유입	현금유출
① 단기부채(일부)의 증가 　　단기차입금 차입 ② 장기부채의 증가 　• 사채 발행 　• 장기차입금 차입 ③ 자본의 증가 　• 주식 발행 　• 자기주식 처분	① 단기부채(일부)의 감소 　　단기차입금 상환 ② 장기부채의 감소 　• 사채 상환 　• 장기차입금 상환 ③ 자본의 감소 　• 유상감자 　• 자기주식 취득 　• 배당금 지급

다음 중 기업의 차입금 상환능력 분석에 대한 설명으로 잘못된 것은?

① 기업의 유동성에 대한 평가 지표인 유동비율분석을 통해서 단기차입금 상환능력을 평가해 왔다.

② 손익계산서 내지 재무상태표를 활용한 차입금 분석은 적자생존·흑자도산이나 건전한 신용대출로 위장한 부실대출을 견제하는 데 유용하다.

③ 수익성지표가 아무리 높다고 하더라도 그 순이익은 발생주의 순이익이므로 현금흐름과는 상당히 차이가 있을 수 있어 단기적으로 기업은 유동성 부족에 빠질 수도 있다.

④ 현금흐름분석은 신용분석기법 중의 하나로 기업의 차입금 상환능력을 분석하는 데 유용한 도구로 사용되고 있다.

⑤ 각종 수익성지표나 성장성지표를 이용해 장기차입금 상환능력을 평가한다.

해설　전통적인 분석기법은 지금도 유용하게 사용되고 있지만 적자생존·흑자도산이나 건전한 신용대출로 위장한 부실대출을 견제하는 데는 제 기능을 발휘하지 못한다는 비판을 받아 왔다.

정답 ②

더 알아보기

차입금 상환능력 분석

■ 차입금 상환능력 분석의 전통적 기법

　기업의 차입금 상환능력 분석 시 전통적으로 발생주의 기업회계기준에 의하여 작성된 재무상태표와 손익계산서를 이용한 재무비율을 중심으로 기업의 차입금 상환능력을 분석해 왔다. 특히 기업의 유동성에 대한 평가 지표인 유동비율 분석을 통해서 단기차입금 상환능력을 평가해 왔고 각종 수익성지표나 성장성지표를 이용해 장기차입금 상환능력을 평가해 왔다.

■ 전통적 기법의 한계

　전통적인 분석기법은 지금도 유용하게 사용되고 있지만 적자생존·흑자도산이나 건전한 신용대출로 위장한 부실대출을 견제하는 데는 제 기능을 발휘하지 못한다는 비판을 받아 왔다.
　한 예로 유동비율이 아무리 높다고 하더라도 유동자산의 대부분을 차지하고 있는 매출채권이나 재고자산을 현금화하는 데 장기간이 걸린다면 단기적으로 기업은 큰 위험에 처할 수 있다. 또 다른 예로 각종 수익성지표가 아무리 높다고 하더라도 그 순이익은 발생주의 순이익이므로 현금흐름과는 상당히 차이가 있을 수 있어 단기적으로 기업은 유동성 부족에 빠질 수도 있는 것이다.
　현금흐름분석은 바로 이러한 전통적인 분석기법이 안고 있는 문제점을 보완하기 위한 신용분석기법 중의 하나로 기업의 차입금 상환능력을 분석하는 데 유용한 도구로 사용되고 있다.

다음 중 주당영업현금흐름을 확인할 수 있는 수식은?

① $\dfrac{\text{영업현금흐름} - \text{우선주배당금}}{\text{가중평균유통보통주식수}}$

② $\dfrac{\text{영업현금흐름}}{\text{현금배당금}}$

③ $\dfrac{\text{영업현금흐름}}{\text{매출액}}$

④ $\dfrac{\text{영업현금흐름}}{\text{총자산}}$

⑤ $\dfrac{\text{영업현금흐름}}{\text{총부채}}$

해설　　주당영업현금흐름 $= \dfrac{\text{영업현금흐름} - \text{우선주배당금}}{\text{가중평균유통보통주식수}}$

정답 ①

▶ **더 알아보기**

주당영업현금흐름

주당영업현금흐름은 유통보통주식 1주당 영업현금흐름을 나타내므로, 단기적으로 주당순이익(EPS)보다 자본투자나 배당금을 지급할 수 있는 기업의 능력을 더 잘 보여준다. 또한 보통주 1주당 영업현금흐름을 통해 보통주의 투자가치를 평가할 수 있는데, 주당영업현금흐름/주가 비율이 높을수록 주가가 저평가되어 있는 것이므로 이 주식의 투자가치가 높은 것으로 평가될 수 있다.

다음 중 기업이 영업활동으로 인한 현금흐름으로 배당금을 지불할 능력이 있는지를 측정하는 지표의 수식은?

① $\dfrac{\text{영업현금흐름} - \text{우선주배당금}}{\text{가중평균유통보통주식수}}$

② $\dfrac{\text{영업현금흐름}}{\text{현금배당금}}$

③ $\dfrac{\text{영업현금흐름}}{\text{매출액}}$

④ $\dfrac{\text{영업현금흐름}}{\text{총자산}}$

⑤ $\dfrac{\text{영업현금흐름}}{\text{유동부채}}$

해설

$$\text{영업현금흐름 / 현금배당금비율} = \dfrac{\text{영업현금흐름}}{\text{현금배당금}}$$

정답 ②

더 알아보기

영업현금흐름/현금배당비율의 의미

이 비율은 기업이 영업활동으로 인한 현금흐름으로 배당금을 지불할 능력이 있는지를 측정하는 지표이다. 이 비율이 높을수록 기업이 현금배당금을 지불하는 능력은 좋다고 할 수 있으므로, 만약 이 비율이 1보다 작을 경우 영업활동이 아닌 투자활동이나 재무활동을 통하여 배당금을 조달하였다는 것을 의미한다고 볼 수 있다.

다음 중 영업활동으로 인한 현금흐름이 기업의 총부채를 어느 정도 감당할 수 있는지를 나타내는 지표는?

① $\dfrac{영업현금흐름 - 우선주배당금}{가중평균유통보통주식수}$

② $\dfrac{영업현금흐름}{현금배당금}$

③ $\dfrac{영업현금흐름}{매출액}$

④ $\dfrac{영업현금흐름}{총자산}$

⑤ $\dfrac{영업현금흐름}{총부채}$

해설 　영업현금흐름 / 총부채비율 = $\dfrac{영업현금흐름}{총부채}$

정답 ⑤

더 알아보기

영업현금흐름/총부채비율의 의미
이 비율은 영업활동으로 인한 현금흐름이 기업의 총부채를 어느 정도 감당할 수 있는지를 나타내므로 만기가
된 총부채를 지급할 수 있는 기업의 전반적인 지급능력이나 장기지급능력을 측정하는 지표가 된다. 이 비율이
높을수록 총부채를 유지할 수 있는 기업의 능력은 좋은 것으로 평가된다.

(주)시대의 부채비율(부채/자본)은 200%이고 유동비율(유동자산/유동부채)은 100%이다. 다음 중 부채비율을 줄이면서 유동비율을 늘리는 제도는?

① 신주 발행
② 장기차입금 상환
③ 매출채권의 현금 회수
④ 미지급보험료의 현금 납부
⑤ 만기가 3년인 회사채 발행

해설
① 신주를 발행하면 현금자산과 자본이 늘어나므로 부채비율이 줄어들고 유동비율이 늘어난다.
② 장기차입금을 상환하면 유동자산(현금자산)과 장기부채가 줄어든다. 따라서 부채비율과 유동비율이 모두 감소한다.
③ 매출채권을 현금회수하면 자산 항목 간 이동만 일어나며, 부채비율과 유동비율에 영향을 미치지 않는다.
④ 미지급보험료를 현금 납부하면 유동자산과 유동부채가 감소하므로 부채비율은 줄어들지만 유동비율에는 변동이 없다.
⑤ 만기 3년 회사채를 발행하면 자산과 부채(장기)가 동시에 늘어난다. 따라서 부채비율과 유동비율이 상승한다.

정답 ①

더 알아보기

영업현금흐름/유동부채비율

$$영업현금흐름/유동부채비율 = \frac{영업현금흐름}{유동부채}$$

이 비율은 기업이 유동부채의 상환을 위해 어느 정도 수준의 영업현금흐름으로 보유하고 있는가를 나타내므로, 기업의 단기적인 상환능력에 대한 측정치가 된다. 이 비율이 높을수록 기업의 단기적인 지급능력은 높은 것으로 판단하므로, 이 비율이 낮아지고 있거나 1보다 작을 경우 기업의 유동성에 문제가 있다는 신호로 유동부채의 지급에 문제가 생길 수 있다.

다음의 현금흐름 측정 방식 중에서 현재의 경쟁력을 훼손하지 않고 유지하는 차원에서 이용 가능한 현금흐름을 파악할 수 있는 개념은? 최신출제유형

① EBIT

② EBITDA

③ Gross Cash Flow

④ Retained Cash Flow

⑤ Free Cash Flow

해설 Free Cash Flow기업이 차입금을 제외한 보유현금으로 현재의 경쟁력을 훼손하지 않고 유지하는 차원에서 이용 가능한 현금흐름이다.

정답 ⑤

더 알아보기

■ 전통적인 현금흐름(Traditional Cash Flow, TCF)

> 전통적인 현금흐름 = 당기순이익 + 감가상각비

- 현금흐름표가 작성되기 이전에 당기순이익을 현금으로 벌어들인 순이익과 마찬가지로 간주
- 현금의 유출이 없는 비용인 감가상각비를 가산하여 회사가 사용할 수 있는 현금을 계산하는 방법
- 운전자본에 투입된 금액을 현금과 마찬가지로 간주
- 운전자본에 대한 투자, 감가상각비 외의 비현금손익, 투자활동과 재무활동에서 발생한 손익을 고려하지 않음

■ EBIT(Earnings Before Interest and Tax to sales)

> EBIT = 세전순이익 + 이자비용

- 이자, 세금 차감 전 영업활동 창출 이익
- 유·무형자산 투자가 적은 도매업, 영화상영업 등 서비스업체에 적합한 측정치

■ 잉여현금흐름(Free Cash Flow, FCF)

> 잉여현금흐름 = EBIT − 법인세 + 감가상각비 − 자본적지출 − 순운전자본의 증가
> 또는 영업활동으로 인한 현금흐름 + 이자비용(= 1 − t) − 자본적지출

- 잉여현금흐름이란 기업의 운전자본이나 유형자산 및 타법인 주식에 투자하고 남는 현금흐름을 창출한 것
- 기업의 소유자가 그 기업의 가치를 감소시키지 않고 소비할 수 있는 현금에 초점을 맞춘 개념
- 모든 자본을 자기자본으로 조달하였다고 가정하므로 회사의 부채의존도에 영향을 받지 않는 현금흐름임
- 잉여현금흐름을 현재가치로 평가하는 현금흐름할인법(Discounted Cash Flow, DCF)이 기업가치를 평가하는 방법으로 널리 쓰임

■ EBITDA(Earnings Before Interest, Tax, Depreciation and Amortization to sales)

$$\text{EBITDA} = \text{EBIT} + \text{감가상각비} + \text{상각비}$$

- 이자, 세금, 감가상각비, 상각비 차감 전 영업활동 창출 이익
- 설비투자가 요구되는 대부분의 산업에 적합한 측정치

■ Gross Cash Flow

$$\text{현금당기순이익} = \text{당기순이익} + \text{감가상각 등} + \text{이연법인세} \pm \text{기타 비현금수입지출 조정}$$

■ Retained Cash Flow

$$\text{Retained Cash Flow} = \text{Gross Cash Flow} - \text{배당금 지급(보통주, 우선주)}$$

다음 중 경영자의 태도에 좌우되는 것으로, 경영진의 철학이나 성향에 따라 현금흐름의 변화가 큰 것은?

① Margin
② 투자 및 재무 부문
③ 운전자본
④ 감가상각비
⑤ 선급금

해설　투자리스크를 감당할 것인가 수익성에만 전념할 것인가, 투자재원이 없을 경우 차입을 할 것인가 증자를 할 것인가, 차입 시 변동부금리, 고정부금리 중 어느 것을 택할 것인가 등은 경영자의 태도에 좌우된다.

정답 ②

더 알아보기

현금흐름에 영향을 미치는 변수 이해

- 가장 중요한 원천은 Margin
  - 총유입은 매출을 말하며, 순유입은 현금기준 Margin을 말한다.
  - 수익성 분석이 중요한 이유는 Margin만이 현금이 되기 때문이다.
  - 외환위기 이후 금융시스템 변화로 현금흐름이 중요해지면서 매출이나 자산 등 외형보다는 수익성 및 현금흐름 개선이 뚜렷(차입금 감축 정책 등의 효과로 안정성도 향상되는 추세)하다.

- 2차적으로 중요한 변수인 운전자본
  - 일반적으로 매출채권, 재고자산, 매입채무를 의미하며 사업의 성격에 따라서는 선수금, 선급금, 미수금, 미지급금 등도 포함한다.
  - 운전자본 분석이 중요한 이유는 전액 현금화가 어려운 자산일 가능성이 있고, 현금화는 가능하나 회수기간이 지연됨으로써 기업의 유동성을 압박할 가능성도 있기 때문이다.

- 투자 및 재무 부문 : 경영자의 태도에 좌우되므로 경영진의 철학이나 성향 파악이 필요하다.
  - 투자리스크를 감당할 것인가 수익성에만 전념할 것인가
  - 투자재원이 없을 경우 차입을 할 것인가 증자를 할 것인가
  - 차입 시 변동부금리, 고정부금리 중 어느 것을 택할 것인가 등

다음 중 운전자본에 대한 설명으로 잘못된 것은?

① 매출채권의 경우 부실채권 파악, 부실채권을 제외한 회전율은 상당히 논리적이다.

② 매입채무는 차입금보다는 성격이 양호하다.

③ 매출채권은 수출과 내수를 함께 파악한다.

④ 재고자산의 경우 상품, 제품, 반제품, 재공품, 원재료, 미착재료 등의 합산계정으로 일률적인 재고자산회 전율과 같은 정보는 무의미하다.

⑤ 매입채무가 모두 문제가 있는 것은 아니며, Business 관계에서 발생한 단순한 부채인 경우가 많다.

해설 수출과 내수를 구분하여 분석함으로써 환율 등의 변화로 인한 상황을 구분하도록 한다.

정답 ③

더 알아보기

운전자본의 이해

■ 매출채권
• 기업의 입장에서 부담 축소 욕구가 있는 계정
• 매출분석과 연계
• 외상매출 정책과 논리적으로 연동 : 논리성 검증이 용이
• 부실채권 파악, 부실채권을 제외한 회전율은 상당히 논리적
• 이상치 분석이 중요 : 유통망 또는 거래선의 변화, 월별 매출 확인
• 수출과 내수를 구분하여 분석
• 증감원인 파악 과정에서 시장변화에 대한 단초 습득 가능(대체품 출현, 경쟁심화, 시장여건 악화, 위상변화 등)

■ 재고자산
• 자료나 정보수집이 어렵고 복합계정으로서 파악하기 곤란한 계정
• 상품, 제품, 반제품, 재공품, 원재료, 미착재료 등의 합산계정으로 일률적인 재고자산회전율과 같은 정보는 무의미
• 생산시스템에 대한 이해가 전제 : 생산담당자 접촉 필요
• 매입액이나 매출원가 대비 적정성 판단
• 숫자의 유의성과 논리성, 투명성 등을 갖춘 동업종 모범업체를 발굴하여 비교해서 분석자 입장에서 이해되지 않으면 이상치로 간주

■ 매입채무
• 비지니스 관계에서 발생한 단순한 부채
• 차입금보다는 성격이 양호
• 재고자산과 연동
• 매출과 연계하여 계열사 간 자금지원책으로 활용, 유사시 훌륭한 자금유입원
• 공급자와의 관계에 대한 정보 : 공급원의 안정성 및 장악력 정보

다음 중 현금흐름의 질적분석이 필요한 이유에 해당하지 않는 것은?

① 현재의 모든 재무자료는 과거치이므로 아무리 체계적으로 정리해도 현상 이상의 사실은 이야기해 주지 못한다.

② 과거는 단지 미래의 가이드라인일 뿐 미래의 신용도, 현금창출능력, 채무상환능력, 자산가치에 영향을 미칠 사건 등 미래를 설명하는 자료로서는 부적합하다.

③ 기업의 현재상태에 대한 파악과 외부환경, 영업환경, 경영의 질적수준, 기업구조 등의 변화를 예측함으로써 미래의 채무상환능력을 측정할 필요가 있다.

④ 채무를 상환할 만큼 충분한 현금을 창출할 수 있는가의 여부가 규제당국에 의해 좌우되는 경우에는 규제의 변화 추세가 중요하다.

⑤ 경쟁사의 상황을 함께 분석해야 하기 때문이다.

해설 경쟁사의 현금흐름의 상황 역시 일차적으로 해당 회사의 재무제표를 통해 확인이 가능하므로 이는 질적분석의 범주에 해당하지 않는다고 할 수 있다.

정답 ⑤

더 알아보기

질적분석의 필요성

- 현금흐름분석의 궁극적인 목적은 미래 현금상태에 대한 논리적인 추정을 하는 데 있음
  - 현재의 모든 재무자료는 과거치이므로 아무리 체계적으로 정리해도 현상 이상의 사실은 이야기해 주지 못함
  - 과거는 단지 미래의 가이드 라인일 뿐 미래의 신용도, 현금창출능력, 채무상환능력, 자산가치에 영향을 미칠 사건 등 미래를 설명하는 자료로서는 부적합함

- 기업의 현재상태에 대한 파악과 외부환경, 영업환경, 경영의 질적수준, 기업구조 등의 변화를 예측함으로써 미래의 채무상환능력을 측정함

- 채무를 상환할 만큼 충분한 현금을 창출할 수 있는가의 여부가 규제 당국에 의해 좌우되는 경우 규제의 변화추세 중요
  - 규제 완화는 산업의 진입장벽을 낮추고 경쟁을 심화시킴으로써 잠재적으로 현재 산업 내 참여기업에 불리함
  - 환경 등 일반적인 규제강화는 산업 내 참여기업에 불리한 반면 신규진입에 대한 규제 강화나 요금인상 등은 현재 산업 내 참여기업에 유리한 방향으로의 움직임이라고 할 수 있음

- 정상적인 영업상황이든 재무적 어려움에 처해 있든 정부 또는 관련단체가 특정 기업을 어느 정도 지원할 수 있는가를 분석할 필요가 있음

- 기업의 생존 여부가 국가이익 차원의 문제일 경우 정부의 지원 가능성이 높으며 이는 채권자의 관점에서 긍정적임
  - 주요은행 : 채무불이행 시 금융시스템 문제 발생
  - 제조업체 : 고용이나 수출 등에서 중요한 역할을 하는 경우
  - 공사 : 전력, 수력, 철도, 공항 등

다음 중 유사시 현금 조달 방법에 해당하는 것을 모두 고르면?

> 가. 사업부 매각
> 나. 자회사 등 상장
> 다. 재고자산 매각을 통한 현금
> 라. 유가증권 매각

① 가, 나
② 가, 나, 다
③ 가, 다, 라
④ 나, 다, 라
⑤ 가, 나, 다, 라

해설   **유사시 자산가치 조정** : 사업부 및 유가증권 등 매각 가능성, 자회사 등 상장 가능성, 매출채권·재고자산·유형자산 등의 현금회수 가능성

정답 ⑤

더 알아보기

유사시 외부유동성 Back Up 가능성
기본적으로 자산가치의 평가는 경우에 따라 달라지나 매출채권, 토지, 건물 등이 비교적 높은 수준의 회수율을 보였다. 투자주식 중 상장주식의 경우 회수율이 매우 높지만, 비상장주식의 경우 유동성과 회수율이 낮은 것으로 나타났다.

다음 중 현금흐름에 미치는 영향이 다른 내용은?

① 영업이익

② 운전자본회수

③ 자산매각

④ 배당/감자

⑤ 신규차입

해설 배당/감자는 현금운용으로 구분되며 ①, ②, ③, ⑤는 현금원천으로 구분된다.

정답 ④

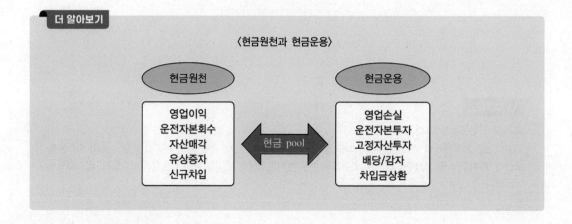

더 알아보기

〈현금원천과 현금운용〉

현금원천

현금운용

영업이익
운전자본회수
자산매각
유상증자
신규차입

현금 pool

영업손실
운전자본투자
고정자산투자
배당/감자
차입금상환

다음 중 감가상각비에 대한 설명으로 잘못된 것은?

① 기업에 따라서는 대손충당금 등과 같은 다른 비현금비용 항목이 큰 부분을 차지하기도 한다.

② 회계상 또는 세법상의 내용연수보다는 실제 경제적인 사용가능 내용연수의 파악이 중요하다.

③ 손익계산서상에서는 비용이지만 현금흐름분석에서는 현금의 지출이 없는 비용이기 때문에 영업이익에 가산하는 항목 중 가장 큰 부분이 감가상각비이다.

④ 회계처리 변경의 원인이 회계적 이익을 과거보다 나쁘지 않게 보이려는 의도라면 변경 후 기준으로 환원시켜서 분석하여야 한다.

⑤ 시간이 지남에 따라 생산능력이 크게 저하되거나 반도체 산업과 같이 기술변화가 빨라 장기간 사용이 어려운 자산(기계)인 경우에는 상각 기간이 짧아야 한다.

해설 변경 전의 기준으로 환원시켜 분석한다.

정답 ④

더 알아보기

감가상각비

손익계산서상에서는 비용이지만 현금흐름분석에서는 현금의 지출이 없는 비용이기 때문에 영업이익에 가산하는 항목 중 가장 큰 부분이 감가상각비이다. 물론, 기업에 따라서는 대손충당금 등과 같은 다른 비현금비용 항목이 큰 부분을 차지하기도 한다.

우선 감가상각방법과 내용연수를 살펴보아야 한다. 이때 회계상 또는 세법상의 내용연수보다는 실제 경제적인 사용가능 내용연수의 파악이 중요하다. 즉, 상각방법의 적정성에 대한 분석이 필요하며, 실제보다 과대 또는 과소 계상된 경우라면, 그 원인과 효과에 대한 정성적 분석이 필요하다. 객관적인 자료의 확보가 어렵기 때문에 이를 파악하는 데는 주로 Peer Group 분석이 사용된다.

상각방법이나 내용연수의 변경 등과 같은 회계처리의 변경이 있는 경우에는 그 원인과 효과를 면밀히 따져보아야 하는데, 만약 변경의 원인이 회계적 이익을 과거보다 나쁘지 않게 보이려는 의도라면 변경 전 기준으로 환원시켜서 분석하여야 한다.

시간이 지남에 따라 생산능력이 크게 저하되거나 반도체 산업과 같이 기술변화가 빨라 장기간 사용이 어려운 자산(기계)인 경우에는 상각 기간이 짧아야 한다. 이러한 경우에 감가상각비의 규모가 커서 영업활동조달현금이 많아 보이지만, 현 수준의 영업경쟁력을 유지하여 매출과 영업이익을 지속적으로 창출하기 위해서는 경상적인 투자나 신설 투자가 필수적이다. 따라서 영업경쟁력유지를 위한 투자를 차감한 감가상각비 규모가 실질적인 현금 창출 기여분이다.

단기차입에 과다하게 의존하는 경우, 확고한 유동성 대안이 부족하고 신용도가 낮다면 고금리를 감수해야 하거나 채무불이행에 빠질 위험이 높아진다. 이와 관련된 내용을 확인할 수 있는 분석 내용에 가장 부합하는 것은?

① 활동성분석
② 채무의 만기 구조
③ 레버리지분석
④ 수익성분석
⑤ 유동성분석

해설　채무의 만기가 일시에 집중되는 것은 금융시장의 상황에 따른 유동성 경색 가능성을 내포하고 있다. 즉, 단기차입에 과다하게 의존하는 경우, 확고한 유동성 대안이 부족하고 신용도가 낮다면 고금리를 감수해야 하거나 채무불이행에 빠질 위험이 존재한다.

정답 ②

더 알아보기

채무의 만기 구조
채무의 만기 시 기업의 현금흐름에 대해 청구권을 보유하고 있는 부채의 수준 또는 우선순위도 중요하다. 또한 일반적으로 채무의 수준보다 현금을 비롯한 자산이나 정부의 지원과 같은 완충장치가 클수록 향후 채무 상환의무의 이행능력이 크다.
대상 채권의 커버넌트(Covenant) 및 손실률을 파악하는 것이 중요한 경우가 있다. 만기 시 채권자에게 지급하는 능력을 제한하거나 청산 시 채권자의 회수율을 저하시킬 수 있는 청구권에는 어떤 것이 있으며 이들 청구권과 대상 채권과의 경쟁관계는 어떠한가를 파악하여야 한다.

다음 중 현금흐름분석 관련 주요 재무비율에 대한 설명으로 잘못된 것은?

① 신용평가를 할 때 많이 사용되는 현금흐름 대 부채비율은 어떤 현금흐름 측정치를 사용하는지, 그리고 평가대상 기업이 어떠한 특성을 가지고 있는지에 따라 해석을 달리할 수 있다.

② 이자비용과 EBIT을 비교하여 이자 커버리지를 측정하고, 비현금비용의 왜곡효과를 제거하기 위해 EBIT 대신 EBITDA를 사용하기도 한다.

③ 이자비용 외의 운용리스료, 우선주에 대한 배당금은 고정적으로 지출되는 자본비용에서 배제하고 고정재무비용 커버리지를 측정한다.

④ 산업의 변동성, 경영전략에 대한 예측가능성, 특정 이벤트 등에 따라 여유현금에 대해서도 다양하게 해석할 수 있다.

⑤ 이자비용과 같이 외부자금을 조달한 대가로 지불되는 고정적인 자본비용과 현금흐름을 비교하는 지표도 신용평가 시 많이 사용된다.

[해설] 이자비용 외에도 운용리스료, 우선주에 대한 배당금도 고정적으로 지출되는 자본비용에 포함하여 고정재무비용 커버리지를 측정하기도 한다.

[정답] ③

▶ 더 알아보기

현금흐름분석 관련 주요 재무비율

기업평가를 할 때 많이 사용되는 현금흐름 대 부채비율은 어떤 현금흐름 측정치를 사용하는지, 평가대상 기업이 어떠한 특성을 가지고 있는지에 따라 해석을 달리할 수 있다. 산업의 변동성, 경영전략에 대한 예측가능성, 특정 이벤트 등에 따라 여유현금에 대해서도 다양하게 해석할 수 있다. 산업이 안정적이고 경영진이 보수적일 경우에는 잉여현금에 대해 보다 우호적인 시각으로 볼 수 있을 것이며, 경쟁력을 유지하기 위해 앞으로 상당 부분의 자금이 재투자되어야 하는 상황이라면 현재의 잉여현금관련 지표로 기업의 현금흐름 상의 버퍼를 과대평가하는 우를 범해서는 안 된다.

이자비용과 같이 외부자금을 조달한 대가로 지불되는 고정적인 자본비용과 현금흐름을 비교하는 지표도 신용평가 시 많이 사용된다. 이자비용과 EBIT을 비교하여 이자 커버리지를 측정하고, 비현금비용의 왜곡효과를 제거하기 위해 EBIT 대신 EBITDA를 사용하기도 한다. 또한 이자비용 외에도 운용리스료, 우선주에 대한 배당금도 고정적으로 지출되는 자본비용에 포함하여 고정재무비용 커버리지를 측정하기도 한다.

다음 중 현금흐름분석을 수행하는 사람의 입장에서의 애로사항이 아닌 것은?

① 기업회계 기준에 의해서 분류하기 때문에 재무활동, 투자활동과의 구분이 모호하여 해석에 어려움이 있다.

② 기업의 미래 현금창출의 원천인 순수한 영업활동의 현금창출능력을 파악하기 위해서는 별도의 분석기준을 마련하여 재분류할 필요가 있다.

③ 이자수익과 비용 등 영업활동과 관련이 없는 손익 항목을 제외한 영업활동 창출현금을 중요하게 다루어야 한다.

④ 현금흐름분석의 가장 주된 목적은 기업의 현금창출능력이 어느 영역에서 나오는지에 대한 구분에 있다.

⑤ 경기순환사이클의 영향을 고려하고 특정연도의 일시적 변동에 따른 영향을 통제하기 위해서는 최소한 3년에서 5년의 기간을 분석 대상기간으로 잡아야 한다.

해설　현금흐름분석은 기업의 미래 현금창출능력과 현금 소요에 관한 실질적인 전망을 하기 위한 것이지, 분류의 문제는 아니다.

정답 ④

> **더 알아보기**
>
> ▪ 현금흐름의 분류
>
> 현금흐름표는 기업회계 기준에 의해서 분류하기 때문에 재무활동, 투자활동과의 구분이 모호하여 해석에 어려움이 있다. 기업의 미래 현금창출의 원천인 순수한 영업활동의 현금창출능력을 파악하기 위해서는 별도의 분석기준을 마련하여 재분류할 필요가 있으며, 이자수익과 비용 등 영업활동과 관련이 없는 손익 항목을 제외한 영업활동 창출현금을 중요하게 다루어야 한다. 현금흐름분석은 기업의 미래 현금창출능력과 현금 소요에 관한 실질적인 전망을 하기 위한 것이지, 분류의 문제는 아니다. 따라서 현금흐름의 본질을 실질적이고 구체적으로 파악하기 위한 분류가 되어야 하며, 이를 근간으로 미래 현금흐름을 추정하여야 한다.
>
> ▪ 재무상태표나 손익계산서에서 구할 수 없는 정보(유용성)
> • 분석 대상기업의 미래 현금흐름 추정에 도움
> • 당기순이익과 영업활동에서 발생한 현금흐름의 차이 및 원인파악 가능
> • 현금흐름을 부문별로 구분, 파악함으로써 실상 파악 및 중점관리부문 파악에 도움
> • 기업의 부채상환 능력 및 배당지급 능력 파악
> • 기업의 투자활동과 재무활동을 따라 파악함으로써 자산, 부채의 증감 원인을 구체적으로 파악

다음 중 현금흐름비율분석의 한계점이 아닌 것은?

① 비율화할 경우 규모효과 무시

② 추세분석 활용의 어려움

③ 판단의 획일성

④ 실수분석 중심

⑤ 미례예측의 어려움

해설 비율화의 한계점에는 규모효과 무시, 추세분석 활용의 어려움, 판단의 다중성 존재, 실수분석 중심, 미래예측의 어려움 등이 있다.

비율분석

① 현금 보유비율 = 현금예금 + 현금등가물 / 총자산

적정 현금 보유액은 기업의 영업상태, 자금시장 상황, 금융정책방향 등을 고려하여 최저 현금 보유액과 최대 현금 보유액을 정한 후 그 범위 안에서 보유 정도를 결정한다.

② 영업현금흐름 / 유동부채비율 : 유동부채의 지급 능력 척도

③ 영업현금흐름 / 총부채비율 : 전반적 지급 능력 척도

④ 순현금흐름 / 고정비용비율

• 순현금흐름 = 영업현금 − 순운전자본의 증감

• 고정비용 = 고정적으로 발생하는 모든 비용(인건비, 일반관리비, 이자 등)

정답 ③

더 알아보기

현금흐름비율분석의 한계

• 비율화의 어려움 : 비율화할 경우 규모효과 무시, 추세분석 활용의 어려움, 판단의 다중성 존재, 따라서 실수분석 중심으로 이루어짐

• 미래예측의 어려움

• 현금에는 꼬리표가 없다 : 용도, 원천상 현금이 혼재되어 있어 기본위험 파악은 가능하나 부도가능 시점의 파악 에는 한계가 있음

다음 중 현금흐름분석의 한계점에 대해 잘못 서술한 것은?

① 감가상각비 등 비용의 임의 배분이나 매출채권의 대손액 추정 등과 같은 회계 추정의 문제

② 장기 현금흐름에 대한 전망을 평가하는 데 불완전한 정보를 제공

③ 일시적인 현금흐름에 따라 많은 변동을 받을 수 있음

④ 기말시점에서 회사의 지불능력이 떨어져 보유한 유가증권을 대량으로 처분할 경우에 현금흐름표상의 현금은 오히려 증가

⑤ 현금흐름표 단독으로 평가하기보다는 손익계산서 또는 재무상태표와 연관해야 함

해설   ①은 재무상태표와 손익계산서의 문제를 의미한다.

정답 ①

더 알아보기

현금흐름분석의 한계점

현금흐름분석은 발생주의 회계의 한계로 지적되고 있는 감가상각비 등 비용의 임의 배분이나 매출채권의 대손액 추정 등과 같은 회계 추정의 문제를 최대한 배제할 수 있다는 장점이 있으나, 다음과 같은 문제점도 있다.

첫째, 현금흐름분석은 단기적인 현금조달능력 및 채무상환능력의 파악에는 유용하나 장기 현금흐름에 대한 전망을 평가하는 데 불완전한 정보를 제공한다. 이는 현금흐름분석의 기초의 현금흐름표가 기간 간의 관계를 보여주지 못하기 때문이다.

둘째, 현금흐름표상의 현금보유액은 일시적인 현금흐름에 따라 많은 변동을 받을 수 있기 때문에 기업의 단기적인 지급능력에 대한 평가가 달라질 수 있다.

예를 들어 기말시점에서 회사의 지불능력이 떨어져 보유한 유가증권을 대량으로 처분할 경우에 현금흐름표상의 현금은 오히려 증가한 모양을 나타낸다.

따라서, 미래 현금흐름에 대한 전망을 평가하는 데는 현금흐름표 단독으로 평가하기보다는 손익계산서 또는 재무상태표와 연관하여 파악해야만 한다.

다음 중 현금흐름 추정절차 순서에 맞게 연결한 것으로 옳은 것은?

> ㄱ. 매출액 추정   ㄴ. 금융수익·금융비용 등 추정
> ㄷ. 재무상태표 항목 추정   ㄹ. 현금흐름표 추정
> ㅁ. 손익계산서 항목 추정

① ㄱ → ㄴ → ㄷ → ㅁ → ㄹ
② ㄱ → ㄷ → ㄴ → ㅁ → ㄹ
③ ㄱ → ㅁ → ㄷ → ㄴ → ㄹ
④ ㄷ → ㅁ → ㄱ → ㄴ → ㄹ
⑤ ㄷ → ㄱ → ㅁ → ㄴ → ㄹ

해설 현금흐름 추정절차는 매출액 추정 → 손익계산서 항목 추정 → 재무상태표 항목 추정 → 금융수익·금융비용 등 추정 → 현금흐름표 추정 순서이다.

정답 ③

더 알아보기

■ 현금흐름의 추정절차
① 매출액 추정 : 이후 추정하는 부분에 영향을 미치기 때문에 가장 중요한 부분
② 손익계산서 항목(매출원가·판매비와관리비) 추정
③ 재무상태표 항목(자산, 부채, 자본) 추정
④ 금융수익·금융비용, 법인세 등 추정
⑤ 현금흐름표 추정

■ 매출액의 추정

고려요소	• 판매량 및 성장률 • 일반적인 경제상황 • 산업의 경제상황 • 시장점유율 • 산업의 경쟁정도 • 가격정책 및 사업계획

추정방법	• 주관적 판단에 의한 추정
	  – 유사한 상황을 기준으로 하는 역사적 판단
	  – 시장조사
	  – 델파이법
	  – 개인의 추측
	• 평균성장률을 이용한 추정
	• 시장점유율에 의한 추정
	• 회귀분석에 의한 추정

출제예상문제

01 현금 계정으로 처리할 수 없는 것은?

① 자기앞수표, 타인발행의 당좌수표
② 기한이 도래한 약속어음과 환어음
③ 여행자수표
④ 주식, 공채, 사채, 지방채
⑤ 우편환증서, 주식의 배당권

해설 ①, ②, ③, ⑤는 통화 또는 통화대용증권으로 현금 계정으로 처리가 가능하나 ④의 경우 유가증권의 계정으로 처리하는 것이 타당하다.

02 다음 중 회계의 기본적 기능에 대해서 가장 적합하게 설명하고 있는 것은 무엇인가?

① 기업 경영활동 과정에 발생하는 일련의 변화들을 측정하여 이를 기업 관련 이해관계자들에게 제공함으로써 그들의 합리적인 의사결정을 도와주는 데 기본적 기능이 있다.
② 회계의 기본적 기능은 기업 내부를 통제하는 것이다.
③ 외부 이해관계자들이 기업 관계자들이 수탁 책임을 잘 이행하고 있는지 감시하기 위한 것이다.
④ 재무제표를 분석하는 데 목적이 있다.
⑤ 기업의 경영활동 과정에서 발생하는 재산의 증감을 표시하기 위한 것이다.

해설 현대의 회계 작성의 목적은 회계정보이용자들이 합리적인 의사결정을 수행하는 데 도움을 줄 수 있는 경제적 정보를 식별, 측정, 전달하는 기능을 한다.

03 단기적 자금운용목적의 정기예금은 무엇으로 분류하는가?

① 현금및현금성자산
② 단기투자자산
③ 장기투자자산
④ 미수수익
⑤ 미수금

해설 기업회계준상의 현금(광의의 현금개념 채택)은 우리나라에서는 현금과 예금을 현금및현금성자산 계정과 단기투자자산 계정으로 구분하고 있다. 그중에서도 단기적 자금운용목적의 정기예금은 단기투자자산으로 분류된다.

01 ④ 02 ① 03 ② 정답

04 다음 자료를 이용하여 당기 퇴직급여비용을 계산하면 얼마인가? [최신출제유형]

> • 퇴직급여채무 : 기초 잔액 1,000,000원 / 기말 잔액 1,400,000원
> • 사외적립자산 : 기초 잔액 600,000원 / 기말 잔액 900,000원
> • 당기 퇴직금 지급액 : 550,000원

① 950,000원

② 850,000원

③ 600,000원

④ 700,000원

⑤ 300,000원

해설 퇴직급여비용 = 퇴직금 지급액 + 퇴직급여채무 증가액 = 550,000원 + 400,000원 = 950,000원

05 현금흐름을 분석할 때 고려할 사항으로 적절하지 않은 것은?

① 잠식비용은 현금흐름 추정 시 고려해야 한다.

② 증분개념을 이용하여 현금흐름을 추정하여야 한다.

③ 이자비용은 현금흐름 추정 시 고려해야 한다.

④ 기회비용은 현금흐름 추정 시 고려해야 한다.

⑤ 감가상각비는 현금흐름 추정 시 고려할 필요가 없다.

해설 현금흐름을 분석할 때는 순수하게 자기자본만을 사용한 것을 기준으로 분석하기 때문에 이자비용의 지급은 고려대상이 아니다.

06 다음 중 현금수지에 관한 특수분개장으로 이용할 수 없는 장부는?

① 현금출납장

② 현금지급장

③ 소액현금출납장

④ 매입장

⑤ 모두 가능하다.

해설 현금의 수입과 지출을 나타내는 분개장으로 이용하는 것은 현금수지에 관한 특수분개장으로 현금출납장, 현금수입장, 현금지급장, 소액현금출납장 등이 있다. 따라서 매입장은 현금의 수입·지출과 관계가 적다.

07 다음 중 회계상 거래에 속하지 않는 것은?

① 화재로 재고들이 소실되었다.

② 건물을 임차하기로 계약하였다.

③ 회사의 사정이 어려워 당월 지급해야 할 월급을 지급하지 못했다.

④ 차입금에 대한 이자를 수표로 지급한다.

⑤ 주주에게 배당금을 지급한다.

> **해설** 물품을 구매하거나 판매하기로 계약만을 체결한 경우, 기업의 자산, 부채, 자본의 증감이나 수익, 비용의 발생을 가져오는 거래가 아니므로 일상적 거래에는 해당되지만 회계적 거래에는 해당되지 않는다.

08 현금과부족의 원인이 결산 시까지 판명되지 않는 경우 현금과부족은 잡손익 계정으로 대체하여 처리한다. 잡손익은 무엇으로 처리하는가?

① 특별손익   ② 영업외손익

③ 판매비와관리비   ④ 매출원가

⑤ 자본잉여금

> **해설** 현금과부족의 원인을 조사하여 결산 시까지 원인이 밝혀지지 않으면 부족액은 잡손실 계정에, 초과액은 잡이익 계정에 대체하여 처리한다. 기업회계기준에서 잡손실은 영업외비용으로, 잡이익은 영업외수익으로 처리하도록 규정하고 있다. 그런데 현금과부족이 근소한 금액일 경우에는 잡손실·잡이익으로 처리해도 된다. 현금과부족의 원인으로는 ① 기장상의 오류, ② 분실, ③ 현금 수입·지출의 착오 등이 있다.

09 다음의 회계거래 중 손익거래로만 묶인 것은?

> Ⓐ 고객에게 현금을 받고 상품을 판매한다.
>
> Ⓑ 종업원에게 급료를 지급하다.
>
> Ⓒ 1년분 차량 이용료를 선불로 지급한 고객에게 차량을 먼저 전달한다.
>
> Ⓓ 시중은행으로부터 새로이 들여올 설비투자를 위한 자금을 융자받는다.

① Ⓐ, Ⓑ   ② Ⓐ, Ⓑ, Ⓒ

③ Ⓑ, Ⓒ, Ⓓ   ④ Ⓐ, Ⓑ, Ⓒ, Ⓓ

⑤ Ⓒ, Ⓓ

> **해설** 손익거래는 수익이나 비용이 발생하는 거래로 당기순이익에 영향을 미치게 된다. 손익거래는 수익거래, 비용거래, 수익비용동시거래로 나누어진다. 설비 투자를 위해 단순히 자금을 융자한 것은 손익에 아무런 영향을 미치지 못한다.

10 분개할 때 결정해야 할 사항이 아닌 것은?

① 어느 계정에 기입할 것인가?
② 언제 원장에 전기할 것인가?
③ 계정과목별로 금액은 얼마로 할 것인가?
④ 차변 혹은 대변 어느 쪽에 기입할 것인가?
⑤ 분개하는 시점은 언제로 해야 하는가?

해설 분개한 내용을 원장에 전기하는 것은 정기적으로 수시로 해야 한다.

11 결산 시까지 원인이 밝혀지지 않은 현금부족액은 어느 계정에서 처리하는가?

① 매출원가
② 특별손실
③ 영업외비용
④ 판매비와관리비
⑤ 영업외이익

해설 기업회계기준에서 잡손실은 영업외비용으로, 잡이익은 영업외수익으로 처리하도록 규정하고 있다.

12 다음의 분개는 어떤 거래의 결과인가?

(차)	현금과부족	3,000	(대)	현 금	3,000

① 현금의 실제액이 장부 잔액보다 ₩3,000 부족함을 발견한 분개
② 현금의 현재액이 장부 잔액보다 ₩3,000 많았을 때의 분개
③ 현금부족액 ₩3,000을 잡손실로 처리한 분개
④ 현금과잉액 ₩3,000을 잡이익으로 처리한 분개
⑤ 회계처리의 대상이 아니다.

해설 보기의 분개는 현금이 대변에 기록되어 현금 장부 잔액을 감소시키는 분개이다.

13 새로이 사업을 시작하는 차성훈씨는 700만원을 주고 차량을 구입하고, 200만원을 현금으로 지급하였으며, 나머지 잔금은 1년 만기의 어음을 발행해 주었다. 이 거래에 대한 올바른 회계처리 방법은?

① 자산이 700만원, 부채가 500만원 증가하였다.

② 자산은 500만원, 자본은 그 금액만큼 감소한다.

③ 총자산에는 변동이 없다. 그러나 부채가 500만원 증가하고 그 금액만큼 자본이 감소한다.

④ 자산과 부채가 각각 500만원씩 증가하였고, 자본에는 변동이 없다.

⑤ 자본이 200만원 감소하였고, 부채가 500만원 증가하였다.

해설 자동차라는 자산이 700만원 증가하지만, 현금 지급으로 인해 현금 자산이 200만원 감소하게 되므로, 자산의 순 증가액은 500만원이다. 또한 자동차를 구입하기 위해 어음을 500만원 발행하였으므로, 부채가 500만원 증가하였다.

14 (주)석흥실업은 총자산과 총부채를 각각 600만원씩 증가시키는 거래를 하였다. 다음 중 이러한 유형에 해당하는 거래는?

① 현금 400만원과 약속어음 600만원을 발행하여 기계를 구입한 거래

② 현금 200만원과 약속어음 400만원을 발행하여 차량을 구입한 거래

③ 원가 600만원의 토지를 현금을 주고 매각한 거래

④ 원가 400만원의 토지를 약속어음 400만원을 발행하여 구입한 거래

⑤ 현금 400만원과 약속어음 200만원을 주고 600만원짜리 차량을 구입한 거래

해설 현금 400만원과 약속어음 600만원을 가지고 1,000만원짜리 기계를 구입할 경우 총자산은 기계 1,000만원 증가와 현금 400만원 감소로 인해 총자산 600만원 증가와 약속어음 발행으로 총부채 600만원 감소로 정의된다.

15 다음 중 부채에 해당하는 것은?

① 당좌예금

② 당좌차월

③ 소액현금

④ 감채기금

⑤ 매입채권

해설 당좌예금과 소액현금은 예금에 속하나 당좌차월은 유동부채(단기차입금)로 분류한다.

16 다음 중 현금흐름표의 작성 목적이라고 볼 수 없는 것은?

① 현금창출능력의 평가
② 순자산의 변화, 유동성, 현금흐름조절 능력의 평가
③ 기업의 미래 현금흐름을 평가하는 데 유용한 정보를 제공
④ 회계연도의 기초시점과 기말시점에서의 재무상태에 관한 정보를 제공
⑤ 미래 현금흐름의 현재가치평가모형의 개발

> 해설 현금흐름표는 미래 현금흐름의 예측 및 평가, 배당지급 및 부채상환 능력과 외부금융의 필요성 평가를 위해 작성된다. 더불어 당기순이익과 이와 관련된 현금유입·유출 간에 차이가 발생하는 원인 파악과 현금 또는 비현금 투자와 재무활동이 기업의 재무상태에 미친 영향을 파악이 주된 목적이다.

17 현금흐름표에 대한 설명으로 옳지 않은 것은? 최신출제유형

① 현금흐름표는 현금및현금성자산의 증감변화 내용을 보고한다.
② 현금흐름표는 각종 재무활동과 투자활동에 관한 정보도 보고한다.
③ 국제회계기준상 이자비용은 재무활동으로 인한 현금흐름으로 분류된다.
④ 투자활동에는 현금의 대여와 회수에 대한 정보가 포함된다.
⑤ 유형자산의 취득과 매각이 포함된다.

> 해설 이자비용, 법인세비용, 이자수익, 배당금수익은 영업활동으로 인한 현금흐름에 포함된다.

18 '현금의 유입과 유출이 없는 중요한 거래'로 주석에 공시되는 사항이 아닌 것은 무엇인가? 최신출제유형

① 건설중인자산의 유형자산 대체
② 유형자산의 현물매각
③ 자기주식의 이익소각
④ 매도가능증권평가이익의 계상
⑤ 무형자산손상차손의 계상

> 해설 ⑤ 무형자산손상차손은 무형자산(영업권, 산업재산권 등) 가치의 급격한 하락으로 미래 경제적 가치가 장부가격보다 현저하게 낮아질 가능성이 있는 경우 이를 재무제표상 손실로 반영하는 것이다. 따라서 현금의 유출이 없는 비용가산 항목에 해당한다.
> ③ 자기주식의 이익소각이란 주주와 회사 간에 주식에 대한 매매계약을 체결하여 회사의 재원 중 일부인 이익잉여금을 지급하여 주식을 매입한 후에 이를 소각하는 것으로, 적대적 M&A 방어, 주주의 이익 보호, 경영권 강화, 이익잉여금 및 자기자본 축소 등을 이유로 일어난다.

19 현금흐름표에 관한 설명 중 옳은 것은?

① 현금흐름표는 현금흐름의 종류를 크게 영업활동으로 인한 현금흐름 및 투자활동으로 인한 현금흐름으로 구분하여 보고한다.

② 영업활동으로 인한 현금흐름을 직접법으로 작성하는 경우와 간접법으로 작성하는 경우, 영업활동으로 인한 현금흐름의 크기가 달라질 수 있다.

③ 신용거래가 없을 경우, 영업활동으로 인한 현금흐름과 손익계산서상의 당기순이익은 일치하여야 한다.

④ 직접법이나 간접법 중 어떤 방법으로 작성하더라도 투자활동으로 인한 현금흐름은 동일하게 표시된다.

⑤ 현금흐름표는 현금의 증감변화는 보고되지만, 현금성자산의 증감변화 내용은 보고되지 않는다.

> **해설** ① 현금흐름표는 현금흐름의 종류를 크게 영업활동으로 인한 현금흐름, 투자활동으로 인한 현금흐름 및 재무활동으로 인한 현금흐름으로 구분하여 보고한다.
> ② 영업활동으로 인한 현금흐름을 직접법으로 작성하는 경우와 간접법으로 작성하는 경우, 영업활동으로 인한 현금흐름의 크기가 달라질 수 없다.
> ③ 신용거래가 없을 경우라도 현금유출입이 없는 비용과 수익 및 투자와 재무활동의 손익항목으로 인하여 영업활동으로 인한 현금흐름과 손익계산서상의 당기순이익은 일치하지 않는다.
> ⑤ 현금흐름표는 현금및현금성자산의 증감변화 내용을 보고한다.

20 다음 중 영업활동 현금흐름분석으로는 파악하기 어려운 것은?

① 기업의 부채 상환능력

② 미래현금 창출능력

③ 당기순이익으로 인한 현금흐름 차이 분석

④ 신규 투자에 필요한 여유자금의 정도

⑤ 자금창출능력

> **해설** 현금흐름분석 자료만으로는 여유자금의 정도를 파악하기 어렵다. 신규 투자에 필요한 자금의 경우에는 신사업에 대한 세부내용과 사업내용에서 필요한 예상현금흐름에 대한 별도의 정보가 필요하다.

21 다음 자료를 참조하여 사채발행 및 상환으로 인한 순현금흐름을 계산하면 얼마인가?

(단위 : 원)

구 분	기 초	기 말
사 채	10,000	12,000
사채할인발행차금	1,000	650

(1) 당기 중 사채액면가액 5,000원을 4,800원으로 발행, 사채발행비 450원 별도 지출함
(2) 당기 중 액면가 3,000원인 사채를 1,700원에 중도상환(장부금액 2,900원)하였음
(3) 당기 말 100원을 상각하였음

① 1,590원 유입   ② 1,600원 유출
③ 1,890원 유입   ④ 1,900원 유입
⑤ 2,650원 유입

해설   사채발행으로 인한 현금유입액 : 4,350원(사채발행가액 – 사채발행비)
사채상환으로 인한 현금유출액 : 1,700원
따라서 사채발행 및 상환으로 인한 순현금흐름은 2,650원 유입에 해당한다.

22 상품 ₩80,000을 매입하고 대금은 서울은행에서 당점발행당좌수표를 발행하여 지급하였다. 이 경우의 분개로 맞는 것은? (단, 서울은행 예금잔액 ₩50,000, 당좌차월한도 ₩100,000이다)

① (차) 당좌예금	80,000	(대) 상 품		80,000
② (차) 상 품	50,000	(대) 당좌예금		50,000
③ (차) 상 품	80,000	(대) 당좌차월		30,000
		당좌예금		50,000
④ (차) 상 품	80,000	(대) 당좌차월		50,000
		당좌차입금		30,000
⑤ (차) 상 품	80,000	(대) 당좌차월		80,000

해설   현금 및 부채를 투여하여 상품이라는 자산을 취득하였기 때문에 상품 80,000원은 차변에 계상하고, 상품 매입에 투여한 당좌예금 유출 50,000원과 당좌차월 유출 30,000원은 대변에 계상한다.

23 다음 당좌예금에 관한 장부 중 수표발행 순서대로 기입한 장부는?

① 당좌예금출납장   ② 현금당좌예금출납장
③ 수표기입장   ④ 당좌예금원장
⑤ 현금출납장

해설   ① 당좌예금출납장 : 당좌예금의 예입과 인출을 기록한 장부
② 현금당좌예금출납장 : 현금출납장과 당좌예금출납장을 합친 장부
⑤ 현금출납장 : 현금의 수입과 지출의 기록과 함께 재고액을 확인할 수 있는 장부

24 다음 자료를 참조하여 사채상환으로 인한 현금유출액을 계산하면 얼마인가?

(단위 : 원)

구 분	기 초	기 말
사 채	4,000	5,800
사채할인발행차금	200	300

(1) 당기 중 액면가액 6,000원의 사채를 4,800원으로 발행, 사채발행비 70원 별도 지출함
(2) 당기 중 손익계산서 이자비용에 포함된 사채할인발행차금 상각액은 40원임
(3) 사채상환 시 상환이익이 150원 발생함

① 2,500원   ② 2,620원
③ 2,680원   ④ 2,920원
⑤ 3,180원

해설 • 사채상환가액 : 기초 잔액 + 당기 발행 − 기말 잔액 = 4,000 + 6,000 − 5,800 = 4,200
• 사채할인발행차금 상환감소액 : 기초 잔액 + 발생액 − 상각액 − 기말 잔액 = 200 + 1,270 − 40 − 300 = 1,130
• 사채상환으로 인한 현금유출액 : 사채장부금액 (4,200 − 1,130) − 사채상환이익 150 = 2,920

25 어느 기업에서 매출로부터의 현금유입액(현금매출액)이 증가하고 있는 경우 이에 대한 원인으로 적절하지 않은 것은?

① 경기 호황으로 인한 판매량의 증가
② 판매가격의 인상
③ 매출채권회전율의 상승
④ 매출채권 할인액의 증가
⑤ 전기 이월된 선수금의 당기 매출액 대체

해설 현금매출액은 매출액 또는 매출채권 보유상태의 증가에 영향을 받는 바, 선수금의 당기 매출액 대체는 매출액은 증가시키나 현금흐름에는 영향이 없다.

26 다음 중 현금흐름표 주석에 기재하는 사항이 아닌 것은?   최신출제유형

① 건설중인자산이 완공되어 본계정인 기계장치로 계정대체하였다.
② 금융리스방식으로 기계장치를 구입하였다.
③ 보유현금이 많아서 금융기관에 보통예금으로 예치하였다.
④ 1년 내에 상환될 부분을 유동부채로 대체하였다.
⑤ 기계설비를 현물출자받았다.

해설 현금과 보통예금 잔액 모두 현금및현금성자산에 해당하므로 계정상 별도의 추가 변동 내용은 없다.

27 윤영건설이 타 회사의 사채를 9천만원의 현금으로 인수할 경우 거래요소의 결합관계로 적합한 것은?

① 자산의 증가 – 자산의 감소
② 자산의 증가 – 부채의 증가
③ 자산의 증가 – 자본의 증가
④ 자산의 증가 – 수익의 발생
⑤ 자산의 증가 – 비용의 감소

> **해설** 다른 회사의 사채를 현금으로 인수할 경우 투자자산이 증가하고, 현금자산은 감소한다. 따라서 차변에 자산의 증가와 대변에 자산의 감소가 결합하게 된다.

28 현금흐름표는 회계기간 동안 발생한 현금흐름을 영업활동, 투자활동 및 재무활동으로 분류하여 보고한다. 다음 중 현금흐름의 분류가 다른 것은?

① 리스이용자의 금융리스부채 상환에 따른 현금유출
② 판매목적으로 보유하는 재고자산을 제조하거나 취득하기 위한 현금유출
③ 보험회사의 경우 보험금과 관련된 현금유출
④ 기업이 보유한 특허권을 일정기간 사용하도록 하고 받은 수수료 관련 현금유입
⑤ 단기매매목적으로 보유하는 계약서에서 발생한 현금유입

> **해설** 금융리스이용자의 금융리스부채 상환에 따를 현금유출은 재무활동이며, 나머지는 영업활동이다.

29 다음은 재무제표의 분식이 현금흐름에 미치는 영향을 기술한 것이다. 법인세효과가 없다고 가정할 경우 옳은 설명은? 〔최신출제유형〕

① 재고자산을 과대계상하여 당기순이익을 증가시켰다면 현금흐름표상 영업활동으로 인한 현금흐름을 증가시킨다.
② 수선비로 계상하여야 할 비용을 유형자산으로 계상하였다면 현금흐름표상 영업활동으로 인한 현금유입액을 감소시킨다.
③ 개발비를 경상연구비로 비용에 계상하는 분식을 하였다면 현금흐름표상 투자활동으로 인한 현금유출액은 감소한다.
④ 차입금을 과소계상하였다면 현금흐름표상 재무활동으로 인한 현금유입액이 증가한다.
⑤ 매출채권을 과대계상하였다면 현금흐름표상 영업활동으로 인한 현금유입액이 감소한다.

> **해설** ① 재고자산을 과대계상하여 당기순이익을 증가시켰더라도 현금흐름표상 영업활동에는 영향이 없다.
> ② 수선비를 유형자산으로 계상하였다면 영업활동으로 인한 현금흐름은 증가되며 부외부채는 장부에 계상되지 않은 부채이므로 현금흐름표에 나타나지 않는다.
> ④ 차입금은 현금유입 요인에 해당한다. 따라서 차입금이 과소계상될 경우 현금유입액을 과소계상하게 된다.
> ⑤ 매출채권을 과대계상할 경우, 영업활동으로 인한 현금흐름에는 영향이 없다.

30 현금흐름표에 대한 설명 중 틀린 것은?

① 현금흐름을 영업활동, 투자활동, 재무활동으로 구분하여 표시한다.

② 직접법과 간접법은 영업활동으로 인한 현금흐름을 계산하는 방법에 따른 분류이다.

③ 수입이자는 영업활동으로 인한 현금유입에 포함된다.

④ 비현금거래 중 중요한 거래에 관한 정보는 주석으로 공시해야 한다.

⑤ 수입배당금은 영업활동으로 인한 현금유입에 포함된다.

> 해설 수입이자와 수입배당금은 영업활동 또는 투자활동으로 분류한다.
> ④ 현금흐름표에는 현금흐름과 무관한 내용은 적지 않으므로 비현금거래 관련 정보는 기입하지 않는다.

31 다음의 자료를 이용하여 계산한 (주)시대의 당기 외상매출금액은? (단, (주)시대의 매출은 전액 외상매출이다)

(단위 : 원)

구 분	기 초	기 말
매출채권	493,000	490,540
대손충당금	24,650	24,530

- 손익계산서상 대손상각비 계상액 : 23,400원
- 매출로부터의 현금유입액 : 450,000원

① 447,540원

② 397,540원

③ 471,060원

④ 421,060원

⑤ 431,060원

> 해설

		현금주의 ↔ 발생주의		
현금유입액	450,000	외상매출액		471,060
대손상각비	23,400	매출채권 감소		2,460
대손충당금 감소	120			
	473,520			473,520

32 다음은 (주)시대의 2020년도 재무상태표와 포괄손익계산서의 일부 자료이다. (주)시대가 당기에 상품 매입대금으로 지급한 현금액은?

> • 기초상품재고액 : ₩30,000
> • 매출액 : ₩200,000
> • 매입채무 기말 잔액 : ₩15,000
> • 매입채무 기초 잔액 : ₩18,000
> • 기말상품재고액 : ₩45,000
> • 매출총이익률 : 40%

① ₩150,000   ② ₩162,000

③ ₩165,000   ④ ₩138,000

⑤ ₩175,000

해설 (1) 매출원가 = 매출액 × 매출원가율 = 매출액 × (1 − 매출총이익률) = 200,000 × (1 − 0.4) = 120,000

(2)

발생주의 → 현금주의			
매출원가	120,000	현금지급(감소)	138,000
재고자산 증가	15,000		
매입채무 감소	3,000		
	138,000		138,000

33 회사 장부상의 예금 잔액과 은행 장부상의 예금 잔액 사이에 차이가 있을 경우 이것을 조정하는 표는?

① 은행계정조정표
② 소액현금출납장
③ 당좌예금출납장
④ 수표기입장
⑤ 현금기입장

해설 은행계정조정표(Bank reconciliation schedule)란 회사 장부상의 예금 잔액과 은행 장부상의 예금 잔액 사이에 차이가 있을 경우에 이를 조정하는 표이다.

34 다음 중 현금흐름표를 통해서 얻을 수 있는 정보가 아닌 것은? 최신출제유형

① 기업의 배당금지급능력 및 부채상환능력
② 기업의 자금조달 필요성
③ 기업의 미래 현금흐름 창출능력
④ 특정 시점의 기업의 재무상태에 대한 정보
⑤ 영업활동으로 인한 현금흐름

해설 특정 시점의 재무상태에 대한 정보는 재무상태표를 통해서 제공된다.

35 당좌차월은 무엇으로 처리하는가?

① 외매입채무   ② 단기차입금
③ 장기차입금   ④ 선수금
⑤ 영업외이익

> 해설 당좌차월은 은행과 미리 당좌차월계약을 체결하여 일정한 한도 내에서 예금 잔액을 초과하여도 수표를 발행하여 은행이 지급할 수 있도록 하는 것으로 기업회계기준에서는 단기차입금(유동부채)으로 분류하고 있다.

36 기말 현금과 기초 현금 간의 차액(순증감) 내역을 기업기능에 따라 분류하여 표시하고 있는 재무제표는?

① 재무상태표   ② 손익계산서
③ 현금흐름표   ④ 이익잉여금처분계산서
⑤ 분개장

> 해설 현금흐름표는 일정기간의 현금(현금및현금성자산)의 유입과 유출에 관한 정보를 제공하는 재무보고서이다. 이 보고서는 영업활동, 투자활동, 재무활동에 관한 정보를 제공함으로써 현금변동의 원인을 설명한다.

37 다음 사건 중 회계상의 거래로 볼 수 없는 것은?

① 화재로 건물이 5억원 정도 소실되었다.
② 자본금 중 1억원을 현금으로 인출하였다.
③ 상품 20만원을 주문받았다.
④ 상품 300만원이 감모된다.
⑤ 현금 5천만원을 도난당했다.

> 해설 매매계약의 체결, 상품의 주문 등을 받는 행위는 통상 거래행위라고 여겨지지만, 재무제표상에 변화를 가져오지는 않으므로 회계상의 거래로 보기는 힘들다.

38 은행차입금 500만원을 현금으로 상환하는 경우에 대한 회계처리는?

① 자산의 감소 – 부채의 감소
② 부채의 감소 – 자산의 감소
③ 자본의 감소 – 부채의 감소
④ 부채의 감소 – 자본의 감소
⑤ 부채의 감소 – 자본의 증가

> 해설 이 거래는 은행차입금이라는 부채가 감소하는 동시에 현금이라는 자산이 감소하는 거래의 결합관계이다.

39 다음 중 손익거래에 해당하는 것은?

① 출자자가 출자금 중 5만원을 현금으로 회수하다.

② 약속어음 5만원을 발행하여 외상매입금을 지급한다.

③ 종업원의 급료 6만원을 현금으로 지급한다.

④ 사채 8만원을 현금으로 상환한다.

⑤ 현금 9만원을 대여한다.

> 해설 종업원의 급료 지급은 비용의 발생이므로 손익거래에 해당한다.

40 진호상점의 기초 자본액은 1,000,000원이고, 기말의 자산총액은 2,500,000원이며, 부채총액은 1,300,000원이다. 비용총액이 750,000원이라하면 수익총액은 얼마인가?

① 550,000원

② 950,000원

③ 850,000원

④ 750,000원

⑤ 650,000원

> 해설 기말자산은 기말부채와 기초자본과 수익의 합계에서 비용을 차감한 금액과 동일하다.
> 따라서 이 경우에는 2,500,000 = 1,300,000 + 1,000,000 + 수익총액 − 750,000
> ∴ 수익총액 = 950,000

41 기말에 지급하지 못한 당기 급여에 대하여 정리를 하지 않았을 경우에 계정에 대한 영향은?

① 자산의 과대평가와 비용의 과소평가

② 자산의 과소평가와 수익의 과소평가

③ 부채의 과대평가와 수익의 과소평가

④ 비용의 과소평가와 부채의 과소평가

⑤ 자산의 과소평가와 부채의 과소평가

> 해설 미지급급여는 미지급비용에 해당한다. 미지급비용은 재무상태표일에 비용이 발생했으나 현금을 지급하지 않아 기록되지 않은 비용이다. 미지급비용은 미수수익과 같은 원인에 의하여 발생한다. 미지급비용에 대한 정리는 존재하는 부채를 재무상태표에 기록하고 당해 회계기간에 적용할 수 있는 비용을 인식하기 위해 필요하다. ④ 현금흐름표의 본문 및 주석 기재 사항은 현금성 거래와 관련된 내용이어야 한다. 비현금거래의 경우에는 기재에 해당사항 없다.

42 거래처에 상품을 판매하고 수령한 받을어음(액면금액 200,000원, 3개월 만기)을 2개월 보유한 후 은행에 연 15%의 할인율로 할인하였을 경우 옳은 분개는? (단, 해당 어음은 연 12%의 이자부어음이며, 할인은 매각거래요건을 충족함)

① (차)	현 금	203,425	(대)	받을어음	200,000
	매출채권처분손실	575		이자수익	4,000
② (차)	현 금	204,000	(대)	받을어음	204,000
③ (차)	현 금	206,000	(대)	받을어음	200,000
				이자수익	6,000
④ (차)	현 금	200,000	(대)	받을어음	204,000
	매출채권처분손실	4,000			
⑤ (차)	현 금	203,425	(대)	받을어음	206,000
	이자비용	2,575			

해설 (1) 만기가액 = 액면금액 200,000원 + 발생이자 200,000원 × 12% × 3/12 = 206,000원
　　 (2) 할인액 = 만기가액 206,000원 × 할인율 15% × 1/12 = 2,575원
　　 (3) 현금 실수령액 = 만기가액 206,000원 − 할인액 2,575원 = 203,425원
　　 (4) 이자수익 = 액면금액 200,000원 × 12% × 2/12 = 4,000원

43 다음은 현금흐름표 본문이나 주석에 공시할 사항을 나열한 것이다. 옳지 않은 것은?

① 전기에 외상으로 구입하였던 기계장치 구입대금을 당좌수표를 발행하여 결제하였다.
② 당기 중 외상으로 매출하고 그중에서 일부를 보통예금으로 수금하였다.
③ 당기 전기료가 발생하여 동 금액을 현금으로 납부하였다.
④ 보유현금이 충분하여 일부 금액을 90일 만기의 환매채(RP)에 투자하였다.
⑤ 당기 중 전환사채의 주식전환청구가 있어 보통주를 발행하여 교부하였다.

해설 자금 간의 대체거래로서 현금흐름표에는 표시되지 않는다.

44 수호회사에 상품을 주문하였으나 품귀현상으로 상품을 구입하기가 쉽지 않았다. 그리하여 계약금으로 100,000원의 수표를 발행하여 지급하였을 때 처리하는 계정은?

① 선급금　　　　　　　　　　　② 선수금
③ 미수금　　　　　　　　　　　④ 미지급금
⑤ 매출채권

해설 ① 선급금 : 상품, 원재료의 매입을 위해 미리 선급한 금액
　　 ② 선수금 : 일반적 상거래에서 발생한 선수액
　　 ③ 미수금 : 일반적 상거래 이외의 거래로 인해 발생한 미수채권
　　 ④ 미지급금 : 일반적 상거래 이외의 거래에서 발생한 미지급 채무
　　 ⑤ 매출채권 : 상거래에서 제품이나 상품을 매출하고 대금을 현금으로 받는 경우가 있으나 실질적으로 소매거래를 제외하고는 외상으로 거래하는 경우가 더 많다. 이러한 경우 판매한 제품이나 상품에 대한 외상대금은 외상매출금으로 회계처리된다.

45 제시문에 나와 있는 설명들과 부합하는 재무제표와 바르게 연결된 것은?

> Ⓐ 기업의 경영성과를 보고하기 위하여 작성된 재무제표
> Ⓑ 현금유입과 유출에 대한 정보를 제공하며 일정기간의 현금의 순증감 내역을 기업 기능에 따라 분류하여 표시하고 있는 재무제표
> Ⓒ 기업의 재무상태를 나타내는 재무제표
> Ⓓ 전기오류수정항목과 당기이익잉여금의 처분사항을 보고하기 위한 재무제표

① Ⓐ 이익잉여금처분계산서, Ⓑ 손익계산서, Ⓒ 재무상태표, Ⓓ 현금흐름표
② Ⓐ 손익계산서, Ⓑ 재무상태표, Ⓒ 현금흐름표, Ⓓ 이익잉여금처분계산서
③ Ⓐ 현금흐름표, Ⓑ 이익잉여금처분계산서, Ⓒ 재무상태표, Ⓓ 손익계산서
④ Ⓐ 손익계산서, Ⓑ 현금흐름표, Ⓒ 재무상태표, Ⓓ 이익잉여금처분계산서
⑤ Ⓐ 재무상태표, Ⓑ 이익잉여금처분계산서, Ⓒ 현금흐름표, Ⓓ 손익계산서

46 다음 자료를 이용하여 영업활동으로 인한 현금흐름을 간접법으로 계산하면?

> • 당기순이익 : ₩5,000
> • 유형자산처분이익 : ₩1,000
> • 재고자산의 증가 : ₩500
> • 재고자산감모손실 : ₩700
> • 감가상각비 : ₩400

① ₩3,500   ② ₩3,900
③ ₩4,100   ④ ₩4,600
⑤ ₩4,800

해설

현금흐름표

유형자산처분이익	1,000	순이익	5,000
재고자산의 증가	500	감가상각비	400
현금흐름 증가	3,900		
	₩5,400		₩5,400

감가상각비는 현금유출이 없는 비용으로 당기순이익에 가산하고 유형자산처분이익은 영업활동의 이익이 아니므로 당기순이익에서 차감한다. 재고자산의 증가는 현금의 유출이므로 차감하며, 재고자산감모손실은 재고자산의 증가에 반영되어 있기 때문에 계산에서 제외한다는 점이 포인트다.

47 현금흐름표에 대한 설명 중 옳지 않은 것은?

① 배당지급능력, 부채상환능력 및 외부금융의 필요성을 평가하는 데 유용한 정보를 제공한다.

② 현금의 원천과 사용을 영업활동, 투자활동, 재무활동으로 세분하여 나타낸다.

③ 유형자산처분가액이 ₩100, 유형자산처분이익이 ₩10인 경우 간접법 형식의 현금흐름표에는 투자활동으로 인한 현금흐름(유입)으로 ₩100이 보고되고, 유형자산처분이익 ₩10은 영업활동으로 인한 현금흐름에서 당기순이익에 차감되는 형태로 보고된다.

④ 배당금수익은 영업활동이 아닌 재무활동으로 인한 현금유입으로 보고되어야 한다.

⑤ 간접법으로 계산한 것과 직접법으로 계산한 것이 일치한다.

해설 배당금수익은 재무활동이 아닌 영업활동이다.

48 현금흐름표 작성 시 영업활동으로 인한 현금흐름을 계산하기 위하여 간접법을 사용할 때 당기순이익에 가산할 항목이 아닌 것은?

① 유형자산의 감가상각비

② 만기보유금융자산할증취득액상각

③ 유형자산처분이익

④ 외화환산손실

⑤ 모두 해당한다.

해설 유형자산처분이익은 현금유입이 없는 수익으로 당기순이익에서 차감한다.

49 A상사의 손익계산서상 매출원가와 재무상태표상의 재고자산 매입채무 및 선수금의 기초와 기말잔액은 다음과 같다.

> • 매출원가 : 300,000원
> • 재고자산 : 기초 잔액 20,000원, 기말 잔액 40,000원
> • 매입채무 : 기초 잔액 35,000원, 기말 잔액 40,000원
> • 선 수 금 : 기초 잔액 12,000원, 기말 잔액 15,000원

위의 자료를 이용하여 현금주의 매출원가를 계산한다면 그 금액으로 옳은 것은?

① 250,000원

② 282,000원

③ 285,000원

④ 315,000원

⑤ 325,000원

해설 매출원가 300,000 + 재고자산 증가액 20,000 − 매입채무 증가액 5,000 = 315,000

50 시대상사의 회계자료는 다음과 같다. 이와 관련한 설명 중 옳지 않은 것은? 〔최신출제유형〕

- 보통주의 발행으로 조달한 금액 : ₩200,000
- 외상매출액 : ₩440,000
- 차입자금 조달액 : ₩140,000
- 매출채권 회수액 : ₩360,000
- 상품구입 자금액 : ₩240,000
- 유형자산 감가상각비 : ₩30,000
- 차입금 상환액 : ₩16,000
- 법인세 지급액 : ₩50,000
- 유형자산의 현금구입액 : ₩160,000
- 매출원가 : ₩280,000

---

① 투자활동으로 인한 순현금유출액은 ₩160,000이다.
② 재무활동으로 인한 순현금유입액은 ₩324,000이다.
③ 영업활동으로 인한 순현금유입액은 ₩70,000이다.
④ 당기 중의 총현금증가액은 ₩194,000이다.
⑤ 해당 회계연도의 현금증가액은 ₩234,000이다.

〔해설〕

기업의 경영활동	현금흐름	
	현금의 유입	현금의 유출
영업활동	• 제품의 판매(매출채권 회수활동 포함) • 이자수익 • 배당금 수취	• 상품·원자재의 구매(매입채무 지급활동 포함) • 이자비용의 지급 • 법인세비용의 지급
투자활동	• 대여금의 회수 • 유가증권의 처분 • 투자자산의 처분 • 고정자산의 처분	• 대여금의 증가 • 유가증권의 취득 • 투자자산의 증가 • 고정자산의 취득
재무활동	• 장·단기차입금의 증가 • 어음·사채의 발행 • 주식의 발행	• 장·단기차입금의 상환 • 어음·사채의 상환 • 배당금의 지급

현금흐름표

한국상사　　　　　20x1년 1월 1일 ~ 20x1년 12월 31일　　　　　(단위 : 원)

Ⅰ. 영업활동으로 인한 현금흐름			
1. 고객으로부터의 현금유입액		360,000	
2. 공급자에 대한 현금유출액		(240,000)	
3. 법인세지급액		(50,000)	70,000
Ⅱ. 투자활동으로 인한 현금흐름			
1. 투자활동으로 인한 현금유입액			
2. 투자활동으로 인한 현금유출액			
유형자산의 구입		160,000	(160,000)
Ⅲ. 재무활동으로 인한 현금흐름			
1. 재무활동으로 인한 현금유입액			
보통주의 유상증자	200,000		
자금의 차입	140,000	340,000	
2. 재무활동으로 인한 현금유출액			
차입금상환	16,000	(16,000)	324,000
Ⅳ. 현금의 증가(Ⅰ+Ⅱ+Ⅲ)			234,000
Ⅴ. 기초의 현금			0
Ⅵ. 기말의 현금			₩234,000

51 다음 중 현금및현금성자산 계정에 포함되지 않은 것은?

① 통화대용증권

② 당좌예금

③ 당좌차월

④ 보통예금

⑤ 통 화

해설 현금및현금성자산은 통화 및 통화대용증권, 당좌예금, 보통예금, 현금성자산을 말한다. 당좌차월은 단기차입금 (유동부채)으로 분류한다.

52 다음 중 채권자의 입장에서 가장 중요시하는 재무비율은?

① 매출액이익률

② 자본회전율

③ 유동비율

④ 투자이익률

⑤ 자본이익률

해설 유동비율은 현금으로의 전환가능성에 대한 정도를 나타내는 것으로 지급능력의 지표가 된다. 투자자나 채권자 는 기업의 미래 현금흐름에 대한 전망평가를 할 수 있는 정보가 필요하다.

53 다음 중 정액자금전도제도에 대한 설명으로 틀린 것은 어느 것인가?

① 용도계에 필요한 일정액의 현금을 전도하고 일정기간 후에 실제 사용액을 보고받으면 그와 동일 한 자금을 보급한다.

② 소액현금이 일정액 수준으로 유지되지 못한다.

③ 회사에서 용도계에 전도액을 공급하면 차변에 소액현금을 계상한다.

④ 일정기간 후(월말) 용도계로부터 소액현금에 대한 지불보고가 있으면 차변에 해당 비용을 계상하 고 대변에 소액현금을 감소시킨다.

⑤ 모두 옳다.

해설 정액자금전도제도는 소액현금이 일정수준으로 유지되어 ㉠ 현금관리가 편리하고, ㉡ 전도액이 미리 정해지므로 용도계의 책임이 명확해지며, ㉢ 정기적으로 지급액을 보고함으로써 미결된 지출보고가 없는 장점이 있다.

54 (주)시대의 201x년 당기순이익이 ₩10,000인 경우, 다음 자료를 이용하여 영업활동으로 인한 현금흐름을 계산하면?

> • 당기의 감가상각비는 ₩1,000이다.
> • 전기 말보다 당기 말에 재고자산이 ₩200 증가하였다.
> • 전기 말보다 당기 말에 미지급보험료가 ₩100 감소하였다.
> • ₩4,000에 구입한 건물(감가상각누계액 ₩3,000)을 당기에 ₩500에 매각하였다.

① ₩10,200

② ₩11,000

③ ₩11,200

④ ₩11,800

⑤ ₩12,800

해설 유형자산처분손실 = ₩500 − (₩4,000 − ₩3,000) = (₩500)

현금주의 ↔ 발생주의

재고자산의 증가	200	당기순이익	10,000
미지급보험료 감소	100	감가상각비	1,000
현금주의 순이익	11,200	유형자산처분손실	500
	₩11,500		₩11,500

55 삼청주식회사의 자금 담당인 김자금씨는 회사의 당좌수표를 발행하여 90일 만기 환매조건부채권(RP)을 구입하였다. 동 거래는 현금흐름표에 어떻게 표시하여야 하는가?

① 영업활동 현금흐름에 현금유출액으로 표시된다.

② 투자활동 현금흐름에 현금유출액으로 표시된다.

③ 재무활동 현금흐름에 현금유출액으로 표시된다.

④ 실제로 현금의 변동이 없으므로 비현금교환거래로 주석기재한다.

⑤ 자금의 변동이 없으므로 현금흐름표에는 표시되지 않는다.

해설 당좌예금도 현금흐름표상의 현금이며, 90일 만기의 환매채도 현금성자산으로 현금에 해당되어 자금 변동이 없다. 따라서 현금흐름표에는 표시되지 않는다.

56 연말 결산법인인 (주)시대의 영업활동과 관련된 자료는 다음과 같다. 현금흐름표에 보고되어야 할 영업활동으로 인한 현금흐름액은 얼마인가?

- 당기순이익 : ₩1,800,000
- 매출채권의 순감소액 : ₩1,080,000
- 매입채무의 순증가액 : ₩720,000
- 감가상각비 : ₩630,000
- 미지급비용의 순감소액 : ₩270,000
- 제품보증충당부채 순증가액 : ₩180,000
- 재고자산의 순감소액 : ₩120,000

① ₩4,260,000
② ₩4,560,000
③ ₩4,620,000
④ ₩4,800,000
⑤ ₩4,900,000

해설

현금흐름표

미지급비용 감소	270,000	당기순이익	1,800,000
순현금의 증가액	4,260,000	매출채권 감소액	1,080,000
		매입채무 증가액	720,000
		감가상각비	630,000
		제품보증충당부채 증가	180,000
		재고자산 순감소액	120,000
	₩4,530,000		₩4,530,000

57 다음 자료는 (주)시대에 대한 자료이다. (주)시대의 20x7년 투자활동의 현금흐름은 얼마인가?

〈비교재무상태표 중 일부〉

구 분	20x7년 말	20x6년 말
건 물	₩830,000	₩850,000
감가상각누계액	(₩240,000)	(₩200,000)

20x7년도 중 취득원가 ₩150,000(감가상각누계액 ₩60,000)의 건물을 ₩80,000에 처분하였다. 건물 및 감가상각누계액의 나머지 차액은 당기 중 현금으로 취득한 것과 당기 감가상각비를 계상한 것이다.

① ₩50,000 유출
② ₩50,000 유입
③ ₩30,000 유출
④ ₩30,000 유입
⑤ ₩40,000 유입

해설 T계정 풀이

현금흐름표(투자활동)

감가상각비	100,000	건물의 감소	60,000
처분손실	10,000	현금흐름 감소	50,000
	₩110,000		₩110,000

감가상각비의 계산 ₩100,000
기초 누계액 ₩200,000 + 당기 감가상각비 - 처분자산누계액 ₩60,000 = 기말 누계액 ₩240,000
건물처분손익 : 처분가액 ₩80,000 - 장부가액 ₩150,000 - ₩60,000 = 처분손실 ₩10,000
건물순장부가액 증감 : 기말 ₩590,000 - 기초 ₩650,000 = 감소 ₩60,000

58 현금흐름표의 작성에 대한 설명으로 잘못된 것은?

① 현금흐름표를 간접법으로 작성하면 당기순이익과 영업활동으로 인한 현금흐름액과의 차이 원인을 잘 보여줄 수 있다.

② 현금흐름표를 직접법으로 작성하면 영업활동에서 나타내는 현금유입은 원천별로, 현금유출액은 용도별로 표시할 수 있다.

③ 재무상태표 등식을 고려할 때 현금의 증감과 부채의 증감은 그 방향이 같다.

④ 영업활동 현금흐름을 간접법으로 작성할 때 매도가능처분이익을 당기순이익에서 차감하는 이유는 영업활동과 관련된 손익이기 때문이다.

⑤ 현금흐름표를 직접법으로 작성할 때 이연법인세자산의 변동은 법인세비용유출 계산 시 관련자산 부채의 변동을 고려한다.

> 해설 영업활동 현금흐름을 간접법으로 작성할 때 매도가능처분이익을 당기순이익에서 차감하는 이유는 투자활동과 관련된 손익이기 때문이다.

59 (주)시대의 20x7년도 사업활동과 관련한 다음의 자료를 이용하여 계산한 영업활동 현금흐름은? (단, 이자지급은 재무활동으로 분류한다) `최신출제유형`

- 법인세비용차감전순이익 : ₩5,000,000
- 매출채권 증가 : ₩290,000
- 이자비용 : ₩310,000
- 유형자산감가상각비 : ₩750,000
- 재고자산 감소 : ₩300,000
- 법인세비용 : ₩1,500,000
- 유형자산손상차손 : ₩260,000
- 매입채무 증가 : ₩250,000
- 미지급법인세 증가 : ₩250,000
- 유형자산처분이익 : ₩340,000
- 미지급이자비용 증가 : ₩80,000

① ₩4,680,000   ② ₩4,760,000
③ ₩4,990,000   ④ ₩5,020,000
⑤ ₩5,010,000

> 해설 (1) 당기순이익 = 법인세비용차감전순이익 5,000,000 − 법인세비용 1,500,000
> (2) 분개법

현금주의 ↔ 발생주의			
영업활동 현금흐름	4,990,000	당기순이익	3,500,000
유형자산처분이익	340,000	감가상각비	750,000
매출채권 증가	290,000	유형자산손상차손	260,000
		재고자산 감소	300,000
		매입채무 증가	250,000
		이자비용	310,000
		미지급법인세 증가	250,000
	₩5,620,000		₩5,620,000

* 이자비용(재무활동) : 재무활동의 비용이므로 당기순이익에 가산한다.
* 미지급이자 증가(재무활동)는 고려하지 않는다.
* 법인세비용은 당기순이익에 이미 반영되어 있으므로 고려하지 않는다.

60 20x1년도 삼청(주)의 현금흐름을 분석한 결과 당기순이익보다 영업활동으로 인한 현금흐름이 더 적었다. 그 원인에 대한 설명으로 옳지 않은 것은?

① 단기매매증권의 공정가치가 증가하여 평가이익을 인식하였다.

② 지분법적용대상 피투자회사의 이익이 큰 폭으로 증가하였다.

③ 당기 중 대규모 구조조정으로 퇴직금의 지급액이 큰 폭으로 증가하였다.

④ 매출부진으로 재고자산이 급격하게 증가하였다.

⑤ 차입금에 대한 이자지급액이 증가하였다.

> **해설** 차입금에 대한 이자지급액은 지급시점에 비용처리되어 손익의 흐름과 현금흐름이 일치하기 때문에 당기순이익과 영업활동 현금흐름이 일치한다.

61 다음 자료를 이용하여 현금흐름표상의 '영업활동으로 인한 현금흐름'을 계산하면 얼마인가?

- 손익계산서상의 당기순이익 : ₩350,000
- 감가상각비 : ₩50,000
- 매출채권의 증가 : ₩20,000
- 재고자산의 감소 : ₩40,000
- 사채상환이익 : ₩50,000
- 미지급법인세의 증가 : ₩50,000
- 보통주의 발행 : ₩100,000
- 유형자산의 취득 : ₩90,000

① ₩520,000

② ₩470,000

③ ₩420,000

④ ₩400,000

⑤ ₩570,000

> **해설**
>
> 현금흐름표
>
> | 매출채권 증가 | 20,000 | 순이익 | 350,000 |
> |---|---|---|---|
> | 사채상환이익 | 50,000 | 감가상각비 | 50,000 |
> | 현금흐름 증가 | 420,000 | 재고자산 감소 | 40,000 |
> | | | 미지급법인세 증가 | 50,000 |
> | | ₩490,000 | | ₩490,000 |
>
> 감가상각비는 현금유출이 없는 비용으로 당기순이익에 가산하고 사채상환이익은 영업활동의 이익이 아니므로 당기순이익에서 차감한다. 유형자산의 취득(투자활동), 보통주의 발행(재무활동)은 영업활동이 아니므로 계산에서 제외한다.

62 투자활동 현금흐름을 통하여 파악할 수 있는 정보를 나열한 것이다. 옳지 않은 것은?

① 영업활동에서 부족한 자금을 유휴시설 처분을 통하여 조달하였는지 여부
② 외부자금조달의 필요성
③ 기업의 신규투자능력
④ 설비투자의 적정규모 여부
⑤ 투자활동을 통한 기업의 성장전략

> **해설** 기업의 신규투자능력은 영업활동을 통하여 현금을 창출할 수 있는 능력에 달려있다. 따라서 해당 금액의 범위 내에서는 신규투자능력이 있다고 볼 수 있다. 따라서 신규투자능력 정보는 영업활동 현금흐름을 통하여 확인할 수 있다.

63 다음은 (주)시대의 20x7년도 재무제표의 일부 자료이다. 직접법을 사용하여 20x7년도 현금흐름표의 영업활동 현금흐름을 구할 때, 고객으로부터 유입된 현금흐름과 공급자에 대한 유출된 현금흐름으로 옳은 것은?

부분재무상태표

구 분	기 초	기 말
매출채권(총액)	₩200,000	₩140,000
대손충당금	₩10,000	₩14,000
재고자산	₩60,000	₩50,000
매입채무	₩50,000	₩100,000
선수금	₩10,000	₩8,000

부분포괄손익계산서

구 분	금 액
매출액	₩1,500,000
매출원가	₩1,000,000
대손상각비	₩7,000
재고자산평가손실	₩50,000
외환차익(매입채무 관련)	₩20,000

	고객으로부터 유입액	공급자에 대해 유출액
①	₩1,555,000	₩970,000
②	₩1,555,000	₩995,000
③	₩1,560,000	₩950,000
④	₩1,560,000	₩970,000
⑤	₩1,560,000	₩995,000

고객으로부터 유입된 현금흐름 계산

현금 증가	1,555,000	매출액	1,500,000
대손상각비	7,000	매출채권 감소	60,000
선수금 증가	2,000	대손충당금 증가	4,000
	₩1,564,000		₩1,564,000

공급자에 대해 유출된 현금흐름 계산

매출원가	1,000,000	현금 감소	970,000
재고자산평가손실	50,000	외환차익	20,000
		재고자산 감소	10,000
		매입채무 증가	50,000
	₩1,050,000		₩1,050,000

64 다음 현금흐름표에 관한 설명에서 괄호 안에 들어갈 단어를 순서대로 옳게 연결한 것은?

> 현금흐름표를 간접법으로 작성할 때, 당기순이익과 기타 자산·부채의 변동 등 다른 조건이 일정할 경우, 매출채권의 증가는 '영업활동으로 인한 현금흐름'의 (㉠)를 가져오고, 매입채무의 감소는 '영업활동으로 인한 현금흐름'의 (㉡)를 가져온다.

	㉠	㉡
①	증 가	증 가
②	증 가	감 소
③	감 소	감 소
④	감 소	증 가
⑤	변화 없음	변화 없음

해설 매출채권의 증가로 현금은 감소하게 된다. 매입채무의 감소는 현금을 감소시킨다.
이를 간단하게 분개를 통해 이해하면 다음과 같다.

(차) 매출채권	xxx	(대) 현 금	xxx
(차) 매입채무	xxx	(대) 현 금	xxx

65 다음의 자료를 이용하여 차량운반구의 취득액을 계산하면 얼마인가? (단, 당기 중 장부가액 1,900원 (취득원가 2,500원, 감가상각누계액 600원)인 차량운반구를 1,400원에 매각하였다)

(단위 : 원)

재무상태표 자료			손익계산서 자료	
구 분	기 초	기 말	구 분	금 액
차량운반구	4,200	11,500	감가상각비 (차량운반구)	700
감가상각누계액 (차량운반구)	(1,200)	(1,300)	유형자산처분손실 (차량운반구)	500

① 7,300원   ② 8,700원

③ 9,800원   ④ 8,800원

⑤ 6,600원

 해설

구 분	기 초	증 가	감 소	대 체	기 말
차량운반구	4,200	9,800	2,500	–	11,500
상각누계액	(1,200)	(700)	(600)	–	(1,300)

따라서 차량운반구의 구입액은 9,800원이다.

66 다음의 자료를 이용하여 매출원가를 산출하면?

- 상품매입을 위한 현금지출액 : ₩290,000
- 외상매입금 증가액 : ₩25,000
- 재고자산 증가액 : ₩20,000

① ₩245,000   ② ₩295,000

③ ₩315,000   ④ ₩305,000

⑤ ₩335,000

해설 현금주의에서 발생주의로 수정하는 문제이다.

	현금지출액	₩290,000
+	외상매입금 증가액	₩25,000
–	재고자산 증가액	₩20,000
	매출원가	₩295,000

67 한국채택국제회계기준에서 현금흐름표의 작성과 표시에 대한 설명으로 옳지 않은 것은?

① 영업활동 현금흐름은 직접법과 간접법 중 하나의 방법으로 보고한다.

② 금융회사가 아닌 다른 업종의 경우 배당금의 지급은 영업활동 또는 재무활동으로 분류할 수 있다.

③ 금융회사가 아닌 다른 업종의 경우 이자수입 및 배당금 수입은 투자활동 또는 영업활동으로 분류할 수 있다.

④ 법인세로 인한 현금흐름은 별도로 공시하지 않고 영업활동 현금흐름으로 분류한다.

⑤ 기업이 보유한 특허권을 일정기간 사용하도록 하고 받은 수수료는 현금유입으로 분류한다.

해설 법인세로 인한 현금흐름은 영업활동의 현금흐름에 포함되며, 이를 별도로 구분하여 공시하여야 한다.

68 (주)시대의 영업활동에 대한 자료이다. (주)시대는 재고자산의 원가흐름을 선입선출법을 사용하고 있다. 다음의 자료를 이용하여 당기순이익과 영업활동으로 인한 현금흐름액을 구하면 얼마인가? (단, 법인세는 없으며, 모두 현금거래이다. 감가상각비를 제외한 판매비및관리비는 모두 현금이다)

• 기초재고 200개(@₩100) : ₩20,000
• 당기매입 800개(@₩120) : ₩96,000
• 당기매출 900개(@₩200) : ₩180,000
• 판매관리비 : ₩40,000(감가상각비 ₩16,000 포함)
• 재고자산 감소 : ₩8,000

	당기순이익	영업활동의 현금흐름
①	₩76,000	₩98,000
②	₩76,000	₩88,000
③	₩76,000	₩78,000
④	₩36,000	₩60,000
⑤	₩36,000	₩44,000

해설 기말재고(선입선출법) : 100개 × @₩120 = ₩12,000
당기순이익 계산

손익계산서

(주)시대	1월 1일 ~ 12월 31일	(단위 : 원)
Ⅰ. 매출액		180,000
Ⅱ. 매출원가		104,000
1. 기초상품재고액	20,000	
2. 당기상품매입액	96,000	
3. 기말상품재고액	(12,000)	
Ⅲ. 매출총이익		76,000
Ⅳ. 판매비와관리비		40,000
Ⅴ. 당기순이익		36,000

현금흐름표

현금흐름(영업활동)	60,000	순이익	36,000
		감가상각비	16,000
		재고자산 감소	8,000
	₩60,000		₩60,000

---

69 (주)시대의 20xx년도의 현금흐름표상 영업에서 창출된 현금(영업으로부터 창출된 현금)이 ₩100,000이고 영업활동 현금흐름은 ₩89,000이다. 다음에 제시된 자료를 이용하여 (주)시대의 20xx년도 포괄손익계산서상 법인세비용차감전순이익을 구하면 얼마인가? (단, 이자지급 및 법인세납부는 영업활동으로 분류한다)

> 〈20xx년도 (주)시대의 재무자료〉
> • 이자비용 : ₩2,000
> • 유형자산처분손실 : ₩3,000
> • 법인세비용 : ₩7,000
> • 재고자산(순액)의 증가 : ₩3,000
> • 매입채무의 증가 : ₩3,000
> • 감가상각비 : ₩1,000
> • 사채상환이익 : ₩2,000
> • 미지급이자의 증가 : ₩1,000
> • 매출채권(순액)의 증가 : ₩2,000
> • 미지급법인세의 감소 : ₩3,000

① ₩91,000 ② ₩98,000
③ ₩101,000 ④ ₩103,000
⑤ ₩105,000

해설

현금흐름 계산(분개법)

현금 증가	89,000	순이익	91,000
사채상환이익	2,000	감가상각비	1,000
재고자산 증가	3,000	유형자산처분손실	3,000
매출채권 증가	2,000	미지급이자 증가	1,000
미지급법인세 감소	3,000	매입채무 증가	3,000
	₩99,000		₩99,000

• 법인세비용차감전순이익 = 당기순이익 ₩91,000 + 법인세비용 ₩7,000 = ₩98,000

70 다음은 최근 2년간 도소매업을 영위하는 어느 기업의 매출원가 및 현금매출원가에 대한 정보이다. 이러한 상황에 대한 설명으로 가장 적합한 것은?

(단위 : 천원)

구 분	2018년	2019년
매출원가	20,000	32,000
현금매출원가	35,000	27,000

① 2018년의 경우 매입채무가 크게 증가했을 가능성이 높다.

② 2018년의 경우 재고자산이 크게 감소했을 가능성이 높다.

③ 2018년의 경우 선수금이 크게 감소했을 가능성이 높다.

④ 2019년의 경우 매입채무가 크게 감소했을 가능성이 있다.

⑤ 2019년의 경우 재고자산에 대한 거액의 평가손실이 발생했을 가능성이 높다.

해설 현금매출원가가 매출원가보다 적은 것은 매입채무의 증가, 재고자산의 감소가 원인이고, 재고자산평가손실은 매출원가에는 가산되지만 현금흐름에는 아무런 영향이 없다. 또한 선수금은 매출원가와 관련이 없다.

71 다음은 CD 상사의 제8기(당기) 재무제표에서 추출한 자료이다. 이 자료를 토대로 동사의 당기 '매입활동 현금유출액', 즉 '현금주의 매입액'을 계산하면 얼마인가?

(단위 : 원)

구 분	금 액	구 분	금 액
당기 매출원가(손익계산서)	6,700	매입채무 증가액	800
선급금 감소액	250	매출채권 감소액	900
선수금 증가액	150	재고자산 증가액	110

① ₩5,610

② ₩6,510

③ ₩6,010

④ ₩5,760

⑤ ₩6,700

해설 현금주의 매입액 = − 매출원가 − 재고자산 증가액 + 매입채무 증가액 + 선급금 감소액
= − 6,700 − 110 + 800 + 250 = −5,760

*(−)는 현금의 유출을 의미함

72 다음은 (주)시대의 기초 및 기말 재무상태표상 잔액과 추가자료이다. 아래의 자료에 기초하여 당기 중 장기차입금 차입액은 얼마인가? 최신출제유형

(단위 : 원)

구 분	기 초	기 말
유동성장기부채	200,000	150,000
장기차입금	2,000,000	2,200,000

(1) 장기차입금은 상환계획대로 상환되고 있다.

(2) 차입금을 상환하는 과정에서 외환차손 20,000원이 발생하였고, 외환장기차입금 기말 잔액을 환산하면서 외화환산손실이 50,000원 발생하였다.

① 200,000원 ② 250,000원

③ 300,000원 ④ 350,000원

⑤ 400,000원

해설 기초 2,000,000 + 차입액 + 외화환산손실 50,000 − 유동성부채 150,000 = 기말 2,200,000

∴ 당기 차입액 = 300,000원

73 다음은 (주)시대의 20x1년 회계자료이다. 20x1년 영업활동에 의한 현금흐름(간접법)은? (단, 법인세지급은 영업활동으로 분류한다)

- 법인세비용차감전순이익 : ₩240,000
- 감가상각비 : ₩3,000
- 장기차입금의 증가 : ₩100,000
- 선급비용의 감소 : ₩4,000
- 매입채무의 증가 : ₩30,000
- 단기매매금융자산평가손실 : ₩10,000
- 법인세지급액(법인세비용과 동일 금액) : ₩50,000
- 매출채권(순액)의 감소 : ₩40,000
- 유형자산처분손실 : ₩6,000
- 선수금의 증가 : ₩2,000
- 매도가능금융자산처분이익 : ₩7,000
- 자기주식처분이익 : ₩5,000

① ₩278,000 ② ₩288,000

③ ₩305,000 ④ ₩378,000

⑤ ₩379,000

(1) 법인세비용 = 법인세지급액 = ₩50,000
(2) 당기순이익 = 법인세비용차감전순이익 240,000 − 법인세비용 50,000 = ₩190,000
(3) 분개법 풀이

현금주의 ↔ 발생주의

영업활동 현금흐름	278,000	순이익	190,000
매도가능금융자산처분이익	7,000	매출채권 감소	40,000
		감가상각비	3,000
		유형자산처분손실	6,000
		선수금 증가	2,000
		선급비용 감소	4,000
		매입채무 증가	30,000
		단기매매금융자산평가손실	10,000
	₩285,000		₩285,000

• 법인세지급액은 이미 당기순이익에 반영되었으므로 무시한다.
• 장기차입금 증가는 재무활동이므로 무시한다.
• 자기주식처분이익은 재무활동으로 순이익에 포함되지 않았으므로 차감하지 않는다.
• 단기매매금융자산평가손실은 자료에 단기매매금융자산의 증감이 없으므로 가산한다.

74 다음은 (주)서울의 재무상태표와 현금흐름표에서 발췌한 20x2년 현금흐름 관련 자료이다. 20x2년 도의 영업활동으로 인한 현금흐름은?

> • 20x1년 12월 말 현금 잔액 : ₩120,000
> • 20x2년 투자활동으로 인한 현금 감소 : ₩40,000
> • 20x2년 재무활동으로 인한 현금 증가 : ₩50,000
> • 20x2년 12월 말 현금 잔액 : ₩150,000

① ₩10,000

② ₩20,000

③ ₩30,000

④ ₩40,000

⑤ ₩50,000

기초 현금 ₩120,000	(−)투자활동 현금 감소 ₩40,000	=	기말 현금 ₩150,000
	(+)재무활동 현금 증가 ₩50,000		
	(+)영업활동 현금 증가 ₩20,000		

75 (주)시대가 보고한 영업활동으로 인한 현금흐름은 ₩2,000,000이다. 다음과 같은 사항이 발생하였을 때 (주)시대의 당기순이익은 얼마인가?

> • 대손상각비 : ₩50,000
> • 재고자산 감소액 : ₩100,000
> • 감가상각비 : ₩150,000
> • 매출채권(순액)증가액 : ₩200,000
> • 토지처분(장부금액 ₩300,000) : ₩400,000
> • 재고자산감모손실 : ₩100,000

① ₩2,000,000
② ₩1,950,000
③ ₩1,900,000
④ ₩2,100,000
⑤ ₩2,050,000

해설

현금흐름표(영업활동)

현금흐름 증가	2,000,000	순이익	2,050,000
순매출채권 증가	200,000	재고자산 감소	100,000
토지처분이익	100,000	감가상각비	150,000
	₩2,300,000		₩2,300,000

토지의 처분은 투자활동의 유입으로 ₩400,000이 보고되므로 영업활동에서 제외되며, 토지처분이익은 차감해야 한다. 한편, 대손상각비, 재고자산감모손실 등은 현금유출이 없는 비용이지만 영업활동으로 인한 자산·부채의 변동에 자동적으로 조정된다. 따라서 현금유출이 없는 비용으로 가산해서는 안 된다.

76 다음 중 재무제표의 기본요소로 틀린 것은?

① 재무상태표 : 자산, 부채, 자본
② 손익계산서 : 수익, 비용, 차익, 차손
③ 자본변동표 : 소유자의 투자, 소유주에 대한 분배, 채권자의 투자
④ 현금흐름표 : 영업활동 현금흐름, 투자활동 현금흐름, 재무활동 현금흐름
⑤ 모두 옳다.

해설 자본변동표 : 소유자의 투자, 소유주에 대한 분배

77 다음 중 기업회계기준에 의한 재무제표가 아닌 것은?

① 재무상태표
② 손익계산서
③ 시산표
④ 현금흐름표
⑤ 자본변동표

해설 국제회계기준에 의한 재무제표는 재무상태표, 손익계산서, 현금흐름표, 자본변동표, 주석 등이 있다.

78 재무제표를 통해 제공되는 정보에 관한 내용 중 올바르지 않은 것은?

① 화폐단위로 측정된 정보를 주로 제공한다.

② 특정 기업실체에 관한 정보를 제공하며, 산업 또는 경제 전반에 관한 정보를 제공하지는 않는다.

③ 대부분 과거에 발생한 거래나 사건에 대한 정보를 나타낸다.

④ 추정에 의한 측정치는 포함하지 않는다.

⑤ 회사는 계속 존재한다는 가정하에 회계처리가 진행된다.

> 해설 재무제표를 통해 제공되는 정보는 다음의 예와 같은 특성과 한계를 갖고 있다.
> ㉠ 재무제표는 화폐단위로 측정된 정보를 주로 제공한다.
> ㉡ 재무제표는 대부분 과거에 발생한 거래나 사건에 대한 정보를 나타낸다.
> ㉢ 재무제표는 추정에 의한 측정치를 포함하고 있다.
> ㉣ 재무제표는 특정 기업실체에 관한 정보를 제공하며, 산업 또는 경제 전반에 관한 정보를 제공하지는 않는다.

79 다음 거래에서 거래요소의 결합관계로 옳은 것은?

> 건물 50,000,000원을 구입하고 취득세 500,000원과 함께 당좌수표를 발행하여 지급하다.

① 자산의 증가 : 자산의 감소

② 자산의 증가 : 부채의 증가

③ 자산의 증가·비용의 발생 : 자산의 감소

④ 자산의 증가·비용의 발생 : 부채의 증가

⑤ 자산의 감소, 부채의 감소

> 해설 (차) 건물 50,500,000   (대) 현금 50,500,000

80 20x1년 12월 1일 영업활동을 개시한 기업의 12월 영업활동 자료이다. 이 자료를 이용하여 발생주의와 현금주의에 의하여 20x1년 12월의 순이익을 계산하면 얼마인가?   최신출제유형

> • 12월 매출 ₩2,000,000(30% 현금매출, 70% 외상매출)
> • 12월 매입 ₩1,000,000(40% 현금매입, 60% 외상매입)
> • 12월 31일 현재 계정 잔액 : 매출채권 ₩400,000, 매입채무 ₩200,000, 재고자산 ₩100,000

① 발생주의 ₩1,000,000, 현금주의 ₩200,000

② 발생주의 ₩1,100,000, 현금주의 ₩800,000

③ 발생주의 ₩1,100,000, 현금주의 ₩1,000,000

④ 발생주의 ₩1,300,000, 현금주의 ₩1,100,000

⑤ 발생주의 ₩1,500,000, 현금주의 ₩1,200,000

> 해설 발생주의 순이익 : 매출액 ₩2,000,000 − 매출원가 ₩900,000(= 매입액 ₩1,000,000 − 기말재고자산 ₩100,000) = ₩1,100,000
> 현금주의 순이익 : 매출액 ₩1,600,000(= 현금매출액 ₩600,000 + 외상매출금 회수액 ₩1,000,000) − 매출원가 ₩800,000(= 현금매입액 ₩400,000 + 외상매입금 지급액 ₩400,000) = ₩800,000

81 시대상사는 20x1년 12월 29일에 상품 ₩1,000,000을 외상매입하였는데, 회계담당자의 실수로 20x2년 1월 2일 장부에 기록하였다. 이 오류가 재무제표에 미치는 영향으로 잘못된 것은? (단, 동 상품은 기말재고 실사에는 포함되었다)

① 매입채무가 과소계상된다.

② 당기순이익이 과대계상된다.

③ 재고자산이 과소계상된다.

④ 이익잉여금이 과대계상된다.

⑤ 매출원가가 과소계상된다.

> 해설　매입액·매입채무의 과소계상 → 매출원가의 과소계상 → 당기순이익의 과대계상 → 이익잉여금의 과대계상

82 현금흐름표와 관련된 다음 설명 중 옳지 않은 것은?

① 현금흐름표는 현금의 변동내역을 나타낸다.

② 현금흐름표에서의 현금은 현금및현금성자산이다.

③ 영업활동으로 인한 현금유입에는 제품의 판매에 의한 현금유입이 포함된다.

④ 투자활동으로 인한 현금유입에는 대여금 회수가 포함된다.

⑤ 사채발행 또는 주식발행에 의한 현금유입 시에는 액면가액으로 기재한다.

> 해설　사채발행 또는 주식발행에 의한 현금유입 시에는 발행가액으로 기재한다.

83 수익에 관한 설명으로 옳지 않은 것은?

① 수익의 발생에 따라 자산이 수취되거나 증가될 수 있다.

② 수익은 부채의 상환에 따라 발생할 수도 있다.

③ 수익은 받았거나 받을 대가의 공정가치로 측정한다.

④ 부가가치세와 같이 제3자를 대신하여 받은 금액은 수익이 아니다.

⑤ 지분참여자에 의한 출자는 수익의 정의를 충족한다.

> 해설　수익(income, revenue)이란 지분참여자의 출자관련 증가분을 제외한 자본의 증가를 수반하는 것으로서, 회계기간의 정상적인 활동에서 발생하는 경제적 효익의 총유입이다.

84 다음 자료를 이용하여 매출원가를 구하면 얼마인가? (단, 재고자산평가손실과 재고자산감모손실은 없다)

> • 기초제품재고액 : ₩17,000
> • 기말제품재고액 : ₩15,000
> • 기초재공품재고액 : ₩3,000
> • 기말재공품재고액 : ₩6,000
> • 당기제품제조원가 : ₩280,000

① ₩272,000

② ₩274,000

③ ₩280,000

④ ₩282,000

⑤ ₩284,000

해설 기초제품재고액 17,000 + 당기제품제조원가 280,000 − 기말제품재고액 15,000 = 매출원가 282,000
참고로 기초와 기말의 재공품재고액은 매출원가의 산정과 직접적인 관련이 없다.

85 다음 주어진 자료를 이용하여 영업활동 현금흐름을 구하면?

> (1) 포괄손익계산서 중의 일부
> 　　유형자산감가상각비 ₩12,000
> 　　당기순이익 ₩200,000
> (2) 영업 관련 자산 / 부채
>
> | | 기초 잔액 | 기말 잔액 |
> |---|---|---|
> | 재고자산 | ₩30,000 | ₩29,000 |
> | 매입채무 | ₩45,000 | ₩39,000 |

① ₩205,000

② ₩207,000

③ ₩213,000

④ ₩215,000

⑤ ₩218,000

해설 현금흐름표의 간접법(indirect method)에 관한 문제로, 포괄손익계산서상의 당기순이익에서 자산증가는 차감, 자산감소는 가산, 부채증가는 가산, 부채감소는 차감, 현금의 유입이 없는 수익은 차감, 현금의 지출이 없는 비용은 가산한다.
• 당기순이익 200,000 + 감가상각비 12,000 + 자산감소 1,000 − 부채감소 6,000 = 207,000

86 현금흐름표의 재무활동 현금흐름에 포함되는 항목은?   최신출제유형

① 이자수익으로 인한 현금유입

② 건물의 취득, 처분

③ 현금의 대여, 회수

④ 유가증권의 취득, 처분

⑤ 차입금의 차입, 상환

해설   ① 영업활동 또는 투자활동, ②·③ 투자활동, ④ 투자활동, 단 단기매매목적으로 보유하는 경우에는 영업활동
현금흐름에 해당한다.

87 다음 자료를 기초로 한 설명 중 옳지 않은 것은?

> • 유상증자 : 400,000
> • 매출액(전액 외상매출) : 500,000
> • 매출채권 회수액 : 460,000
> • 감가상각비 : 80,000
> • 법인세 지급액 : 10,000
> • 당기 차입액 : 200,000
> • 매출원가 : 350,000
> • 상품매입액(전액 현금매입) : 300,000
> • 유형자산 투자액 : 150,000
> • 당기 차입금 상환액 : 100,000

① 재무활동으로 인한 순현금유입액은 500,000이다.

② 투자활동으로 인한 순현금유출액은 150,000이다.

③ 영업활동으로 인한 순현금유입액은 150,000이다.

④ 당기 현금증가액은 500,000이다.

⑤ 영업활동으로 인한 순현금유입액은 220,000이다.

해설   영업활동 현금흐름 = 매출채권 회수액 − 상품매입액 − 법인세 지급액
= 460,000 − 300,000 − 10,000 = 150,000

88 아래 내용은 시대출판의 재고자산 현황이다. 감가상각비를 제외한 모든 거래는 현금으로 진행되고 있다. 이 자료를 이용하여 당기순이익과 영업활동으로 인한 현금흐름액을 구하면? (단, 시대출판은 선입선출법을 적용하고 있다)

- 기초재고 100개(개당 200원) : 20,000원
- 당기매입 1,000개(개당 100원) : 100,000원
- 당기매출 1,000개(개당 200원) : 200,000원
- 판매관리비 : 40,000원(감가상각비 12,000원 포함)

	당기순이익	영업활동 현금흐름
①	70,000원	98,000원
②	76,000원	88,000원
③	70,000원	78,000원
④	50,000원	62,000원
⑤	46,000원	44,000원

해설 • 매출액 200,000원 − 매출원가(기초상품재고액 20,000원 + 당기상품매입액 100,000원 − 기말상품재고액 10,000원 = 110,000원) = 매출총이익 90,000원
• 당기순이익 = 매출총이익 90,000원 − 판매관리비 40,000원 = 50,000원
• 현금흐름 = 순이익 50,000원 + 감가상각비 12,000원 = 62,000원

89 다음 중 현금흐름표상 재무활동으로 인한 현금흐름에 포함될 사항이 아닌 것은? 최신출제유형

① 유형자산 취득에 따른 미지급금의 지급
② 장기차입금의 차입 및 상환
③ 장기대여금의 대여 및 회수
④ 전환사채의 발행
⑤ 주식의 발행 및 자기주식의 취득

해설 장기대여금의 대여 및 회수는 투자활동으로 분류된다.

90 영업활동 현금흐름과 관련된 항목을 모두 고르면?　

> ㄱ. 단기매매금융자산의 처분
> ㄴ. 기계장치의 구입
> ㄷ. 유상증자
> ㄹ. 토지의 처분
> ㅁ. 사채의 발행
> ㅂ. 로열티수익

① ㄱ, ㄴ　　　　　　　② ㄱ, ㅂ
③ ㄴ, ㄹ　　　　　　　④ ㄷ, ㅁ
⑤ ㅁ, ㅂ

> 해설　ㄴ. 기계장치의 구입 → 투자활동
> ㄹ. 토지의 처분 → 투자활동
> ㄷ. 유상증자 → 재무활동
> ㅁ. 사채의 발행 → 재무활동

91 다음은 (주)한국의 신용거래 및 대금회수 자료이다. 11월에 유입된 현금은?

> • 11월 8일 한국상사에 상품 ₩50,000을 외상판매하였다.
> • 11월 10일 대금의 50%가 회수되었다.
> • 11월 30일 대금의 20%가 회수되었다.
> (단, 외상매출에 대한 신용조건은 5/10, n/30이다)

① ₩32,950

② ₩33,750

③ ₩34,250

④ ₩34,750

⑤ ₩34,850

> 해설　신용조건은 10일 내 결제 시 5% 할인이므로
> 11월 10일 : 50,000 × 50% × 95% = 23,750
> 11월 30일 : 50,000 × 20% = 10,000
> 23,750 + 10,000 = 33,750

92 다음은 (주)다영의 거래내용이다. 현금출납장의 기말 현금 잔액은 얼마인가?

> 1/1 50,000,000원을 현금으로 출자받아 회사를 설립하다.
> 5/2 상품을 20,000,000원에 현금매입하다.
> 8/4 상품을 25,000,000원에 매출하고 전액 약속어음으로 받다.
> 9/6 8/4 약속어음을 은행에서 할인하고, 나머지 24,500,000원을 현금으로 받다.

① 54,500,000원   ② 4,500,000원
③ 74,500,000원   ④ 55,000,000원
⑤ 59,000,000원

해설   50,000,000원 − 20,000,000원 + 24,500,000원 = 54,500,000원

93 '12월 31일 결산 때 현금과부족 계정 대변 잔액 60,000원을 정리하다.'의 결산 정리사항에 대한 분개는?

① (차) 현금과부족   60,000원   (대) 현 금   60,000원
② (차) 잡손실   60,000원   (대) 현금과부족   60,000원
③ (차) 현 금   60,000원   (대) 현금과부족   60,000원
④ (차) 현금과부족   60,000원   (대) 잡이익   60,000원
⑤ (차) 현금과부족   60,000원   (대) 잡손실   60,000원

해설   결산 때까지 현금과부족 대변 잔액의 원인이 밝혀지지 않으면 잡이익으로 회계처리한다.

94 어떤 기업이 신규 사업 진출을 위해 여러 가지 투자방안을 검토하고 있다. 이처럼 신규 사업투자분석을 하면서 현금흐름을 추정할 때 포함시켜야 할 항목을 모두 고르면?

> ㉠ 차입금에 대한 이자비용 지급
> ㉡ 영업을 시작하기 위해 원재료 구입
> ㉢ 공실이던 건물을 신규 투자안을 위해 사용
> ㉣ 신규 사업의 타당성 검증을 위해 시장조사비 지출
> ㉤ 초코아이스크림의 신규 생산으로 기존에 판매하던 딸기아이스크림의 매출 감소분

① ㉠, ㉡, ㉢   ② ㉠, ㉢, ㉣
③ ㉠, ㉣, ㉤   ④ ㉡, ㉢, ㉤
⑤ ㉡, ㉣, ㉤

해설   현금흐름을 추정할 때 포함시켜야 할 항목에는 잠식비용, 기회비용, 추가적운전자본 투자액 등이 있다. 그리고 고려하지 말아야 할 항목에는 매몰비용, 이자비용 등이 있다.
      시장조사비는 과거에 발생한 비용이므로 매몰비용에 해당하며, 현재 시점의 투자안 채택 여부에 영향을 줄 수 없는 비용이다. 신규 투자로 인하여 기존 현금흐름이 감소하는 경우 이는 잠식비용이 된다.

95 다음 중 성격이 다른 하나는?

① 현금및현금성자산　　　　　　　　② 매출채권

③ 유가증권　　　　　　　　　　　　④ 미수금

⑤ 선수금

> 해설　기업회계기준에서 계정을 구분할 수 있는지 묻는 문제로 ⑤번을 제외한 항목은 재무상태표상 유동자산에 속하는 계정이고, ⑤번 선수금은 유동부채에 속하는 계정이다.

96 다음 중 현금과 예금에 관련된 사항으로 올바르지 않은 것은?

① 현금및현금성자산에는 현금과 요구불예금 및 현금성자산을 통합하여 표시한다.

② 선일자수표는 수표에 표시된 발행일이 도래하기까지 현금및현금성자산으로 처리해야 한다.

③ 현금및현금성자산은 통화 및 타인발행수표 등 통화대용증권과 당좌예금, 보통예금 등 큰 거래비용 없이 현금으로 전환이 용이하다.

④ 당좌차월은 단기차입금에 해당되므로 유동부채로 표시해야 한다.

⑤ 현금및현금성자산에는 이자율 변동에 따른 가치변동의 위험이 경미한 금융상품으로 취득 당시 만기일(또는 상환일)이 3개월 이내인 것이 포함된다.

> 해설　선일자수표는 어음과 같은 성격을 가진 것으로 매출채권으로 분류한다.

97 다음 자료에 의하여 현금및현금성자산의 합계액을 구하면?

> - 현금 : ₩150,000
> - 만기가 된 어음 : ₩200,000
> - 외상매출금 : ₩400,000
> - 송금수표 : ₩100,000
> - 정기예금(2년 만기) : ₩160,000
> - 선일자수표(발행일 30일 이내) : ₩100,000
> - 취득 당시 만기일이 3개월 이내인 환매조건부채권 : ₩100,000
> - 3개월 전에 가입한 정기적금(만기일 : 가입일로부터 1년) : ₩200,000

① ₩550,000　　　　　　　　　　② ₩650,000

③ ₩750,000　　　　　　　　　　④ ₩850,000

⑤ ₩970,000

> 해설　현금, 송금수표, 만기된 어음, 환매조건부채권이 현금및현금성자산에 해당된다.
> 선일자수표는 발행일이 지급일이 되는데, 30일 이내이어도 현금성자산으로 보지 않고 매출채권으로 본다.

98 다음은 모두 큰 거래비용 없이 현금으로 전환이 용이하고 이자율변동에 따른 가치변동의 위험이 중요하지 않은 금융상품이다. 다음 중 현금성자산이 아닌 것은?

① 만기된 어음
② 3개월 이내의 환매조건인 환매채
③ 투자신탁의 계약기간이 3개월 이내인 초단기 수익증권
④ 취득 당시 만기가 3개월 이내에 도래하는 채권
⑤ 20x1년 12월 10일 취득하였으나 상환일이 20x2년 4월 20일인 상환우선주

해설 현금성자산은 큰 거래비용 없이 현금으로 전환이 용이하고 이자율 변동에 따른 가치변동의 위험이 중요하지 않은 금융상품으로서 취득 당시 만기일(또는 상환일)이 3개월 이내인 것을 말한다.

99 다음 중에서 현금및현금성자산 총액의 변동을 초래하지 않는 거래는?

① 이자비용 ₩500,000을 현금으로 지급하였다.
② 외상매출금 ₩500,000을 타인발행수표로 받았다.
③ 외상매입금 ₩500,000을 당좌수표를 발행하여 지급하였다.
④ 물품대가로 받은 타인발행수표 ₩500,000을 보통예금에 예입하였다.
⑤ 모두 변화를 초래한다.

해설 타인발행수표나 보통예금은 현금및현금성자산으로 분류되므로, 당해 계정과목 간의 교환은 현금및현금성자산의 총액의 변동을 초래하지 않는다.

100 다음 중 은행과의 약정에 의해 당좌예금 잔액을 초과하여 당좌수표를 발행하였을 때 대변에 기입하여야 하는 계정과목으로 가장 적절한 것은?

① 선수금
② 단기대여금
③ 단기차입금
④ 지급어음
⑤ 미수금

해설 당좌예금 잔액을 초과하여 수표를 발행한 경우 은행으로부터의 단기적인 차입에 해당하므로 단기차입금 계정에 기입하여야 한다.

101 다음 자료에 의하여 결산 재무상태표에 표시되는 현금및현금성자산은 얼마인가?

㉠ 당좌예금	₩150,000
㉡ 보통예금	₩120,000
㉢ 자기앞수표	₩500,000
㉣ 양도성예금증서(30일 만기)	₩500,000

① ₩1,270,000   ② ₩1,500,000

③ ₩620,000   ④ ₩270,000

⑤ ₩260,000

해설 현금및현금성자산은 당좌예금 150,000 + 보통예금 120,000 + 자기앞수표 500,000 + 30일 만기 양도성예금증서 500,000을 합한 ₩1,270,000이 된다.

102 기말 결산 시 현금 계정 차변 잔액은 ₩200,000, 현금과부족 계정 차변 잔액은 ₩2,000이며 현금 실제액이 ₩199,000이다. 결산정리분개 시 차변 계정과목과 금액으로 옳은 것은?

① 현금 ₩1,000   ② 현금 ₩3,000

③ 잡손실 ₩1,000   ④ 잡손실 ₩3,000

⑤ 미수금 ₩6,000

해설 (차) 잡손실   3,000   (대) 현금과부족   2,000
                                      현 금   1,000

103 현금시재액이 장부 잔액보다 ₩20,000이 많은 것을 현금과부족 계정으로 처리하였다가, 현금 불일치의 원인이 외상매출금 회수액의 기장누락 때문인 것으로 발견되었다. 불일치 원인 발견시점의 분개로 옳은 것은?

① (차) 잡손실   20,000   (대) 현금과부족   20,000
② (차) 외상매출금   20,000   (대) 현금과부족   20,000
③ (차) 현금과부족   20,000   (대) 외상매출금   20,000
④ (차) 현금과부족   20,000   (대) 잡이익   20,000
⑤ (차) 매출채권   20,000   (대) 잡이익   20,000

해설 현금과부족의 불일치의 원인이 외상매출금 회수액의 기장누락 때문인 것으로 발견되었다. (차) 현금과부족 (대) 외상매출금으로 회계처리된다.

104 다음 중 현금및현금성자산에 해당하지 않는 것은?

① 우편환증서

② 당좌예금

③ 상 품

④ 배당금지급통지표

⑤ 만기된 어음

해설 상품은 재고자산 항목에 해당한다.

105 다음에서 설명하는 항목과 통합계정으로 재무제표에 표시되는 것이 아닌 것은?

> 큰 거래비용 없이 현금으로 전환이 용이하고 이자율 변동에 따른 가치변동의 위험이 중요하지 않은 금융상품으로서 취득 당시 만기일(또는 상환일)이 3개월 이내인 것

① 통화 및 타인발행수표

② 당좌예금

③ 보통예금

④ 매출채권

⑤ 통화대용증권

해설 현금및현금성자산은 통화 및 타인발행수표 등 통화대용증권과 당좌예금, 보통예금 등의 요구불예금 및 큰 거래비용 없이 현금으로 전환이 용이하고 이자율 변동에 따른 가치변동의 위험이 중요하지 않은 금융상품으로서 취득 당시 만기일(또는 상환일)이 3개월 이내인 현금성자산을 말한다.

106 기말 각 계정의 잔액이다. 재무상태표에 현금및현금성자산으로 표시될 금액은?

> ㉠ 현금 : ₩2,000
> ㉡ 보통예금 : ₩6,000
> ㉢ 단기대여금 : ₩1,000
> ㉣ 단기매매증권 : ₩2,000

① ₩8,000

② ₩9,000

③ ₩10,000

④ ₩11,000

⑤ ₩12,000

해설 ㉢ 단기대여금, ㉣ 단기매매증권은 단기투자자산으로 표현된다.

107 다음은 한라상점의 20x1년의 기말 자료의 일부이다. 재무상태표에 표시할 현금및현금성자산은?

> ㉠ 통화 ₩330,000
> ㉡ 수입인지 ₩70,000
> ㉢ 우편환증서 ₩50,000
> ㉣ 타인발행수표 ₩200,000
> ㉤ 백두상회 발행 약속어음 ₩200,000

① ₩330,000   ② ₩580,000

③ ₩650,000   ④ ₩850,000

⑤ ₩900,000

해설 수입인지는 비용(세금과공과)으로 처리하며, 약속어음은 매출채권으로 표시한다.

108 다음 자료에 나타낸 항목을 재무상태표에 통합해서 기입할 계정과목은?

> ㉠ 당좌예금
> ㉡ 저축예금
> ㉢ 보통예금
> ㉣ 2개월 만기의 정기예금

① 현금및현금성자산   ② 단기금융상품

③ 매출채권   ④ 미수금

⑤ 자본잉여금

해설 즉각적으로 현금 변환 가능한 것으로, 현금및현금성자산으로 분류한다.

109 다음 중 현금흐름표에 대한 일반기업회계기준에 따른 설명으로 옳지 않은 것은?

① 현금흐름표는 현금성 거래를 바탕으로 유동성을 평가하는 데 유용한 정보를 제공한다.

② 현금흐름표는 현금흐름이 유발되는 각각의 요인에 따라 원천별로 구분하여 나타낸다.

③ 배당금 지급과 달리 배당금수익은 영업활동 현금흐름으로 분류한다.

④ 간접법과 직접법으로 각각 산출한 영업활동 현금흐름은 일치하지 않는다.

⑤ 배당금지급은 재무활동 현금흐름으로 분류한다.

해설 간접법과 직접법으로 산출한 영업활동 현금흐름은 항상 일치한다.

110 다음 중 현금흐름표에 관한 설명으로 옳지 않은 것은?

① 특허권 사용료 내지 수수료는 영업활동 현금흐름으로 분류한다.

② 법인세로 인한 현금흐름은 영업활동 현금흐름에 포함되며, 이를 별도로 구분하여 공시해야 한다.

③ 금융회사의 경우 이자수익, 배당금수익은 투자활동 또는 영업활동으로 분류할 수 있다.

④ 금융회사가 아닌 업종의 경우에도 배당의 지급은 영업활동 또한 재무활동으로 분류할 수 있다.

⑤ 영업활동 현금흐름은 직접법과 간접법 모두 동일한 결과가 도출된다.

> 해설 금융회사가 아닌 업종의 경우 이자수익, 배당금수익은 투자활동 또는 영업활동으로 분류할 수 있다.

111 다음 자료를 바탕으로 산출한 당기 재무활동 현금흐름은 얼마인가? [최신출제유형]

- 단기차입금 차입 : 500,000원
- 사채 발행 : 300,000원
- 유동성장기부채 상환 : 200,000원
- 장기대여금 지급 : 150,000원
- 법인세 지급 : 30,000원

① 600,000원   ② 500,000원

③ 470,000원   ④ 520,000원

⑤ 450,000원

> 해설 재무활동 현금흐름 = 단기차입금 차입 + 사채발행 − 유동성장기부채 상환
> = 500,000원 + 300,000원 − 200,000원 = 600,000원

112 다음을 기초로 재무활동으로 인한 순현금흐름을 계산하면 얼마인가?

- 단기금융상품의 취득 : 106,000원
- 단기차입금의 차입 : 572,000원
- 사채의 발행(만기 1년 이내) : 149,000원
- 유동성장기부채의 상환 : 250,000원
- 법인세비용의 지급 : 16,000원

① 242,000원   ② 471,000원

③ 490,000원   ④ 580,000원

⑤ 500,000원

> 해설 재무활동으로 인한 순현금흐름은 기업의 납입자본금과 차입금에 변동을 가져오는 활동으로 정의하고 있다. 이
> 중에서 차입금의 조달, 사채의 발행, 주식의 발행(유상증자), 자기주식의 처분 등은 현금유입에 해당하며, 차입금
> 및 사채의 상환, 유상감자, 자기주식의 취득 등은 현금유출에 해당한다.
>
> **유입액**
> 1. 단기차입금의 차입　　　　　　　　572,000원
> 2. 단기사채의 발행　　　　　　　　　149,000원
>
> **유출액**
> 1. 유동성장기부채의 상환 250,000원
> ∴ 재무활동으로 인한 순현금흐름 = 471,000원

113 (주)시대는 연말 화재로 인해 창고에 보관 중이던 재고자산이 모두 소실되었다. 다음 자료를 이용하여 (주)시대의 화재로 인한 재고자산 손실금액을 추정하면 얼마인가? (단, (주)시대는 현금매출이 없으며, 재고자산과 관련하여 화재로 인한 소실 외의 손실은 없다. 그리고 1년은 360일로 가정한다)

- 연초 장부상 재고자산의 금액은 ₩4,500이고, 재고실사를 통해 확인한 금액이다.
- 당해 연도 (주)시대의 평균매출채권은 ₩12,500이며 매출채권회수기간은 90일이다.
- 당해 연도 (주)시대의 매출총이익률은 20%이다.
- (주)시대는 시장수요에 대비하여 재고자산보유(회전)기간을 36일로 하는 재고보유 정책을 유지하여 왔으며, 연말 화재가 발생하지 않았다면 해당 정책에 따른 재고를 보유하고 있을 것이다.

---

① ₩3,000
② ₩3,500
③ ₩4,000
④ ₩4,500
⑤ ₩5,500

해설 매출채권회전율 = 360/90 = 4
매출액 / 12,500 = 4
매출액 = 50,000
매출원가 = 50,000 × (1 − 0.2) = 40,000
재고자산회전율 = 360 / 36 = 10
40,000 / 평균재고 = 10
평균재고 = 4,000
기말재고 = 4,000 × 2 − 4,500 = ₩3,500

---

114 다음은 (주)시대의 20xx년 1월 1일 재무자료이다.

총자산	₩100,000
유동자산	₩40,000
비유동부채	₩20,000
자기자본총액	₩50,000

회사는 기계장치를 ₩30,000에 취득하면서 현금 ₩10,000을 지급하였고 나머지 금액은 3개월 후에 지급하기로 하였다. 이러한 거래를 반영한 후 회사의 유동비율은 얼마인가?

① 60%
② 80%
③ 100%
④ 150%
⑤ 200%

해설 (차) 기 계   30,000 (대) 현 금   10,000
                    유동부채   20,000

계정과목	거래 전	거래 후
유동자산	₩40,000	₩30,000
유동부채	₩30,000	₩50,000
유동비율	133%	60%

115 다음의 거래 중 유동비율이 증가되는 거래는 어느 것인가?

① 3년 만기 사채를 액면가액보다 낮은 금액으로 현금발행하였다.
② 외상매입채무를 현금으로 지급하였다.
③ 보유 중인 단기매매금융자산을 취득원가와 동일한 금액으로 처분하였다.
④ 현금배당을 자본금의 2%로 하기로 하고 주주총회에서 결의하였다.
⑤ 기계설비에 대한 감가상각방식은 선입선출법에서 후입선출법으로 변경하였다.

[해설] 유동자산이 증가하면 유동비율이 증가한다.

116 (주)시대의 다음 거래들 중에서 부채비율(= 부채/자본)을 높이는 것만을 모두 고른 것은?

> ㄱ. 보유하고 있던 설비자산(장부금액 ₩10,000, 공정가치 ₩12,000)을 차량운반구(장부금액 ₩8,000, 공정가치 ₩10,000)와 교환하였는데, 상업적 실질이 존재한다.
> ㄴ. 보유 중인 유휴자산(장부금액 ₩100,000)을 ₩40,000에 매각하고 현금 수취였다.
> ㄷ. 재고자산(장부금액 ₩30,000)을 재구매 조건으로 ₩50,000에 처분하였다.
> ㄹ. 보관 중인 무이자부 어음(액면금액 ₩10,000)을 금융기관에서 할인하여 현금 ₩7,000을 수취하였다. 본 거래는 금융자산의 제거조건을 충족한다.
> ㅁ. 단기매매차익을 목적으로 시장성 있는 주식 10주를 주당 ₩12,000에 매입하고 매입수수료 ₩5,000과 함께 현금으로 지급하였다.

① ㄷ
② ㄷ, ㄹ
③ ㄱ, ㄴ, ㄷ, ㄹ
④ ㄴ, ㄷ, ㄹ, ㅁ
⑤ ㄱ, ㄷ, ㅁ

[해설] 회계처리

ㄱ. 자본증가(12,000 - 10,000) → 부채비율감소

(차) 차량운반구	12,000	(대) 설비자산		10,000
		처분이익		2,000

ㄴ. 자본감소(40,000 - 100,000) → 부채비율증가

(차) 현 금	40,000	(대) 유휴자산		100,000
처분손실	60,000			

ㄷ. 자본불변(50,000 - 50,000), 부채증가 → 부채비율증가

(차) 현 금	50,000	(대) 차입금		50,000

ㄹ. 자본감소(7,000 - 10,000) → 부채비율증가

(차) 현 금	7,000	(대) 받을어음		10,000
처분손실	3,000			

ㅁ. 자본감소(120,000 - 125,000) → 부채비율증가

(차) 단기매매금융자산	120,000	(대) 현 금		125,000
지급수수료	5,000			

117 20xx년 1월 1일 (주)보라의 기초 매출채권은 ₩600,000이었다. 20xx년 중 회사는 재고자산을 ₩2,300,000에 매입하였고, 20xx년의 총 매출액은 ₩2,800,000이었다. 20xx년 12월 31일의 기말 매출채권액은 ₩800,000이다. 20xx년의 매출채권회전율은?

① 2.6
② 3.0
③ 3.5
④ 4.0
⑤ 6.0

해설 매출채권회전율 = $\dfrac{\text{매출}}{\text{평균채권}}$ = $\dfrac{\text{₩2,800,000}}{(\text{₩600,000} + \text{₩800,000}) / 2}$ = 4회

118 (주)시대의 주식은 주당 ₩1,000에 시장에서 거래되고 있다. 다음 자료를 이용하여 계산한 (주)시대의 가중평균유통보통주식수는? (단, 우선주는 없다)

- 당기순이익 : ₩100,000
- 주가수익률(PER) : 5(500%)
- 부채총계 : ₩3,000,000
- 자본금 : ₩200,000
- 자본총계 : ₩1,000,000

① 200주
② 300주
③ 400주
④ 500주
⑤ 600주

해설 주가 / EPS = PER이므로, EPS(주당순이익) = 1,000 / 5 = 200
가중평균유통보통주식수 = 당기순이익 / 주당순이익 = 100,000 / 200 = 500

119 현금흐름표의 작성에 관한 설명으로 옳지 않은 것은?

① 주식의 취득이나 상환에 따른 소유주에 대한 현금유출은 재무활동 현금흐름이다.
② 리스이용자의 금융리스부채 상환에 따른 현금유출은 투자활동 현금흐름이다.
③ 단기매매목적으로 보유하는 유가증권의 취득은 영업활동으로 분류한다.
④ 영업활동 현금흐름을 직접법으로 보고하면 간접법에 비해 미래 현금흐름을 추정하는 데 보다 유용한 정보를 제공할 수 있다.
⑤ 단기매매목적으로 보유하는 유가증권의 판매에 따른 현금흐름은 영업활동으로 분류한다.

해설 리스이용자의 금융리스부채 상환에 따른 현금유출은 재무활동 현금흐름이다.

120 재무제표분석 시 재무구조와 유동성을 알 수 있는 재무제표는?

① 포괄손익계산서

② 재무상태표

③ 현금흐름표

④ 이익잉여금처분계산서

⑤ 모두 해당한다.

해설 재무구조(부채비율, 부채구성비율, 자기자본비율)와 유동성(유동비율, 당좌비율)에 대한 정보를 제공하는 재무제표는 재무상태표이다.

121 (주)시대는 20x8년 12월 31일을 배당기준일로 하여 3%의 현금배당을 20x9년 4월 1일에 지급하기로 주주총회에서 의결(이 회사의 결산일은 12월 31일)하였다. 이러한 배당의 선언이 유동비율 및 부채비율에 미치는 영향은 어느 것인가?

	유동비율	부채비율
①	감 소	감 소
②	감 소	불 변
③	증 가	불 변
④	감 소	증 가
⑤	불 변	불 변

해설 배당선언분개 : (차) 미처분이익잉여금　　　　　xxx　　　(대) 미지급배당금　　　　　xxx
→ 자본 감소, 유동부채 증가
→ 유동비율 감소, 부채비율 증가

122 유동비율이 높지만 당좌비율은 낮은 경우 그 원인으로 맞는 것은?

① 외상채권이 거액일 때

② 재고자산이 거액일 때

③ 유동부채가 거액일 때

④ 이자비용이 많은 경우

⑤ 감가상각비용을 초기에 과대계상하는 경우

해설 재고자산은 유동자산이지만 당좌자산이 아니다. 따라서 재고자산이 거액일 경우 유동비율은 높지만, 당좌비율은 낮다.

123 다음 중 포괄손익계산서의 내용으로 옳지 않은 것은?

① 당기순손익의 구성요소는 단일 포괄손익계산서의 일부로 표시되거나 별개의 손익계산서로 표시될 수 있다.

② 수익은 특별손익항목으로 표시할 수 없다.

③ 비용을 기능별로 분류하는 것이 성격별 분리보다 더욱 목적적합한 정보를 제공하므로, 비용은 기능별로 분류한다.

④ 포괄손익계산서에서 세후 중단영업손익은 구분되어 표시된다.

⑤ 비용은 특별손익항목으로 표시할 수 없다.

해설 K-IFRS상 재무제표 표시에서 비용의 표시방법은 성격별 방법과 기능별 방법을 사용할 수 있다.

124 '재무상태표 및 포괄손익계산서'에 관한 설명으로 옳지 않은 것은?

① 비용 항목에 대해 성격별 또는 기능별 분류방법 중 더 신뢰성 있고 목적적합한 정보를 제공하는 방법을 선택할 수 있다.

② 어떠한 수익과 비용 항목도 포괄손익계산서상에 특별손익으로 구분 표시할 수 없으나 주석에는 특별손익으로 나타내야 한다.

③ 비용을 기능별로 분류하는 기업은 감가상각비, 기타 상각비와 종업원급여비용을 포함하여 비용의 성격에 대한 추가정보를 공시한다.

④ 재무상태표에 표시되어야 할 항목의 순서나 형식을 규정하지 아니한다.

⑤ 현금흐름표는 기업 활동에 따른 현금유입을 구분해서 표시한다.

해설 주석으로도 표시할 수 없다.

125 투자수익률(ROI), 잔여이익(RI) 및 경제적 부가가치(EVA)에 대한 설명으로 옳지 않은 것은?

① ROI는 RI의 단점인 준최적화현상을 보완하기 위하여 개발되었다.

② EVA는 타인자본비용뿐만 아니라 자기자본비용도 고려하여 산출한다.

③ EVA는 주주의 입장에서 바라보는 이익개념으로 기업고유의 영업활동에서 창출된 순가치의 증가분을 의미한다.

④ ROI는 회사 전체적으로 채택하는 것이 유리한 투자안을 부당하게 기각할 가능성이 있지만, RI와 EVA는 그럴 가능성이 없다.

⑤ 투자수익률과 경제적 부가가치 등은 모두 기업의 수익성활동에 대한 정보를 전해준다.

해설 오히려 ROI를 사용하면 준최적화현상이 발생된다.
(1) 투자수익률(ROI) = 영업이익 / 영업자산 : 투자사업부의 입장
(2) 잔여이익(RI) = 영업이익 − (영업자산 × 최저필수수익률) : 회사 전체의 입장
(3) 경제적 부가가치(EVA) = 세후영업이익 − [(영업자산 − 비이자발생부채) × 가중평균자본비용]
    • 주주의 기회비용인 자기자본비용까지 고려(잔여이익의 개념)
    • 회사 전체의 입장에서 주주들이 투자한 자본을 활용하여 기업이 얼마만큼 부가가치를 창출하였는가를 표시함

126 (주)시대의 20xx년 회계연도의 영업활동에 관한 정보는 다음과 같다.

1월 1일 매출채권 잔액	₩10,000	당기 매출채권 회수액	₩28,000
현금매출액	₩7,000	1월 1일 재고자산 잔액	₩14,000
12월 31일 재고자산 잔액	₩13,000	재고자산 당기매입액	₩22,000
매출총이익	₩9,000		

(주)시대의 20xx년 12월 31일 매출채권 잔액은 얼마인가?

① ₩17,000

② ₩10,000

③ ₩14,000

④ ₩7,000

⑤ ₩9,000

해설

재고자산

기초재고	14,000	매출원가	23,000
당기매입	22,000	기말재고	13,000
	36,000		36,000

매출채권

기 초	10,000	현금회수	28,000
외상매출	25,000*	기 말	7,000
	35,000		35,000

*매출원가 + 매출총이익 − 현금매출 = ₩23,000 + 9,000 − 7,000 = ₩25,000

127 재무활동에서 유입되거나 유출되는 현금흐름이 아닌 것은?　최신출제유형

① 주식 또는 사채발행에 따른 현금유입

② 공정가치로 측정되지 않고 지배력을 상실하지 않는 종속기업투자주식의 처분에 따른 현금유입

③ 리스이용자의 금융리스부채 상환에 따른 현금유출

④ 이자수취와 만기에 원금회수가 목적인 금융자산의 취득에 따른 현금유출

⑤ 자기주식을 매입하는 과정에 따른 현금유출

해설　이자수취와 만기에 원금회수가 목적인 상각후금융자산 관련 현금유출은 투자활동 현금흐름이다.

128 다음 중 잉여현금흐름에 대한 설명으로 옳지 않은 것은?

① 잉여현금흐름은 기업의 재무적 성과를 측정하는 지표로, 기업의 운전자본이나 자본적 지출에 투자하고도 남는 현금흐름을 의미한다.

② 기업의 가치는 미래에 실현될 잉여현금흐름을 자본의 기회비용으로 할인한 현재의 가치로 측정된다.

③ 주주입장에서 잉여현금흐름은 주주가 기업가치를 감소시킨 후에도 소비할 수 있는 현금을 말한다.

④ 잉여현금흐름이 적자로 전환되면 해당 기업은 외부에서 자금을 조달해야 한다.

⑤ 잉여현금흐름은 생산시설의 확장, 신제품 개발, 기업인수 자금, 배당금의 지급과 채무변제 등에 사용된다.

> **해설** 주주입장에서 잉여현금흐름은 주주가 기업가치를 감소시키지 않고 소비할 수 있는 현금을 말한다.

129 다음 그림이 의미하는 현금흐름에 해당하는 기업유형으로 옳은 것은?

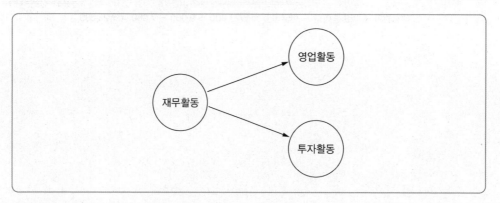

① 성숙형 기업

② 쇠퇴형 기업

③ 급성장 기업

④ 대규모 구조조정형 기업

⑤ 저수익 매각형 기업

> **해설** 제시된 그림은 재무활동으로 벌어들인 현금흐름으로 투자활동이나 영업활동에 사용하는 유형인 급성장 기업에 해당한다. 따라서 급성장 기업형은 재무활동에 따른 현금흐름수치가 (+), 영업활동과 투자활동에 따른 현금흐름 수치가 (−)이다.

신용분석사 2부 한권으로 끝내기

PART3 시장환경분석

핵심개념문제

출제예상문제

많이 보고 많이 겪고 많이 공부하는 것은 배움의 세 기둥이다.

- 벤자민 디즈라엘리 -

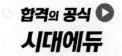

제01장 경제 흐름을 이해하기 위한 기초 원리

학습전략

거시경제학 기초에 해당하는 내용이다. 전반적인 경제흐름을 파악하기 위한 기초 지식을 습득해야 한다.

---

01 | **총수요와 총공급곡선의 이해**   **핵심개념문제**

다음 중 우리 경제의 총수요를 증가시키는 요인으로 가장 적절한 것은?

① 소득세율 인상
② 미국의 경기침체
③ 국제원유가격 인상
④ 파업으로 인한 조업단축
⑤ 지방 정부의 재정지출 확대

해설 ⑤ 지방 정부의 재정지출 확대는 정부지출 증가를 의미하므로 총수요를 증가시킨다.
　　① 소득세율 인상은 가계의 수요에 영향을 미치는 가처분소득(소득 − 세금)의 감소를 가져온다. 이에 따라 정상재(소득이 증가하면 소비가 증가하는 재화)에 대한 수요가 감소하게 된다.
　　② 미국의 경기침체는 미국 자국민의 가처분소득 감소, 소비 감소, 우리나라의 수출 감소로 이어진다. 따라서 순수출의 감소로 총수요는 감소하게 된다.
　　③ 국제원유가격 인상으로 생산자의 생산비용이 상승한다. 이에 따라 총공급곡선은 좌상방 이동하며 총공급의 감소를 가져온다. 총수요와는 관계가 없다.
　　④ 파업으로 인한 조업단축은 기업의 생산성 저하를 의미하며 이는 총공급의 감소로 이어진다. 총수요와는 관계가 없다.

정답 ⑤

수요와 공급의 개념 및 총공급

■ 수요와 공급

- 수요란 경제 주체가 일정기간 해당 재화나 서비스를 구입하려고 하는 의지를 말하는데, 이는 구매능력을 갖출 것을 전제한 의지를 말한다. 수요량이란 경제 주체가 일정기간 주어진 가격하에서 구입하려고 하는 재화나 서비스의 양을 말한다. 일반적으로 가격과 수요량은 부(-)의 관계에 있으며, 이를 수요의 법칙이라고 한다. 수요곡선은 주어진 가격과 그 가격에 따른 수요량을 나타내는 점을 연결한 곡선으로 일반적으로 우하향한다. 가격이 변화하면 곡선상에서 수요량이 변화하지만, 가격 이외의 요소가 변화하는 경우에는 수요곡선 자체가 이동한다.

- 공급이란 경제 주체가 상품을 판매하고자 하는 의도를 말한다. 일반적으로 가격과 공급은 정(+)의 관계에 있으며, 이를 공급의 법칙이라고 한다. 공급곡선은 주어진 가격과 그 가격에 따른 공급량을 나타내는 점을 연결한 곡선으로 일반적으로 우상향한다. 가격이 변화하면 곡선상에서 공급량이 변화하지만, 가격 이외의 요소가 변화하는 경우에는 공급곡선 자체가 이동한다.

■ 총수요 및 총공급의 의미

- 총수요는 '총'이란 표현에서 알 수 있듯이, 한 나라의 모든 경제 주체들이 그 나라에서 생산된 재화나 서비스를 구매하려고 하는 수요를 모두 더한 것이다. 경제 주체에는 가계, 기업, 정부가 있다. 즉 총수요는 한 나라 내의 모든 수요, 즉 가계가 쓰고자 하는 소비지출, 기업이 쓰려고 하는 투자지출, 정부가 쓰려고 하는 정부지출, 외국에서 쓰려고 하는 수출을 모두 더한 것이다.

- 총공급이란 한 나라의 모든 생산자들이 생산하려고 하는 재화와 서비스의 총량을 말한다(단기). 총공급곡선도 한 시장의 공급곡선과 같이 우상향한다. 총공급곡선은 기업의 생산비용을 반영한다. 따라서 기업들의 생산조건에 변화가 오면 총공급곡선이 움직인다.

■ 장단기 총공급곡선

- 단기 총공급곡선 : 총공급은 물가 변화의 영향을 받는다. 총공급은 물가가 하락하면 감소하고 물가가 상승하면 증가한다. 또한 일반적인 물가상승을 기업 관계자들이 자신들의 상품 가격 상승으로 이해하기도 한다. 이 역시 기업의 생산을 부추기게 되며, 이러한 과정으로 인해서 우상향하는 총공급곡선을 얻을 수 있다.

- 총공급곡선의 이동 요인

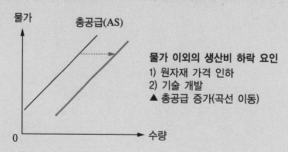

- 장기 총공급곡선 : 우상향의 총공급곡선은 단기에는 가능한 형태이지만 장기의 경우에는 이러한 형태를 띠기 어렵다. 한 경제의 산출능력은 한계가 있기 때문이다. 물론 가격이 올라가면 기업은 시간 외 초과근무를 실시하기도 하고 더욱 많은 인력을 고용하기 위해 노력할 것이다. 그렇지만 이러한 노력 역시 한계가 있다. 결국 기업이 자신의 장비나 고용수준을 넘어서서 생산할 수는 없다. 이 경우 총공급곡선은 가격수준의 상승과 상관없이 수직의 형태를 갖게 된다. 결국 이러한 논의를 모두 종합할 때 우리는 어느 정도까지는 우상향하나, 그 이상에서는 수직인 총공급곡선의 모양을 생각할 수 있다.

다음 중 거시적 시장에 대한 설명으로 옳지 않은 것은?

① 거시경제학에서 국민경제를 상품시장, 노동시장, 증권시장, 화폐시장으로 구분한 것을 말한다.

② 상품시장에서 가격변수는 물가이고 공급주체는 기업이다.

③ 노동시장에서 가격변수는 임금이고 공급주체는 가계이다.

④ 증권시장에서 가격변수는 이자율이고 공급주체는 기업·정부이다.

⑤ 화폐시장에서 가격변수는 환율이고 공급주체는 중앙은행이다.

해설 화폐를 보유하게 되면 대체관계에 있는 금융자산인 증권을 보유했을 때 얻을 수 있는 이자수익을 포기해야 하므로 증권시장과 같이 이자율이 가격변수이다.

정답 ⑤

더 알아보기

- **미시경제학과 거시경제학의 구분**
  - 연구대상과 방법이 서로 분리되어 있는 것이 아니고 서로 밀접하게 연결
  - 경제변수에 대한 통합의 정도에 따라 구분

- **미시경제학(가격이론)**

  가계나 기업 등의 경제주체가 물건을 사고파는 것과 같은 경제행위와 관련해서 어떻게 의사결정을 내리고 이런 의사결정이 상품의 가격과 수급량에 어떤 영향을 미치는지를 연구

- **거시경제학(소득이론)**
  - 국민경제 전체의 관점에서 소득·실업·물가·금리 등이 어떻게 결정되고 어떤 관계를 갖느냐를 분석
  - 국민경제를 실물부문과 금융부문으로 구분
  - 실물부문을 상품시장과 노동시장으로 구분하고, 금융부문을 증권시장과 화폐시장으로 구분(거시적 시장)

- **상품시장**
  - 국민경제 내에서 생산된 모든 재화와 용역이 거래되는 시장
  - 재화와 용역의 총체적인 가격수준인 물가가 가격변수
  - 상품시장에 공급된 재화와 용역은 가계의 소비와 기업의 투자 등의 형태로 수요됨

- **노동시장**
  - 생산요소인 노동이 거래되는 시장
  - 임금이라는 가격변수에 의해 노동의 수요량과 공급량이 결정

- **증권시장**
  - 기업이나 정부의 자금차입 수단인 채권 등의 증권이 거래되는 시장
  - 증권은 보유에 따라 이자수익을 기대할 수 있지만 유동성이 떨어지고 원금손실이나 가격변화 등의 위험이 있음
  - 채권가격은 금리와 역의 관계를 갖고 움직이기 때문에 증권시장의 가격변수는 이자율

■ 화폐시장

- 지급결제수단, 가치저장수단 등으로 사용되는 화폐가 거래되는 시장이다.
- 화폐를 보유하게 되면 대체관계에 있는 금융자산인 증권을 보유했을 때 얻을 수 있는 이자수익을 포기해야 하므로 증권시장과 같이 이자율이 가격변수

구 분	상품시장	노동시장	증권시장	화폐시장
거래대상	재화·용역	노 동	채 권	화 폐
가격변수	물 가	임 금	이자율	이자율
공급주체	기 업	가 계	기업·정부	중앙은행
수요주체	가계·기업·정부	기업·정부	가계·기업	가계·기업·정부

물가수준이 하락할 때 총수요가 증가하는 이유를 모두 고른 것은?

ㄱ. 실질화폐공급이 증가하여 실질이자율이 하락하고 투자가 증가함

ㄴ. 수입가격에 비해 수출가격이 상대적으로 하락하여 순수출이 증가함

ㄷ. 가계의 실질자산가치가 하락하여 소비가 증가함
---

① ㄱ   ② ㄴ

③ ㄱ, ㄴ   ④ ㄴ, ㄷ

⑤ ㄱ, ㄴ, ㄷ

해설 ㄱ. 실질화폐공급은 명목화폐공급을 물가수준으로 나눈 것으로 물가수준이 하락하면 실질화폐공급이 증가하여 실질화폐의 초과공급으로 이자율이 하락한다. 그래서 총수요의 구성요소인 투자가 증가하여 총수요도 증가한다.

ㄴ. 물가수준이 하락하면 국산품의 가격이 수입품의 가격보다 저렴해진다. 그래서 국내에서 수입품의 소비가 감소하고, 해외에서 국산품의 수출이 증가한다. 그래서 총수요의 구성요소인 순수출이 증가하여 총수요가 증가한다.

ㄷ. 실질자산은 명목자산을 물가수준으로 나눈 것으로 물가수준이 하락하면 실질자산이 증가하여 부의 효과로 소비가 증가한다. 그래서 총수요의 구성요소인 소비의 증가로 총수요가 증가한다.

정답 ③

더 알아보기

총수요

- 총수요의 구성요소

$$총수요 = 가계소비 + 기업투자 + 정부지출 + 순수출(수출 - 수입)$$

- 총수요곡선의 이동

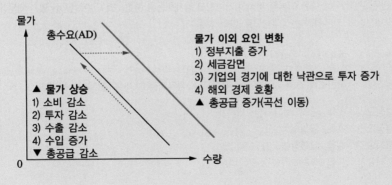

다음 중 국민소득에 대한 설명으로 옳지 않은 것은?

① 국민소득이란 국민경제 순환과정에서 생산된 재화와 용역의 합계를 의미한다.

② 국내총생산, 국민총소득 등의 통계치로 측정된다.

③ 생산측면과 지출측면 측정을 통해 경제동향 또는 경기분석이 가능하다.

④ 세금은 소비에 영향을 미치지 않는다.

⑤ 소비에 영향을 미치는 변수 중 소득이 가장 중요하다.

해설 세금은 개인이 실제 사용할 수 있는 소득의 크기를 변화시켜 소비에 영향을 미친다.

정답 ④

더 알아보기

■ 국민소득의 세 가지 측면

구 분	측정 대상	활용 · 분석 분야
생산측면	기업과 산업의 총생산	• 산업별 경제활동 • 업종별 비중 등 산업구조 • 산업별 성장기여도
분배측면	생산요소에 귀속되는 소득	• 국민 가처분소득 • 노동소득분배율과 기업이윤 • 분배구조
지출측면	각 경제주체의 최종생산물에 대한 지출	• 소비성향, 총소비율 • 저축률, 한계저축성향 • 투자율, 한계자본계수 등

• 측정된 국민소득으로 경제성장률, 소득수준 등을 파악할 수 있음
• 경제동향 또는 경기분석에는 생산측면과 지출측면이 중요
• 생산측면은 산업별, 업종별로 구분되기 때문에 경제이론과의 연결이 어려움
• 지출측면은 구성항목에 대한 이론적 분석이 가능하고 경제활동을 통합시켜 단순화할 수 있기 때문에 경기분석 또는 경제전망의 기본적인 분석대상으로 많이 사용

■ 지출측면에서 본 국민소득의 구성

국민소득(Y) = 소비(C) + 투자(I) + 정부지출(G) + 수출(X) − 수입(M)

• 소비 결정요인 : 소득, 금리, 보유자산, 세금 등
• 투자 결정요인 : 소득, 금리
• 수출 결정요인 : 환율, 교역상대국의 소득(경기)
• 수입 결정요인 : 환율, 우리나라의 소득(경기)

■ 국민소득의 구분

구 분	내 용
국내총생산 (GDP)	• 일정기간 동안에 한 나라 안에서 한 나라의 국민과 외국인이 새로이 생산된 재화와 서비스의 가치, 즉 부가가치의 합 • 외국인이라도 우리나라에서 생산한 재화와 서비스는 포함 • 우리나라 사람이 외국에서 생산한 것은 제외
국민총소득 (GNI)	생산활동을 통하여 획득한 소득의 구매력을 나타내는 소득지표 국민총소득(GNI) = 국내총생산(GDP) + 국외 순수취요소소득
국민순소득 (NNI)	국민총소득에서 생산과정에서 발생한 공장과 기계설비의 가치감소분(고정자본소모)을 제외 국민순소득(NNI) = 국민총소득(GNI) − 고정자본소모

한국은행이 물가상승을 우려하여 콜금리 목표치를 인상하는 경우 환율 및 수입에 미칠 영향은?

최신출제유형

① 환율하락과 수입증가
② 환율상승과 수입증가
③ 환율하락과 수입감소
④ 환율상승과 수입감소
⑤ 환율과 수입에 변화 없음

해설 금리인상은 곧 수익률의 인상을 의미한다. 더 높은 수익을 좇아 외국 자본이 국내에 유입된다면 외환시장에서 달러 등 외국 화폐의 공급이 증가하게 되어 외화의 상대적 가치가 하락하는 결과, 환율(원/달러)은 하락하게 된다. 이러한 환율 하락은 재화시장에서 수입의 증가를 초래한다.

〈환율의 상승 · 하락 요인〉

환율상승 요인	환율하락 요인
국내이자율 하락	국내이자율 상승
해외이자율 상승	해외이자율 하락
환율상승의 기대	환율하락의 기대
통화공급의 증대	통화공급의 감소
통화수요의 감소	통화수요의 증대
소득의 감소	소득의 증대

정답 ①

더 알아보기

환율과 국제수지 간의 관계
환율(원/달러)상승은 원화가치의 상대적 하락을 의미하므로, 대부분의 사람들은 환율이 상승하면 국제시장에서 자국 상품의 상대가격이 하락하여 경상수지가 개선된다고 생각한다. 그러나 환율과 경상수지 사이의 관계가 그렇게 단순한 것만은 아니다.
환율이 상승한 직후에는 오히려 경상수지가 악화되었다가 상당한 시간이 지나서야 경상수지가 개선되는 경우가 많은데, 이러한 현상을 그래프로 나타낸 것이 J-곡선이라고 한다.
이러한 현상은 환율이 상승하면 수출가격이 하락하나 단기적으로는 수출물량이 별로 증가하지 않으므로 수출액이 감소하지만 시간이 지남에 따라 수출물량이 점차 증가하므로 장기에는 경상수지가 개선되기 때문에 발생한다.

중앙은행의 본원통화 공급과 관련된 설명 중 옳은 것은?

① 재정적자가 증가하면 본원통화는 감소한다.

② 중앙은행의 예금은행에 대한 대출이 증가하면 본원통화는 증가한다.

③ 수출이 증가하면 본원통화는 감소한다.

④ 외채상환액이 증가하면 본원통화는 증가한다.

⑤ 중앙은행의 유가증권 매입액이 증가하면 본원통화는 감소한다.

해설 ① 정부가 재정적자로 인해 정부지출의 재원을 중앙은행에서 차입하여 조달하면 중앙은행으로부터 시중에 돈이 풀려나오게 되므로 본원통화가 증가한다.
③·⑤ 수출로 유입된 외환 또는 유가증권 등의 자산을 중앙은행이 매입하면 중앙은행의 돈이 시중에 풀리게 되어 본원통화가 증가한다.
④ 외채상환을 위해 중앙은행으로부터 외환을 매입하면 돈이 중앙은행에 흡수되므로 본원통화는 감소하게 된다.

통화지표의 분류 기준
M1이란 현금통화에 언제나 은행에서 찾아서 쓸 수 있는 돈을 합한 것이다. M2는 M1보다 넓은 의미의 통화지표로서 'M1 + 저축성 예금'을 말한다. 저축성 예금이란 정기적금이나 정기예금처럼 쉽게 찾기 어렵지만, 마음만 먹으면 약간의 이자를 포기하고 바로 현금화할 수 있는 예금이다. 해약이라는 번거로운 절차를 거치긴 하지만, 현금화가 비교적 쉬워서 이 저축성 예금까지 통화량에 포함시킬 수가 있다. 일반적으로 통화공급이라고 하면 M2를 의미한다.

금리의 의미
금리는 돈의 값으로, 시중자금 사정을 나타내는 지표이다. 돈이 수요에 비해 많이 풀려 있으면 금리는 떨어지고, 필요액보다 돈의 양이 적으면 금리는 올라간다. 예금이나 대출과 같이 거래 당사자 간 계약에 의해 결정되는 금리, 금융기관 간 초단기대차(貸借)에 적용되는 콜금리, 국고채 및 회사채 유통수익률 등의 시장금리가 있다.

정답 ②

더 알아보기

■ 화폐수요의 동기
• 거래적 동기 : 가계와 기업이 일상적 거래를 위하여 화폐를 보유하려는 동기
• 예비적 동기 : 돌발적 사태에 대비하여 화폐를 보유하려는 동기
• 투기적 동기 : 장래 소득의 극대화 등 투기를 위하여 화폐를 보유하려는 동기

■ 거래적 동기
이자율이 높아지면 이자수입을 위해 은행에 돈을 더 맡겨두고자 하므로 거래적 동기의 화폐수요는 감소한다. 한편 은행을 방문하는 데 드는 거래비용이 커지면 예금자는 매일 쓸 돈을 미리 많이 찾아두게 되어 거래적 동기의 화폐수요는 증가한다. 예금자가 은행을 자주 가기로 했다면 평소 준비해 두어야 할 화폐수요는 감소한다.

중앙은행이 기준금리 인하를 통해 기대할 수 있는 정책 효과로 적절하지 않은 것은?

① 시장금리가 하락하여 기업 투자가 증가한다.

② 주식시장으로 자금이 유입되어 주가가 상승한다.

③ 경기가 호전될 것으로 전망되어 소비 및 투자가 증가한다.

④ 자본이 해외에서 유입되면서 환율이 낮아져 물가가 하락한다.

⑤ 부동산 가격이 상승하여 기업의 담보 능력이 높아지면서 대출이 증가하여 투자가 늘어난다.

해설　기준금리 인하는 시장금리 하락을 유도하여 기업 투자를 증가시키고, 예금보다는 주식과 부동산에 대한 투자 매력을 높여 주식시장에 자금을 유입시키며, 기업의 담보 능력을 높임으로써 대출 증가를 가져올 수 있다. 그러나 국내 금리가 낮아지면 자본이 해외로 유출되어 환율이 상승하고 수입물가도 상승한다.

정답 ④

더 알아보기

각종 금리의 종류

■ 지표금리

　시장의 실제이자율을 가장 잘 반영하는 금리를 말하며, 시중의 유동성을 가늠하는 척도가 된다. 우리나라에서는 국고채(3년물)와 회사채 금리가 주로 사용된다.

■ 콜금리

　은행·보험·증권업자 간에 30일 이내 초단기로 빌려주고 받는 데 적용되는 금리로, 통상 콜금리는 1일물 금리를 의미한다. 콜금리는 한국은행의 콜금리 목표수준에 크게 영향을 받는다. 경기과열로 물가가 상승할 것 같으면 콜금리를 높여 시중자금을 흡수하고, 경기가 위축될 것 같으면 콜금리를 낮춰 경기활성화를 꾀한다.

다음 〈보기〉 중 경기불황을 극복하기 위하여 정부가 고려할 수 있는 정책으로만 바르게 짝지은 것은?

> 보기
> ㄱ. 법인세율의 인상
> ㄴ. 국책사업의 확장
> ㄷ. 지급준비율의 인하
> ㄹ. 통화안정증권의 매각

① ㄱ, ㄴ   ② ㄱ, ㄷ

③ ㄴ, ㄷ   ④ ㄴ, ㄹ

⑤ ㄷ, ㄹ

해설   ㄱ은 기업의 투자 감소 유발, ㄹ은 통화량 감소로 경기가 위축된다. ㄴ, ㄷ은 정부가 경기불황을 극복하기 위해 경기조절 정책으로 사용하는 예이다.

정답 ③

더 알아보기

재정정책과 금융정책

■ 재정정책

재정정책이란 정부지출과 조세를 변화시켜 경제성장, 물가안정, 완전고용, 국제수지균형, 소득의 균등분배 등의 정책목표를 달성하려는 경제정책이다. 재정정책의 수단으로는 정부지출과 조세가 있다. 정부는 경제가 침체되어 있을 때 정부지출을 늘리거나 과세를 줄이는 팽창적인 정책을 통해 총수요를 확대시켜 경제활동을 진작시킨다. 반면 경제가 과열되어 있을 때는 정부지출을 줄이거나 과세를 늘리는 긴축적인 재정정책을 통해 총수요를 줄이는데, 이렇게 함으로써 경제활동을 진정시킬 수 있다.

■ 금융정책

• 개 념

금융정책이란 중앙은행이 각종 금융정책수단을 이용하여 물가안정, 완전고용, 경제성장, 국제수지 균형 등의 정책목표를 달성하려는 경제정책이며, 수단으로는 공개시장조작정책, 재할인율정책, 지급준비율정책 등이 있으나 가장 많이 사용되는 것은 공개시장조작정책이다.

• 수 단

공개시장조작	공개시장조작이란 중앙은행이 금융기관을 상대로 하여 국채를 사고파는 것을 통해 이자율이나 통화량을 조절하는 것을 의미한다. 중앙은행이 국채를 파는 경우 시중 통화량이 줄어들어 경제가 위축되지만, 매입하는 경우 시중 통화량이 증가하여 경제가 활성화된다.
재할인율	대출정책은 가장 전통적인 정책수단으로서 중앙은행이 금융기관에 대한 대출이자율 변경을 통해 통화량이나 이자율을 조절하는 것을 의미한다.
지급준비율	지준율의 인상은 시중 통화량의 감소를 가져오며, 지준율의 인하는 시중 통화량의 증가를 가져온다.

다음 중 경기변동을 유발하는 총수요부문의 요인이 아닌 것은?　　　　　최신출제유형

① 노동인구의 감소
② 소비 감소
③ 통화량 감소에 따른 이자율 상승
④ 정부의 재화 및 서비스 구입 증가
⑤ 수출 증가

해설　소비의 변화, 이자율의 변화에 따른 투자수요의 변화, 정부지출의 변화 그리고 순수출의 변화는 모두 총수요의 구성요소로서 경기변동의 수요측 원인에 해당한다. 노동인구의 감소는 실질임금을 상승시켜 총공급을 감소시키는 공급측 경기변동 원인이다.

경기변동의 의미와 종류
경기변동이란 총체적인 경제활동수준이 주기적으로 상승과 하강을 반복하는 현상을 의미한다. 특히 경기하강은 경제에 많은 어려움을 유발하기 때문에 경기변동은 경제학자들의 주요 관심사가 되고 있다.

종 류	주 기	발생원인
키친 파동	40개월	재고투자
주글라 파동	9 ~ 10년	설비투자
콘드라티예프 파동	40 ~ 60년	기술혁신, 전쟁
건축순환	17 ~ 18년	건축투자
쿠즈네츠 파동	20 ~ 25년	경제성장률 변화

정답 ①

더 알아보기

경기순환 사이클

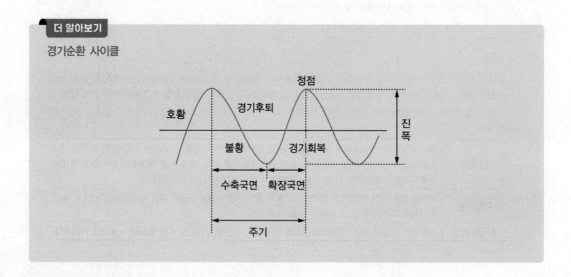

한국은행이 콜금리를 인상한다고 발표하였다. 이러한 금리 인상의 효과에 대해 잘못 말한 사람은 누구인가?

> 은주 : 금리 인상은 투자 감소를 가져올 것이다.
> 진주 : 금리 상승은 주가 하락을 초래할 것이다.
> 용석 : 금리 인상은 총수요를 증가시켜 국민소득을 증가시킬 것이다.
> 동현 : 금리 인상은 자금 차입 비용을 증가시키기 때문에 부동산 가격을 하락시킬 것이다.
> 정하 : 금리 인상은 자본의 유입을 초래할 것이기 때문에 환율이 하락할 것이다.

① 은 주   ② 진 주
③ 용 석   ④ 동 현
⑤ 정 하

해설 금리 인상은 투자 감소, 소비 감소 등을 유발하기 때문에 총수요의 감소를 가져오며, 총수요의 감소는 국민소득의 감소와 물가 하락을 초래한다.

정답 ③

더 알아보기

정책수단의 시간 차이

구 분		재정정책	금융정책
내부시차	인식시차	별 차이 없음	별 차이 없음
	실행시차	정부지출을 변화시키기 위해서는 예산편성이, 조세 변화는 국회의 동의가 필요하여 실행시차가 길다.	중앙은행이 독립적으로 통화량을 변화 시킬 수 있기 때문에 실행시차가 짧다.
외부시차		외부시차가 짧다.	여러 단계의 전달경로를 거쳐야 하기 때문에 외부시차가 길다.

양적완화정책에 대한 설명으로 옳지 않은 것은?

① 중앙은행이 단기금리인 정책금리를 더 이상 내릴 수 없는 한계상황에 처했을 때, 국채매입을 통해 시장에 유동성을 직접 공급하는 정책을 양적완화라고 한다.

② 2001년 일본이 도입했다가 2006년 해제했다.

③ 중앙은행의 경기부양에 대한 강력한 의지를 보여줌으로써 시장의 기대를 가져올 수 있다.

④ 양적완화정책은 일반적인 통화정책과 달리 외부시차가 매우 짧다.

⑤ 양적완화정책은 과잉유동성으로 인플레이션을 유발할 수 있으며, 자산 가격 버블이 형성될 경우 출구전략을 실시하기 쉽지 않아질 수도 있다.

해설 양적완화정책도 통화 공급을 통해 실물부문의 총수요를 자극하는 정책이다. 따라서 기본적으로 실질부문과 가변적인 시차를 가지고 있다는 점에서 기존의 통화정책과 맥을 같이 한다.

양적완화의 의미 : 중앙은행이 금리를 거의 제로 수준으로 내렸음에도 돈이 돌지 않고 경기가 살아나지 않는 경우가 발생할 수도 있다. 이처럼 중앙은행이 단기금리인 정책금리를 더 이상 내릴 수 없는 한계상황에 처했을 때, 경기부양을 목적으로 국채매입을 통해 시장에 유동성을 직접 공급하는 정책을 양적완화라고 한다.

양적완화의 장단점 : 양적완화정책은 경기후퇴를 막음으로써 시장의 자신감을 향상시키는 데 기여했다고 평가되고 있다. 경기에 대한 중앙은행의 강력한 의지를 보여줌으로써 시장에 긍정적 신뢰와 기대를 가져올 수 있다. 결과적으로 양적완화정책은 제로 금리에서도 소비와 투자 확대를 통한 경기부양의 기대효과가 있다.

하지만 양적완화정책은 과잉유동성으로 인플레이션을 유발할 수 있으며, 자산 가격 버블이 형성될 경우 출구전략을 실시하기 쉽지 않을 수도 있다. 또한 양적완화가 실시되면 미국으로부터 유입된 거대한 자금이 더 높은 수익을 쫓아 다른 국가로 빠져나가면서 미국의 달러화 가치가 상승할 것이다.

정답 ④

더 알아보기

유동성 함정
케인즈의 투기적 화폐수요와 관련되어 발생하는 현상이다. 케인즈는 거래적 목적뿐만 아니라 투자의 목적으로 화폐를 보유할 수 있다고 주장했다. 현재 이자율이 너무 낮아서 사람들이 장래에 이자율이 오를 것을 기대하게 되고, 미래에 이자율이 올라가면 낮은 가격에 채권을 구입하기 위해 풀린 돈을 소비나 투자하기 위해 사용하지 않고 모두 화폐로 보유하는 상태를 말한다. 이 경우 중앙은행이 공급한 통화는 소비나 투자로 흘러 들어가지 않고 민간의 수중에 남아 돈이 돌지 않게 된다.

제02장 경제지표와 지수의 해석

학습전략

경제흐름을 파악하는 데 필요한 주요 경제지표의 개념을 이해 및 분석하고, 관련 공식을 암기해야 한다.

---

01 경제통계의 기초 지식 · 핵심개념문제

다음 중 유량변수가 아닌 것은?

① 저 축
② 투 자
③ 국 부
④ 소 비
⑤ GDP

해설 소득은 일정기간 동안 발생하는 유량변수이고, 소득 중 소비하고 남은 부분을 저축하므로 소득에서 파생된 소비와 저축도 유량변수이다. 그리고 저축으로 투자를 하므로 투자도 유량변수이다. 그러나 국부는 특정시점에서 한 국가의 부(자산)의 상태를 나타내는 것으로 저량변수이다.

〈경제변수의 분류〉

내생변수와 외생변수	내생변수는 모형 안에서 그 값이 결정되는 변수를 말하며, 외생변수는 그 값이 모형 밖에서 결정되어 모형에서는 단지 주어진 여건으로서만 받아들여지는 변수를 말한다. 외생변수가 여건으로서 주어지면 내생변수는 그의 영향을 받게 된다. 이러한 의미에서 외생변수를 모델에의 인풋, 내생변수를 모델로부터의 아웃풋으로 볼 수 있다.
유량과 저량	① 유량(flow)변수는 일정기간에 걸쳐 측정되는 변수(예 수요, 공급, 투자, GDP 등) ② 저량(stock)변수는 일정시점에서 측정되는 변수(예 통화량, 정부부채, 실업자 등)

정답 ③

더 알아보기

명목변수 VS 실질변수

■ 명목변수

화폐단위로 측정된 변수를 명목변수라고 한다. 예를 들어 명목GDP는 한 경제의 재화와 서비스 산출량의 화폐가치를 나타내므로 명목변수에 해당된다.

■ 실질변수

실물단위로 측정된 변수를 실질변수라고 한다. 예를 들어 실질GDP는 재화와 서비스 생산량을 나타내므로 실질변수이며, 재화와 서비스의 현재 가격에 의해 영향을 받지 않는다. 쉽게 말해 실질변수란 명목변수에 나타난 인플레이션 효과를 제거하고 남은 부분이다.

다음 중 경제지표 용어에 대한 설명으로 옳지 않은 것은?

① 지수 : 비교시점의 통계량을 100으로 하여 기준시점의 상대적 통계량을 표시하는 방식
② 명목기준통계 : 통계를 만드는 시점의 가격을 기준으로 작성된 통계
③ 실질기준통계 : 물량단위 또는 특정 연도 가격을 기준으로 작성된 통계
④ 디플레이터 : 명목기준통계를 실질기준통계로 환가할 때 사용하는 가격지수
⑤ 계절변동 : 시계열통계가 1년을 주기로 계절별, 특정 시기별로 비슷한 형태를 보이며 변동하는 경우

해설 지수란 시계열통계의 수량이나 가격의 변화를 손쉽게 비교하기 위해 기준시점의 통계량을 100으로 하여 비교시점의 상대적 통계량을 표시하는 방식이다.

정답 ①

더 알아보기

■ 지 수
  • 시계열통계의 수량이나 가격의 변화를 손쉽게 비교하기 위해 기준시점의 통계량을 100으로 하여 비교시점의 상대적 통계량을 표시하는 방식
  • 구성항목의 중요도(비중)에 따라 가중치를 종합지수 산출에 반영하는 가중평균법을 주로 사용

■ 명목기준통계
  통계를 만드는 시점의 가격을 기준으로 작성된 통계

■ 실질기준통계
  각종 수량지수와 같이 가격요인을 배제하고 물량단위로만 포착하거나 특정 연도 가격을 기준으로 평가하여 작성된 통계로 명목기준통계에서 물가 또는 가격상승분을 차감하여 계산

$$실질기준통계량 = \frac{명목기준통계량}{물가(가격)지수}$$

■ 디플레이터
  명목기준통계를 실질기준통계로 환가할 때 사용하는 가격지수

만일 미국에서 한국으로 대규모 이민과 같이 어떤 경제의 전체 노동자 수가 갑자기 증가하는 일이 발생하면 단기적으로 이 경제의 GDP에 발생할 변화로서 가장 타당한 것은?

① 경제 전체의 실질GDP와 1인당 실질GDP가 모두 증가할 것이다.

② 경제 전체의 실질GDP는 증가하고 1인당 실질GDP는 감소할 것이다.

③ 경제 전체의 실질GDP는 감소하고 1인당 실질GDP는 증가할 것이다.

④ 경제 전체의 실질GDP는 증가하고 명목GDP는 감소할 것이다.

⑤ 경제 전체의 명목GDP는 증가하고 실질GDP는 감소할 것이다.

해설 노동자의 수는 실질변수로서 노동자의 수가 증가하면 생산과 소비가 모두 증가하여 실질 국내총생산도 증가한다. 그러나 인구증가에 따라 노동의 한계생산이 체감하면 인구의 증가속도보다 실질 국내총생산의 증가속도가 느려서 1인당 실질 국내총생산은 감소할 것으로 예측할 수 있다.

- GDP : 국내총생산은 주어진 기간 내에 한 나라 안에서 생산된 모든 최종재화와 서비스의 시장가치를 나타내며, 한 국가의 경제적 후생수준을 가장 잘 보여주는 지표로 받아들여지고 있다.
- GNI : 국민총소득은 한 나라 국민이 일정기간 동안에 만들어 낸 모든 최종 시장가치를 말한다. 즉, 국민총소득은 국내에서 생산된 것이든 해외에서 생산된 것이든 그 나라 국민 소유의 생산요소에 의해 생산된 모든 최종생산물의 시장가치가 포함된다. 따라서 국내총생산을 바탕으로 국민총소득을 계산하기 위해서는 두 가지를 조정해야 한다.
- 한계생산물 : 다른 투입물들을 불변으로 고정시킨 상태에서 어느 특정 생산요소의 투입량을 1단위 증가시킬 때 그 재화 산출물의 증분량을 말한다.

정답 ②

더 알아보기

GDP를 활용한 경제지표

■ GDP디플레이터

GDP디플레이터는 기준 연도의 물가수준 대비 현재 물가수준을 측정한다.

$$\text{GDP디플레이터} = \frac{\text{명목GDP}}{\text{실질GDP}} \times 100$$

■ 경제성장률

경제성장률은 각 경제활동 부분이 만들어낸 부가가치가 얼마나 증가했는지를 통해서 측정할 수 있다. 이러한 경제성장률은 물가, 실업률, 국제수지 등과 함께 경제정책 수립에 있어서 중요한 참고자료로 활용되고 있다.

$$\text{GDP성장률} = \frac{\text{금년도 실질GDP} - \text{전년도 실질GDP}}{\text{전년도 실질GDP}} \times 100$$

■ 1인당 GDP

국가 간 경제력을 비교해 보기 위해서는 그 나라 국민 전체가 벌어들인 GDP를 비교해 보는 것이 좋다. 하지만 국민 생활수준을 알아보기 위해서는 국민 한 사람 소득의 크기를 나타내는 1인당 GDP를 비교해 보는 것이 좋다.

영민은 학교를 졸업하고 직장을 찾기 시작했으나 아직 고용되지 못했다. 이러한 경우 국내의 실업률과 경제활동참가율은 어떻게 되는가?

① 실업률은 증가하고, 경제활동참가율은 변함이 없다.

② 실업률은 증가하고, 경제활동참가율도 증가한다.

③ 실업률은 변함이 없고, 경제활동참가율은 증가한다.

④ 실업률은 증가하고, 경제활동참가율은 감소한다.

⑤ 실업률과 경제활동참가율 모두 변화 없다.

해설 재학 중이어서 비경제활동인구에 속한 사람이 졸업 후 직장을 구하기 시작하면 일할 능력과 일할 의사가 있어 경제활동인 구에 포함되어 경제활동참가율이 높아진다. 그러나 아직 취업하지 않아 실직상태에 있다면 경제활동인구 중 실업인구가 증가해서 실업률이 높아진다.

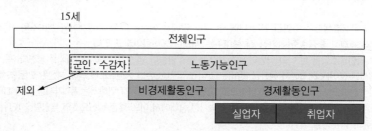

정답 ②

더 알아보기

실업관련 지표

■ 경제활동참가율

15세 이상의 인구 중에서 경제활동인구가 차지하는 비율을 의미한다.

$$경제활동참가율 = \frac{경제활동인구}{15세 \ 이상의 \ 인구} \times 100 = \frac{경제활동인구}{경제활동인구 + 비경제활동인구} \times 100$$

■ 실업률

실업률이란 경제활동인구 중에서 실업자가 차지하는 비율을 의미한다.

$$실업률 = \frac{실업자 \ 수}{경제활동인구} \times 100 = \frac{실업자 \ 수}{취업자 \ 수 + 실업자 \ 수} \times 100$$

소비자물가지수와 GDP디플레이터에 관한 설명으로 옳지 않은 것은?

① 소비자물가지수는 소비자들이 상대적으로 가격이 높아진 재화 대신 가격이 낮아진 재화를 구입할 수 있다는 사실을 감안하지 않는다.
② 수입품은 GDP디플레이터에는 영향을 미치지만 소비자물가지수에는 영향을 미치지 않는다.
③ 소비자물가지수는 새로운 상품의 도입으로 인한 화폐의 구매력 변화를 고려하지 않는다.
④ 소비자물가지수는 재화와 서비스의 질적 변화로 인해 왜곡될 수 있다.
⑤ 소비자물가지수는 기준 연도 구입량을 가중치로 사용하므로 물가변화를 과대평가하는 반면, GDP디플레이터는 비교 연도 거래량을 가중치로 사용하므로 물가변화를 과소평가하는 경향이 있다.

해설 소비자물가지수는 수입품을 포함하므로 수입품의 가격변화를 반영하지만 GDP디플레이터는 GDP에 속한 재화와 서비스의 가격만을 반영하므로 수입품의 가격변화를 반영하지 못한다. 한편 소비자물가지수는 기준 연도의 재화묶음을 가중치로 사용하여 물가를 측정한다. 따라서 기준 연도 이후에 재화 간의 가격차이에 따른 대체효과로 발생한 재화묶음의 변동을 반영하지 않는다. 싼 재화가 비싸지면 재화구매량이 적어져 가중치가 낮아져야 하나 기준 연도에 설정한 높은 가중치를 그대로 적용하여 물가를 과대평가한다. 또한 기준 연도의 재화묶음이 고정되어 비교 연도의 신상품이 재화묶음에 포함되지 못하게 됨으로써 재화와 서비스의 질적 변화가 반영되지 않는다. 반면에 GDP디플레이터는 비교 연도의 재화묶음을 가중치로 사용하여 물가를 측정하기 때문에 소비자물가지수와 반대로 물가를 과소평가한다.

〈각종 물가지수〉

소비자물가지수	일상 소비생활에서 구입하는 상품과 서비스의 가격 변동을 조사함으로써 도시 가계의 평균적인 생계비나 화폐의 구매력 변동을 측정하는 물가지수이다. 소비자물가지수는 소비자가 피부로 느끼는 장바구니 물가를 측정한다는 목적을 갖고 있기 때문에 물가지수 산정에 고려되는 품목은 소비자들이 자주 구입하는 기본 생필품이다.
생산자물가지수	국내생산자가 국내시장에 출하하는 상품의 평균적인 가격변동을 측정하기 위해 작성되는 물가지수로 1910년부터 편재하고 있는 우리나라에서 가장 오래된 통계 중 하나이다. 소비자물가지수 조사대상품목에 포함되지 않는 원재료 · 중간재 · 최종자본재 등도 조사대상에 포함되므로 생산자물가지수는 소비자물가지수보다 포괄범위가 좀 더 넓은 물가지수라고 할 수 있다.
수출입물가지수	수출입상품의 가격변동을 조사함으로써 국내 물가에 미치는 영향을 측정하기 위하여 작성되는 물가지수이다. 이 지표는 관련업체들의 수출채산성 변동이나 수입원가부담 등을 파악하는 한편, 수출입물가지수의 상호비교를 통하여 가격 측면에서의 대외교역조건 등을 측정하는 데에도 이용된다.

정답 ②

더 알아보기

GDP디플레이터 VS 소비자물가지수

앞서 배운 GDP디플레이터와 소비자물가지수는 몇 가지 차이점을 갖고 있다. 먼저 GDP디플레이터는 국내에서 생산되는 모든 재화와 서비스의 가격을 반영하는 데 반해, 소비자물가지수는 소비자가 구입하는 재화와 서비스의 가격만 포함한다는 사실이다. 반도체 생산장비나 중장비 가격이 상승할 경우 이는 GDP디플레이터에는 반영되지만, 소비자물가지수에는 반영되지 않는다. 또한 많은 사람들이 구입하는 수입 자동차의 경우 소비자물가지수에는 반영되지만 국내에서 생산한 재화가 아니므로 GDP디플레이터에는 반영되지 않는다. 두 번째로 소비자물가지수는 고정된 재화묶음을 바탕으로 물가지수를 측정하며, 재화묶음을 변경하는 것은 몇 년에 한 번 정도로 이루어진다. 하지만 GDP디플레이터는 올해 생산된 재화와 서비스의 가치를 기준년도에 구입했을 때의 비용과 비교한 것으로 재화묶음이 매년 바뀐다고 볼 수 있다. 따라서 재화의 가격들이 일률적으로 변화될 때에는 이 두 지수 간의 차이가 발생하지 않지만, 재화의 가격이 서로 다르게 움직일 경우에는 두 지수 간의 측정값에는 차이가 발생한다.

수출의존도가 높은 나라에서 국제투자자금이 이탈할 경우 나타날 수 있는 현상으로 가장 적절한 것은?

최신출제유형

	자본·금융계정	통 화	경상수지
①	개 선	강 세	악 화
②	개 선	강 세	개 선
③	악 화	약 세	악 화
④	악 화	약 세	개 선
⑤	악 화	안 정	개 선

해설 한 나라에서 금융위기로 국제투자자금이 국내에서 급속도로 이탈하면, 외환시장에서는 외환의 공급이 줄어들어 환율이 상승(자국 통화가치 하락)하고 자본수지는 악화된다. 한편 환율의 상승은 수출상품 외화표시가격의 하락을 초래하여 경상 수지를 개선시킨다.

국제수지표의 구성항목
국제수지표는 크게 경상수지와 자본·금융계정으로 나뉜다. 재화와 서비스를 외국과 사고파는 거래는 경상수지, 외국과 자본을 주고받는 거래는 자본·금융계정에 해당한다. 국제수지표에는 경상수지와 자본·금융계정 이외에도 '오차 및 누락'이 있다. 오차 및 누락은 단순히 통계상의 불일치를 메워주는 역할을 한다. 중앙은행이 국제수지 불균형을 바로잡기 위해 사용할 수 있는 대외자산의 증감을 기록하던 준비자산증감은 자본·금융계정에 편입되었다.

	경상수지	재화나 서비스 거래, 외국투자분에 대한 배당·이자 등
국제수지표	자본·금융계정	자본을 주고받는 행위, 준비자산증감
	오차 및 누락	통계상 불일치

정답 ④

더 알아보기

환율과 경상수지
- 환율의 상승 → 수출가격의 하락 → 수출의 증가 → 경상계정(+)
- 환율의 상승 → 수입가격의 상승 → 수입의 감소 → 경상계정(+)
- 환율의 하락 → 수출가격의 상승 → 수출의 감소 → 경상계정(−)
- 환율의 하락 → 수입가격의 하락 → 수입의 증가 → 경상계정(−)

다음은 우리나라가 경기종합지수를 산출할 때 사용하는 경제지표들이다. 이 중 선행종합지수에 속하지 않는 것은?

① 건설수주액
② 비농림어업취업자수
③ 코스피지수
④ 소비자기대지수
⑤ 재고순환지표

해설 실업 및 고용은 경기에 동행 또는 후행하는 지수이다. 비농림어업취업자수는 경기동행지수에 해당한다.

정답 ②

더 알아보기

경기종합지수(CI)

• 의 미
위에서 언급한 각종 경제지표들은 경제활동의 한 측면만을 나타내고 있기 때문에 전체 경기동향을 파악하기 위해서는 종합적인 지표가 필요하다. 이에 따라 세계 각국에서는 경기동향을 민감하게 반영하는 주요 개별 경제지표들을 선정한 후 이들 지표를 가공, 합성한 종합경기지표를 개발해 쓰고 있다. 우리나라에서도 CI는 국민경제의 각 부문을 대표하고 경기 대응성이 높은 각종 경제지표들을 선정한 후 이를 가공, 종합하여 작성하고 있다.

• 계산 방법
경기종합지수는 기준순환일에 대한 시차 정도에 따라 비교적 가까운 장래의 경기동향을 예측하는 선행지수, 현재의 경기상태를 나타내는 동행지수, 경기의 변동을 사후에 확인하는 후행지수의 3개군으로 구분하여 계산된다.

〈경기종합지수(CI) 구성지표〉 (자료 : 통계청)

선행종합지수	동행종합지수	후행종합지수
• 재고순환지표 • 소비자기대지수 • 기계류내수출하지수(선박제외) • 건설수주액(실질) • 수출입물가비율 • 국제원자재가격지수 • 구인구직비율 • 코스피지수 • 장단기금리차	• 광공업생산지수(총) • 서비스업생산지수(도소매업 제외) • 건설기성액(불변) • 소매판매액지수 • 내수출하지수 • 수입액(실질) • 비농림어업취업자수	• 생산자제품재고지수(총) • 도시가계소비지출(실질) • 소비재수입액 (실질) • 상용근로자수 • 회사채 유통수익률

• 장 점
CI는 전월에 대한 증감률을 보여 주어 경기가 상승하고 있는지, 경기가 하강하고 있는지 그 증감률의 크기에 의해 경기변동의 진폭까지도 알 수 있으므로 동지수를 통하여 경기변동의 방향, 국면 및 전환점은 물론 변동속도까지도 동시에 분석할 수 있는 장점이 있다.

다음 기사를 읽고 바른 예측을 한 것은? · 최신출제유형

> 한국은행은 전국 2,394개 업체를 대상으로 2011년 기업경기전망을 조사한 결과 제조업의 업황 전망 기업경기실사지수(BSI)가 107로 나타났고, 비제조업의 내년 업황 전망 BSI는 올해 실적치와 같은 96으로 나타났다고 지난 2014년 12월 29일 발표했다.

① 제조업체들이 내년 경기를 비교적 밝게 보고 있는 것으로 파악된다.
② 제조업체들이 내년 경기를 비교적 비관적으로 보고 있는 것으로 파악된다.
③ 비제조업체들은 내년 경기를 비교적 밝게 보고 있는 것으로 파악된다.
④ 제조업체들의 예측이 맞다면 제조업의 실업이 증가할 것이다.
⑤ 비제조업체들의 예측이 맞다면 비제조업의 실업이 감소할 것이다.

해설 기업경기실사지수(BSI)란 경기동향에 대한 기업인들의 판단·예측·계획의 변화추이를 관찰하여 지수화한 지표이다.

정답 ①

더 알아보기

■ 기업실사지수(BSI)

• 의 미
기업실사지수는 기업활동의 실적, 계획 및 경기동향에 관한 기업가의 의견을 직접 조사하여 이를 지수화한 것이다.

• 계산 방법
설문조사결과에 의거해서 지수를 작성하는 방법인데, 전월 대비 또는 전분기 대비 증가, 감소 또는 불변 등의 변동방향을 파악해서 증가를 예상한 업체 수에서 감소를 예상한 업체 수를 차감한 후 이를 전체 응답업체 수로 나누어 계산한다.

$$BSI = \frac{\text{긍정적 응답업체 수} - \text{부정적 응답업체 수}}{\text{전체 응답업체 수}} \times 100 + 100$$

• 해 석
기업실사지수가 100보다 높은 경우 경기를 긍정적으로 보는 업체가 부정적으로 보는 업체 수에 비해 많다는 것을 의미하며, 100보다 낮은 경우에는 그 반대를 나타낸다.

■ 소비자동향지수(CSI)

• 의 미
소비자동향지수는 소비자의 소비지출 계획 및 경기에 대한 인식을 조사하는 것이다.

• 계산방법

$$CSI = \frac{(\text{매우좋음} \times 1.0 + \text{약간좋음} \times 0.5 - \text{약간나쁨} \times 0.5 - \text{매우나쁨} \times 1.0)}{\text{전체 응답 소비자 수}} \times 100 + 100$$

• 해 석
소비자동향지수는 위와 같은 산식으로 계산되며 0에서 200까지의 값을 갖는데, 동 지수가 100을 초과한 경우 긍정적인 답변을 한 소비자가 부정적인 답변을 한 소비자보다 많다는 것을 의미하며, 100 미만인 경우는 그 반대를 의미한다.

다음 글을 읽고 물음에 답하시오.

> 2005년 12월 8일 한국은행 금융통화위원회는 다음 통화정책방향을 결정할 때까지 콜금리 목표를 연 3.5%에서 3.75%로 상향 조정하기로 의결하였다.

위와 같은 통화정책이 시행될 때 예상되는 변화를 〈보기〉에서 모두 고르면? 최신출제유형

보기
ㄱ. 원화 가치의 상승	ㄴ. 물가상승률의 증가
ㄷ. 경제성장률의 둔화	ㄹ. 통화증가율의 하락
ㅁ. 부동산 가격의 상승	

① ㄱ, ㄷ, ㄹ
② ㄱ, ㄷ, ㅁ
③ ㄴ, ㄷ, ㅁ
④ ㄴ, ㄹ, ㅁ
⑤ ㄷ, ㄹ, ㅁ

해설 중앙은행이 콜금리를 인상하면 시장이자율도 상승하게 된다. 시장이자율이 상승하면 단기적으로 경제성장률이 둔화되고 물가상승률이 하락한다. 또한 화폐보유비용의 증가와 경제성장 둔화로 인해 통화증가율도 하락한다. 한편 원화표시 자산의 수익률이 높아지므로 외환시장에서 원화에 대한 수요가 증가하게 된다.

정답 ①

더 알아보기

각종 금리
- 리보금리

  런던금융시장에서의 은행 간 대출금리로, 주요 은행들이 런던시간 오전 11시경에 고시한 금리를 평균한 값이며, 세계적으로 국제금융시장에서의 기준금리로 통용된다.

- 역금리

  통화불안 시 평가변경이나 고금리를 노리고 외자가 유입되는 것을 방지하기 위해 비거주자의 예금에 대해서 마이너스 금리를 부과하는 것이다.

시중에 유통되는 통화량을 측정하기 위해 여러 가지 통화지표가 사용된다. 우리나라는 〈보기〉와 같이 정의되는 M1, M2, Lf를 주요 통화지표로 사용하고 있다. 통화지표에 대한 설명 중 가장 적절한 것은?

보기

　M1 = 민간보유 현금 + 요구불 예금
　M2 = M1 + 저축성예금 + 거주자 외화예금 등
　Lf = M2 + 비은행 금융기관의 예수금 + 양도성예금증서 + 금융채권 등
---

① 지불수단으로 즉시 바뀔 수 있는 유동성이 가장 높은 것은 Lf이다.
② 포함하는 금융자산의 범위가 가장 넓은 것은 M1이다.
③ M1이 커질수록 M2는 감소한다.
④ 개인이 우리나라 은행에 저축하는 외화가 많을수록 M1이 증가한다.
⑤ 금융시장이 발달할수록 Lf가 커진다.

해설　①은 M1, ②는 Lf, ④는 M2이며, ③의 경우 M1이 증가하면 M2도 증가한다.

정답 ⑤

더 알아보기

　통 화
　• 유통화폐의 준말로 유통수단이나 지불수단 기능을 갖고 있는 화폐를 통칭하는 말
　• 대표적인 통화의 유형에는 M1(통화), M2(총통화), Lf(금융기관유동성)이 있음
　　– M1 = 민간보유현금 + 은행요구불예금
　　– M2 = M1 + 저축성예금 + 거주자외화예금 등
　　– Lf = M2 + 비통화금융기관의 예수금 + 금융기관이 발행하는 금융채, 양도성예금증서, 표지어음 매출, 상업어
　　　　음 매출 등

제 **03** 장 # 산업 및 기업분석

학습전략

산업분석의 일반적 모형을 이해하고 주요 요소를 분석하며, 개별 산업의 특성 및 동향을 파악해야 한다. 또한 외부환경과 내부능력분석을 통해 기업의 경영관리의 문제점을 파악하고 그에 대한 개선방안을 진단할 수 있어야 한다.

---

01 **산업의 경쟁구조분석 모델** `핵심개념문제`

M. Porter의 산업구조분석기법에 대한 설명으로 옳지 않은 것은? `최신출제유형`

① 동일산업 내의 기업들이 이질적인 경우 동질적인 경우에 비하여 수익률이 높다.

② 산업의 장기 전망과 수익성을 진단하려면 산업의 잠재규모뿐만 아니라 산업구조를 분석해야 한다.

③ 대체재와의 경쟁, 잠재적 진입자와의 경쟁, 기존 사업자와의 경쟁은 수평적인 경쟁에 해당한다.

④ 동일 그 산업의 수익률이 높고 낮음을 효과적으로 설명해 주고 있다.

⑤ 제품차별화가 적을수록 업체들을 가격경쟁에 의존하는 경향이 작아진다.

`해설` 제품차별화가 적을수록 가격경쟁이 심해지며, 고정비용이 클수록 기업의 퇴출장벽이 더욱 커져 업체 간의 가격경쟁이 더욱 심해진다.

`정답` ⑤

■ Porter의 산업구조분석기법(5-Forces Model)

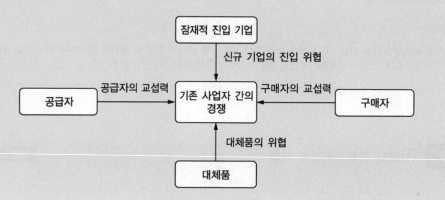

■ Porter의 5-Forces Model 이해

1. 기존 사업자 간의 경쟁
   • 산업 자체가 성숙기, 포화기에 접어들어 성장률이 낮은 경우 수익률이 낮다.
   • 경쟁기업의 동질성과 이질성 – 기업의 성질이 유사할 경우 담합이 용이하여 수익률이 높을 수 있다. 담합이 이루어지기 위해서는 선도기업이 있는 것이 용이하다. 기업들의 규모가 비슷할 경우 충돌과 경쟁이 심화되는 경우가 있기 때문이다.
   • 제품차별화가 어려울 경우 경쟁이 가격우위전략으로 국한되어 수익률을 떨어뜨릴 수 있다.
   • 자본집약도가 높은 산업, 거대한 생산설비가 필요한 산업의 경우 퇴거장벽이 높기 때문에 수익률이 낮다.
   • 고정비용과 가변비용 중에서 고정비용이 높은 산업은 수익률이 낮다.

2. 잠재적 진입자
   • 산업에 진입하는 비용이 높으면 신규 기업의 진입이 힘들다.
   • 자본집약적 연구개발비가 많이 소요되는 사업의 경우 진입이 힘들다.
   • 제품차별화가 용이할 경우 진입이 용이하다.
   • 정부규제와 산업 내 기업들로 인한 진입 장벽의 유무도 신규 기업의 진입에 영향을 미친다.
   • 산업 내 유통 채널에 대한 접근이 용이할 경우 해당 산업에 대한 진출이 용이하다.

3. 공급자
   • 소수의 공급자에 의해서 제품 내지 부품이 공급될 경우나 차별화되어 있는 독특한 제품을 공급하는 경우, 공급업자의 협상력이 높다.
   • 거래처 전환 비용이 클 경우 새로운 공급자를 찾기 위한 비용이 크므로 기존 공급자의 협상력은 높아진다.
   • 전방 통합 가능 여부에 의해서도 영향을 받는다. 공급자가 직접 해당 산업에 진출하는 것이 용이한 산업의 경우 공급자의 협상력이 더욱 높아지게 된다.

4. 구매자
   ① 구매자의 수가 적을수록 구매자의 교섭력이 높아진다.
   ② 구매자가 대규모로 구매하는 산업의 경우 구매자의 교섭력이 높다.
   ③ 차별화되지 않고 표준화된 제품을 판매하는 산업의 경우에도 구매자의 협상력이 높다.

5. 대체재
   대체재가 존재할 경우 해당 산업에서 생산하는 제품의 위상이 약화되어 수익률이 떨어질 수 있다.

다음 중 바젤 Ⅲ가 이전의 바젤 규정에 비해 더욱 중요시하는 부분은?

① 위험관리능력에 따른 분류 및 관리

② 자기자본의 적정성 부분

③ 스트레스 테스팅을 통한 적정성 검증

④ 리스크 부분에 대한 공시 의무화

⑤ 글로벌 유동성 기준 도입

> **해설** 2007년 글로벌 금융위기 이후 국제사회는 개별 금융회사의 건전성 감독만으로는 효율적인 건전성 감독이 이루어지지 않음을 확인하였다. 이에 종전의 미시적 건전성 규제에 추가로 시스템적인 자본 부과 및 경기대응적 자본 규제 등의 내용을 추가하였다.
>
> **정답** ⑤

더 알아보기

바젤Ⅲ 도입 이후 자기자본 개념

구 분	개 념
보통주자본(A)	은행지주회사의 손실을 가장 먼저 보전할 수 있고 은행지주회사 청산 시 최후순위이며 청산 시를 제외하고는 상환되지 않는 자본(예 자본금, 이익잉여금)
기타 기본자본(B)	영구적 성격의 자본증권의 발행과 관련한 자본금, 자본잉여금 등으로 후순위채권보다 후순위인 자본(예 금리상향 조건이 없고 조건부자본* 성격이 있는 신종자본증권) *사전에 정한 발동요건에 따라 보통주로 전환하거나 감액
기본자본(C)	보통주자본(A) + 기타기본자본(B)
보완자본(D)	청산 시 은행지주회사의 손실을 보전할 수 있는 후순위채권 등
총자본	기본자본(C) + 보완자본(D)

채권 회수에는 즉각적인 위험 요인을 유발하지는 않았지만, 상환능력의 저하가 예상되며, 1개월 이상 및 3개월 미만의 연체가 유발된 상황에서 적합한 충당금 설정비율은?

① 0.85%

② 7% 이상

③ 20% 이상

④ 50% 이상

⑤ 100%

해설 문제에서 제시하고 있는 상황은 요주의에 해당하는 상황으로 기업의 경우에는 7% 이상을 충당금으로, 개별 가계의 경우에는 10% 이상을 충당금으로 설정한다.

　　정답 ②

경기와 은행부실과의 관계에 대한 설명 중 옳지 않은 것은? 　　　　　　　　　　　**최신출제유형**

① 요주의 이하 여신비율은 경기와 유의성이 높다.

② 경기저점 이전에 기업도산이 많이 발생한다.

③ 은행부실은 경기저점 직후에 가장 크게 증가한다.

④ 경제성장률이 높아지면 은행부실은 감소한다.

⑤ 어음부도율이 상승하면 은행부실은 감소한다.

해설 포괄범위가 넓은 요주의 이하 여신비율은 경기순환변동치와 서로 반대로 움직이는 모습을 보여주고 있기 때문에 경기와 유의성이 높다. GDP성장률, 실질M증가율, 주택가격상승률은 요주의이하 여신비율과 음(−)의 관계를, 어음부도율은 요주의이하 여신비율과 양(+)의 관계를 보인다.

　　정답 ⑤

더 알아보기

자산건전성 분류원칙과 충당금 설정

구 분	기업 여신 기준 충당금 설정비율	가계 여신 기준 충당금 설정비율	설 명
정 상	0.85% 이상	1% 이상	채권 회수에 문제가 없는 상태
요주의	7% 이상	10% 이상	1개월 이상 3개월 미만의 연체 상태로 지금은 채권 회수에 문제가 없지만 향후 주의해야 할 상황
고 정	20% 이상	20% 이상	3개월 이상의 연체금액 중 일부 회수가 가능한 상황으로 향후 채권 회수에 위험이 발생한 상황
회수의문	50% 이상	55% 이상	3개월 이상 연체금액이 크게 증가하여 예상 회수 금액을 넘어선 경우로 채권 회수 위험이 심각한 상황
추정손실	100%		회수가 실질적으로 불가능한 상황

다음 중 BCG 매트릭스 분석에 대한 장단점의 설명 중 잘못된 것은?   최신출제유형

① 이해가 용이하다.

② 기술 진보 상황에 부합하는 기준으로 사업을 분류한다.

③ 분류 기준을 단순화하였다.

④ 기업에 현금을 창출하는 사업부는 캐시카우에 해당한다.

⑤ 사업을 어떠한 기준으로 분류할지에 대한 기준은 불명확하다.

해설

〈BCG 매트릭스의 장 · 단점〉

장 점	• 이해 및 적용이 용이
	• 단순 명료한 전략적 제안
	  – Cash Cow 사업은 유지
	  – Dog 사업은 정리
	  – Question Mark 사업은 Cash Cow에서 창출한 현금으로 지원을 해서 Star로 만들기 위한 노력 필요
	  – Star 사업은 시장 점유율을 높이기 위한 노력 필요

단 점	• 현금흐름에만 초점을 맞추어서 자원 및 역량의 연계성을 무시 • 너무 단순해서 시장 규모 등 다른 중요한 변수가 고려되지 않음 • 산업을 어떻게 정의하느냐 등의 측면에서 오류 발생 가능

정답 ②

더 알아보기

■ BCG 매트릭스의 구분

• 스타(Star, 높은 성장률, 높은 시장 점유율)

고성장/고점유율 사업으로 현금이 유입되는 사업 부분이지만, 시장의 성장속도를 따라잡기 위해서는 그만큼 다시 지출이 필요한 사업이다. 이 영역에 해당하는 사업의 경우 시장 점유율을 유지하는 것이 중요하다. 지속적으로 시장 점유율을 유지할 경우 향후 캐시카우가 될 수 있기 때문이다.

• 캐시카우(Cash Cow, 낮은 성장률, 높은 시장 점유율)

이익과 현금창출력이 높은 사업이다. 시장 성장률이 떨어지면서 현금지출이 줄어들었기 때문이다. 수익주종사업으로 회사의 기반이 되는 사업부라 할 수 있다.

• 도그(Dog, 낮은 성장률, 낮은 시장 점유율)

저성장/저점유율 사업으로 수익성이 낮거나 손실이 발생하는 사업 부분에 해당한다. 이 부분에 해당하는 사업들의 수를 최소화할 필요가 있다.

• 물음표(Question Mark, 높은 성장률, 낮은 시장 점유율)

이 영역에 해당하는 사업은 현금에 대한 수요는 높은 반면, 낮은 시장 점유율로 인해 낮은 수익을 가져다주므로 현금에 관한 한 가장 안 좋은 영역이라 할 수 있다. 이 영역에 해당하는 사업이 시장 점유율에 변화가 없을 경우 현금만 낭비하는 사례가 발생할 수 있다.

다음 중 GE/McKinsey 매트릭스에 대한 설명으로 잘못된 것은?

① GE/McKinsey 매트릭스는 산업의 매력도와 개별사업단위의 강점이라는 두 차원에서 전략사업단위를 평가하는 기법이다.

② 두 차원은 여러 요인들을 종합적으로 고려하여 결정되기 때문에 BCG 매트릭스보다 발전된 기법이라 할 수 있다.

③ 산업 매력도를 평가하는 기준으로는 시장규모, 성장률, 시장수익성, 가격추세, 경쟁강도, 진입장벽, 수요 가변성, 유통구조 등을 사용한다.

④ 사업의 강점을 판단하는 요인으로는 시장 점유율, 재무적 성과, 기술력, 마케팅 능력, 고객 충성도, 생산 능력 등을 사용한다.

⑤ 좌측부터 우측으로 수직으로 영역을 크게 세 가지로 구분하여 왼편이 청신호, 가운데가 주의신호, 오른쪽이 적신호로 구분한다.

해설 수직축에는 산업의 매력도를, 수평축에는 사업의 강점을 나타내고, 각각 고·중·저 세 차원으로 나누어 총 9개의 영역으로 구분한다. 이 중 좌상의 세 영역은 바람직한 지역(청신호 지역), 우하의 세 영역은 바람직하지 못한 지역(적신호 지역), 대각선상의 세 영역은 불확실한 지역(주의신호 지역)이 된다. 이때 각 사업단위의 위치를 표시하기 위해 원을 사용하는데, 이때 원의 크기는 산업 전체의 규모를 나타내고, 각 사업단위의 점유율을 원 안에다 빗금형태로 구분하여 표시한다.

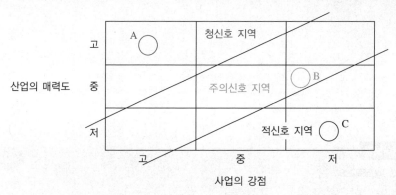

정답 ⑤

더 알아보기

GE/McKinsey 매트릭스의 장점 및 단점

장 점	BCG 매트릭스보다 정교한 분석과 세분화된 전략적 제언이 가능
단 점	• 가중치 설정 과정과 측정요인 결정 과정에서 주관적 자의적인 판단이 개입되며, 매트릭스 자체가 복잡하여 실제 사용이 쉽지 않음 • 핵심역량이 반영되어 있지 않으며, 각 사업단위 간의 상호작용을 고려하지 못함

핵심역량과 경쟁우위의 원천에 대한 설명 중 옳지 않은 것은?

① 핵심역량은 고객에게 특별한 가치를 제공할 수 있어야 한다.

② 핵심역량을 파악하기 위해서는 가치사슬(Value Chain) 접근법이 사용될 수 있다.

③ 가치사슬에서 경쟁우위는 가치활동 간의 상호 연계활동보다는 각각의 독자적인 가치활동 과정에서 발생한다.

④ 시간중심 전략을 취하는 경우 단기간에 제품을 생산하기 때문에 제품의 품질 저하를 가져올 것 같지만 실제로는 생산성을 높일 수 있을 뿐만 아니라 품질 향상도 가져올 수 있다.

⑤ 선취효과는 선도기업의 경쟁우위 요인이다.

해설 특정 가치활동은 다른 가치활동의 성과에 영향을 미친다. 따라서 각각의 가치활동들은 밀접한 관련 속에서 상호 협력과정을 통해 핵심역량을 획득할 수 있다.

정답 ③

더 알아보기

핵심역량 모델

포터의 5-Forces 모형의 경우에는 기업의 외부로부터 접근하는 전략인 반면, 핵심역량 모델은 기업의 내부로 관심을 돌려 내부에서 기업성공의 원천을 찾고자 한다. 핵심역량 모델은 경쟁과 기술의 신속한 변화로 시장에 대한 정확한 예측이 날로 어려워지면서 종래의 기업 외부환경에 치중하던 경영전략을 지양하고 경쟁사보다 더 빠르게, 더 낮은 가격으로 제품을 생산할 수 있는 기업 내부의 역량이 중시되어야 한다고 주장한다. 그러므로 기업 내에 산재해 있는 여러 가지 요소 중 기업의 경쟁적 우위를 확보할 수 있는 핵심요소를 명확히 설정하고 이를 의식적으로 통합·관리할 수 있는 방법을 찾아내는 것을 중시한다. 또한 핵심역량은 지속적인 개선을 통해서만 유지될 수 있다.

가치사슬모형과 관계가 없는 설명을 고른 것은?

> ⓐ 인적자원과 기술개발 등은 보조활동에 속한다.
> ⓑ 가치사슬모형은 기업이 수행하는 여러 활동 과정에서 기업의 핵심역량이 어떻게 창출되는지 파악하기 위한 방법이다.
> ⓒ 기업의 하부구조는 본원적활동에 속한다.
> ⓓ 가치사슬모형은 기업경영활동을 가치창출활동과 획득활동(Procurement)으로 구분하여 분석한다.

① ⓒ, ⓓ   ② ⓑ, ⓓ
③ ⓐ, ⓒ   ④ ⓐ, ⓑ
⑤ ⓐ, ⓓ

해설 포터는 기업의 활동을 가치창출활동과 이윤으로 구분하여 파악하였고, 그중 가치창출활동을 다시 본원적활동과 지원활동으로 구분하였다. 본원적활동은 기업이 제품 생산을 위해서 행하는 주된 활동들로 구매, 생산, 물류, 판매 및 마케팅, 서비스 활동이 여기에 해당한다. 반면 지원활동에는 인사관리, 재무관리, 법무, 디자인, 획득활동(Procurement)이 있다.

정답 ①

더 알아보기

포터의 가치사슬(Value Chain Framework)

기업이 자신들의 경쟁우위 원천이 무엇인지 파악하기 위해서는 기업 내부에서 전개되고 있는 활동들 간의 상호작용을 파악할 필요가 있다. 이를 위한 분석도구로 포터의 가치사슬모형이 있다. 가치사슬모형은 기업의 활동을 크게 본원적활동(Primary Activities)과 보조적활동(Support Activities)으로 구분하여 각 부분에서 얼마만큼의 가치창출에 기여하는지 분석하는 모형이다.

• 본원적활동 : 부가가치를 직접 창출하는 부문으로 제품의 생산, 운송, 판매, 마케팅, 서비스 등과 같은 부문을 말한다.
• 보조적활동 : 본원적활동을 지원하여 간접적으로 가치창출에 기여하는 부문으로 구매, 기술개발, 인사, 재무, 기획 등의 부문을 말한다.

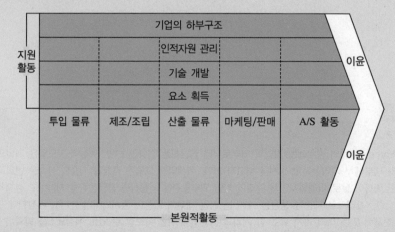

각 부분들은 개별적으로 가치를 창출하기도 하지만, 서로 밀접하게 연계되어 가치를 창출하기도 한다. 따라서 각 부분들 간의 관계를 연계하여 파악하는 작업도 병행해야 기업의 가치창출활동을 명확히 규명할 수 있다.

제품수명주기에서 가격경쟁의 중요성이 가장 큰 단계와 그 효과가 가장 적은 단계로 가장 타당한 것은 각각 무엇인가? 최신출제유형

① 성장기, 도입기

② 성숙기, 도입기

③ 성장기, 성숙기

④ 도입기, 성숙기

⑤ 도입기, 성장기

해설 ② 성숙기에는 다수의 경쟁자가 참여하기 때문에 가격경쟁이 치열하지만 도입기에는 경쟁자가 없으므로 가격경쟁의 중요성이 떨어진다.

제품수명주기

① 제품수명주기(Product Life Cycle ; PLC)의 개념 : 제품수명주기는 신제품이 시장에 도입된 후 성장품목이 되었다가 사양품목이 되어 시장에서 도태되기까지의 시간적 과정을 말한다. 수요–기술수명주기에서 유도된 개념이다. 전형적인 제품수명주기곡선은 S자형을 이루며, 매출의 정의와 측정 기준 및 각 단계별 기간을 어떻게 규정하느냐에 따라 모양이 달라진다.

② 제품수명주기 4단계

도입기 (Introduction)	제품이 시장에 도입된 단계로서 비용과다, 낮은 판매량, 제한된 유통, 시용제품, 상표보다는 제품 형태나 종류의 강조 등의 특징을 지니는 단계이다. 경쟁이 적은 경우에는 고가 전략을 사용하고, 잠재 시장이 비교적 크고 잠재 고객들의 가격 민감도가 높으며 경쟁자의 진입 가능성이 높은 경우 저가 전략을 사용하여 시장 점유율을 높이는 데 주력해야 한다. • 마케팅 전략 목표 : 제품을 널리 인식시키고 판매를 늘리는 데 있다.
성장기 (Growth)	시장에서 급격히 수용되고 있는 단계로서 특정 상표의 구매 자극을 통한 매출액과 비용의 급격한 상승을 가져오는 단계이다. 소비자에게 제품 성능에 대한 구체적인 정보를 제공하여 다른 제품과의 차이점을 알게 하며, 일반 소비자의 인지도와 관심을 높이는 광고가 필요하다. 선발 기업의 경우에는 시장 확대와 경쟁자의 진입에 대응하여 시장 점유율을 높이기 위해 가격 인하를 단행하며, 후발기업은 이러한 가격을 고려하여 경쟁력 있는 가격정책을 설정한다. • 마케팅 전략 목표 : 상표의 강화와 차별화를 통해 시장 점유율을 확대하는 데 있다.
성숙기 (Maturity)	충분한 구매 수용으로 매출액의 성장이 둔화되는 단계로서 이익이 극대화되다가 감소한다. 신제품 개발전략이 요구되는 단계이기도 한다. 이미지 광고를 통해서 제품 차별화를 시도하거나 제품의 존재를 확인시키는 광고가 필요하다. • 마케팅 전략 목표 : 경쟁 우위의 유지와 상표 재활성화를 통하여 수요를 늘리는 것이다.
쇠퇴기 (Decline)	매출액이 급격히 감소하는 단계로서 비용의 통제, 광고활동의 축소, 제품 폐기의 특징을 지닌다. 취약한 중간상을 제거하여 최소한의 이익을 유지하는 경우도 있지만, 충성도 높은 고객만을 대상으로 고가격 정책을 사용하기도 한다. • 마케팅 전략 목표 : 단기 수익 극대화 방안을 찾는 것인데, 비용을 줄이고 매출을 유지하여 수익을 극대화시킨다.

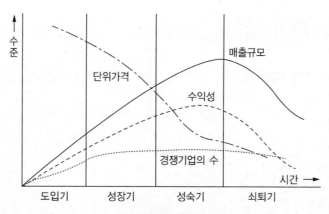

수명주기별 특징

구 분	도입기	성장기	성숙기	쇠퇴기
판 매	낮 다	급속성장	최대판매	감 소
고객당 비용	높 다	평 균	낮 다	낮 다
이 익	적 자	증 대	높 다	감 소
고 객	혁신층	조기수용층	중간다수층	지연수용층
경쟁업자	약 간	점차 증대	점차 감소	감 소

정답 ②

더 알아보기

제품수명주기의 한계

제품수명주기 이론은 제품이 가진 수명주기를 독립적인 것으로 전제하고 접근하고 있으나, 실제로 제품의 수명주기는 마케팅 전략에 따라서 줄어들거나 늘어날 수 있다. 즉, 제품수명주기는 마케팅 전략의 운용에 따른 종속 변수라 할 수 있다.

제품수명주기 이론에서 제품의 수명주기에 따라 제시하고 있는 마케팅 전략은 최선의 전략이라 할 수 없다. 개별 기업이 처한 환경, 규모, 제품의 특성 등이 고려된 전략이 아니기 때문이다. 제품수명주기에서는 구매자의 혁신 정도에 따라 세분화가 가능하다고 보고 있으나, 실제로는 제품 도입기부터 세분화된 시장이 존재하는 경우가 있다. 따라서 제품수명주기 이론은 기업이 시장에 순차적으로 진입하는 가능성을 무시하고 있다.

실제로 S자 형태의 제품수명주기 곡선 이외에도 다양한 형태의 곡선이 가능하며, 특정 제품이 어느 단계에 와 있는지 규명하기 어려운 경우가 많다.

제품수명주기는 점점 짧아지고 있는 추세이다. 급변하는 소비자의 선호, 치열한 경쟁, 신기술의 개발 등으로 인하여 제품수명주기가 짧아짐에 따라 기업은 막대한 R&D 비용을 투입하여 신제품을 개발한 후 빠른 시간 내에 대량 생산하여 판매해야 한다.

다음 중 가치분석에 대한 설명으로 잘못된 것은?

① 가치분석을 통해서 기업이 부가가치를 창출하는 부분이 어디인지 확인할 수 있다.

② 가치는 투여비용 대비 산출한 유용성 내지 부가가치로 측정된다.

③ 가치분석은 효용을 증대시키는 것 못지 않게 비용을 절감하기 위한 과정이다.

④ 제품과 서비스를 기본적 기능과 2차적 기능으로 구분하여 분석한다.

⑤ 정확한 가치창출의 원인을 확인하기 위해 직접 제품 생산에 참여하는 직원만을 대상으로 분석한다.

해설　가치분석은 모든 인적 구성원들을 대상으로 수행된다.

정답 ⑤

더 알아보기

■ 가치분석(Value Analysis) 또는 가치공학(Value Engineering)

• 개념 : 제품과 서비스의 가치를 증대시키기 위한 체계적인 혁신의 한 방법으로서 비용만 발생시키면서 제품이나 서비스의 가치 또는 기능에 공헌하지 못하는 것은 모두 제거한다는 것이다.

$$가치 = \frac{유용성}{비용}(유용성 : 품질, 신뢰도 및 제품의 성능을 뜻한다)$$

• 목적 : 제품의 성능요건과 고객의 요구를 가능한 최소한의 비용으로 충족시키는 것이다.

■ 가치분석의 단계

1단계	계 획	가치분석 개념의 방향을 설정, 변동가능요소에 의해 영향을 받게 되는 모든 인적자원으로 가치분석팀 구성
2단계	정 보	제품/서비스의 목적·기본적 기능 및 2차적 기능 파악 및 분석(이때 가치분석팀은 어떠한 2차적 기능이 가치비율을 높이면서 통합, 수정 또는 삭제될 수 있는지 가능성 검토)
3단계	창조적 설계	창조적 대안을 만듦
4단계	평 가	전 단계에서 산출된 아이디어를 타당성, 비용 및 가치에의 기여도 측면에서 평가
5단계	실 행	실행에 옮김

다음 중 프로젝트 공정에 대한 설명 중 잘못된 것은?

① PERT는 복잡한 공사 또는 생산계획을 종합적인 관점에서 파악하여 작업의 수준이나 진행상황의 낭비를 점검하는 시스템이다.

② CPM은 이미 경험했던 공업, 기술 또는 상업적인 프로젝트에 응용되는 계획관리 기술이다.

③ PERT/CPM의 구조는 네트워크로 전체 프로젝트를 구성하고 있는 활동과 그 선후 관계를 표현한다.

④ 네트워크는 활동의 시작과 끝을 나타내는 마디(Node)와 활동을 나타내는 가지(Are)로 구성된다.

⑤ 네트워크 일정 계획 기법은 네트워크도표를 기초로 일정계획을 수립, 실행하는 것이다.

해설 PERT는 대규모의 생산계획의 일정을 컴퓨터를 이용하여 계획・관리하는 기법이다. 일정기간에 비용을 덜 들이면서 특정 목표를 달성하기 위해서는 각 과정의 많은 활동을 조정하여 능률을 올리고 비용을 절감하여야 하므로 복잡한 공사 또는 생산계획을 하나하나의 공정마다 풀어헤쳐서 작업의 수준이나 진행상황의 낭비를 점검하는 시스템이다.

정답 ①

더 알아보기

PERT/CPM의 구성

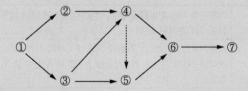

○ : 마디(활동의 시작과 끝)
→ : 가지(활동)
⇢ : 가상활동(실제작업이 없는 명목상의 활동)

다음 중 MRP(Material Requirements Planning) 관련 내용 중 잘못된 것은?

① 반제품의 소요량 및 조달기간, 재고현황 또는 생산일정계획, 부품 등을 고려하여 부품 또는 반제품을 주문할지 자체생산할지 등을 계획하는 것이다.

② 언제(소요시기), 얼마나(소요량) 필요한가에 관한 계획을 수립함으로써 효율적인 재고통제와 일정관리를 가능하게 한다.

③ 효율적인 재고통제로 재고수준을 유지하는 데 그 목적이 있다.

④ MRP는 제품수요, 개별생산일정계획, 구매, 재고관리 등과 직접적으로 연결되어 통합기능적인 성격을 가지고 있다.

⑤ 소요자재의 품목, 발주시기, 발주량을 알려준다.

해설 효율적인 재고통제로 재고수준을 감소시키는 데 그 목적이 있다. 어느 품목이 언제, 얼마나 필요한가를 파악함으로써 효율적인 재고통제가 이루어지고, 그 결과로 재고수준을 감소시킴으로써 재고투자비용을 절감할 수 있다.

정답 ③

더 알아보기

■ MRP의 전제조건
- 자재 원단위와 재고현황철이 비치되어 있어야 한다.
- 모든 재고품목은 쉽게 확인 및 구별할 수 있도록 중복되지 않게 분류되어야 한다.
- 정확한 생산일정계획이 수립되어야 한다.

■ MRP의 가정
- 모든 품목들은 저장할 수 있어야 한다.
- 제조공정이 독립적이어야 한다.
- 모든 자재의 조달기간을 파악해야 한다.
- 조립 착수시점에 모든 조립구성품목은 사용 가능하여야 한다.

다음 중 ERP 관련 내용 중에서 사실과 다른 것은? 최신출제유형

① ERP는 MRP개념에서 시작하여 1980년대 제조자원계획인 MRPⅡ로 발전하였다.

② ERP는 MRPⅡ에 공급망과 기업의 기간업무를 부가하여 1990년대에 등장하였다.

③ SCM, CRM, 기타 전략적 기업 경영 분야에 관해서 최적의 프로세스가 정립되었다.

④ ERP에 의한 여러 경영기능에 걸친 프로세스의 연결과 관련자료의 실시간 업데이트의 공동활동이 가능하게 되어 효과적 계획수립 및 의사결정을 위한 정보의 투명성이 제고된다.

⑤ 가치사슬 경영을 통해 기업 경쟁력을 강화할 수 있다.

해설 SCM, CRM, 기타 전략적 기업 경영 분야에 관해서 최적의 프로세스가 정립되지 못하였다.

정답 ③

더 알아보기

ERP(Enterprise Resource Planning : 전사적 자원관리) 시스템의 특징

■ 통합시스템

수주에서 출하까지의 공급망과 생산, 마케팅, 재무, 인사 등 기업의 모든 기간업무를 지원하는 시스템이다.

■ 실시간 정보처리체계의 구축

단위별 응용프로그램들이 서로 통합·연결되어 중복업무를 배제하고 실시간 정보처리체계를 구축할 수 있다.

■ 시스템혁신의 연계

정보시스템의 혁신은 업무프로세스의 혁신(Business Process Reengineering ; BPR)을 동반하여 이루어진다.

■ 기업 간 자원활용의 최적화 추구

기업 간 연결시스템을 확립하여 기업 간 자원활용의 최적화를 추구할 수 있다.

적시생산(JIT)의 주요 요소로 볼 수 없는 것은?

① 부품의 표준화

② 고품질

③ 가동준비 시간의 감소

④ 대규모 로트(lot) 사이즈

⑤ 예방관리

`해설` JIT 시스템은 가능한 작은 로트 크기를 사용하여 재고를 관리한다.

JIT(Just-In-Time)
- 도요타의 생산시스템 중 하나인 서브시스템이다. 도요타 생산방식의 기본사상은 철저한 낭비의 배제, 즉 낭비, 무리, 불균형을 배제하려는 것이다. 이를 위하여 필요할 때에 필요한 물건을 필요한 양만큼만 만들어 결국 보다 좋게, 보다 빨리, 짧은 리드타임으로 소로트생산을 하는, 즉 정체하지 않는 흐름방식을 취하는 것이다.
- 최종 조립라인으로 부품들을 끌어오는(Pulling) 체제로서 공급자, 생산공장, 고객과의 긴밀한 협력 및 정보교류를 기초로 한다.
- JIT 시스템의 도입에 따라 로트 크기가 감소하고, 공장이 유선형의 흐름을 가지며 자동화된다.
- JIT 시스템에서는 재고수준이 최소화되어 있으므로 설비는 항상 최상으로 정비되어 있어야 한다.

`정답` ④

`더 알아보기`

MRP와 JIT의 비교

■ MRP
- 넓은 의미의 생산관리 업무의 하나로, 원자재에서 최종 완제품에 이르기까지 자재의 흐름을 관리하는 기법이다. 필요한 자재를 필요한 시기에 필요한 양만큼 필요한 곳에 공급하기 위해 자재 구매 담당자에게는 자재 수배를 지시하고, 생산관리 담당자에게는 가공 및 조립을 지시하여, 설계 변경 및 생산계획 변동 시 이에 대한 정보를 전 생산체제에 제공함으로써 상황변화에 즉시 대처하여 최적의 자재 수급을 가능하게 하는 것이 주요 기능이다.
- 계획을 중심으로 한 정보처리적 시스템으로 필요 시 필요한 양만큼 생산한다.

■ JIT
- 재고를 남기지 않고 재고비용을 최대로 감소시키는 것으로, 재료가 제조라인에 공급될 때에 맞춰 납품업자로부터 재료를 반입하는 상태에 접근하려는 것이다.
- 작업현장을 중심으로 한 실물생산처리적 시스템으로, 요청받을 때 요청받은 양만큼 생산한다.

출제예상문제

01 총수요 감소를 초래할 수 있는 요인은?

① 소비 증가

② 환율 상승

③ 이자율 상승

④ 투자 증가

⑤ 정부지출 증가

> **해설** 이자율 상승은 투자를 감소시켜 총수요를 감소시킨다(나머지는 증가요인). 환율이 상승하면 순수출을 증대시켜 총수요를 증가시킨다.

02 다음 중 총수요와 총공급에 대한 설명으로 옳지 않은 것은?

① 총공급은 국민경제 총생산량(국민소득)과 물가(P)와의 관계로 나타난다.

② 장기 총공급곡선(AS)은 물가와 관계없이 항상 일정수준을 유지한다.

③ 초단기 공급곡선은 수직선의 형태를 보인다.

④ 총수요는 물가와 국민소득의 수요량과의 관계이다.

⑤ 총수요곡선은 장기와 단기 모두 우하향한다.

> **해설** 모든 가격이 변하지 않는 아주 짧은 초단기에는 기업이 고정된 가격수준에서 고객이 구입하고자 하는 만큼만 생산, 판매하므로 수평선의 형태를 보인다.

03 다음 중 환율 하락의 효과를 분석한 것으로 옳지 않은 것은?

① 수출이 감소하고 수입은 증가한다.

② 경상수지가 악화된다.

③ 실업자가 감소한다.

④ 경제성장이 둔화된다.

⑤ 외자도입기업의 원리금 상환부담이 감소한다.

> **해설** 환율이 하락하는 경우 수출이 감소하고, 경상수지가 악화되며, 실업자가 증가하고, 경제성장이 둔화된다.

01 ③   02 ③   03 ③   정답

04 총공급곡선이 수직선의 형태를 가질 경우 국민소득을 증가시키는 가장 좋은 방법은?

① 노동시장의 유연성을 높인다.
② 정부의 재정지출을 증가시킨다.
③ 개인소득에 대한 조세를 감면한다.
④ 기업의 투자를 활성화시킨다.
⑤ 중앙은행이 보유증권을 공개매입한다.

> **해설** 총공급곡선이 수직선 형태일 경우 총수요를 증가시키면 물가상승만 일어나고 GDP는 증가하지 않는다. 이러한 경우 GDP를 증가시키기 위해서는 총공급곡선이 우측으로 이동할 수 있는 방법을 취해야 한다. ② 재정지출의 증가, ③ 조세감면, ④ 투자활성화, ⑤ 증권매입은 총수요를 증가시키는 방법이며, ① 노동시장의 유연성 제고는 기업의 노동비용의 하락, 생산비용의 하락으로 이어져 총공급을 증가시킨다.

05 다음 중 총수요-총공급 모형에서 공급충격에 해당되지 않는 것은?

① 한국은행의 통화공급량 증가
② 홍수로 인한 농작물 피해
③ 파업으로 인한 임금 상승
④ 제조물 책임법의 도입
⑤ 원자재 가격의 상승

> **해설** 농작물 피해, 파업, 제조물 책임법 그리고 원자재의 가격 상승은 총생산을 감소시켜 총공급곡선을 왼쪽으로 이동시킨다. 그러나 통화량 증가는 이자율을 하락시켜 투자수요가 증가하여 총수요곡선을 오른쪽으로 이동시킨다.

06 다음은 금융정책의 수단에 관한 표현이다. 가장 옳지 않은 것은?

① 일반적인 정책수단으로 공개시장조작정책, 지급준비율정책, 재할인율정책 등이 있다.
② 선별적 정책수단으로 대출한도제, 이자율규제 등이 있다.
③ 공개시장조작은 선진국보다 후진국에서 많이 사용하고 있다.
④ 중앙은행이 재할인율을 증가시킬 경우, 시중의 통화량은 감소한다.
⑤ 지급준비율정책은 다른 수단에 비하여 즉각적인 효과를 기대할 수 있다.

> **해설** 일반적인 정책수단은 간접적 규제수단으로서 금융선진국에서 많이 사용하는 반면, 선별적 정책수단은 금융후진국에서 많이 사용한다. 지급준비율은 은행이 예금에 대비하여 보유하여야 하는 현금비율을 의미하며, 비율이 낮을수록 대출여력이 증가하기 때문에 시중 통화량이 증가된다.

07 아래 〈보기〉의 정책들 중에서 경기불황을 극복하는 데 도움이 되는 것은?

> 보기
> A. 법인세율의 인상
> B. 국책사업의 확장
> C. 콜금리의 인하
> D. 통화안정증권의 매각

① A, B   ② A, C
③ B, C   ④ B, D
⑤ C, D

해설 경기불황을 극복하려면 총수요를 확대해야 한다. 국책사업의 확장으로 정부지출의 증대를, 콜금리의 인하에 따른 투자수요의 증대를 가져와 총수요를 증가시킨다. 그러나 법인세율의 인상은 기업의 이윤을 감소시키며, 통화안정증권의 매각은 통화량의 흡수에 따른 이자율 상승을 가져와 총수요를 감소시킨다.

08 총수요 부족으로 인한 경기침체로 실제성장률과 잠재성장률 간의 격차가 발생하였다. 이를 해소하기 위한 재정정책 수단은?

① 세금 인상
② 정부지출 확대
③ 한계소비성향 증가
④ 이자율 인하
⑤ 정부투자 축소

해설 확장적 재정정책으로 정부지출을 확대하면 총수요를 증가시켜 경기침체를 해결할 수 있다. 세금 인상과 정부투자의 축소는 긴축적 재정정책으로 총수요를 감소시키며, 이자율 인하는 확장적 금융정책으로 총수요를 증가시킨다. 한편 한계소비성향은 민간에서 결정한다.

09 다음 설명 중에서 저량변수와 관련된 것은?

① 박사장은 우리 동네에서 부동산을 가장 많이 가진 사람이다.
② 내 컬러프린터는 1분에 20장씩 인쇄할 수 있다.
③ 한국식당의 하루 매상고는 500만원이 넘는다.
④ 아버지의 월급은 줄었는데도 우리 가족의 씀씀이는 커져서 걱정이다.
⑤ 햄버거 가게 아르바이트생의 임금은 시간당 2,000원이다.

해설 유량변수는 일정한 기간단위로 측정되는 변수이고, 저량변수는 특정시점에서의 누적단위로 측정되는 변수이다. 부동산은 특정시점 현재의 자산상태를 나타내는 저량변수인 반면에, 프린터의 분당 인쇄매수, 식당의 일일매출, 아빠의 월급, 알바생의 시급은 모두 일정한 기간 단위로 측정되는 유량변수이다.

10 GDP에 대한 다음 설명 중 옳은 것을 모두 고르면?

> 가. 2009년에 생산되어 재고로 보유되다가 2010년에 판매된 재화의 가치는 2010년 GDP에 포함된다.
> 나. 부동산 중개업자가 2001년에 지어진 아파트의 2010년 매매 중개로 받은 수수료는 2010년 GDP에 포함된다.
> 다. 2010년 들어 학교 교육에 실망한 부모들이 직장을 그만 두고 집에서 자식을 가르치면 2010년 GDP는 감소한다.
> 라. 홍수 피해를 복구하는 데 들어간 비용은 GDP에 포함된다.
> 마. 한국의 자동차 회사가 2010년에 미국에서 생산하여 한국에서 판매한 자동차의 가치는 한국의 2010년 GDP에 포함된다.

① 가, 나   ② 가, 라
③ 나, 다   ④ 가, 다, 라
⑤ 나, 다, 라

해설 가. 2009년에 생산된 재고는 2009년에 국내총생산에 포함되었으므로 2010년에 판매가 되었다고 해서 2010년에도 국내총생산에 포함시키면 국내총생산이 이중계산되는 문제가 있다. 따라서 재고는 생산 연도의 국내총생산에만 포함시킨다.
나. 서비스는 공급 연도에 소비되는 특성이 있다. 따라서 2001년에 건축된 아파트라 할지라도 중개서비스는 2010년에 발생하였으므로 중개수수료는 2010년에 포함된다.
다. 직장을 그만 두면 그만큼 생산이 줄어든다. 2010년에 퇴사하면 2010년의 생산이 감소하므로 2010년의 국내총생산은 감소한다.
라. 홍수 피해 복구를 위한 재화와 서비스가 생산되고 소비되므로 복구비용은 국내총생산을 증가시킨다. 따라서 국내총생산은 삶의 질을 정확히 반영하지 못하는 한계를 지닌다.
마. 국내총생산은 생산지역주의를 바탕으로 한다. 그래서 미국에서 생산한 자동차는 미국의 국내총생산에 포함된다.

11 다음 자료는 어느 나라의 국민소득통계이다. 이 나라의 국내총생산(GDP)은?

> • 민간소비지출 : 270
> • 민간설비투자 : 50, 민간건설투자 : 80, 재고변화 : −10
> • 정부지출 : 40
> • 수출 : 250, 수입 : 150

① 500   ② 530
③ 540   ④ 550
⑤ 830

해설 GDP는 민간소비지출, 민간투자(= 설비투자 + 건설투자 + 재고변화), 정부지출, 순수출(= 수출 − 수입)의 합과 같다.

12 우리나라는 1997년 말 시작된 외환위기로 대량 실업을 경험하였다. 이와 가장 유사한 성격의 실업은?

① 내가 근무하던 중소기업에서는 계속 근무해 주기를 원했지만 월급을 더 많이 주는 대기업을 찾기 위해서 사표를 냈다.

② 내가 가진 기능은 타이핑인데 타자수를 원하는 직장이 거의 없어서 직장을 구할 수 없다.

③ 나를 비롯한 많은 사람들이 일자리를 찾고 있지만, 현재 직장이 있는 사람들조차 해고당하는 실정이니 당분간은 취업이 어려울 것 같다. 경기가 좋아져야 취업이 가능할 것 같다.

④ 해수욕장에서 장사를 하는 나는 여름 한철에만 영업을 하고 겨울에는 쉬고 있다.

⑤ 나는 대학을 졸업하고 직장 없이 유학을 준비하고 있다.

> 해설　③ 1997년 말 외환위기로 인한 대량실업은 '경기적 실업'이다. 따라서 경기불황으로 인한 실업인 ③번이 유사한 실업이다.
> ① 자발적 실업 : 현재의 임금수준에서 일할 의사를 가지고 있지 않아 실업인 상태
> ② 구조적 실업 : 일시적인 실업이 아닌 산업구조에 기인한 노동수급의 불균형으로 발생한 실업
> ④ 계절적 실업 : 해당 산업의 호황과 불황이 계절적 특성에 기인함으로써 발생하는 실업
> ⑤ 실업자가 아닌 비경제활동인구에 속한다. 취업할 의사가 없기 때문이다.

13 대학 졸업 후 일자리를 찾고 있던 20대 후반의 철수는 당분간 구직 활동을 포기하고 집에서 쉬기로 하였다. 철수와 같은 사람이 많아지면 실업률과 고용률에 어떠한 변화가 생기는가? (단, 고용률은 '취업자수 / [생산활동가능인구(= 15세 ~ 64세 인구)]'이다)

① 실업률 상승, 고용률 불변　　　　　② 실업률 상승, 고용률 하락

③ 실업률 하락, 고용률 불변　　　　　④ 실업률 하락, 고용률 하락

⑤ 실업률 불변, 고용률 불변

> 해설　실업자이던 철수가 비경제활동인구로 바뀌었다. 실업률의 정의를 생각해 보면, 분자인 실업자보다 분모인 경제활동인구가 큰 상황에서 실업자와 경제활동인구가 같은 숫자만큼 줄어든 것이므로 실업률은 하락한다. 고용률의 경우 취업자와 생산활동가능인구에 아무런 변화가 없었으므로 변화하지 않는다.

14 실업률이 10%이고, 경제활동참가율이 60%이며, 비경제활동인구가 400만명이면, 취업자수는?

① 540만명　　　　　　　　　　　② 600만명

③ 660만명　　　　　　　　　　　④ 900만명

⑤ 1,100만명

> 해설　'경제활동참가율 = 경제활동인구 / 노동가능인구, 노동가능인구 = 경제활동인구 + 비경제활동인구'이므로 60% = 경제활동인구 / (경제활동인구 + 400만명)에서 경제활동인구 = 600만명이고, '실업률 = 실업인구 / 경제활동인구, 경제활동인구 = 실업인구 + 취업인구'이므로 실업인구 = 10% × 600만명 = 60만명이다. 따라서 취업인구 = 600만명 - 60만명 = 540만명

15 거시경제변수들에 대한 다음 설명 중 옳은 것은?

① 경제활동의 세계화가 확산되면서 전세계 국가들의 국민총생산의 합이 국내총생산의 합보다 점점 더 커지고 있다.

② 교역조건이 악화되었을 경우 실질 국내총소득(GDI) 증가율이 실질 국내총생산(GDP) 증가율보다 더 낮게 나타난다.

③ GDP디플레이터 상승률은 매년 일정한 재화 품목을 구입하는 비용이 상승하는 정도를 측정한다.

④ 소비자물가지수를 구성하는 재화의 품목은 매년 변화한다.

⑤ 자동차의 국산화율이 높아졌다 하더라도 품질과 생산대수가 동일하다면 자동차 생산의 실질 국내총생산은 변하지 않는다.

> **해설** ② 교역조건이 악화되면 실질 국내총소득(실질GDI)가 감소하여 실질GDI 증가율이 실질GDP 증가율보다 낮다.
> ① 전세계를 단일국가라고 가정하면 자국 내에서 자국민의 생산은 국내총생산과 국민총생산이 같으므로, 전세계 국내총생산의 합은 전 세계 국민총생산의 합과 같다.
> ③ · ④ GDP디플레이터 산정 시 비교 연도의 재화묶음을 가중치로 사용하므로 매년마다 변하는 재화묶음의 구매비용의 상승정도를 계산한다. 반면에 소비자물가지수는 기준 연도의 재화묶음을 가중치로 사용하므로 재화묶음이 고정되어 있다.
> ⑤ 자동차의 국산화율이 높아지면 국내에서 자동차의 중간단계에 해당하는 부가가치가 증가하여 국내총생산이 증가한다.

16 정부에서 발표하는 물가지수와 가정에서 느끼는 체감물가가 차이나는 이유에 대해 학생들이 발표한 내용이다. 틀리게 발표한 학생은 누구인가?

> 재호 : 소비과정에서 가격이 오른 재화만 고려하는 경향 때문이다.
> 익수 : 소득수준에 따른 체감의 차이 때문이다.
> 용석 : 개인적인 소비형태나 취향에 따라 물가변동에 대해 느끼는 감각이 다를 수 있기 때문이다.
> 혜원 : 정부에서 발표하는 물가는 단순물가지수이기 때문이다.

① 재 호

② 용 석

③ 용석, 익수

④ 익 수

⑤ 혜 원

> **해설** 정부에서 공식적으로 발표하는 물가지수와 개인들이 느끼는 체감물가가 괴리를 보이는 이유는 여러 가지가 있을 수 있다. 첫째, 개인들은 가격이 내리거나 적게 오른 상품보다 가격이 많이 오른 상품을 중심으로 물가를 생각하는 경향이 있다. 둘째, 소득수준이 증가하여 TV, 냉장고, 자동차 등을 대형으로 바꾸다보니 가전제품의 가격, 전기료 등의 지출이 늘어난 것을 물가가 오른 것으로 오인할 수 있다. 셋째, 자녀들의 성장에 따라 식비, 의류비, 사교육비 등 생활비가 늘어난 것을 물가가 상승하는 것으로 인식하는 경우도 있다. 넷째, 개인들의 소비행태에 따라 물가에 대해 서로 다르게 느낄 수 있다. 예를 들면, 수업료는 많이 올랐지만 전자제품 가격이 내려서 전반적인 물가수준은 변동이 없다고 하더라도 학생이 있는 가정에서는 물가가 많이 오른 것으로 느끼게 되는 것이다.

17 외환보유액이 늘어나게 되는 직접적 요인이 아닌 것은?

① 무역수지 흑자
② 해외 근로자의 국내 송금 증가
③ 외국인의 국내 주식보유 증가
④ 외국인직접투자 증가
⑤ 해외여행 및 유학의 증가

해설 해외여행 및 유학의 증가는 외환보유액의 감소요인이다.

18 우리나라 국제수지에 관한 다음 설명 중 타당한 것은? 최신출제유형

① 유학생에 대한 송금 증가는 자본수지 적자 요인이다.
② 상품수지와 서비스수지는 동시에 적자를 기록할 수 없다.
③ 외국인의 국내 채권보유 증가는 자본수지 적자 요인이다.
④ 국내 기업의 해외 건설공사 증가는 경상수지 적자 요인이다.
⑤ 외국인에 대한 주식배당금의 해외 송금은 경상수지 적자 요인이다.

해설 ⑤ 외국인에 대한 주식배당금은 경상수지 중 소득수지에 해당된다.
　　　① 유학생에 대한 송금 증가는 경상수지 적자 요인이다.
　　　② 상품수지와 서비스수지 간에 유지되어야 한다는 항등식은 없다.
　　　③ 외국인의 국내 채권보유 증가는 해외자금이 국내로 유입되므로 자본수지 흑자 요인이다.
　　　④ 해외건설 공사로부터 얻게 되는 임금 및 이익의 증가는 경상수지 흑자 요인이다.

19 우리나라의 무역수지를 개선시킬 것으로 기대되는 것은?

① 국제 원자재 가격이 급등하고 있다.
② 외국인의 국내 주식투자가 증가하고 있다.
③ 소비침체로 경제성장률이 둔화되고 있다.
④ 주택자금 대출 수요 증가로 금리가 상승하고 있다.
⑤ 외국 물가에 비해 국내 물가가 빠르게 상승하고 있다.

해설 소비침체로 경제성장률이 둔화되면 수입도 줄어들게 되므로, 무역수지는 개선될 것이다. 국제 원자재 가격 상승,
금리 상승, 국내 물가의 상대적인 상승은 무역수지를 악화시키는 요인이다. 외국인의 국내 주식투자 증가는
직접적으로 무역수지와 관련이 없지만, 환율을 하락시키는 경우 무역수지를 악화시키는 요인이 된다.

17 ⑤　18 ⑤　19 ③ 정답

20 외환시장에서 자국화폐의 가치상승이 예상되는 경우에 대한 설명으로 가장 옳은 것은?

① 외환수요곡선과 외환공급곡선이 모두 이동하지 않는다.

② 외환수요곡선이 왼쪽으로 이동하고 외환공급곡선은 오른쪽으로 이동한다.

③ 외환수요곡선과 외환공급곡선이 모두 오른쪽으로 이동한다.

④ 외환수요곡선과 외환공급곡선이 모두 왼쪽으로 이동한다.

⑤ 외환수요곡선은 오른쪽으로 이동하고, 외환공급곡선은 이동하지 않는다.

> **해설** 자국화폐의 가치상승은 환율하락을 뜻한다. 환율하락은 외환수요의 감소나 외환공급의 증가로 발생한다.

21 A국은 변동환율제도를 채택하고 있고 자본시장이 완전히 개방되어 있다. 다음의 상황들이 발생할 경우 그 결과로 나타나는 환율의 변화방향이 다른 것은?

① 국내 물가의 하락

② 해외 경기의 침체

③ 내국인의 해외여행의 위축

④ 해외에서 대규모 차관도입

⑤ 무역수지 흑자의 증가

> **해설** ② 해외 경기가 침체되면 수출이 감소하여 외환의 공급이 감소하여 환율이 상승한다.
> ① 국내 물가가 하락하면 수출이 증가하여 외환의 공급이 증가한다.
> ③ 해외여행의 위축으로 외환의 수요가 감소하여 환율은 하락한다.
> ④ · ⑤ 무역수지가 흑자 또는 해외차관도입의 경우에 외환의 공급이 증가하고 이에 따라 환율이 하락한다.

22 다음 중 나머지 경우와 다른 방향으로 대미 달러 환율에 영향을 미치는 것은? [최신출제유형]

① 국내 기업에 의한 해외직접투자가 증가한다.

② 정부가 외환시장에 개입하여 달러화를 매도한다.

③ 경상수지 흑자폭 증가세가 지속된다.

④ 외국인 관광객들의 국내 지출이 큰 폭으로 증가한다.

⑤ 외국인 투자자들이 국내 주식을 매수하는 추세가 지속된다.

> **해설** ① 국내 기업이 해외직접투자를 하면 자본유출로 외환의 수요가 증가해서 환율이 상승한다.
> ② · ③ · ④ · ⑤ 정부가 외환시장에서 달러를 매도하면 달러의 공급이 증가하고, 경상수지 흑자가 커지거나 외국인 관광객들의 국내 지출이 증가하거나 외국인 투자자들의 국내 주식의 매입이 증가하면, 수출과 자본유입의 증가로 외환의 공급이 증가해서 환율이 하락한다.

23 원화와 엔화가 달러화에 비해 모두 강세를 보이고 있다. 그런데 원화의 강세가 엔화에 비해 상대적으로 더 강하다고 할 때 나타나는 현상에 대한 설명 중 옳지 않은 것은? [최신출제유형]

① 일본에 여행하는 우리나라 관광객의 부담이 줄어들었다.

② 미국이 한국과 일본에서 수입하는 제품의 가격이 올라갔다.

③ 일본산 부품을 사용하는 우리나라 기업의 생산비용은 증가하였다.

④ 미국에 수출하는 우리나라 제품의 가격 경쟁력은 일본에 비해 떨어졌다.

⑤ 엔화표시 채무를 가지고 있는 우리나라 기업의 원리금 상환부담은 감소하였다.

> **해설** 원화와 엔화가 모두 달러화에 비해 강세이면 '원/달러', '엔/달러' 환율이 낮다. 게다가 원화가 엔화에 비해 더 강세이면 '원/엔' 환율도 낮다. 따라서 일본산 부품의 수입가격이 낮아져서 우리나라 기업의 생산비용이 절감된다.

24 어떤 개인이 현금 100만원을 자기 거래은행의 보통예금 계좌에 입금할 경우, 통화량에 미치는 영향을 옳게 서술한 것은?

① 통화량은 즉각적으로 100만원만큼 증가한다.

② 통화량은 즉각적으로 100만원만큼 감소한다.

③ 애초에 통화량에는 변화가 없지만 궁극적으로 100만원만큼 증가한다.

④ 애초에 통화량에는 변화가 없지만 궁극적으로 100만원 이상 증가한다.

⑤ 통화 측면에서 아무런 영향을 미치지 못한다.

> **해설** '통화량 = 현금통화 + 예금통화'이다. 개인이 현금통화를 은행에 예금하면 현금통화가 예금통화(본원적 예금)로 바뀔 뿐이므로 통화량의 변화는 없다. 그러나 은행이 본원적 예금을 대출에 사용하면 예금통화가 창조되어 통화량이 증가한다.

23 ③ 24 ④ 정답

25 한 경제에 유통되는 화폐의 양을 나타내는 통화지표는 나라마다 조금씩 다른데, 우리나라의 경우는 다음과 같이 작성되고 있다.

> • 현금통화 = 민간의 지폐 및 주화 보유액
> • M1 = 현금통화 + 예금은행 요구불예금
> • M2 = M1 + 예금은행 저축성예금
> • Lf = M2 + 비은행금융기관 예금 + 양도성예금증서 + 금융채권

이와 관련하여 다음의 진술 중 옳지 않은 것은?

① 상이한 여러 통화지표의 작성 기준은 금융자산의 유동성을 얼마나 고려하고 있느냐에 따라 달라진다.

② M1은 현금통화에 비해 유동성이 크지만 M2보다는 작다.

③ 현금통화에서 M1 → M2 → Lf으로 바꾸어 선택할수록 지불 수단으로서 화폐의 기능이 작아진다.

④ 통화지표를 현금통화에서 M1 → M2 → Lf로 바꾸어 선택할수록 금융 정책 당국은 금융 정책의 효과가 어떻게 나타나는지 파악하기 힘들어진다.

⑤ 금융정책 당국이 어떤 통화지표를 선택할지에 대한 고려는 그 통화지표가 얼마나 실물경제 동향을 잘 반영하는가에 달려 있다.

> **해설** 지불 수단은 화폐의 여러 기능 중 하나이다. 이것은 즉시 상품을 구매할 능력을 의미하는데 이러한 화폐의 성질을 '유동성'이라고 한다. 요구불예금은 은행에 예치되어 있지만 언제나 필요하면 은행에서 찾아 쓸 수 있다. 그래서 예금은 매우 유동성이 높다고 할 수 있다. 저축성예금이나 채권으로 갈수록 유동성은 줄어든다. 따라서 M1은 현금통화에 비해 유동성이 적지만 M2보다는 크다고 할 수 있다.

시장환경분석

26 **통화량 증가를 가져오는 경제활동은?**

① 한국은행이 외환시장에서 달러를 매도하였다.

② 개인이 주식을 팔고 그 대금을 증권회사로부터 받았다.

③ 기업이 은행예금에서 현금을 인출하였다.

④ 은행이 기업에 신규로 대출하였다.

⑤ 개인이 보유현금으로 기업의 신규발행 회사채를 매입하였다.

> **해설** ① 시중의 통화가 한국은행으로 흡수되므로 통화량은 감소한다.
> ③ 예금을 줄였으므로 은행의 신용창조가 감소하여 통화량이 감소한다.
> ②・⑤ 통화량은 불변한다.

27 다음 중 통화량의 감소를 가져오는 것은?

① 중앙은행이 재할인율을 인하하였다.

② 가계가 예금을 줄이고 현금보유를 늘렸다.

③ 중앙은행이 법정 지급준비율을 인하하였다.

④ 국내은행이 국제금융시장에서 자금을 차입하였다.

⑤ 중앙은행이 공개시장조작을 통해 국공채를 매입하였다.

> 해설 가계가 예금을 줄이는 대신 현금보유를 늘리면 은행의 신용창조가 감소해 통화량이 줄어든다. 재할인율과 법정 지급준비율 인하, 공개시장조작을 통한 국공채 매입 등은 중앙은행의 확장적 통화정책과 관련 있다. 국제시장에서의 자금 차입도 통화량 증가의 원인이 된다.

28 다음 중 경기침체에 선행하여 나타날 것으로 예상되는 현상은 어느 것인가?

① 예상 GDP성장률이 상향조정된다.

② 기업들이 생산시설을 확충할 필요를 느낀다.

③ 재고가 증가한다.

④ 노동자를 구하기 어렵다.

⑤ 수출전망이 좋아진다.

> 해설 기업에 재고가 누적되는 것은 재고가 팔리지 않기 때문으로 경기침체가 예상된다.

29 다음 중 본원통화에 해당하지 않는 것은?

① 은행의 초과지급준비금

② 민간보유현금

③ 화폐발행액

④ 중앙은행의 지급준비예치금

⑤ 민간보유예금

> 해설 본원통화는 중앙은행으로부터 시중으로 방출된 통화이다. 본원통화는 시중은행을 통해 민간에 유출되는 민간보유현금과 시중은행이 가지고 있는 시재금(초과지급준비금) 그리고 중앙은행으로 환수되는 지급준비예치금으로 구성된다. 그리고 민간보유현금과 시재금을 합하여 화폐발행액이라 한다. 그러나 시중은행의 신용창조로 창출된 예금통화는 포함하지 않는다.

30 다른 조건이 동일할 때 경제성장에 필요한 노동생산성의 향상을 가져오는 것으로 보기 어려운 것은? [최신출제유형]

① 교육투자의 증대
② 기술개발
③ 인구증가
④ 1인당 자본량의 증가
⑤ 학습효과

해설 인구의 증가로 노동량이 증가하면 노동의 한계생산이 체감한다.

31 국제유가가 크게 상승하고 있음에도 불구하고 국민소득이 증가할 수 있는 경우는?

① 기업이 국제유가 상승에 대응하여 투자를 줄이는 경우
② 소비자들이 물가가 상승함에 따라 소비를 줄이는 경우
③ 중앙은행이 이자율을 하락시켜 기업의 투자가 크게 증가하는 경우
④ 기업의 기술혁신이 이루어져 총수요가 크게 감소하는 경우
⑤ 정부지출 증대에 따른 승수효과에 비해 구축효과가 큰 경우

해설 국민소득이 증가하려면 총생산이 증가하거나 총수요가 증가해야 한다. 중앙은행이 통화량을 증대시키면 이자율이 하락하여 투자수요가 증가하므로 총수요가 증가한다. 한편 정부지출의 구축효과가 승수효과보다 크면 정부지출에 따른 민간투자가 더 크게 감소하여 총수요가 오히려 감소한다.

32 경기침체가 존재할 때 이를 감소시키는 방법과 가장 거리가 먼 것은?

① 정부지출을 확대한다.
② 투자세액공제를 확대한다.
③ 확장적인 통화정책으로 이자율을 낮춘다.
④ 소득세율을 낮추어 처분가능소득을 증가시킨다.
⑤ 외환시장에 개입하여 원화가치를 상승시킨다.

해설 경기침체기에 원화가치가 상승하면 환율의 하락으로 순수출이 감소하므로 경기침체가 심화된다.

33 경기침체가 발생하였을 때 이를 해소하기 위한 재정정책 수단은?

① 세금 인하
② 정부지출 축소
③ 보조금 지급 범위 축소
④ 이자율 인하
⑤ 한계소비성향 증가

해설 확장적 재정정책으로 정부지출을 확대하면 경기침체를 해결할 수 있다. 세금 인상과 정부투자의 축소는 긴축적 재정정책으로 총수요를 감소시키며, 이자율 인하는 확장적 금융정책으로 총수요를 증가시킨다.

34 경기종합지수에서 경기동행지수를 구성하는 변수가 아닌 것은?

① 건설기성액
② 기계수주액
③ 내수출하지수
④ 수입액
⑤ 비농림어업취업자수

해설 기계수주액이 많아질수록 앞으로 경기가 좋아질 것이 예상되므로 기계수주액은 경기선행지수이다.

35 경기종합지수에서 경기선행지수에 속하지 않는 것은?

① 건설수주액
② 제조업가동률지수
③ 종합주가지수
④ 소비자기대지수
⑤ 장단기금리차

해설 경기가 좋아지면 공장의 가동률이 높아지므로 제조업가동률지수는 경기동행지수이다.

36 다음 중 통화량의 크기를 결정하는 요인을 모두 고른 것은?

> A. 본원통화의 크기
> B. 민간의 현금화폐와 예금화폐에 대한 선호도
> C. 이자율

① A
② A, B
③ B, C
④ A, C
⑤ A, B, C

해설 '통화량 = 통화승수 × 본원통화'이므로 통화승수와 본원통화가 통화량에 영향을 미친다. 민간의 현금통화/예금통화가 낮을수록 시중은행이 대출을 많이 할 수 있어 통화승수가 커져 통화량이 증가한다. 그리고 이자율이 높을수록 민간의 현금보유의 기회비용이 높아져 현금통화/예금통화가 낮아져서 통화량이 증가한다.

37 통화량과 관련된 다음 설명 중 옳지 않은 것은?

① 한국은행이 채권을 매각하였다면 본원통화가 감소된다.

② 은행들이 지급준비율을 낮게 유지할수록 통화승수는 감소한다.

③ 금융시장 불안으로 사람들이 예금에 비해 현금보유비율을 높인다면 통화량은 감소한다.

④ 지급준비금이 부족한 은행이 한국은행으로부터 긴급대출지원을 받을 때 적용되는 금리를 재할인 금리라고 한다.

⑤ 은행들의 지급준비율이 100%로 규제되었다면 본원통화와 통화량은 동일하다.

> **해설** 중앙은행이 무엇이든지 매각하면 매각대금이 중앙은행으로 흡수되어 본원통화가 감소한다. 그리고 지급준비율이 낮을수록 은행의 대출규모가 커지므로 통화승수는 커진다. 한편 현금보유비율이 높아지면 은행이 대출할 재원인 예금규모가 작아져서 통화승수가 낮아지므로 통화량이 감소한다. 만약에 지급준비율이 100%이면 시중은행이 예금을 전액 지급준비금으로 보유하고 대출(신용창조)을 할 수가 없으므로 본원통화와 통화량이 같다.

38 통화공급과 관련된 다음 설명 중 옳지 않은 것은?

① 통화량을 민간보유현금통화와 요구불예금의 합으로, 본원통화를 민간보유현금통화와 지급준비금의 합으로 정의하면, 현금예금비율이 0.6이고 지급준비율이 0.2인 경우 통화승수는 3이다.

② 통화량을 민간보유현금통화와 요구불예금의 합으로, 본원통화를 민간보유현금통화와 지급준비금의 합으로 정의하면, 통화승수가 3이고 본원통화가 5조원만큼 증가하는 경우 통화량은 15조원만큼 증가한다.

③ 중앙은행은 공개시장조작, 지급준비율조절, 재할인율조절을 통해 통화공급을 통제할 수 있다.

④ 중앙은행이 은행으로부터 채권을 매입하면 통화공급이 증가한다.

⑤ 중앙은행이 지급준비율을 하락시키면 통화공급이 증가한다.

> **해설** 중앙은행이 공개시장조작으로 채권을 매입하면 통화량이 증가하고, 채권을 매각하면 통화량이 감소한다. 그리고 지급준비율을 낮추면 통화승수가 커져서 통화량이 증가하고, 높이면 통화승수가 작아져서 통화량이 감소한다. 또한 재할인율을 낮추면 시중은행이 중앙은행으로부터 차입이 증가해서 통화량이 증가하고, 높이면 차입이 감소해서 통화량이 감소한다. '통화승수 = 통화량/본원통화'이므로 통화량 = 통화승수 × 본원통화 = 3 × 5조원 = 15조원이다. 한편 통화승수 = (현금 대 예금비율 + 1)/(현금 대 예금비율 + 지급준비율) = (0.6 + 1)/(0.6 + 0.2) = 2이다.

39 정부가 국채 발행을 통하여 재정지출을 늘리고, 중앙은행이 이 국채를 공개시장에서 모두 매입하였다. 그 결과 예상되는 현상을 〈보기〉에서 모두 고르면?

보기
  ㄱ. 실업률이 하락한다.
  ㄴ. 경제성장률이 하락한다.
  ㄷ. 물가상승률이 둔화된다.
  ㄹ. 실질 국채금리는 변화하지 않는다.

① ㄱ, ㄴ   ② ㄱ, ㄹ
③ ㄴ, ㄷ   ④ ㄴ, ㄹ
⑤ ㄷ, ㄹ

해설 정부가 재정지출을 증가시키면 단기적으로 경제성장률이 상승하고 실업률이 하락하며, 물가상승률은 높아진다. 한편 정부가 발행한 국채를 중앙은행이 모두 매입함에 따라 시장에서 유통되는 국채의 양은 변화가 없으므로 실질 국채금리는 변화하지 않는다.

40 거시경제에 관한 다음 견해 중 가장 타당한 것은?

① 경상수지 흑자는 클수록 좋다.
② 외환보유액은 많을수록 좋다.
③ 국내저축률은 높을수록 좋다.
④ 물가상승률은 낮을수록 좋다.
⑤ 경기변동의 폭은 작을수록 좋다.

해설 ⑤ 경기변동이 커지면 불확실성이 높아지고 조정비용이 커지므로 경기변동은 작을수록 바람직하다.
   ① 경상수지 흑자는 국내 재화 및 서비스 생산에 비해 소비, 투자 등 국내 수요가 부족함을 의미하므로 클수록 좋다고 할 수 없다.
   ② 외환보유고를 유지하려면 비용이 유발된다. 따라서 불필요하게 많은 양의 외환보유고를 유지하는 것은 재투자의 기회를 놓치는 기회비용을 유발시킨다.
   ③ 저축은 미래소비를 위해 현재소비를 포기하는 것이므로 저축률이 높은 것이 반드시 바람직한 것은 아니다.
   ④ 물가상승률이 너무 낮아 0에 가까워지면 디플레이션의 위험이 발생한다.

41 장기적으로 경제성장에 도움이 되는 것을 〈보기〉에서 모두 고르면?

ㄱ. 교육 수준 향상
ㄴ. 재산권 보호 강화
ㄷ. 수입 관세율 인상
ㄹ. 연구개발 투자 증가
ㅁ. 외국인 국내 직접 투자 제한

① ㄱ, ㄴ, ㄹ
② ㄱ, ㄷ, ㅁ
③ ㄴ, ㄷ, ㄹ
④ ㄴ, ㄹ, ㅁ
⑤ ㄷ, ㄹ, ㅁ

해설 한 나라의 경제성장은 노동 및 자본과 같은 투입요소, 기술 수준, 경제체제의 효율성 등에 의해 결정되는데, 장기적으로는 기술 수준 및 경제체제의 효율성이 중요한 것으로 알려져 있다. 교육 수준의 향상은 노동의 질 개선, 기술의 확산, 합리적인 제도의 정착에 도움이 된다(ㄱ). 재산권 보호가 강화되면 경제 주체가 노력에 따른 과실을 얻는 데 대한 불확실성이 줄어들므로, 더욱 적극적인 경제행위가 가능해진다(ㄴ). 수입 관세율을 인하하면 해외로부터의 경쟁 압력이 높아져 경제체제의 효율성을 개선하는 데 도움이 되며(ㄷ), 연구개발 투자는 기술 수준을 높이는 데 도움이 된다(ㄹ). 외국인 직접 투자는 새로운 기술 및 경영 기법 등을 도입하는 통로가 된다(ㅁ).

42 글로벌 금융 위기로 국제 투자자금이 상대적으로 안정적인 국가로 집중되면 그 국가에 나타날 수 있는 경제 현상을 순서대로 바르게 나열한 것은? `최신출제유형`

	이자율	경상수지
①	상 승	개 선
②	상 승	악 화
③	하 락	개 선
④	하 락	악 화
⑤	하 락	불 변

해설 국제 투자자금이 유입되면 외환시장에서는 외환의 공급 증가로 환율이 하락하고, 국내 자금시장에서는 통화량 증가로 이자율이 하락하게 된다. 이자율과 환율의 하락은 수출 감소와 수입 증가를 초래하여 경상수지는 악화된다.

43 중앙은행이 화폐공급을 증가시키기 위해 국채를 이용하여 공개시장조작을 하는 경우 국채가격은 (　　　)하고 이자율은 (　　　)한다. 빈 칸에 들어갈 말은 각각 무엇인가?

① 하락, 상승
② 하락, 하락
③ 상승, 상승
④ 상승, 하락
⑤ 불변, 상승

해설　중앙은행이 화폐공급을 증가시키려면 국공채를 매입하여 국공채의 초과수요로 국공채가격이 비싸지고 국공채 이자율은 하락한다.

44 유가 하락과 소비세 인상이 동시에 발생했을 때 실질GDP와 물가수준에 미치는 영향은?

① 실질GDP는 증가할 것이나, 물가수준은 상승할지 하락할지 알 수 없다.
② 실질GDP는 감소할 것이나, 물가수준은 상승할지 하락할지 알 수 없다.
③ 실질GDP는 증가하고 물가수준은 상승한다.
④ 실질GDP가 증가할지 감소할지 알 수 없으나, 물가수준은 상승한다.
⑤ 실질GDP가 증가할지 감소할지 알 수 없으나, 물가수준은 하락한다.

해설　유가 하락은 총공급을 증가시키고, 소비세 인상은 총수요를 감소시킨다. 즉, 유가 하락은 실질GDP를 증가시키고 물가를 하락시키는 요인인 반면, 소비세 인상은 실질GDP를 감소시키고 물가를 하락시키는 요인이다.

45 다음 자료에서 밑줄 친 정책으로 적절한 것은?

> 최근 유럽 재정위기에 따른 영향으로 A국은 경기침체를 겪고 있다. 이에 정책 당국은 경기회복을 위한 정책을 고려하고 있다.

① 세율을 인상한다.
② 재정지출을 확대한다.
③ 기준금리를 인상한다.
④ 지급준비율을 인상한다.
⑤ 공개시장조작을 통해 국공채를 매각한다.

해설　경기침체 시에는 경기 회복을 위해서 확장적 통화정책 또는 확장적 재정정책을 펼 것이다. 확장적 재정정책으로는 세율을 인하하거나(①) 재정지출을 확대하는 정책을(②), 확장적 통화정책으로는 기준금리 또는 지급준비율을 인하하거나(③, ④) 공개시장조작을 통해 국공채를 매입하는 정책(⑤)을 들 수 있다.

46 GDP(Gross Domestic Product)에 관한 설명으로 옳지 않은 것은?

① GDP를 측정할 때 중간재의 가치는 제외하고 최종 상품과 최종 서비스의 가치만을 더한다.

② 실질GDP의 단기 변화는 외국에서 자국민이 생산한 금액을 반영한다.

③ 주부의 가사노동으로 생산된 금액은 GDP계산에서 제외된다.

④ 상품의 품질향상은 GDP계산에 제대로 반영되지 못한다.

⑤ GDP는 지하경제를 제대로 반영하지 못한다.

> **해설** ② 외국에서 자국민이 생산한 금액은 국민총생산(GNP)에 포함되고, 자국에서 외국인이 생산한 금액은 국내총생산(GDP)에 포함된다.
> ① 한편 국내총생산은 최종생산물의 가치로 평가하는 데, 중간재의 가치는 이미 최종생산물에 반영되었으므로 국내총생산에 포함시키는 경우 이중계산의 문제가 있어 반영하지 않는다.
> ③·④·⑤ 시장에서 거래되지 않는 가사노동, 계량적 측정이 불가능한 품질 향상 그리고 지하경제는 국내총생산에 포함되지 못한다.

47 다음 중 실질GDP에 대한 총수요에 포함되지 않는 것은?

① 주식과 채권 구입

② 신규공장과 주택건설

③ 의료 서비스 구입

④ 외국인들의 국내재화 구입

⑤ 정부의 차세대 무기 구입

> **해설** 주식과 채권은 청구권의 이전일 뿐이므로 국내총생산을 구성하지 않는다.

48 다음 중 채권수익률을 상승시키는 요인이 아닌 것은?

① 정부가 국채를 발행하여 자금을 조달하는 경우

② 금융위기로 인하여 국가신용등급이 하락하는 경우

③ 기업이 회사채를 발행하여 투자재원을 마련하는 경우

④ 외국인의 국내채권에 대한 수요가 증가하는 경우

⑤ 내국인의 국내채권에 대한 수요가 감소하는 경우

> **해설** 채권수익률은 채권투자에서 만기까지 얻게 되는 현금흐름의 현재가치와 채권의 시장가격을 일치시켜 주는 할인율로서 예금 이자율과 같은 개념이다. 채권수익률은 크게 발행수익률과 유통수익률로 나뉘어진다. 발행수익률은 채권 발행 시 약정한 이자율이며, 유통수익률은 채권이 시장에서 거래될 때 적용되는 이자율이다. 채권수익률은 채권시장 가격의 변화와 반대방향으로 움직이며, 일반적으로 지급불이행 위험이 낮을수록, 만기가 짧을수록, 유동성이 높을수록 낮아진다.
> ④ 외국인의 국내채권에 대한 수요증가는 채권의 초과수요로 채권가격을 상승시켜 채권수익률을 하락시킨다.
> ①·③ 정부의 국채 발행 또는 기업의 회사채 발행은 채권공급의 증가로 채권가격을 하락시켜 채권수익률을 상승시킨다.
> ②·⑤ 국가신용등급의 하락 또는 내국인의 국내채권에 대한 수요 감소는 모두 채권의 초과공급으로 채권가격을 하락시켜 채권수익률을 상승시킨다.

49 토빈의 q에 대한 설명으로 적합하지 않은 것은?

① 기업보유자본의 시장가치를 기업보유자본의 대체비용으로 나눈 값이다.

② q값이 1보다 크면 순투자가 이루어진다.

③ 현재 및 장래 기대이윤이 증가하면 q값은 증가한다.

④ 실질이자율이 상승하면 q값은 감소한다.

⑤ 자본의 한계생산이 증가하면 q값은 감소한다.

> **해설** 토빈의 q는 기업보유자본의 시장가치를 대체비용으로 나눈 수치이다. 그래서 토빈의 q에는 주가에 반영된 모든 정보가 포함되어 있다. 현재 및 장래 기대이윤의 증가 또는 자본의 한계생산의 증가로 주가가 높아지면 토빈의 q도 상승하고, 실질이자율이 상승하면 주식과 대체관계에 있는 채권으로 자금이 이동하여 주가가 하락하므로 토빈의 q도 하락한다. 한편 토빈의 q가 1보다 크면 투자가 증가하고, 토빈의 q가 1보다 작으면 투자가 감소한다.

50 국공채 발행을 통한 재정지출의 증가는 민간지출을 감소시킬 수 있다. 이러한 변화를 일으키는 요인으로 가장 적절한 것은?

① 이자율을 상승시켜 투자와 소비를 줄이므로

② 환율을 상승시켜 순수출을 감소시키므로

③ 인플레이션을 유발하여 소비를 감소시키므로

④ 민간저축을 증가시켜 소비를 감소시키므로

⑤ 조세를 증가시켜 가처분소득을 감소시키므로

> **해설** 국공채가 발행되면 국공채의 가격이 하락하여 자금이 국공채의 매입에 사용된다. 국공채 매입액만큼의 자금이 대부자금시장에서 빠지므로 자금의 공급이 감소한다. 대부자금시장에서 자금의 공급감소는 이자율을 상승시켜 투자와 소비를 줄인다.

51 재정흑자 증가의 결과로 가장 옳지 않은 것은?

① 실질이자율이 하락한다.

② 민간저축이 감소한다.

③ 민간투자가 증가한다.

④ 재정흑자의 증가분만큼 국민저축이 증가한다.

⑤ 정부저축이 증가한다.

> **해설** 재정흑자는 정부저축의 증가로 대부자금시장에서 자금공급이 증가하여 실질이자율이 하락한다. 실질이자율의 하락으로 민간소비와 민간투자가 증가하고 민간저축이 감소하므로 국민저축은 재정흑자의 증가분만큼 증가하지 않는다.

52 절약의 역설에 관한 설명으로 옳은 것은?

① 저축이 증가하면 소비도 함께 증가하는 현상

② 저축이 증가하면 국민소득이 감소하는 현상

③ 저축이 증가하면 투자가 감소하는 현상

④ 저축률이 상승해도 승수효과의 크기는 변하지 않는 현상

⑤ 가계의 저축이 증가해도 경제 전체의 총저축은 증가하지 않는 현상

> **해설** 불경기에 개별가계들의 저축이 증가하면 소비가 위축되고 기업의 생산이 감소하여 총생산이 감소한다. 그리고 총생산의 감소로 고용이 줄어들어 가계의 소득이 감소하여 총저축이 감소한다. 절약의 역설은 개별가계들의 저축이 국민소득과 총저축을 감소시키는 현상이다.

53 한국은행이 기준금리를 인하했을 때 경기가 부양되는 파급과정에 대한 설명 중 옳지 않은 것은?

① 주식가격이 상승하면 소비의 자산효과에 의해서 소비가 증가한다.

② 화폐의 기회비용이 하락하므로 화폐수요가 감소한다.

③ 시장이자율의 하락으로 기업의 투자가 증가한다.

④ 은행의 대출이 증가하여 기업의 투자가 증가한다.

⑤ 자본유출로 국내통화의 가치가 절하되므로 수출이 증가한다.

> **해설** 기준금리가 인하되면 이자율이 하락하여 채권가격이 높아진다. 따라서 상대적으로 저렴한 대체재인 주식수요가 증가하여 주가가 상승하고 자산효과로 소비도 증가한다. 또한 이자율의 하락으로 기업의 투자가 증가하고, 대출수요의 증가로 은행의 대출도 증가한다. 게다가 화폐보유의 기회비용이 하락하여 화폐수요가 증가한다. 한편 외환시장에서 고금리국가로 자본이 이동하면서 외환수요의 증가로 환율이 높아져 수출이 증가한다.

54 다음 빈칸에 들어갈 말은 각각 무엇인가?

> 중앙은행이 화폐공급을 증가시키기 위해 국채를 이용하여 공개시장조작을 하는 경우 국채가격은 (   )하고 이자율은 (   )한다.

① 하락, 상승 　　　　　　　② 하락, 하락

③ 상승, 상승 　　　　　　　④ 상승, 하락

⑤ 불변, 상승

> **해설** 중앙은행이 화폐공급을 증가시키기 위해서 국공채를 매입하면 국공채의 초과수요로 국공채가격이 비싸지고 국공채이자율은 하락한다.

55 다음은 금융정책의 수단에 관한 표현이다. 가장 옳지 않은 것은?

① 지급준비율정책은 다른 수단에 비하여 즉각적인 효과를 기대할 수 있다.

② 공개시장조작은 화폐시장 및 증권시장 등 공개시장에서 단기증권을 매매하여 통화를 조절하는 것이다.

③ 재할인율정책으로서 중앙은행의 대출금리를 조절하기도 하는데 이를 공금리정책이라고도 한다.

④ 공개시장조작은 선진국보다는 후진국에서 많이 사용되고 있다.

⑤ 중앙은행이 재할인율을 증가시킬 경우 시중의 통화량은 감소하게 된다.

> 해설 공개시장조작은 신뢰할 만큼 대규모의 채권시장이 조성되어야만 유효하므로 후진국보다는 선진국에서 많이 사용된다. 재할인율은 중앙은행이 일반은행에 적용하는 대출금리이며 재할인율이 상승하면 시중은행이 중앙은행으로부터 차입규모가 감소하여 통화량이 감소한다. 지급준비율은 중앙은행이 일괄적으로 적용하므로 효과가 신속하다.

56 다음 중 스태그플레이션을 초래하는 요인으로 볼 수 없는 것은?

① 한국은행의 통화공급 감소

② 노동조합의 임금 인상

③ OPEC의 유가 인상

④ 전쟁으로 인한 공장시설 파괴

⑤ 이상한파로 인한 농작물 피해

> 해설 스태그플레이션은 총공급의 감소에 따른 물가상승과 국민소득의 감소가 함께 나타나는 현상이다. 한국은행의 통화량 감소는 이자율의 상승으로 투자수요의 위축에 따른 총수요의 감소요인이다.

57 중앙은행이 이미 발행된 국채를 매입할 때, 일반적으로 기대되는 총수요와 이자율의 변화는?

① 이자율 : 하락, 총수요 : 증가

② 이자율 : 하락, 총수요 : 감소

③ 이자율 : 상승, 총수요 : 증가

④ 이자율 : 상승, 총수요 : 감소

⑤ 이자율 : 불변, 총수요 : 증가

> 해설 중앙은행이 국채를 매입하면 시중에 통화량이 방출되어 이자율이 하락하고 투자수요의 증대로 총수요가 증가한다.

58 우리 정부가 공공투자지출을 늘렸다고 하자. 이러한 정책이 초래할 결과라고 보기 어려운 것은?

① 이자율이 상승할 것이다.　　　　　　② 화폐공급이 줄어들 것이다.
③ 경기가 활성화될 것이다.　　　　　　④ 민간투자가 위축될 것이다.
⑤ 실업률이 하락할 것이다.

해설　정부지출이 증가하면 국민소득이 증가해서 화폐수요의 증가로 이자율이 상승하여 민간투자가 일부 구축된다. 하지만 정부지출의 승수효과가 구축효과보다 크기 때문에 결과적으로는 총수요의 증가로 국민소득은 증가하여 실업률은 하락하고 물가는 상승한다. 한편 화폐공급은 정부가 아니라 중앙은행이 결정하는 정책변수이다.

59 아래 〈보기〉의 정부정책들 중에서 장기적으로 실업률을 낮추는 데 도움이 되는 것은?

> A. 실업보험 혜택을 늘린다.
> B. 최저임금 수준을 낮춘다.
> C. 정부가 직업훈련 프로그램을 운용한다.
> D. 노동조합을 활성화한다.
> E. 통화량과 재정지출을 늘린다.

① A, B, E　　　　　　　　　　② A, C, E
③ B, C　　　　　　　　　　　④ B, D, E
⑤ C, D

해설　직업훈련 프로그램을 운영하면 직업탐색기간이 짧아지고, 최저임금을 낮추면 노동수요가 증가하므로 자연실업률이 낮아진다. 그러나 실업급여를 늘리면 직업탐색이 지연되고, 노동조합이 강해지면 조합원의 임금이 높아져 노동의 초과공급이 발생하여 자연실업률이 높아진다. 한편 통화량과 정부지출을 늘리면 경기적 실업의 감소로 실제 실업률은 낮아지지만 자연실업률과는 무관하다.

60 포터(Porter)가 제시한 경쟁우위전략에 대한 설명으로 가장 거리가 먼 것은?

① 차별화전략(Differentiation Strategy)은 경쟁사들이 모방하기 힘든 차별화된 제품을 만들어 경쟁사들보다 비싼 가격으로 판매하는 방법이다.
② 원가우위전략(Cost-Leadership Strategy)은 동일한 품질의 제품을 경쟁사들보다 낮은 비용에 생산하여 저렴하게 판매하는 것을 말한다.
③ 원가우위전략과 차별화전략은 주로 대기업에 의해 수행되는 전략이다.
④ 집중화전략(Focus Strategy)은 원가우위에 토대를 두거나 혹은 차별화우위에 토대를 둘 수 있다.
⑤ 포터(Porter)는 기업이 성공하기 위해서는 한 제품을 통하여 원가우위전략과 차별화전략 등 두 가지 이상의 전략을 동시에 추구해야 한다고 보았다.

해설　포터(Porter)는 원가우위와 동시에 차별화를 추구하는 것은 이도저도 아닌 어정쩡한 상황(Stuck in the middle)이 되므로 차별화와 원가우위 중 하나의 경쟁우위만을 추구해야 한다고 주장했다.

61 포터(Porter)의 산업구조분석에서 공급자의 협상력이 높아질 때는?

① 대체재가 존재할 때

② 일상재(Commodity)를 생산할 때

③ 다수의 공급자가 존재할 때

④ 전방통합능력이 있을 때

⑤ 소수의 기업만이 활동할 때

> **해설** 공급자의 협상력이 높아지는 상황은 공급자들의 산업을 소수의 기업이 주도할 때, 공급자들이 특이하거나 고도
> 로 차별화된 제품을 판매할 때, 공급자들이 대체재에 의해 위협받지 않을 때, 공급자들이 전방통합(Forward
> Integration)을 할 것이라고 위협할 때, 기업들이 공급자들에 대해 중요한 구매자가 아닐 때 등이다. 단순히
> 기업의 수가 소수라고 해서 협상력이 높아지는 것은 아니며, 소수의 기업 중 주도권을 갖고 있는 사람이 있어야
> 한다.

62 다음 중 금융과 경기 간의 관계에 대해 잘못 설명한 것은? 최신출제유형

① 경기부진은 기업의 도산 증가 내지 수익성 악화를 가져와 금융기관의 부실화를 야기할 수 있다.

② 특정 산업에 금융 대출이 집중되어 있을 경우 경기 악화로 인한 금융기관의 부실화가 가능하다.

③ 경기변동은 금융기관이 보유하고 있는 자산의 가치를 변화시킨다.

④ 경기침체기에 금융기관은 악화된 수익성을 개선하고자 대출 심사를 완화하여 신규 사업을 적극적
으로 추진한다.

⑤ 금융기관은 국가 경제 전반에 미치는 영향이 지대하기 때문에 정부의 관리 감독 아래 운영되는
경우가 많다.

> **해설** 경기하락 시 기업의 수익성 악화 내지 담보 가치 하락 등의 이유로 금융기관은 대출심사 등을 강화하고 자기
> 자본을 확충하기 위한 노력을 전개한다. 따라서 새로운 대출에 소극적이다.

63 채권상환능력에 문제가 유발될 것으로 보이지 않는 경우 기업의 적절한 충당금 설정비율은?

① 0.85% 이상

② 20% 이상

③ 55% 이상

④ 65% 이상

⑤ 100%

> **해설** 제시문에서의 설명은 정상의 상태를 의미하는 것으로 정상의 경우에는 가계는 1% 이상, 기업은 0.85% 이상의
> 충당금을 설정한다.

64 충당금 설정 비율을 20% 이상 유지해야 할 상황에 해당하는 것은?

① 추정손실

② 회수의문

③ 고 정

④ 요주의

⑤ 정 상

> **해설** 고정은 연체대출금이 3개월 이상된 금액이 상당수 있어 채권 회수의 실질적인 위험이 도래한 상황을 말하며, 이 경우 기업과 가계 모두 20% 이상을 충당금으로 설정해야 한다.

65 BCG 매트릭스에서 상대적 시장 점유율과 시장 성장률이 모두 높은 것은?

① Star

② Question Mark

③ Dog

④ Problem Children

⑤ Cash Cow

> **해설** ① Star : 고성장, 고시장 점유율 사업부문
> ② Question Mark : 고성장, 저시장 점유율 사업부문
> ③ Dog : 저성장, 저시장 점유율 사업부문
> ④ Problem Children : Question Mark의 다른 표현
> ⑤ Cash Cow : 저성장, 고시장 점유율 사업부문

66 다음 중 BCG 매트릭스에 관한 설명으로 옳지 않은 것은?

① BCG 매트릭스의 세로축은 시장 성장률을 나타낸다.

② 가로축의 상대적 시장 점유율은 관련 시장에서 그 기업의 강점을 측정해 준다.

③ 이미 시장선도자가 있는 고성장 시장에 진출하려고 한다는 관점에서 대개의 사업 단위들은 물음표(Question mark)에서 출발한다.

④ 고성장/고점유율 사업은 현재 성숙기에 달해 있는 제품계열이 해당되고, 성장기에는 저성장/고점유율 제품계열에 속한 사업이 해당된다.

⑤ 네 가지 전략사업단위(SBU)에는 Star, Question Mark, Cash Cow, Dog가 있다.

> **해설** 고성장/고점유율 사업은 현재 성장기에 도달해 있는 제품계열이 해당되고, 성숙기에는 저성장/고점유율 제품계열에 속한 사업이 해당된다.

67 전략 수립에 관한 설명 중 옳지 않은 것은?

① GE/McKinsey 매트릭스에 따르면 시장의 크기, 성장률은 산업의 매력도를 평가하는 데 사용되는 변수이다.

② 신제품을 가지고 신시장에 판매하여 성장을 추구하는 것은 다각화전략에 속한다.

③ 제품의 변경 없이 시장을 확장함으로써 제품, 새로운 시장의 영역을 확장하는 전략을 시장침투전략이라 한다.

④ GE/McKinsey 매트릭스는 산업의 매력도와 사업의 강점이라는 두 가지 측면을 고려한다.

⑤ BCG 매트릭스는 자원할당 결정에 대한 사고체계를 구축하는 유용한 방법이다.

해설 시장개척전략에 대한 설명이다.

68 제품수명주기의 도입기(Introduction Stage)에 해당하는 설명은 무엇인가?

① 선택적 수요를 자극하는 데 목적이 있다.

② 마케팅 비용이 많이 든다.

③ 이익의 극대화와 시장 점유율 방어가 마케팅 목적이다.

④ 전략의 대안으로 철수전략과 잔존전략이 있다.

⑤ 생산비용이 낮다.

해설 ① 성장기, ③ 성숙기, ④ 쇠퇴기에 대한 설명이며, ⑤ 도입기에는 생산비용이 많이 든다.

69 제품수명주기(PLC) 전략으로 볼 때, 경쟁이 가장 격심하여 경쟁우위를 확보하는 기업만 살아남는 시기로, 시장수정, 제품수정, 마케팅 믹스의 수정전략이 고려되어야 하는 단계는?

① 제품개발기

② 도입기

③ 성장기

④ 성숙기

⑤ 쇠퇴기

해설 성숙기에는 매출액증가율이 둔화될 때 새로운 고객의 모색보다는 기존 고객이 사용빈도를 높여 성숙기를 오랫동안 유지하는 것이 현금유입을 극대화할 수 있으므로 성숙기를 재상승 국면으로 전환하는 노력이 필요하다. 이를 위해 시장수정, 제품수정, 마케팅 믹스의 수정 등을 주로 이용한다.

70 제품수명주기상 도입기(Introduction Stage)의 특징으로 볼 수 없는 것은?

① 촉진활동 중 광고활동의 중요성이 강조되는 단계이다.

② 가격경쟁이 없는 무경쟁단계이다.

③ 도입기의 가격결정은 시장침투가격(Penetration Pricing)전략이 일반적이다.

④ 정보전달적 의미의 광고수행으로 소비자의 기본적 수요를 자극한다.

⑤ 유통경로 전략은 전속적(배타적) 유통경로나 선택적 유통경로를 택하는 것이 유리하다.

> **해설** ③ 도입기의 가격결정은 상층흡수가격(Skimming Pricing)전략이 일반적이다. 때론 시장침투가격(Penetration Pricing)전략을 택하는 경우도 있으나 이는 어디까지나 조기에 시장을 넓게 확보하고 경쟁자의 진입을 봉쇄하려는 의도가 있을 때만 사용한다.

71 다음 중 제품수명주기(PLC)에 대한 설명으로 옳지 않은 것은?

① 실질적인 경쟁은 성숙기에 시작되는 경우가 많다.

② 성장기에는 구전효과를 적절히 이용하며 중간 상인에게 다소의 인센티브(Incentive)를 제공한다.

③ 성숙기에는 새로운 고객보다는 과거 고객의 구매빈도와 사용률을 높이는 전략을 구사한다.

④ 도입기에는 촉진활동 중 광고활동이 중시된다.

⑤ 제품수명주기는 기업의 적극적인 마케팅 활동에 따라 달라질 수 있다.

> **해설** 주로 PLC상 성장기에 실질적인 경쟁이 시작된다.

72 JIT(Just-in-time) 시스템에 대한 다음 서술 중 가장 적절하지 않은 것은?

① JIT 시스템은 낭비를 제거하기 위해 자원, 정보흐름, 의사결정방식 등을 조직적으로 통합한다.

② 고객의 주문에 의해 생산을 개시하는 풀(pull) 방식의 자재흐름을 채택한다.

③ JIT 시스템은 작업장 간 부하량이 균등할 때 가장 잘 운영된다.

④ JIT 시스템에서 가장 높은 우선순위를 갖는 것은 고성능 설계와 수량 유연성이다.

⑤ 소량의 완충재고만을 보유하는 JIT 시스템에서 기계고장은 큰 혼란을 야기하기 때문에 예방적 유지보수 활동이 매우 중요하다.

> **해설** JIT 시스템에서 가장 높은 우선순위를 갖는 것은 저원가 생산과 일관된 품질이다.

73 적시생산계획(Just-in-time ; JIT)에 관한 설명으로 옳지 않은 것은?

① 적시에 적량의 필요한 부품을 생산에 공급하도록 하는 생산·재고관리 시스템이다.

② 계획생산을 통해 재고부족이나 주문지연을 방지하는 푸시 시스템(Push System)이 적용된다.

③ 생산허가와 자재이동을 위한 방법으로 칸반 시스템(Kanban System)을 사용한다.

④ 생산 로트의 축소(소로트화)를 통해 재고의 낭비를 제거하고 생산을 평준화하려고 한다.

⑤ 수요변동에 따라 생산시설과 작업자 수의 유연성이 요구되므로 다기능공이 필요하다.

해설   JIT 시스템은 풀 시스템(Pull System)이 적용된다.

74 제품을 생산하는 기업이 느끼는 시장수요의 변동폭이 최종소비자의 실제 시장수요의 변동폭보다
큰 현상을 채찍효과라고 한다. 이러한 문제점을 해소하기 위해 개발된 경영관리기법은?

최신출제유형

① 공급사슬 관리(Supply Chain Management ; SCM)

② 비즈니스 프로세스 리엔지니어링(Business Process Reengineering ; BPR)

③ 식스 시그마(Six Sigma)

④ 전사적 자원관리(Enterprise Resource Planning ; ERP)

⑤ 자재소요계획(Material Requirement Planning ; MRP)

해설   공급사슬 관리(SCM)란 제품생산을 위한 프로세스, 즉 공급자에서부터 소비자에게 이동하는 진행과정을 감독하
는 것으로 부품조달에서 생산계획, 납품, 재고관리 등을 효율적으로 처리할 수 있는 관리솔루션이다.

75 재고관리(Inventory Management)와 관련된 다음의 설명 중 가장 적절하지 않은 것은?

① 안전재고(Safety Stock)를 줄이기 위해서는 재고를 전방배치(Forward Placement)하는 것보다
통합배치(Centralized Placement)하는 것이 좋다.

② 경제적 주문량(EOQ) 모형에서는 재고유지비용과 주문비용이 일치하는 점에서 총재고비용이 최
소가 된다.

③ 재주문점 모형(Q-모형)은 방지기간이 짧기 때문에 정기주문 모형(P-모형)보다 더 적은 안전재고
를 필요로 한다.

④ 경제적 주문량 모형에서 안전재고량의 산정은 재주문점 모형(Q-모형)과 동일하다.

⑤ 재주문점 모형(Q-모형)에서 수요율과 리드타임이 일정하다면 재주문점(ROP)의 산정은 수요율
과 리드타임의 곱으로 구해진다.

해설   경제적 주문량 모형은 수요와 리드타임의 불확실성은 없다고 가정하므로 안전재고는 고려하지 않는다.

76 제품개발 과정에서 설계, 기술, 제조, 구매, 마케팅, 서비스 등의 담당자뿐만 아니라 납품업자, 소비자들이 하나의 팀을 구성하여 각 부분이 서로 제품개발에 대한 정보를 교환하면서 제품개발과정을 단축시키는 방식을 무엇이라고 하는가?

① 적시생산(Just-in-time ; JIT)

② 리엔지니어링(Reengineering)

③ 동시공학(Concurrent Engineering)

④ 6 시그마(Six Sigma)

⑤ 자재소요계획(Material Requirement Planning ; MRP)

해설 동시공학(Concurrent Engineering)은 좁게는 설계 담당자들과 제조 엔지니어들을 제품 개발 초기단계에 함께 일하게 하여 제품과 프로세스를 동시에 개발하도록 하는 방법이다. 최근에는 이런 개념이 확장되어 생산 담당인원과 마케팅 그리고 구매 담당자들도 다기능 팀(Cross Functional Team) 형태로 제품 개발에 참여한다. 게다가 공급자나 고객의 참여도 흔히 권장된다.

77 신용분석에 대한 설명 중 잘못된 것은? 최신출제유형

① 신용이란 미래에 지불 내지 상환할 수 있는 능력의 보유 여부를 말한다.

② 신용평가는 업종 내지 지역의 특성에 따라 차이를 두어 평가한다.

③ 주가분석과 신용분석은 분석 방식에는 유사한 부분이 있지만 궁극적인 목적이 상이하다.

④ 신용분석을 할 때는 재무적 분석과 비재무적 분석을 함께 실시한다.

⑤ 신용분석은 기업의 여러 요인들을 구조적인 상관관계 속에서 파악해야 제대로 수행할 수 있다.

해설 신용평가는 지역과 업종과는 무관하게 모두 일관되게 적용하여 객관적인 비교가 가능하도록 한다.

78 산업의 특성이 상호 대조적인 것을 잘못 묶은 것은?

① 수출산업 vs 내수산업

② 소비재산업 vs 생산재산업

③ 시장생산 vs 직접생산

④ 민수 vs 관수

⑤ 자본집약적 산업 vs 노동집약적 산업

해설 시장생산의 대비되는 생산의 개념은 주문생산이다.

79 품질에 관한 다음 설명 중 가장 적절하지 않은 것은?

① 불량품으로 인해 야기되는 비용은 실패비용(Failure Cost)이다.

② 전사적 품질경영(Total Quality Management ; TQM)이란 기업의 모든 구성원들이 품질향상과 고객만족을 위해 지속적으로 노력하는 품질혁신 철학을 일컫는 말이다.

③ 관리도(Control Chart)상에서 관리한계선을 좁게 설정할수록 생산자 위험은 증가한다.

④ 관리도(Control Chart)를 통해 품질문제의 원인을 밝힐 수 있다.

⑤ 안정상태의 공정에는 우연변동(Random Variation)만이 존재한다.

> 해설 관리도는 표본으로부터 품질특성값을 측정하여 시간순서대로 표시하는 것으로 품질에 문제가 있는지 없는지, 즉 프로세스가 안정상태인지를 측정하는 방법이다.

80 전자산업의 특성으로 틀린 것은?

① 전자산업은 초기에 음향, 방송, 통신 등에 이용되었지만 오늘날에는 우주, 국방, 원자력으로부터 계측, 제어, 공업 등으로 그 응용 범위가 확대되었다.

② 국제산업표준분류에 의하면 음향영상 및 통신장비, 전자관 및 기타 전자부품, 기타 전자 및 전기기기, 사무계산 및 회계용기기, 기타 서비스업 등으로 나누어진다.

③ 전자부품산업은 핵심부품의 해외의존도가 낮다.

④ 가전산업은 내수 중심에서 해외시장 의존도가 높아지고 있다.

⑤ 가장 일반적인 분류방법은 용도에 따라 가정용기기, 산업용기기, 전자부품(또는 전자부품에서 반도체를 별도로 분류할 수도 있음)으로 분류한다.

> 해설 전자부품산업은 기술, 자본, 시장 면에서 국제 간의 협력이 활발하다는 것이 그 특징이다. 이 과정에서 다양한 핵심부품 중 상당 부분은 해외의존도가 높다.

81 다음 중 철강산업의 특성에 대한 설명으로 옳지 않은 것은?

① 자본집약적 장치산업이다.

② 자동차 등의 전방산업과 원료, 에너지 등 후방산업의 생산을 유발시키는 연관효과가 큰 산업이다.

③ 막대한 설비투자가 요구되는 산업의 특성상 세계 경기의 위축 시에는 가동률을 탄력적으로 조정할 수 있기 때문에 국제가격이 지속적으로 하락할 위험은 적다.

④ 건설, 조선, 자동차의 3개 산업이 국내 철강재 수요량의 70% 이상을 차지하고 있다.

⑤ 어떤 원자재보다 그 수요가 높기 때문에 각국이 기간산업으로 보호 및 육성하며 세계적으로 생산량 대비 교역량 비중이 낮은 경향을 보인다.

> 해설 막대한 설비투자가 요구되는 산업의 특성상 세계 경기의 위축 시에도 가동률을 지속적으로 유지해야 하기 때문에 국제가격이 지속적으로 하락할 수 있다는 염려가 있다. 최근에는 환경규제의 강화추세가 철강산업에 있어 주요한 제약요인으로 작용하고 있다. 주요 제약요인으로는 바젤협약, UN기후변화협약, 탄소세 도입 등이 있으며, 환경규제가 점차 강화되고 있는 추세이다.

82 다음 중 조선산업의 특성에 대한 설명 중 옳지 않은 것은? 최신출제유형

① 전방산업에 대한 교섭력이 열위에 있다.

② 지식기반의 복합 엔지니어링 산업으로서, 다른 산업과의 연계 및 기술력 파급효과가 클 뿐만 아니라 기술 인력, 기능 인력 등 각종 분야의 전문 인력이 요구되는 고용 창출 산업이다.

③ 범용 선박시장은 중국의 다수 조선업체들이 진입하여 경쟁을 시작하였고 국내 중형급 이하 조선소들도 수출시장에 진입해 있는 상황이기 때문에 경쟁이 치열하다.

④ 해상을 이용하여 화물을 운송하는 선박이나, 해저의 Oil·Gas 및 광물자원을 시추, 생산, 수집하는 등의 해양 자원 개발뿐 아니라 풍력, 조력, 파력 등의 신재생에너지원의 해양시스템, 해양공간을 활용하기 위한 다양한 목적의 건조물을 의미한다.

⑤ 현재 선박 건조의 국제 표준은 미국과 유럽을 중심으로 형성되어 있다.

해설 선박 건조는 한·중·일에서 약 90%를 차지하며, 한·중·일이 만드는 표준은 세계 표준이 되고 있다.

83 다음 중 석유화학산업의 특성으로 거리가 먼 것은?

① 기초소재산업으로 전방산업인 전자, 자동차, 건설 등의 경기변동에 영향을 받는다.

② 향후 산업의 발달과 더불어 장기적 관점에서 신제품 개발 등 시장 성장이 예상된다.

③ 석유화학제품은 여러 산업분야에서 중간재 역할을 할 뿐만 아니라 미래 성장과 관련된 첨단 소재와도 관련이 있는 제품이다.

④ 단기적으로 경기 회복 사이클, 설비의 신증설 또는 정기보수에 의한 수급 변화 등의 요인으로 시장의 변동성이 확대되었다.

⑤ 생산기술의 범용화로 제품의 품질 차이가 크지만 국내외 경쟁 환경 및 수급 여건에 따라 가격 변동은 적은 특성을 나타내고 있다.

해설 석유화학산업은 정유 공장에서 생산되는 납사와 가스오일 또는 천연가스를 원료로 하여 고온 분해 혹은 촉매 반응을 통하여 올레핀 제품과 방향족 제품을 생산하고, 이들 제품을 기초 원료로 합성수지, 합성고무, 합성섬유 원료, 합성세제 그리고 화학공업 약품을 생산하는 산업으로, 생산기술의 범용화로 제품의 품질 차이가 작고 국내·외 경쟁 환경 및 수급 여건에 따라 가격 변동이 심하다는 특성을 나타내고 있다.

84 다음 중 증권업(금융투자업) 특성으로 가장 거리가 먼 것은?

① 금융투자업은 기업의 필요자금을 '증권'을 매개로 하여 조달하도록 하는 금융산업으로서 기업에는 장기 안정적인 산업/재정자금을 조달하게 하고, 투자자에게는 증권투자를 통한 재산증식의 기회를 제공하며, 사회적으로는 자본의 효율적 배분의 기능을 수행한다.

② 국내 금융투자업은 진입장벽이 낮고, 위탁매매 수수료율이 지속적으로 높아지고 있다.

③ 각 증권사는 정확한 투자정보 제공, 고객 니즈에 맞는 다양한 상품의 개발, 차별화된 금융서비스 제공 등으로 증권시장에서의 경쟁력 확보를 위해 노력하고 있다.

④ 향후 전통적 위탁매매 수수료 중심의 수익보다는 우수하고 다양한 금융상품 및 서비스에 기초한 안정적인 수익 창출을 목표로 회사의 역량을 집중하는 것이 더욱 치열해지는 금융시장 경쟁에서 우위를 점할 수 있는 길이라 할 수 있다.

⑤ 다양한 세분산업이 존재한다.

해설 증권업(이하 금융투자업) 시장은 위탁매매, 기업금융, 자기매매, 기업영업, 자산운용, 선물중개업 그리고 해외영업의 7개 영업부문으로 구성이 된다. 이러한 영업부문은 제공되는 상품과 서비스의 성격, 고객별 분류 및 회사의 조직을 기초로 나뉜다. 국내 금융투자업은 낮은 진입장벽과 갈수록 낮아지고 있는 위탁매매 수수료율 등으로 극심한 경쟁 상태에 놓여 있다.

85 다음 중 생명보험업 특성으로 거리가 먼 것은?

① 생명보험업은 특성상 경기변동 및 금융시장 환경에 영향을 많이 받는 내수산업이다.

② 생명보험상품은 인간의 생명과 신체를 보험의 목적으로 하기 때문에 보험료, 보험금, 적립금 등을 계산함에 있어 대수(大數)의 법칙과 수지상등의 원칙 등 수리적 기술과 전문성이 요구된다.

③ 일반적으로는 가입목적에 따라 종신보험, 건강보험, CI보험 등의 보장성보험과 연금보험, 저축보험 등의 저축성보험으로 구분하고 있다.

④ 최근 국내 생보업계는 저금리 환경, 재무건전성 규제 강화 등으로 연금 및 저축성보험의 판매가 소폭 감소하고 있으나, 주력인 보장성보험은 견조한 성장세를 유지하고 있다.

⑤ 미국, 일본, 유럽 등 선진국에서는 보험사의 재무건전성, 소비자보호 등을 제고하기 위한 보험업계에 대한 감독이 유연해지는 추세이다.

해설 미국, 일본, 유럽 등 선진국에서는 보험사의 재무건전성, 소비자보호 등을 제고하기 위한 보험업계에 대한 감독이 엄격해지는 추세이며, 국내에서도 선진국의 규제변화 흐름에 따라 IFRS17 도입, 금융소비자보호 모범규준 개정 등 관련 규제가 강화되고 있다.

86 다음 중 화장품산업의 특성으로 거리가 먼 것은?

① 화장품은 큰 성장 잠재력을 가진 미래 고부가가치 사업으로 내수를 바탕으로 글로벌 경쟁력을 강화하고 있는 산업이다.

② 2000년 화장품법 시행 이후 지속적으로 성장하고 있는 기능성 화장품과 웰빙/친환경 트렌드에 발맞춘 한방 및 자연주의 화장품의 성장이 전체적인 시장 성장을 견인하고 있다.

③ 화장품 시장은 소비자 구매 패턴 변화에 대한 신속한 대응, 다양한 유통 채널의 확장, 한류효과로 인한 해외관광객의 증가 등으로 성장세를 이어갈 것으로 예상된다.

④ 화장품은 대체로 경기 동향에 민감하게 반응하는 산업이나, 브랜드 충성도의 유무에 따라 반응하는 정도는 상이하게 나타나는 경향이 있다.

⑤ 한류 열풍 등으로 인해 화장품 매출은 할인점과 백화점 중심으로 전개되고 있다.

해설 유통환경 또한 정부의 대형점포 신규 출점 규제로 할인점과 백화점의 성장이 어려웠다.

87 다음 중 건설산업의 특징에 대한 설명으로 옳지 않은 것은? 최신출제유형

① 다른 산업활동에서 파생되는 산업이므로 경기변동에 민감한 특성이 있다.

② 산업연관효과 및 고용효과가 크기 때문에 정부의 경기조절 수단으로 사용된다.

③ 건설산업의 후방산업(토지 구매 등)에 대한 교섭력은 약한 편이다.

④ 진입장벽이 높은 기술집약적 산업이다.

⑤ 입찰제도 및 부동산 관련 규제 등의 영향을 많이 받고 있기 때문에 건설업 관련 제도와 규제의 변화에 따른 효과분석이 중요하다.

해설 건설산업은 진입장벽이 낮은 노동집약적 산업이다.

88 국내 자동차산업이 직면하고 있는 상황이 아닌 것은?

① 미래 기술에 대한 연구개발 투자 확대가 시급하다.

② 부품·소재 기업 육성을 위한 공생(共生) 구조를 확립해야 한다.

③ 생산성 제고 및 경영 효율화 방안이 마련되어야 한다.

④ 자동차의 서비스화에 대비한 투자 확대가 필요하다.

⑤ 공정기술의 자동화로 인해 노동 의존성이 낮은 산업이다.

> 해설 ⑤ 자동차산업은 국내에서 가장 높은 고용창출형 산업으로 제조업 일자리 10명 중 1명이 자동차산업과 관련되어 있다.
> ① 한국 자동차산업은 연구개발에 대한 투자를 지속적으로 확대해 왔으나 여전히 세계적 수준에는 미약한 상황이다. 자동차 미래 신기술의 상용화 전 실험적 단계에서 신기술에 대한 연구개발 투자 및 지원을 빠르게 결단할 필요가 있다.
> ② 기존의 완성차 중심의 산업구조에서 탈피하여, 부품·소재 기업 육성 및 경쟁력 강화를 통해 자동차산업의 새로운 성장 모멘텀을 확보할 필요가 있다. 특히, 미래 자동차 패러다임의 변화에 대응하여 부품 산업의 R&D 지원을 강화해야 한다.
> ③ 국내 자동차산업의 생산성 제고를 위해 체계적인 원인 분석을 통한 효율화 방안 마련이 필요하다. 주요국의 고용 유연화 및 안정화 사례를 벤치마킹하여 노사 모두 윈윈 할 수 있는 방안을 모색할 필요가 있다.
> ④ 미래 자동차산업의 경쟁력은 서비스 플랫폼 경쟁력에 의해 좌우될 가능성이 높다. 모빌리티 서비스, 인포테인먼트 플랫폼 등 자동차의 서비스화가 활발히 진행되고 있는 부문에 대한 투자를 증대할 필요가 있다.

89 한·유럽연합(EU) 자유무역협정(FTA) 발효로 관세를 인하한 자동차 시장의 변화에 대해 서술한 내용 중 옳지 않은 것은?

> ㄱ. 수입차의 수입량이 증가한다.
> ㄴ. 국내 소비자의 소비자 잉여는 증가한다.
> ㄷ. 국내 자동차 생산자 잉여는 변화가 없다.
> ㄹ. 사회의 총잉여는 증가할지 감소할지 알 수 없다.
> ㅁ. 자동차 수입으로 발생하는 정부의 관세수입은 일반적으로 감소한다.

① ㄱ, ㅁ   ② ㄴ, ㄷ

③ ㄱ, ㄹ   ④ ㄴ, ㅁ

⑤ ㄷ, ㄹ

> 해설 관세율이 하락하게 되면 소비자는 더 낮은 가격으로 자동차를 구매할 수 있으므로 소비자 잉여가 증가한다. 반면 국내 자동차 생산업자의 경우에는 가격 하락과 판매량 감소가 따를 가능성이 크므로 생산자 잉여가 감소한다. 정부의 관세수입은 수입량이 크게 늘어나면 증가할 수도 있으나 일반적으로는 감소한다. 사회의 총잉여는 관세 부과 시 존재했던 국내 자동차 생산업자의 과잉생산에 의한 손실이 사라지고, 국내 소비자의 과소 소비에 의한 손실이 사라지기 때문에 증가한다. 즉 관세 부과로 인해 발생했던 사중손실(Deadweight Loss)이 사라지기 때문에 총잉여는 증가한다.

90 다음은 기업의 내·외부 환경 분석에 사용하는 'SWOT 분석'의 4분면을 나타내고 있다. A ~ D 각 분면에 대한 예시로 잘못된 것은? <u>최신출제유형</u>

Strength A	Weakness B
Opportunity C	Threat D

① A - 금융기관과의 원만한 관계
② B - 업계 평균에 미달하는 연구개발(R&D) 투자비
③ B - 제품 원자재 가격 상승
④ D - 우수한 대체재 등장
⑤ D - 정부의 새로운 규제

해설 B의 'Weakness'는 기업 내부 약점을 의미한다. 보기 ③의 제품 원자재 가격 상승은 기업 내부 약점이 아니라 기업 외부 위협(Threat)으로 이해하는 것이 타당하다.

91 정부의 재정지출 확대는 거시환경분석(PEST)의 구성요소 중 어디에 속하는가? <u>최신출제유형</u>

① 정치적 환경요인
② 경제적 환경요인
③ 사회/문화적 환경요인
④ 기술적 환경요인
⑤ 지배구조 환경요인

해설 경제적 전망, 인플레이션, 디플레이션, 이자율, 환율, 금융·재정정책, 물가상승률, 에너지 가격 동향 등은 경제적 환경요인에 속한다. 지배구조 환경요인은 기업의 내부적 요인으로 거시환경분석의 구성요소에 속하지 않는다.

92 7S 모델의 요소 중 직원들이 해야 할 일이나 결정을 내려야 할 주요 문제를 판별하기 위한 관리제도 또는 절차를 의미하는 것은?

① 기 술
② 시스템
③ 가치관
④ 구 조
⑤ 전 략

해설 시스템(System)은 의사결정 시 발생하는 주요 문제를 판별하기 위한 관리제도 또는 절차에 해당하는 요소이다.

93 아래와 같은 제품수명주기상 D구간에 접어든 산업에서의 상황에 대한 설명으로 가장 적절하지 않은 것은?

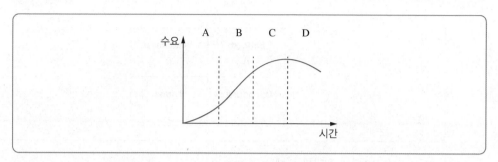

① 투자를 중단하고 비용은 최소화하여 현금유입을 극대화하는 '수확전략'을 추구하는 기업들이 늘어난다.

② 산업 전체의 매출액이 감소하기 때문에 신규진입보다는 인수·합병(M&A)이 활발하게 일어난다.

③ 지배적인 시장 점유율을 갖고 있는 기업은 일시적 가격인하 등을 통해 경쟁자들을 무너뜨리는 '선도전략'을 구사할 수 있다.

④ 일반적으로 철수장벽이 낮을수록 이 단계에 있는 기업들에게는 더 불리하다.

⑤ 글로벌 관점에서 보면, 이 단계에 이른 제품의 생산은 후발개도국이 주로 담당한다.

> **해설** 제품에 대한 수요가 도입기, 성장기, 성숙기를 지나 쇠퇴기에 접어든 소위 '사양산업'에서의 시장 상황을 묻는 문제이다. 사양산업에서는 제품에 대한 수요가 포화 상태에 이른 만큼, 기업들이 신규 투자보다는 비용 절감에 치중하고, 각기 강점을 갖고 있는 시장에서 매출을 최대한 올려 그동안의 투자로부터 현금을 수확하려고 시도한다.
> 사양산업에서는 한계에 이른 기업들이 선도 기업들에게 인수·합병(M&A)되는 사례가 많아지는데 살아남은 기업들은 이를 통해 높아진 시장지배력과 규모의 경제를 기반으로 수익성을 개선할 수 있다. 선도 기업들은 일시적으로 자사의 이윤도 저하되는 것을 감수하면서도 공격적으로 제품가격을 떨어뜨림으로써, 성과가 낮은 경쟁사들을 궁지에 몰아넣어 퇴출시키거나 인수·합병(M&A)하는 전략을 구사하기도 한다. 일반적으로 신제품은 혁신이 일어난 선진국에서 처음 생산되다가, 기술이 표준화되고 원가 경쟁이 심화됨에 따라 후발선진국, 개발도상국, 후발개도국으로 생산기지가 이전되는 경향이 나타난다.
> 사양산업에 있을지라도 고정자산 처분 애로, 신규사업 발굴 실패, 수직 계열화, 경영자의 집착 등으로 기업들이 쉽게 철수하지 못하는 경우가 종종 있다. 이런 철수장벽이 높을수록 낮은 성과에도 불구하고 할 수 없이 남아있는 기업들 간에 이전투구가 벌어질 가능성이 높아진다.

94 제품 A를 생산하는 기업 B의 투자활동으로 인한 현금흐름이 양수(+)인 경우, 현재 제품 A는 제품수 명주기 중 어느 단계에 위치하는가?

① 제품개발단계
② 도입기
③ 성장기
④ 성숙기
⑤ 쇠퇴기

해설 투자활동으로 인한 현금흐름이 양수(+)인 경우 기존의 생산설비 매각 등으로 인하여 현금유입이 발생하는 것이 기 때문에 미래 현금흐름의 증가를 기대하기 어렵다고 볼 수 있으며, 투자활동으로 인한 현금흐름이 음수(-)인 경우, 현재 기존 사업을 확장하거나 신규 사업에 진출하는 등 더 많은 미래 수익을 창출하기 위한 투자활동이 활발하다고 해석할 수 있다. 제품수명주기 중 쇠퇴기는 판매량이 감소하기 시작하는 시기로 기업은 공격적인 판매전략이 아닌 제품 철수 등 비용 절감을 위해 노력한다.

95 다음 경영진단의 분류 중 집단진단에 해당하지 않는 것은?

① 조합진단
② 업종별진단
③ 공장진단
④ 계열별진단
⑤ 산지진단

해설 공장진단은 개별진단에 해당한다. 경영진단은 기업의 경영합리화를 전문으로 하는 기업 내외의 전문가들이 특 유의 조사방법에 의거하여 객관적인 입장에서 기업체를 총합적으로 분석·평가하여 경영에 대한 문제점을 발견 하고 원인을 분석하여 미래모델을 수립하고 합리적인 개선책을 제시하는 것을 의미한다. 경영진단은 누가 진단 을 받느냐에 따라 개별진단과 집단진단으로 구분되는데, 개별진단에는 공장진단, 광산진단, 상점진단 등이 있으 며 집단진단에는 조합진단, 업종별진단, 지역별진단, 계열별진단, 산지진단, 하청기업진단, 관계회사진단 등이 있다.

96 다음 중 경기순환과정의 4단계 구분법에 의한 경기국면에 해당하지 않는 것은?

① 회복기

② 확장기

③ 후퇴기

④ 수축기

⑤ 호황기

> **해설** 경기순환과정의 4단계 구분법에 의한 경기국면은 회복기, 확장기, 후퇴기, 수축기이며, 2단계 구분법에 의한 경기국면은 확장국면(상승국면), 수축국면(하강국면)이다.

97 다음 중 경기국면별 경기상황을 설명한 것으로 옳지 않은 것은? `최신출제유형`

① 회복기 : 경제활동이 최저수준을 벗어나 점차 회복되나 추세수준에는 못 미치는 단계

② 확장기 : 경제활동이 추세수준을 넘어 계속 확대되고 정점에 이르는 단계

③ 후퇴기 : 경제활동이 정점을 지나 둔화되나 아직은 추세수준을 상회하는 단계

④ 수축기 : 경기의 저점수준이 특히 낮은 경우 그 저점 부근의 단계

⑤ 호황 : 비정상적인 경기국면으로 경기가 특히 활기를 보일 때만 나타난다.

> **해설** 수축기는 경제활동이 추세수준을 하회하기 시작하면서 최저수준으로 떨어지는 단계를 말한다.
> ① 회복기 : 재고 감소, 물가 안정 및 점차 상승, 경기부양정책(저금리, 신용공급확대), 투자여건 개선
> ② 확장기 : 예비적 재고 보유, 물가 상승, 생산 및 고용 상승, 긴축정책, 투자여건 악화
> ③ 후퇴기 : 재고 증가, 생산 및 고용 점차 감소, 투자 감소
> ④ 수축기 : 생산 및 고용 크게 감소, 실업자 수 최고조, 물가 하락 및 점차 안정, 제반 경기부양조치

98 다음 중 경상수지에 대한 설명으로 옳지 않은 것은? `최신출제유형`

① 수출입, 여행, 투자수익 등 경상적인 대외거래 결과 발생하며 거래대상에 따라 상품수지, 서비스수지, 본원소득수지, 이전소득수지 4부문으로 나뉜다.

② 상품수지는 상품의 수출과 수입의 차이로서 경상수지의 가장 큰 부분을 차지한다.

③ 서비스수지는 운수, 여행, 통신, 건설, 보험 등 외국과의 서비스 거래의 결과이다.

④ 본원소득수지는 투자소득수지와 급료 및 임금수지의 차이를 말한다.

⑤ 이전소득수지는 아무런 대가없이 주고받은 돈의 차이로서 친척 간 송금, 종교기관이나 자선단체의 기부금·구호물자, 정부 간 무상원조 등이 포함된다.

> **해설** 본원소득수지는 투자소득수지와 급료 및 임금수지를 합한 것이다.

99 다음 중 메모리반도체산업에 대한 설명으로 옳지 않은 것은?

① 생산량 확대를 위한 높은 투자부담, 투자결정 후 양산까지의 시차 등으로 인해 수요변화에 유연한 대응이 어렵다.

② 과거 공급과잉과 가격하락 등의 높은 경기변동성과 수익변동성이 본질적인 위험으로 판단되었지만 공급자 과점화 및 안정적인 경쟁구도 등으로 공급요인에 의한 공급과잉 가능성이 다소 하락하였다.

③ 수요기반 획일화 및 수요감소 추세로 중단기적인 수요 전망이 부정적이다.

④ 미세화를 중심으로 이루어지는 기술변화 등 높은 기술 변동 위험에 노출되어 있다.

⑤ 신기술 선점을 위한 치열한 경쟁이 지속될 것으로 예상된다.

해설 새로운 전자기기의 등장, 클라우드 컴퓨팅 확대로 인한 서버 수요 증가 등 수요기반 다양화 및 수요확대 추세로 중단기적인 수요 전망이 긍정적이다.

100 다음 중 식품산업에 대한 설명으로 옳지 않은 것은?

① 식품산업은 성숙기로서 양적 성장이 둔화되고 있다.

② 국제곡물가, 해상운임, 환율 등 외부요인에 대한 위험이 식품산업 전반에 공통으로 작용한다.

③ 식품가공산업의 경우 위생안전관리 관련 이슈 발생 위험, 유통업체의 교섭력 강화 및 경쟁강도 심화 등의 추가적인 위험요인이 작용한다.

④ 건강에 대한 관심이 고조됨에 따라 설비·기술에 대한 투자가 확대되면서 기술변화 위험에 대한 노출 정도가 높은 수준이다.

⑤ 생활필수품으로서 낮은 경기 민감도, 내수시장 내 높은 산업집중도 및 진입장벽 등의 보완요소들이 위험요소를 완화시키고 있다.

해설 식품산업의 경우 요구되는 기술수준이 타산업에 비해 상대적으로 낮고 기술변화 속도 또한 느린 편이어서 트렌드 변화에 따른 기술변화 위험은 낮은 수준이다.

101 다음 중 통신서비스산업에 대한 설명으로 옳지 않은 것은?

① 국내 통신서비스사업은 사업지역이 국내로 한정되어 있어 사용인구 및 소득수준에 따른 통신비 지출 등 내수기반에 산업의 규모가 크게 영향받고 있다.

② 높은 기술변화 위험과 그에 따른 대규모 시설투자 및 마케팅 비용 부담을 보이고 있다.

③ 일상재적 특성에 기인한 낮은 경기민감도와 안정된 수요기반의 강점을 보유하고 있다.

④ 높은 자본집약도로 인해 산업기반의 안정성은 낮은 편이다.

⑤ 우수한 재무안정성과 안정적 현금창출능력 등의 산업위험 긍정적 요소도 함께 보이고 있다.

해설 장기간에 걸친 과점체제의 고착화, 사업자 허가제 등 정부의 규제, 진입 초기 기간망 구축, 기지국 건설 등 막대한 시설투자가 소요되며, 이후에도 가입자 확보 및 유지, 서비스 품질 제고를 위한 지속적인 투자와 함께 기술 변화에 따른 신규 서비스 도입 등과 관련하여 상당한 자금투입이 이루어지기 때문에 비교적 안정된 경쟁구조를 가지고 있다.

102 다음 중 해상운송산업에 대한 설명으로 옳지 않은 것은?

① 선박공급의 경직성과 경기변동에 민감한 수요 특성으로 운임변동성이 매우 높은 수준이다.

② 선박의 고급화·대형화 등으로 차별화를 둘 수 있어 경쟁강도가 낮은 편이다.

③ 유가변동에 민감한 사업구조를 가지고 있다.

④ 대규모 자본의 선투자 부담 및 금융환경 변화에 따른 자금조달 위험에 노출되어 있다.

⑤ 경기침체 시 수익성 저하와 함께 자산가격의 하락에 따른 이중적 부담에 노출된다.

> **해설** 선종에 따라 운송대상 화물 및 사업환경이 상이하고 선박이 대형화 되더라도 항만시설의 제약, 국제적인 경쟁 등으로 인해 높은 경쟁강도를 갖는다.

103 다음 중 경영진단의 분석방법에 대한 설명으로 옳지 않은 것은? 〔최신출제유형〕

① 인터뷰법 : 각 업무를 담당하고 있는 직원들을 직접 만나 기업의 현황을 파악하는 방법으로, 깊이 있는 정보를 얻을 수 있다는 장점이 있으나, 시간이 많이 소요되는 단점이 있다.

② 설문지법 : 설문지를 이용하여 신속하게 많은 조사를 실시하고 객관성을 확보할 수 있다는 장점이 있으나 응답을 기피하거나 설문에 대한 이해가 부족할 수 있는 등 부정확하고 부족한 정보를 얻는 데 그칠 수 있다는 단점이 있다.

③ 체크리스트법 : 핵심성과지표를 토대로 사전에 정의된 체크리스트에 의거하여 평가하는 방법으로, 분석을 수행하는 자가 체크리스트에 대하여 잘 이해하고 있어야 하는 것이 과제이다.

④ 핵심성과지표(KPI) : 조직의 전략목표를 달성할 수 있는 핵심성공요인을 재무적 관점 이외에도 고객, 프로세스 및 학습의 균형적인 관점에서 분석한 후 이의 성과관리를 위하여 도출한 측정지표이다. 기업의 경영활동을 모니터링하고 주요 성과지표의 달성 여부를 계량적인 접근을 통하여 진단할 수 있는 기준을 제공한다.

⑤ 갭(GAP)분석 : 벤치마킹을 통하여 차이점을 비교·분석하여 현재수준의 평가보다 더 나은 미래 모델을 제시하는 방법으로, 기업의 현재 위치(As-Is)를 To-Be 또는 Best Practice 모형에 투영하여 차이를 도출·분석함으로써 문제점을 도출하는 방법이다.

> **해설** 체크리스트법은 빠르게 정보를 수집·판단할 수 있다는 장점이 있으나 체크리스트 구성에 시간이 많이 소모되는 단점이 있다. 갭분석에서 분석을 수행하는 자는 To-Be 또는 Best Practice를 잘 이해하고 있어야 한다는 것이 과제이다.

PART4 신용평가 종합사례

인생이란 결코 공평하지 않다. 이 사실에 익숙해져라.

– 빌 게이츠 –

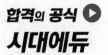

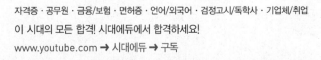

제 01 회 종합문제

학습전략

종합신용평가는 제시된 사례기업의 재무 및 비재무적 정보를 분석하여 물음에 답을 구하는 문제로 출제된다.

[1~30] 다음 보기에 제시된 (주)시대상사의 재무제표의 내용을 바탕으로 주어진 질문에 대답하시오.

재무상태표

(주)시대상사 (단위 : 백만원)

현 금	160	매입채무	840
단기투자자산	295	단기차입금	300
매출채권	430	비유동부채	320
재고자산	1,210	자본금	810
비유동자산	1,605	잉여금	1,430
총자산	3,700	총자본	3,700

포괄손익계산서

(주)시대상사 (단위 : 백만원)

	매출액	4,500
−	매출원가	3,500
	매출총이익	1,000
−	판매비와관리비	800
	영업이익	200
−	이자비용	80
	세전순이익	120
−	법인세비용	60
	당기순이익	60

산업평균비율

유동비율	170%
당좌비율	90%
재고자산회전율	10회전
총자산회전율	3회전
매출액순이익률	3.0%
총자산순이익률	9.0%
자기자본순이익률	12.8%
매출액영업이익률	6.5%
총자산영업이익률	4.3%

현금흐름표(직접법)

(주)시대상사   (단위 : 백만원)

Ⅰ. 영업활동으로 인한 현금흐름		100
가. 매출 등 수익활동으로부터의 유입액	350	
나. 매입 및 종업원에 대한 유출액	(150)	
다. 판매관리비 등 유출액	(40)	
라. 이자수익 유입액	80	
마. 이자 유출액	(80)	
바. 법인세 유출액	(60)	
Ⅱ. 투자활동으로 인한 현금흐름		(350)
1. 투자활동으로 인한 현금유입액	450	
가. 기타 유형자산의 처분	450	
2. 투자활동으로 인한 현금유출액	(800)	
가. 유형자산의 취득	(800)	
Ⅲ. 재무활동으로 인한 현금흐름		350
1. 재무활동으로 인한 현금유입액	500	
가. 장기차입금의 증가	160	
나. 보통주의 발행	340	
2. 재무활동으로 인한 현금유출액	(150)	
가. 단기차입금의 상환	(30)	
나. 장기차입금의 상환	(20)	
다. 배당금 지급	(100)	
Ⅳ. 현금의증가(감소)(Ⅰ+Ⅱ+Ⅲ)		100
Ⅴ. 기초의 현금		60
Ⅵ. 기말의 현금		160

단, (주)시대상사의 감가상각비는 4천만원이었다.

01   다음 재무상태표를 바탕으로 유동비율을 계산한 것은?

    ① 168%

    ② 184%

    ③ 167%

    ④ 154%

    ⑤ 165%

> **해설**   유동비율 = 유동자산 / 유동부채 즉, 2,095(총자산 − 비유동자산) / 1,140(매입채무 + 단기차입금) × 100(%)
>   ≒ 183.7%
>   유동자산이 유동부채의 몇 배에 해당하는지를 비율로 나타낸 것으로서 단기부채 상환능력을 측정하는 것이다.
>   보통 200% 이상을 양호한 것으로 보는데 이는 1년 내에 갚아야 하는 단기채무가 100원이라면 1년 안에 현금화될
>   수 있는 자산을 적어도 2배인 200원을 보유하고 있어야 재무적으로 안전하다는 의미가 된다.

02 다음 재무상태표를 바탕으로 당좌비율을 계산한 것은?

① 77.6%

② 58.5%

③ 69.7%

④ 25.4%

⑤ 84.2%

해설 당좌비율 = 당좌자산 / 유동부채
당좌자산 = 유동자산(2,095) − 재고자산(1,210) = 885
당좌비율 = 당좌자산(885) / 유동부채(1,140) × 100(%) ≒ 77.6%
유동자산은 일반적으로 1년 내에 현금화될 수 있는 자산이지만 그중 재고자산은 1년 내에 현금화될 수 있는지 불분명한 자산이다. 왜냐하면 재고자산이란 판매가 되어야만 비로소 현금화할 수 있는데 경기상황에 따라 1년 내에 반드시 판매된다고 단정할 수 없기 때문이다. 그러므로 기업의 지불능력을 보다 엄격히 측정하기 위해 유동자산 중 재고자산을 제외한 당좌자산만 가지고 단기부채의 지불능력을 당좌비율로 확인할 수 있다. 당좌비율은 100% 이상이면 양호한 것으로 본다.

03 부채비율을 계산하고 이에 대해 평가한 내용 중 잘못된 것은?

① 현재 부채비율은 65.1%이다.

② 해당 기업의 안정성을 확인하기 위해서는 부채비율과 함께 당좌비율, 유동비율을 업계 평균과 비교해야 한다.

③ 부채비율은 타인자본이 너무 과다하지 않은지의 여부를 체크하는 것이다.

④ 타인자본의 지나친 사용이 기업의 안전성을 해치는 이유는 타인자본사용에 따른 이자비용의 부담 때문이다.

⑤ 감가상각비 등 회계처리 방식에 따라 부채비율은 달라질 수 있음을 주의해야 한다.

해설 부채비율 = 타인자본 / 자기자본
즉, 1,460(매입채무 + 단기차입금 + 비유동부채) / 2,240(자본금 + 잉여금) × 100(%) ≒ 65.1%
부채비율은 기업의 자금조달원천 중 타인자본과 자기자본의 구성비를 나타낸 것으로서 자기자본에 비해 타인자본의존도를 체크하는 것이다. 타인자본의 지나친 사용이 기업의 안전성을 해치는 이유는 타인자본사용에 따른 이자비용의 부담 때문이며 자기자본이 200원이라면 타인자본은 최대 100원이 넘지 않아야 된다고 본다. 즉, 부채비율은 1 또는 100% 이하가 이상적이다.

04 영업이익이 이자비용의 몇 배인지를 측정함으로써 이자비용의 지불능력을 측정한 내용은?

① 250%

② 210%

③ 160%

④ 220%

⑤ 130%

> **해설** 이자보상비율 = 영업이익 200 / 이자비용 80 × 100(%) = 250%
> 영업이익이 이자비용의 몇 배인지를 측정하여 이자비용의 지불능력을 따지는 것으로 200% 이상을 우량기업으로 본다. 영업활동으로 벌어들인 수익으로 금융비용을 어느 정도나 부담할 수 있는지, 즉 기업의 이자부담능력을 평가하는 지표로서 영업이익을 금융비용으로 나누어 산출한다. 이자보상비율이 높을수록 이자부담능력이 높다고 할 수 있으며 100% 미만이면 영업이익으로 금융비용도 충당할 수 없는 상태를 의미한다.

05 유동비율이 높은 기업은 당좌비율이 낮을 경우가 있다. 이러한 상황이 내포하고 있는 의미로 적절한 것은?

① 과도한 시설자산 보유

② 과도한 인력운영 보유

③ 과도한 재고자산 보유

④ 효율적인 부채관리

⑤ 비효율적인 인사관리

> **해설** 유동비율과 당좌비율의 차이는 재고자산의 영향이다.

06 재무적 이행 능력을 확인해 줄 수 있는 지표에 해당되지 않는 것은?

① 내부 유보율

② 우선주 배당보상비율

③ 자기자본이익률

④ 이자보상비율

⑤ 배당성향

> **해설** 보상비율은 기업이 부담하고 있는 재무적 부담의 이행능력을 의미한다. 이를 확인할 수 있는 세부 내용으로는 내부 유보율, 배당성향, 이자보상비율, 고정비용보상비율, 우선주 배당보상비율 등이 있다.

07 다음은 전기의 시대상사의 재무상태표이다. 위의 제시된 당기의 재무상태표와 비교하여 순운전자본비율의 변화를 설명한 내용 중 옳은 것은? 최신출제유형

재무상태표			
(주)시대상사			(단위 : 백만원)
현 금	500	매입채무	400
매출채권	1,200	단기차입금	1,800
재고자산	2,000	장기차입금	2,300
비유동자산	3,300	자 본	2,500
총자산	7,000	총자본	7,000

① 순운전자본비율은 23.4%에서 25.8%로 전기 대비 개선되었다.

② 순운전자본비율은 21.4%에서 15.8%로 전기 대비 개선되었다.

③ 순운전자본비율은 16.4%에서 22.8%로 전기 대비 개선되었다.

④ 순운전자본비율은 21.4%에서 25.8%로 전기 대비 개선되었다.

⑤ 순운전자본비율은 13.4%에서 34.8%로 전기 대비 개선되었다.

해설 순운전자본비율(NWC) = 순운전자본 / 총자산 × 100(%) = (유동자산 − 유동부채) / 총자산 × 100(%)
전기 NWC = (3,700 − 2,200) / 7,000 × 100(%) ≒ 21.4%
당기 NWC = (2,095 − 1,140) / 3,700 × 100(%) ≒ 25.8%

08 다음 중 재무상태표의 부채 항목에 속하지 않는 것은?

- 선수금
- 차입금
- 미지급금
- 외상매입금
- 이월결손금

① 선수금

② 차입금

③ 미지급금

④ 외상매입금

⑤ 이월결손금

해설 재무상태표는 일정시점에 회사가 가지고 있는 자산과 부채·자본을 표시한 재무제표이다. 오른쪽에는 자금조달 원천인 부채(타인자본)와 자본(자기자본)을 기입하고, 왼쪽에는 조달한 자금을 운영한 결과인 자산을 표시한다. 부채는 출자자(주식회사의 경우는 주주) 외의 제3자로부터 빌린 자금으로 타인자본이라고도 한다. 은행 차입금, 회사채 발행액, 매입채무(외상매입금), 선수금(미리 받은 돈), 미지급금 등이 있다. 이월결손금은 과거 손익이 누적되어 넘어온 결손금으로 자본 항목에 속한다.

09   재무비율 관련 설명 내용 중 옳지 않은 것은?

① 유동성관리는 기업의 전략에 따라 달라질 수 있다.

② 유동비율이 100%라는 것은 유동성이 부족하다고 할 수 있는 수준이다.

③ 당좌비율은 안정성비율 중 하나이다.

④ 유동자산은 위험은 작으나 수익성은 높은 경향이 있다.

⑤ 일반적으로 고정자산은 유동자산보다 위험이 크다

> 해설   유동자산은 위험은 작으나 수익성은 낮은 경향이 있다.

10   재무비율 중 수익성지표가 아닌 것은?

① 매출액경상이익률   ② 매출액순이익률

③ 자기자본순이익률   ④ 매출액영업이익률

⑤ 고정장기적합률

> 해설   고정장기적합률은 설비 등 고정자산을 장기자본(자기자본과 고정부채)으로 나눈 비율로 자금 흐름의 안정성을
> 판단하는 지표다. 즉 설비 투자 등 빨리 자금을 회수할 수 없는 장기투자를 할 때 자기자본 또는 고정부채(장기부
> 채)로 적절히 자본을 마련할 수 있는지를 나타낸다.

11   안정성 분석에 관한 설명 중 옳지 않은 것은?   `최신출제유형`

① 비유동장기적합률은 고정장기적합률이라고도 한다.

② 비유동자산은 보통 장기간의 운용이 필요하기 때문에 자기자본을 통해 투자하는 것이 바람직
하다.

③ 비유동비율 : 비유동자산/총자본

④ 비유동장기적합률은 비유동부채까지 확대하여 자본배분의 안정성을 파악한다.

⑤ 비유동비율과 비유동장기적합률의 일반 목표비율은 100%이다.

> 해설   비유동비율 : 비유동자산/자기자본

12   매출액영업이익률을 바르게 계산한 것은?

① 4.4%   ② 8%

③ 9%   ④ 10%

⑤ 11%

> 해설   매출액영업이익률 = 영업이익 200 / 매출액 4,500 × 100(%) = 4.4%
> 기업의 주된 영업활동에 의한 성과를 판단하기 위한 지표로서 제조 및 판매활동과 직접 관계가 없는 영업외손익
> 을 제외한 순수한 영업이익만을 매출액과 대비한 것으로 영업 '마진'을 나타내는 지표이다. 12% 이상을 우량기업
> 으로 본다.

13 회사의 유동성에 관한 다음의 통상적인 해석 중 옳지 않은 것은?

① 현금흐름의 불확실성면에서 매출채권보다는 재고자산이 더 불확실하다.

② 과다한 유동성은 수익성의 저하를 초래한다.

③ 서비스업의 경우 유동비율과 당좌비율에 차이가 크다.

④ 기업의 입장에서 비유동자산이 유동자산보다 덜 위험하다.

⑤ 위험이 큰 비유동자산은 위험이 작은 비유동부채로 조달하는 것이 바람직하다.

> 해설 서비스업의 경우 유동비율과 당좌비율에 큰 차이가 없다.

14 BCG 매트릭스에 대한 설명으로 틀린 것은?

① BCG 매트릭스는 시장규모, 시장 성장률 및 상대적인 시장 점유율을 통해 다양한 사업의 의미를 해석한다.

② BCG 매트릭스의 두 축은 시장 성장률, 상대적인 시장 점유율을 나타낸다.

③ 스타사업은 지속적으로 재투자를 해야 하기 때문에 외부자금을 사용한다.

④ 문제아 사업은 시장 점유율이 낮기 때문에 시장성장 대응자금이 부재한 경우가 많다.

⑤ BCG 기법은 시장규모를 나타내지 않는다.

> 해설 스타사업은 외부자금을 사용하지 않는다.

15 시대상사의 수익성분석 결과에 대한 설명 중 잘못된 것은?

① 매출액영업이익률은 업계 평균에 비해 대략 2.1% 낮다.

② 자기자본수익률의 경우 업계 평균에 비해 10% 이상 낮다.

③ 총자산순이익률은 5.8% 수준으로 집계되었다.

④ 매출액순이익률은 1.3%로 업계 평균 3%보다 아래로 집계되었다.

⑤ 총자산영업이익률은 5.4% 수준으로 업계 평균 4.3%보다 높은 것으로 확인되었다.

> 해설 총자산순이익률은 1.6%로 집계되었다.
> ③ 시대상사의 총자산순이익률 = 순이익 60 / 총자산 3,700 × 100(%) ≒ 1.6%
> ① 시대상사의 매출액영업이익률 = 영업이익 200 / 매출액 4,500 × 100(%) ≒ 4.4%
> ② 시대상사의 자기자본수익률 = 순이익 60 / 자기자본 2,240 × 100(%) ≒ 2.6%
> ④ 시대상사의 매출액순이익률 = 순이익 60 / 매출액 4,500 × 100(%) ≒ 1.3%
> ⑤ 시대상사의 총자산영업이익률 = 영업이익 200 / 총자산 3,700 × 100(%) ≒ 5.4%

16 현금흐름이 양호하지 않은 경우, 이때 검토해 보아야 할 재무비율 중에서 가장 거리가 먼 것은?

① 유동부채비율
② 재고자산회전기간
③ 매출채권회전기간
④ 매입채무회전기간
⑤ 영업이익률

해설 현금흐름이 양호하지 않은 경우 영업의 적정성을 검토하여야 한다. 그러나 유동부채비율은 영업활동에 대한 내용을 직접적으로 확인할 수 있는 지표는 아니다.

17 영업활동 현금흐름 작성 방식 중 직접법에 대한 설명은?

① 당기순이익에 특정 항목을 가감하여 영업활동으로 인한 현금흐름 산출
② 현금유입이 없는 수익과 투자활동 및 재무활동으로 인한 수익 등의 차감
③ 영업활동과 관련하여 발생한 자산 및 부채의 증가 또는 감소
④ 현금을 발생시키는 수익이나 비용항목을 총액으로 표시
⑤ 현금유출이 없는 비용과 투자활동 및 재무활동으로 인한 비용 등의 가산

해설 ④만 직접법에 해당하며 다른 내용은 간접법에 대한 설명이다.

18 다음 중 현금흐름표의 장점으로 적절하지 않은 설명은?

① 장기적인 현금흐름에 대한 예측에는 한계가 존재한다.
② 발생주의를 배제함으로써 전체 재무제표의 효용을 증대시킨다.
③ 기업 활동의 내용별로 창출된 현금흐름을 파악할 수 있다.
④ 기업의 부채상환능력, 배당금지급능력 등을 파악할 수 있다.
⑤ 비용의 기간 배분, 회계추정 및 평가손익 인식 등의 문제점을 보완한다.

해설 발생주의를 보완함으로써 전체 재무제표의 효용을 증대시킨다.

16 ① 17 ④ 18 ② 정답

19 다음과 같은 재무상태에 놓인 기업의 영업레버리지도는 얼마인가? 〔최신출제유형〕

매출액 : 300억
변동비 : 200억
고정영업비 : 50억
지급이자 : 20억

① 1.5   ② 2.5

③ 3.5   ④ 2.0

⑤ 4.5

〔해설〕 DOL = (매출액 − 변동비용) / (매출액 − 변동비용 − 고정비용)
= (300 − 200) / (300 − 200 − 50) = 2.0

20 기업의 청산 시 가치를 확인하기 위한 재무비율에 해당하는 것은?

① EV/EBITDA
② EVA
③ PSR
④ PER
⑤ PBR

〔해설〕 PBR은 기업의 도산가능성을 측정하는 재무비율분석에 해당한다.

21 재무비율에 대한 설명 중 틀린 것은?

① 1회전 운전자본은 1회전 운전기간에 대한 필요자금을 의미한다.
② 부가가치는 영업잉여는 포함되지만 감가상각비는 배제한다.
③ 1회전 운전기간은 운전자금의 현금 순환주기를 의미한다.
④ 매출채권회전율이 높다는 것은 매출채권의 대손가능성을 줄인다.
⑤ 재고자산회전율이 낮다는 것은 재고자산의 부실화 가능성을 의미한다.

〔해설〕 부가가치는 영업잉여, 인건비, 금융비용, 조세공과, 감가상각비로 구성되어 있다.

22 시대상사가 기계장치를 ₩300(백만원)에 취득하면서 현금 ₩50(백만원)을 지급하였고 나머지 금액은 3개월 후에 지급하기로 하였다. 이러한 거래를 반영한 후의 회사의 유동비율은 얼마인가?

① 160%

② 147%

③ 100%

④ 150%

⑤ 200%

해설 (차) 기 계   300   (대) 현 금   50

                                               유동부채   250

계정과목	거래 전	거래 후
유동자산	2,095	2,045
유동부채	1,140	1,390
유동비율	183%	147%

23 시대상사는 다음 연도에 아래와 같은 사업활동을 전개할 예정이다. 다음의 자료를 이용하여 계산한 영업활동 현금흐름은? (단, 이자지급은 재무활동으로 분류한다)

법인세비용차감전순이익	₩5,000,000	미지급이자비용 증가	₩80,000
미지급법인세 증가	₩250,000	법인세비용	₩1,500,000
이자비용	₩310,000		

① ₩3,680,000

② ₩4,060,000

③ ₩4,590,000

④ ₩5,020,000

⑤ ₩6,180,000

해설

법인세비용차감전이익	5,000,000
이자비용	310,000
법인세비용	(1,500,000)
미지급법인세 증가	250,000
영업활동 현금흐름	4,060,000

24 다음 중 재무비율에 대한 설명으로 가장 적절하지 않은 것은? 최신출제유형

① EBITDA비율은 영업활동과 관련된 수익으로 이자비용을 갚을 수 있는지를 파악하는 데 사용된다.

② 유동자산구성비율과 유형자산구성비율의 경우 적정성 및 질적 내용의 분석이 필요하지 않다.

③ 투자자산구성비율은 기업의 영업과는 직접적으로 관련이 없다.

④ 비유동장기적합률은 자기자본 외에 유동부채와 비유동부채까지 확대하여 자본배분의 안정성을 파악한다.

⑤ 비유동자산구성비율이 높을수록 기업의 단기채무 변제능력은 증가하게 된다.

> **해설** EBITDA/이자비용비율은 영업활동 및 영업외활동으로 얻은 이익으로 이자비용을 갚을 수 있는지를 파악하는 데 사용된다.

25 시대상사는 기말결산 처리 과정에서 아래와 같은 내용이 누락되었음을 확인하였다. 이를 바탕으로 재무제표를 수정한다면, 재무상태표에 표시할 현금및현금성자산은 얼마를 추가해야 하는가?

> 통화 : ₩330,000
> 수입인지 : ₩70,000
> 우편환증서 : ₩50,000
> 타인발행수표 : ₩200,000
> 백두상회 발행 약속어음 : ₩200,000

① ₩330,000

② ₩580,000

③ ₩650,000

④ ₩850,000

⑤ ₩900,000

> **해설** 수입인지는 비용(세금과공과)으로 처리하며 약속어음은 매출채권으로 표시한다.

26 다음 중 성장성분석 지표에 대한 설명으로 틀린 것은?

① 매출액증가율은 기업의 외형적 성장세를 판단하는 대표적인 비율이다.

② 경쟁기업보다 빠른 매출액증가율은 결국 시장 점유율이 증가하였다는 것을 의미한다.

③ 순이익증가율은 기업의 실질적 성장세를 판단하는 대표적인 비율이다.

④ 성장성분석은 자산이나 매출액 등 경영성과가 전년 대비 얼마나 증가했는지 평가한다.

⑤ 당기순이익증가율은 주주에게 귀속되는 직접적인 주당이익의 증가세를 보여주는 지표이다.

> **해설** 주당이익증가율은 순이익증가율의 보조 지표로 이용되며, 주주에게 귀속되는 직접적인 주당이익의 증가세를 보여주는 지표이다.

27 현금흐름표의 영업활동 현금흐름을 통하여 얻을 수 있는 정보가 아닌 것은?

① 이자비용 증감액

② 재무활동으로부터 조달한 현금

③ 영업활동과 관련이 없는 손익의 규모

④ 당기순이익의 변동액

⑤ 매출채권, 매입채무와 같은 운전자본의 변동

> 해설 재무활동으로부터 조달한 현금은 재무활동 현금흐름에서 파악할 수 있다.

28 분식에 대한 설명으로 적절하지 않은 것은? 최신출제유형

① 재고자산에 대한 분식은 영업활동으로 인한 현금흐름에는 영향이 없다.

② 수선비로 비용인식해야 할 금액을 유형자산으로 계상하였을 경우 영업활동으로 인한 현금흐름이 분식 전보다 양호하게 표시된다.

③ 매출채권에 대한 과대계상 분식은 영업활동으로 인한 현금흐름에는 영향이 없다.

④ 매입액 및 매입채무의 과소계상 시 영업활동으로 인한 현금흐름에는 영향이 없다.

⑤ 공사원가의 노무비로 계상할 금액을 건설중인자산으로 계상하는 경우 영업활동으로 인한 현금흐름액이 분식 전보다 악화된 것으로 표시된다.

> 해설 공사원가의 노무비로 계상할 금액을 건설중인자산으로 계상하는 경우 영업활동으로 인한 현금흐름액이 분식 전보다 양호하게 표시된다.

29 다음 중 선행종합지수의 구성지표로서 옳지 않은 것은?

① 재고순환지표   ② 코스피지수

③ 소비자기대지수   ④ 제조업가동률

⑤ 건설수주액

> 해설 제조업가동률은 동행종합지수의 구성지표이다.

30 CPS 계산 결과로 바른 것은? (단, 총유통보통주식수는 5만주이다)

① 1,500   ② 2,000

③ 2,500   ④ 3,000

⑤ 3,500

> 해설 주당현금흐름비율에 대한 설명이다. 이는 '영업활동으로 인한 현금흐름 100백만 / 총유통보통주식수 5만'으로 계산된다.

제 02 회 종합문제

학습전략

종합신용평가는 제시된 사례기업의 재무 및 비재무적 정보를 분석하여 물음에 답을 구하는 문제로 출제된다.

[01~29] 다음 보기에 제시된 시대상사의 재무제표의 내용을 바탕으로 주어진 질문에 대답하시오.

재무상태표

시대상사 (단위 : 백만원)

현 금	160	매입채무	840
단기투자자산	295	단기차입금	300
매출채권	230	비유동부채	320
재고자산	1,110	자본금	610
비유동자산	1,305	잉여금	1,030
총자산	3,100	총자본	3,100

포괄손익계산서

시대상사 (단위 : 백만원)

	매출액	4,500
−	매출원가	3,500
	매출총이익	1,000
−	판매비와관리비	800
	영업이익	200
−	이자비용	80
	세전순이익	120
−	법인세비용	60
	당기순이익	60

단, 시대상사의 감가상각비는 4천만원이었다.

산업평균비율

유동비율	130%
당좌비율	85%
재고자산회전율	8회전
총자산회전율	3회전
매출액순이익률	6.0%
총자산순이익률	9.0%
자기자본순이익률	12.8%
매출액영업이익률	6.5%
총자산영업이익률	15%

현금흐름표(직접법)

시대상사   (단위 : 백만원)

항목	금액	합계
Ⅰ. 영업활동으로 인한 현금흐름		100
가. 매출 등 수익활동으로부터의 유입액	350	
나. 매입 및 종업원에 대한 유출액	(150)	
다. 판매관리비 등 유출액	(40)	
라. 이자수익 유입액	80	
마. 이자 유출액	(80)	
바. 법인세 유출액	(60)	
Ⅱ. 투자활동으로 인한 현금흐름		(350)
1. 투자활동으로 인한 현금유입액	450	
가. 기타 유형자산의 처분	450	
2. 투자활동으로 인한 현금유출액	(800)	
가. 유형자산의 취득	(800)	
Ⅲ. 재무활동으로 인한 현금흐름		350
1. 재무활동으로 인한 현금유입액	500	
가. 장기차입금의 증가	160	
나. 보통주의 발행	340	
2. 재무활동으로 인한 현금유출액	(150)	
가. 단기차입금의 상환	(30)	
나. 장기차입금의 상환	(20)	
다. 배당금 지급	(100)	
Ⅳ. 현금의 증가(감소)(Ⅰ+Ⅱ+Ⅲ)		100
Ⅴ. 기초의 현금		60
Ⅵ. 기말의 현금		160

발행주식 수 : 30만주 (모두 보통주임)
매출액 : 80억원
주식 액면가 : 7,000원
현재 주가 : 8,000원

01 기업이 매출활동을 통해 얼마만큼의 현금을 창출할 수 있는가를 판단하는 지표 계산의 결과에 해당하는 것은?

① 2.2%   ② 4.5%

③ 6.3%   ④ 5.4%

⑤ 1.2%

해설   영업활동으로 인한 현금흐름 대 매출액 비율에 대한 설명이다.
         영업활동으로 인한 현금흐름 100 / 매출액 4,500 × 100(%) ≒ 2.22%

02 현금보상비율을 계산한 것은?

① 40.6%

② 41.6%

③ 45.1%

④ 47.3%

⑤ 49.3%

> 해설 현금보상비율 = [(영업활동으로 인한 현금흐름 + 금융비용) / (단기차입금 + 금융비용)] × 100(%)
> = (100 + 80) / (300 + 80) × 100(%) ≒ 47.3%

03 금융비용보상비율를 계산한 결과는?

① 215%

② 225%

③ 235%

④ 245%

⑤ 255%

> 해설 금융비용보상비율 = (영업활동으로 인한 현금흐름 + 금융비용) / 금융비용 × 100(%)
> = (100 + 80) / 80 × 100(%) ≒ 225%

04 영업활동으로 인한 현금흐름과 투자활동으로 인한 현금지출을 비교한 결과는?

① 10.5%

② 12.5%

③ 22.5%

④ 33.5%

⑤ 40.3%

> 해설 영업활동으로 인한 현금흐름 100 / 투자활동 현금지출 800 × 100(%) ≒ 12.5%

05 다음 자료를 바탕으로 유동비율을 계산한 것으로 옳은 것은?

> 유동자산 : 10억원   재고자산 : 3억원
> 총자산 : 20억원   현금성 자산 : 1억원
> 유동부채 : 2.5억원
> 최근 5억원의 재고자산을 외상으로 추가 구입하였다.

① 160%

② 180%

③ 200%

④ 220%

⑤ 250%

> 해설 유동비율 = 유동자산 / 유동부채 × 100(%)
> = (10억원 + 5억원) / (2.5억원 + 5억원) × 100(%) ≒ 200%

06 자산구성의 분석에 관한 설명 중 옳지 않은 것은?

① 유형자산구성비율이 높을수록 기업의 위험은 커지고 유동성은 떨어지게 된다.

② 유동자산구성비율은 자기자본에서 유동자산이 차지하는 비율을 말한다.

③ 유형자산구성비율은 고정화된 자산을 얼마나 보유하고 있는지 알려주는 비율이다.

④ 유동자산구성비율이 높을수록 기업의 단기채무 변제능력은 증가하게 된다.

⑤ 투자자산구성비율은 기업의 영업과는 직접적으로 무관하다.

해설   유동자산구성비율은 총자산에서 유동자산이 차지하는 비율을 말한다.

07 다음 중 현금흐름표를 바탕으로 집계되는 비율분석 내용이 아닌 것은?

① 현금보상비율

② 금융비용보상비율

③ 당기순이익 대 영업활동 관련 현금비율

④ 유동비율

⑤ 주당현금흐름비율

해설   유동비율은 유동자산과 유동부채를 바탕으로 집계되기 때문에 재무상태표를 바탕으로 집계된다.

08 CPS 비율 계산 결과는?

① 150

② 300

③ 333

④ 350

⑤ 400

해설   주당현금흐름비율 = 영업활동으로 인한 현금흐름 100백만 / 총유통보통주식수 30만 ≒ 333.3

09 PCR을 바르게 계산한 것은?

① 20

② 21

③ 22

④ 23

⑤ 24

해설   주가현금흐름비율 = 보통주 1주당 시가 8,000 / CPS 333 ≒ 24.02

10 매출로부터의 현금유입액이 감소하고 있을 때, 이에 대한 원인으로 적절하지 않은 것은?

① 판매가격의 인하
② 매출채권할인액의 감소
③ 매출채권회전율의 하락
④ 전기 이월된 선수금의 당기매출액 대체
⑤ 판매량의 급감·급증

해설 현금매출액은 매출액 또는 매출채권 보유상태 증가에 영향을 받으므로, 선수금의 당기매출액 대체는 매출액은 증가시키지만 현금흐름에는 영향이 없다.

11 다음 보기 내용을 바탕으로 90% 조업 시 발생하는 영업이익을 구하면?

> 고정비 : 1,500,000원
> 단위당 변동비용 : 25원
> 판매가격 : 55원
> 100% 조업 시 80,000개 생산

① 720,000원
② 660,000원
③ 580,000원
④ 520,000원
⑤ 480,000원

해설 영업이익 : 매출수량 × (판매가격 − 단위당 변동비) − 고정비용
80,000개 × 90% × (55 − 25) − 1,500,000 = 660,000

12 EVA, EV/EBITDA와 관련한 설명 중 옳지 않은 것은? ⟨최신출제유형⟩

① EVA는 주주의 부의 관점에서 기업가치를 평가하는 지표이다.
② 유사기업의 EV/EBITDA에 공모기업의 EBITDA를 곱하여 공모기업의 EV를 추정할 수 있다.
③ EBITDA는 세전 영업이익에 비현금성 비용을 합한 세전 영업현금을 의미한다.
④ EV(기업가치)는 순차입금과 시가총액의 합으로 표시된다.
⑤ EVITDA는 감가상각비와 무형자산상각비를 배제한다.

해설 EVITDA는 감가상각비와 무형자산상각비를 포함한다.

13 다음 중 재무비율에 대한 설명 중 틀린 것은?

① 요소비용 부가가치 : 영업잉여 + 인건비 + 금융비용

② 부가가치 : 영업잉여 + 인건비 + 금융비용 + 조세공과 + 감가상각비

③ 자본생산성 : 부가가치/자기자본

④ 1회전 운전자본 : (매출액 - 영업이익 - 감가상각비) × 1회전 운전기간(년)

⑤ 1회전 운전기간 : 재고자산 회전기간 + 매출채권 회전기간 - 매입채무 회전기간

> **해설** 자본생산성 : 부가가치/총자본으로 계산된다.

14 다음 중 레버리지분석에 관한 일반 목표비율이 알맞게 표시되지 않은 것은?

① EV/EBITDA : 5배 이상

② 자기자본비율 : 50% 내외

③ 차입금의존도 : 30% 이하

④ 이자보상비율 : 5배 이상

⑤ 부채비율 : 100% 이하

> **해설** 이자보상비율 : 3배 이상이 일반적인 목표비율이다.

15 PBR 계산 결과는?

① 1.46

② 1.25

③ 1.30

④ 1.50

⑤ 1.80

> **해설** PBR = 실제주가 8,000 / 주당장부가치 5,466 ≒ 1.46
> 주당장부가치 = (총자산 3,100백만원 - 총부채 1,460백만원) / 30만주 ≒ 5,466

16 PER 계산 결과는?

① 10

② 20

③ 30

④ 40

⑤ 50

PER = 주가 / 주당순이익(EPS) = 시가총액 / 순이익

EPS = 60백만원 / 30만주 = 200

PER = 8,000 / 200

PER = 40

17 현금흐름표에 대한 다음의 설명 중 틀린 것은?

① 현금흐름을 영업활동, 투자활동, 재무활동으로 구분하여 표시한다.

② 직접법과 간접법은 영업활동으로 인한 현금흐름을 계산하는 방법에 따른 분류이다.

③ 수입이자는 영업활동 또는 투자활동으로 인한 현금유입에 포함된다.

④ 비현금거래 중 중요한 거래에 관한 정보는 주석으로 공시해야 한다.

⑤ 수입배당금은 투자활동으로 인한 현금유입에 포함된다.

수입배당금은 영업활동으로 인한 현금유입에 포함된다.

18 당기순이익이 발생하였으나 부(−)의 영업활동 현금흐름이 나타나는 경우 해당 원인으로 적절하지 않은 것은?

① 매출거래처에 대한 대금회수기간을 45일에서 60일로 연장하였다.

② 퇴직금 중간정산을 실시하였다.

③ 손익계산서에 매도가능증권처분이익이 계상되어 있다.

④ 손익계산서에 단기매매증권 처분이익이 계상되어 있다.

⑤ 원재료 매입을 현금결제 조건으로 전환하였다.

단기매매증권의 경우 현금성자산에 해당하기 때문에 당기순이익에서 별도로 조정되는 항목이 아니다. 따라서 영업활동 현금흐름이 나타나는 이유가 될 수는 없다.

19 다음과 같은 재무활동이 추가로 확인되었다. 이로 인한 현금흐름의 변화를 바르게 표현한 것은?

> • 단기금융상품의 취득 : ₩106,000
> • 단기차입금의 차입 : ₩474,000
> • 전환사채의 발행 : ₩247,000
> • 유동성장기부채의 상환 : ₩250,000
> • 장기대여금의 회수 : ₩118,000
> • 법인세비용의 지급 : ₩6,000

① ₩342,000

② ₩471,000

③ ₩483,000

④ ₩589,000

⑤ ₩509,000

해설 재무활동으로 인한 현금흐름

+ 유입		
1. 단기차입금의 차입	474,000	
2. 전환사채의 발행	247,000	
− 유출		
1. 유동성장기부채의 상환	250,000	471,000

20 다음 중 재무비율 유동성지표에 해당하지 않는 것은? 최신출제유형

① 순운전자본비율

② 당좌비율

③ 유동비율

④ 부채비율

⑤ 현금비율

해설 부채비율은 레버리지비율에 포함된다.

21 다음 중 통화의 공급경로로 옳지 않은 것은?

① 수입이 증가하면 통화량이 감소한다.

② 외국인의 국내 주식투자가 증가하면 통화량이 늘어난다.

③ 세금을 증가시킬 경우 통화량이 늘어난다.

④ 정부가 건설업자 등에게 정부 공사대금을 지급하면 통화량이 늘어난다.

⑤ 확장적 재정정책을 운용하면 통화량이 늘어난다.

해설 증세 시 시중의 통화량이 줄어든다.

22 판매가 희박한 악성 재고가 많을 경우 이를 고려한 분석에 가장 적합한 비율은?

① 부채비율

② 당좌비율

③ 순운전자본비율

④ 이자보상비율

⑤ 유동비율

해설 악성 재고가 많으면 재고자산을 제외한 당좌비율이 적합하다.

23 기업의 재무비율에 대한 설명 중 옳지 않은 것은?

① 유형자산구성비율은 고정화된 자산을 얼마나 보유하고 있는지 알려주는 비율이다.

② 유동자산구성비율이 낮을수록 기업의 단기채무 변제능력은 감소하게 된다.

③ 유형자산구성비율이 낮을수록 기업의 위험은 낮아지고 유동성은 높아지게 된다.

④ 유동자산구성비율은 자기자본에서 유동자산이 차지하는 비율을 말한다.

⑤ 투자자산구성비율은 기업의 영업과는 직접적으로 무관하다.

해설 유동자산구성비율은 총자산 중에서 유동자산이 차지하는 비율을 말한다.

24 다음 중 신용분석 업무의 수행 목적으로 옳지 않은 것은?

① 부실기업의 정비를 위한 판단자료를 제공한다.

② 경영기술과 경영계획 및 관리방법을 조언한다.

③ 경영 및 기술면에 대한 문제점을 찾아내고 개선책을 입안하며 경영진에게 권고한다.

④ 신용분석의 내용은 기업체의 이해관계자와는 무관하다.

⑤ 기업자본 투하액의 적정 한도액을 계산한다.

해설 기업만이 아니라 기업체의 이해관계자들도 포함한다.

25 진부화로 인한 재고자산의 누적이 재무제표에 미치는 영향은?

① 재고자산 증가

② 고정자산으로 전환

③ 대손으로 처리

④ 현금 손실로 처리

⑤ 아무 변화 없음

해설 재고자산이 증가한 원인에 따라서 회계적인 처리를 달리 하지 않으며, 단순히 재고자산의 증가에 해당한다.

26 손익분기점에 관한 설명 중 옳지 않은 것은?

① 손익분기점은 영업이익이 '0'이 되는 매출수준을 의미한다.

② BEP 수준이 높다는 의미는 영업성과의 마진이 적다는 것을 의미한다.

③ 비선형 손익분기점 분석에서는 단일한 손익분기점만 존재한다.

④ 모든 영업비용이 변동비라면 BEP분석은 의미가 없다.

⑤ BEP는 총수익과 총비용이 일치하여 이익이 '0'이 되는 매출수준을 의미한다.

해설 비선형 손익분기점 분석에서는 다수의 손익분기점이 나타날 수 있다.

27 다음 기업의 영업레버리지도를 구하시오. [최신출제유형]

- 판매량 : 20,000개
- 판매단가 : 1,300원
- 판매단위당 변동비 : 600원
- 고정영업비 : 700만원
- 이자비용 : 200만원

① 3.5   ② 3.0

③ 2.5   ④ 2.0

⑤ 1.5

해설 DOL : (1,300 − 600) × 20,000개 / (1,300 × 20,000개 − 600 × 20,000개 − 7,000,000) = 2

28 EBITDA/이자비용비율을 계산한 것은?

최신출제유형

① 1

② 2

③ 3

④ 4

⑤ 5

해설   EBITDA/이자비용 = (세전순이익 + 이자비용 + 감가상각비 및 무형자산상각비) / 이자비용
                        = 120백만 + 80백만 + 40백만 / 80백만
                        = 3

EBITDA/이자비용비율의 경우에는 기업활동을 통해 얻은 실질적인 현금흐름이 이자비용을 얼마만큼 부담할
수 있는지를 확인하기 위한 지표이다.

29 다음은 레버리지효과를 설명한 것이다. 만약 갑이 산 아파트 가격이 아래 설명과 달리 10% 하락했
다면 갑의 수익률은 얼마일까? (단, 아파트 매매 수수료나 세금은 없는 것으로 가정한다)

> 1억원을 보유하고 있던 갑은 연 5% 금리로 1억원을 대출받아 아파트를 2억원에 구입했다. 1년 후
> 아파트 가격이 10% 상승해 2억 2,000만원에 매각한 갑은 원금과 이자를 상환하고 1억 1,500만원
> 을 손에 쥘 수 있었다. 돈을 빌려서 집을 산 덕분에 15%라는 높은 수익률을 기록한 것이다.

① −5%

② −10%

③ −15%

④ −20%

⑤ −25%

해설   아파트 가격이 10% 하락해 갑은 1억 8,000만원에 아파트를 팔았다. 갑이 원금(1억원)과 이자(500만원)를 상환
하고 손에 쥐는 돈은 7,500만원이다. 이는 원금(1억원)과 비교해 2,500만원(−25%)을 손해본 것이다. 1억원의
차입(레버리지)으로 인해 아파트 가격 하락폭(10%)을 훨씬 웃도는 손실을 낸 것이다.

시대에듀

작은 기회로부터 종종 위대한 업적이 시작된다.

- 데모스테네스 -

PART5 최종모의고사

최종모의고사

정답 및 해설

남에게 이기는 방법의 하나는 예의범절로 이기는 것이다.

– 조쉬 빌링스 –

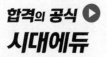
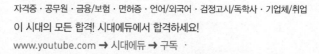

재무분석

01 산업구조분석에 대한 설명으로 적절한 것은?

① 규모의 경제는 진입장벽을 낮게 해준다.

② 광고 등 제품의 차별화는 진입장벽이 될 수 없다.

③ 높은 진입장벽은 이미 진출한 기업들에게 수익성과 위험을 높게 해준다.

④ 기존업체의 저렴한 제조비용도 진입장벽이 된다.

⑤ 포터의 산업구조분석 기법을 이용할 경우 시장 상황을 크게 3가지 요소로 구분하여 분석한다.

02 기업분석의 기본적인 설명으로 적절하지 않은 것은?

① 기업분석은 크게 질적분석과 양적분석으로 나눌 수 있다.

② 기업의 재무제표는 질적분석에 해당한다.

③ 보스턴 컨설팅 그룹의 분류는 질적분석의 한 방법이다.

④ 해당 기업의 자산을 파악하기 위해서는 양적분석이 더 유용하다.

⑤ 원활한 기업분석을 수행하기 위해서는 산업분석 및 경제분석을 함께 수행해야 한다.

03 다음 중 재무상태표의 작성기준으로 옳지 않은 것은?

① 재무상태표는 자산·부채 및 자본으로 구분한다.

② 자산은 자본금·자본잉여금·이익잉여금 및 자본조정으로 각각 구분한다.

③ 자산·부채 및 자본은 총액으로 기재함을 원칙으로 한다.

④ 부채는 유동부채 및 고정부채로 구분한다.

⑤ 재무상태표는 일반적으로 유동성을 기준으로 작성된다.

04　다음은 재무상태표의 작성기준이다. 틀린 것은?

① 각 수익항목과 이에 관련되는 비용항목을 대응하여 표시한다.

② 자산・부채・자본은 총액에 의해 기재함을 원칙으로 한다.

③ 가지급금 및 가수금 등의 미결산항목은 그 내용을 나타내는 적절한 과목으로 표시한다.

④ 자본거래에서 발생한 자본잉여금과 손익거래에서 발생한 이익잉여금은 혼동하여 표시해서는 안된다.

⑤ 재무상태표는 일정시점을 기준으로 작성된다.

05　다음 중 재무비율분석의 한계점이 아닌 것은?

① 비율분석은 과거의 회계정보를 이용하였다.

② 재무제표가 일정시점을 중심으로 작성되어 있어서 계절적 변화를 나타내지 못한다.

③ 기업별로 회계기준이 달라 비교가 어렵다.

④ 과거의 주가 추세와 패턴이 미래에도 반복될 수 있다는 점이 비현실적이다.

⑤ 다양한 재무비율분석 기법 중에서 무엇을 선택하느냐에 따라 해당 회사에 대한 평가가 달라진다.

06　재무비율에 관한 설명으로 옳지 않은 것은?

① 매출액영업이익률은 영업이익을 매출액으로 나눈 비율로, 기업의 이익변화가 매출마진의 변화에 의한 것인지, 매출액의 변동에 의한 것인지를 파악하는 데 사용된다.

② 총자본회전율은 자본이 1년 동안 몇 번 회전했는가를 나타내는 비율로, 기업이 얼마나 총자본을 능률적으로 활용했는가를 보여준다.

③ 고정비율은 고정자산을 자기자본으로 나눈 비율로, 자본배분의 효율성 및 자금의 고정화를 측정하는 대표적인 비율이다.

④ 토빈의 q비율은 기업의 부채 및 자기자본의 시장가치를 보유자산의 대체비용으로 나눈 비율을 말한다.

⑤ 활동성을 표현하는 비율은 일반적으로 매출액을 활용하는 지표가 많다.

07　산업구조분석에서 기업의 수익성과 위험에 영향을 주는 구조적 경쟁요인이 아닌 것은?

① 진입장벽

② 기존업체 간의 경쟁강도

③ 제품의 대체가능성

④ 시장위험

⑤ 공급자

08 보스턴 컨설팅 그룹의 분류 중 Cash Cow는 어떤 의미를 지니는가?

① 성장성은 낮으며, 수익성도 낮다.
② 성장성은 낮으며, 수익성은 높다.
③ 성장성은 높으며, 수익성도 높다.
④ 성장성은 높으며, 수익성은 낮다.
⑤ 성장성은 낮지만, 수익성에 대해서는 판단할 수 없다.

09 다음 중 손익계산서의 구성요소 작성방법을 잘못 설명한 것은?

① 매출총손익은 매출액에서 매출원가를 차감하여 표시한다.
② 법인세비용차감전순손익은 경상손익에 특별이익을 가산하고 특별손실을 차감하여 표시한다.
③ 당기순손익은 영업손익에서 영업외수익을 가산하고 영업외비용을 차감하여 표시한다.
④ 영업손익은 매출총손익에서 판매비와관리비를 차감하여 표시한다.
⑤ 손익계산서는 일정기간을 기준으로 작성된다.

10 다음 중 재무비율분석에 대한 설명으로 옳은 것은?

① 유동비율은 100% 미만이 이상적 수준이다.
② 재고자산회전율이 높으면 판매활동에 문제가 있다.
③ 납입자본이익률은 성장성 지표이다.
④ 이자보상비율은 높을수록 좋다.
⑤ PBR과 PER은 활동성을 평가하는 분석지표이다.

11 투자결정 방법에서 주가수익비율(PER)을 이용할 때 PER 이용상의 문제점으로 옳지 않은 것은?

① 분자의 주가지표로 회계연도 마지막 날 종가를 사용하는 것이 주당이익의 정보를 정확히 반영한다.
② 주당이익 계산 시 발행주식수에는 희석화되는 주식수를 포함시킬 수 있다.
③ 분모의 이익 계산 시는 예측 주당이익을 사용한다.
④ 주당이익 계산 시 특별손익을 제외한 경상이익만을 이용한다.
⑤ 주가수익비율은 과거의 회계정보를 바탕으로 미래의 수익성을 분석하는 한계점이 있다.

12 다음의 설명 중 틀린 것은?

① PBR은 기업의 마진, 활동성, 부채레버리지 그리고 기업 수익력의 질적 측면이 반영된 지표로서 자산가치에 대한 평가뿐만 아니라 수익가치에 대한 포괄적인 정보가 반영되어 있으며 미래의 수익발생능력을 반영하고 있다는 것이 장점이다.

② 기업의 차입자금으로 조달된 투자에 대하여 이자지급액보다 더 많은 수익을 얻는다면 주식자본에 대한 수익률은 확대된다.

③ 수익성비율은 기업이 얼마나 효율적으로 관리되고 있는가를 나타내는 종합적 지표이다.

④ 기업경영의 측면에서 지나치게 높은 유동비율은 바람직하지 않다.

⑤ PBR은 장부가치와 주가를 비교하는 방식이다.

13 레버리지비율에 관한 설명 중 잘못된 것은?

① 일반적으로 고정영업비가 클수록, 매출량이 작을수록, 판매단가가 낮을수록, 단위당 변동비가 작을수록 영업레버리지도는 크게 나타난다.

② 결합레버리지분석 고정비용이 매출액의 변동에 따라 순이익에 어떤 영향을 미치는가를 분석하는 것이다.

③ 영업이익이 클수록, 이자가 작을수록 재무레버리지는 작게 나타난다.

④ 결합레버리지도가 작을수록 위험은 커진다.

⑤ 레버리지는 타인자본 의존도를 표현한다.

14 최근 들어 재고 비중이 높아지고 있는 기업의 유동성을 분석하는 데 적합한 재무비율은?

① 부채비율   ② 당좌비율
③ 부채비율   ④ 현금보유비율
⑤ 유동비율

15 아래 보기 중 신규 자금을 도입하는 방법 중에서 재무적 리스크 요인이 가장 적은 방법은?

① 교환사채
② 상환우선주
③ 신주인수권부사채
④ 회사채 발생
⑤ 보통주

16 다음 경영실태 평가 시의 적기시정조치에 해당되지 않는 것은?

① 경영개선권고
② 경영개선요구
③ 경영개선명령
④ 경영개선조치
⑤ 모두 해당

17 다음 기업의 재무비율에 대한 설명 중 옳지 않은 것은?

① 투자자산구성비율은 기업의 영업과는 직접적 관련이 없다.
② 유동자산구성비율이 낮을수록 기업의 단기채무 변제능력은 감소하게 된다.
③ 유형자산구성비율이 높을수록 기업의 위험은 커지고 유동성은 떨어지게 된다.
④ 유동자산구성비율은 자기자본에서 유동자산이 차지하는 비율을 말한다.
⑤ 유형자산구성비율은 고정화된 자산을 얼마나 보유하고 있는지 알려주는 비율이다.

18 다음 중 재무분석의 범위에 속하지 않는 것은?

① 제품의 품질분석
② 재무제표분석
③ 주가분석
④ 제품불량률분석
⑤ 거래량분석

19 다음 설명된 내용 중 옳지 않은 것은?

① 손익계산서는 일정기간의 경영성과를 나타낸다.
② 일정시점의 자본 조달과 자산 구성내용을 나타내는 것은 재무상태표이다.
③ 유동자산을 판단하는 기준은 1년을 기준으로 한다.
④ 재무상태표의 영업자산의 운용결과가 손익계산서 영업이익이다.
⑤ 유동자산은 고정자산보다 위험이 크다.

최종모의고사

20 최근 유동비율은 높아진 반면, 당좌비율은 낮아지는 추세를 보이는 기업에 대한 평가로 적절한 것은?

① 신주 발행 여부가 달라졌다.

② 시설자산이 과도하다.

③ 재고자산을 과도하게 보유하고 있다.

④ 효율적인 부채관리가 되고 있다.

⑤ 신규 직원 고용 규모가 증가할 경우에 해당한다.

21 다음 재무제표를 기반으로 한 레버리지분석 의견 중 잘못된 내용은? (단, (주)시대산업의 감가상각비는 500만원이었다)

재무상태표

(주)시대산업 (단위 : 백만원)

현 금	500	매입채무	200
매출채권	1,200	단기차입금	1,400
재고자산	1,500	장기차입금	2,200
비유동자산	3,000	자 본	2,400
총자산	6,200	총자본	6,200

포괄손익계산서

	매출액	15,000
−	매출원가	9,000
	매출총이익	6,000
−	판매비와관리비	3,000
	영업이익	3,000
−	이자비용	400
	세전순이익	2,600
−	법인세비용	300
	당기순이익	2,300

① 부채비율은 158%로 100% 이상이므로 안전성 측면에서 표준비율을 상회한다.

② 자기자본비율의 경우 38.7% 수준으로 표준비율인 100% 미만을 보였다.

③ 차입금의존도는 58.0% 수준으로 확인되었다.

④ 차입금평균이자율은 11.1% 수준으로 확인되었다.

⑤ 당좌비율은 106% 수준이다.

22 (주)정호는 재즈연주행사를 기획하고 있다. 행사와 관련된 비용은 다음 [보기]와 같고 행사예상인원으로 2,000명을 예상하고 있을 때 손익분기 매출량 달성을 위한 티켓의 판매단가로 최소 얼마를 책정하여야 하는가?

> **보기**
> 1인당 기념품비 : 5,000원
> 1인당 티켓판매 수수료 : 200원
> 행사장 임대료 : 3,000,000원
> 행사 설비설치비 : 5,000,000원
> 행사 광고비 : 6,000,000원

① 12,000원   ② 12,100원
③ 12,200원   ④ 12,300원
⑤ 12,400원

현금흐름분석

01 초기 투자금액 중 일부를 부채로 조달하였다. 현금흐름분석에 대한 다음 설명 중 틀린 것은?

① 이자비용이 발생하므로 영업이익이 줄어든다.
② 당기순이익이 줄어든다.
③ 영업현금흐름에는 영향이 없다.
④ 이자비용이 발생하므로 세금이 줄어든다.
⑤ 감가상각비의 처리 방식의 변경은 현금흐름에 영향을 미치지 않는다.

02 (주)시대의 당기순이익은 1,500,000원이다. 현금흐름과 관련된 다음의 자료를 이용하여 영업활동으로 인한 현금흐름을 간접법으로 구하면?

(단위 : 원)

매도가능금융자산처분이익	110,000	재고자산의 감소	150,000
감가상각비	600,000	매입채무의 증가	200,000
유형자산처분이익	50,000	단기차입금의 증가	100,000
사채상환이익	80,000	건물의 구입	300,000
사채할인발행차금상각	100,000	이연법인세부채의 증가	150,000

① ₩2,310,000   ② ₩2,460,000
③ ₩2,560,000   ④ ₩2,620,000
⑤ ₩2,780,000

03 다음의 자료를 이용하여 현금흐름표를 작성할 경우 영업활동으로 인한 현금흐름은 얼마인가?

(단위 : 원)

당기순이익	120,000	외상매출금의 증가액	35,000
외상매입액의 감소액	25,000	감가상각비	65,000
미지급법인세의 증가액	80,000	대손충당금의 증가액	45,000

① (+)₩60,000

② (+)₩185,000

③ (+)₩250,000

④ (−)₩250,000

⑤ (+)₩263,000

04 (주)시대의 다음 자료만을 이용하여 20x7년도 현금흐름표에 공시될 영업활동으로 인한 현금흐름을 계산하면 얼마인가?

(1) 20x7년도 당기순이익 : ₩150,000

(2) 20x7년도 계정잔액의 변화

	20x7년 01월 01일	20x7년 12월 31일
매출채권(순액)	₩80,000	₩85,000
매입채무	₩22,000	₩20,000
단기대여금	₩35,000	₩32,000
미지급비용	₩15,000	₩16,000

① ₩143,000

② ₩144,000

③ ₩145,000

④ ₩146,000

⑤ ₩160,000

05 12월 결산법인인 (주)시대의 기초 및 기말의 유동비율은 각각 200%, 150%이다. 유동항목의 변화가 다음과 같을 때, 연도 말 유동자산은?

> • 매출채권의 증가 : ₩5,000
> • 매입채무의 감소 : ₩10,000
> • 미지급비용의 증가 : ₩8,000
> • 재고자산의 감소 : ₩15,000

① ₩12,000   ② ₩14,000
③ ₩16,000   ④ ₩18,000
⑤ ₩19,000

06 다음 자료를 이용하여 영업활동으로 인한 현금흐름을 계산하면 얼마인가?

> • 당기순이익 : 200,000원
> • 매도가능증권처분이익 : 50,000원
> • 감가상각비 : 180,000원
> • 재고자산의 증가 : 120,000원
> • 매입채무의 증가 : 70,000원

① 230,000원   ② 480,000원
③ 530,000원   ④ 420,000원
⑤ 280,000원

07 다음 중 영업활동으로 인한 현금유입에 해당하는 것은?

① 어음 발행
② 유가증권 처분
③ 대여금 회수
④ 주식 발행
⑤ 이자비용

08 사용이 제한되어 있는 예금 중 기간이 1년 이내에 도래하는 것은 무엇으로 분류하는가?

① 현금및현금성자산

② 단기투자자산

③ 장기투자자산

④ 단기매매증권

⑤ 미수금

09 다음 중 현금을 수반하는 거래는?

① 재고자산을 도난당했다.

② 기계장치를 구입하고 5년 만기 어음을 발행하였다.

③ 건설중인자산이 완공되어 기계장치 계정으로 대체되었다.

④ 전환사채가 조건이 충족되어 주식으로 전환되었다.

⑤ 전환사채를 액면으로 발행하여 그 대금이 은행에 납입되었다.

10 다음 자료를 보고 손익계산서상 이자비용을 구하면 얼마인가?

이자비용 현금유출액 = (−)425,000
영업활동과 관련된 자산, 부채의 증감 • 미지급이자의 증가 = 30,000 • 선급이자의 감소 = 45,000

① 400,000   ② 425,000

③ 450,000   ④ 475,000

⑤ 500,000

11 간접법에 의해 현금흐름표를 작성할 때 '현금의 유출이 없는 비용 등의 가산항목'에 해당되는 것은?

① 주식매도의 평가손실

② 선급비용 감소액

③ 법인세 납부액

④ 채무조정이익

⑤ 주식보상비용

12 재무활동 현금흐름으로 분류되지 않는 항목은?

① 단기차입금을 장기차입금으로 상환하였다.

② 사채를 반기 중 상환하였다.

③ 이자비용을 지급하였다.

④ 외화표시 전환사채를 발행하였다.

⑤ 상환우선주를 발행하였다.

13 다음 정보를 바탕으로 현금주의 매출원가 계산 시 그 금액은 얼마인가?

- 매출원가 : 100,000원
- 재고자산 : 기초 잔액 20,000원/기말 잔액 30,000원
- 매입채무 : 기초 잔액 17,000원/기말 잔액 22,000원
- 선수금 : 기초 잔액 7,000원/기말 잔액 8,000원

① 115,000원

② 105,000원

③ 104,000원

④ 96,000원

⑤ 85,000원

14 유동성에 대한 설명으로 옳지 않은 것은?

① 유동성이란 원하는 시점에 재산적 손실 없이 현금화가 가능한 정도를 말한다.

② 유동성의 기준은 당좌자산을 기준으로 판단하는 것이 일반적이다.

③ 전통적으로 기업의 지급능력 평가는 유동성분석을 중심으로 발전해왔다.

④ 재무상태표는 매출채권이나 재고자산이 바로 현금화될 수 있다는 가정하에 자금흐름을 검토하는 것이다.

⑤ 재고자산의 현금화 속도의 문제점을 보완하기 위해 당좌비율을 사용하기도 한다.

15 다음은 (주)시대의 20X9년도 재무상태표와 포괄손익계산서의 일부 자료이다. (주)시대가 당기에 상품 매입대금으로 지급한 현금액은?

• 기초상품재고액	₩30,000	• 기말상품재고액	₩45,000
• 매입채무	₩18,000	• 매입채무 기말잔액	₩15,000
• 기초잔액 매출액	₩250,000	• 매출총이익률	40%

① ₩150,000   ② ₩162,000

③ ₩165,000   ④ ₩168,000

⑤ ₩175,000

16 영업활동으로 인한 현금흐름에 영향을 미치는 계정과목이 아닌 것은?

① 재고자산   ② 이자수익

③ 매출채권   ④ 선급금

⑤ 감가상각비

17 직접법과 간접법의 장단점을 설명한 것으로 옳지 않은 것은?

① 직접법이나 간접법은 투자활동이나 재무활동 현금흐름을 표시하는 방법은 동일하다.

② 간접법은 매출액에서 출발하여 영업활동 현금흐름을 표시하는 방식이다.

③ 직접법은 정보이용자가 이해하기 쉽기 때문에 널리 권장된다.

④ 직접법은 영업활동을 각각 현금유입액과 현금유출액으로 구분하여 작성된다.

⑤ 간접법으로 현금흐름표를 작성하면 당기순이익과 영업활동으로 인한 현금흐름과의 차이 원인을 설명하는 데 도움을 줄 수 있다.

18 다음 중 현금성자산에 대한 설명으로 잘못된 것은?

① 현금성자산이라 함은 커다란 손실 없이 쉽게 현금으로 전환 가능한 금융상품으로서 취득 당시 만기일 또는 상환일이 12개월 이내에 도래하는 것을 말한다.

② 유동부채의 증가로 순운전자본은 감소한다.

③ 유동비율의 문제점은 재고자산이나 매출채권이 단기간 내에 현금화하기 어려울 수도 있다는 것이다.

④ 장기차입금의 유동성대체는 현금에는 미치는 영향이 없다.

⑤ 현금주의 회계는 현금이 수취될 때의 수익을 현금이 지급될 때의 비용으로 인식하는 회계처리 방식이다.

19 다음 중 각 활동별 현금흐름의 분류에 대한 설명으로 옳지 않은 것은?

① 배당금의 지급은 재무활동으로 구분한다.

② 유형자산처분손익이나 사채상환손익은 투자활동 및 재무활동과 관련된 손익이므로 영업활동에서 제외한다.

③ 이자수익은 영업활동으로 구분한다.

④ 퇴직금의 지급은 재무활동에 해당한다.

⑤ 자기주식의 취득 및 처분은 재무활동으로 분류한다.

20 현금흐름표 작성 시 영업활동으로 인한 현금흐름을 계산하기 위하여 간접법을 사용할 때 당기순이익에 가산할 항목이 아닌 것은?

① 유형자산의 감가상각비

② 만기보유금융자산 할증취득액 상각

③ 유형자산처분이익

④ 외화환산손실

⑤ 모두 해당한다.

21 올해 배당을 3,000원 지급한 뒤에 매년 매년 6%씩 배당금을 늘리기로 결정한 회사가 있다. 이 회사의 이론적인 적정 주가는? (단, 요구수익률이 15%)

① 33,333원

② 32,490원

③ 32,235원

④ 30,892원

⑤ 30,232원

22 사람들은 동일한 금액일 경우 미래의 현금보다 현재의 현금을 더 선호한다. 그 이유로 가장 거리가 먼 것은?

① 미래 현금유입의 불확실성 때문이다.

② 시간이 지날수록 물가상승의 위험이 있기 때문이다.

③ 현재 소비에서 얻는 효용이 미래 소비의 효용보다 작기 때문이다.

④ 현재의 현금에는 투자할 수 있는 기회가 존재할 수 있기 때문이다.

⑤ 사람들은 위험회피성향을 가지고 있다고 볼 수 있기 때문이다.

23 다음 중 현금흐름표에 표시될 간접법에 의한 영업활동 현금흐름은? (단, 투자활동이나 재무활동과 명백하게 관련된 법인세 등의 납부는 없다)

- 당기순이익 : ₩2,000,000
- 미수수익의 순증가액 : ₩150,000
- 매입채무의 순증가액 : ₩200,000
- 법인세비용 : ₩400,000
- 매출채권의 순감소액 : ₩500,000
- 미지급비용의 순감소액 : ₩300,000

① ₩1,850,000
② ₩2,250,000
③ ₩2,350,000
④ ₩2,650,000
⑤ ₩2,750,000

24 이자와 배당금의 현금흐름표 표시에 대한 설명으로 옳지 않은 것은?

① 금융기관이 아닌 경우 배당금지급은 재무활동 현금흐름으로 분류할 수 있다.
② 금융기관이 지급이자를 비용으로 인식하는 경우에는 영업활동 현금흐름으로 분류하고, 지급이자를 자본화하는 경우에는 주석으로 공시한다.
③ 금융기관이 아닌 경우 이자수입은 당기순손익의 결정에 영향을 미치므로 영업활동 현금흐름으로 분류할 수 있다.
④ 금융기관의 경우 배당금수입은 일반적으로 영업활동으로 인한 현금흐름으로 분류한다.
⑤ 현금흐름표에는 영업활동, 투자활동, 재무활동 등으로 구분하여 현금흐름을 집계하고 있다.

25 제조기업의 현금흐름을 영업활동, 투자활동, 재무활동으로 구분해 현금흐름표를 작성할 경우 다음 중 영업활동에 의한 현금흐름으로 분류될 가능성이 가장 높은 것은?

① 이자지급
② 토지매각
③ 배당금지급
④ 유가증권처분
⑤ 생산설비 구입

01 한국은행은 최근 금융통화위원회에서 정책금리인 기준금리를 0.25%포인트 인상했다. 정책금리와 시장금리의 관계 및 파급효과에 대한 다음 설명으로 옳은 것을 모두 고르시오.

> 가. 정책금리 인상은 경제의 총수요에 즉각적인 영향을 미쳐 물가상승 압력을 억제한다.
> 나. 정책금리 변동이 경제의 총수요에 영향을 미치는 데는 상당한 시간이 걸릴 수 있다.
> 다. 초단기 금리인 정책금리 인상은 이자율 기간구조에 따라 장단기 금리를 올릴 수 있다.
> 라. 경제 내 불확실성과 대외경제의 충격 등으로 단기금리는 상승하나 장기금리는 오히려 하락할 수도 있다.

① 가, 나   ② 다, 라
③ 나, 다, 라   ④ 가, 다, 라
⑤ 가, 나, 다, 라

02 경제성장은 자본의 축적과 기술 진보에 의해 이뤄진다. 그런데 기술 진보 없이 자본 축적만으로 경제성장을 이루고자 하는 것은 한계가 있음을 지적하는 경제학자들이 많이 존재한다. 이러한 논거로 다음 중 가장 중요한 것은?

① 자본 증가에 따라 이자율이 하락한다.
② 자본은 다른 나라로 빠져나가기 쉽다.
③ 자본 증가는 빠른 속도로 이뤄지지 않는다.
④ 자본 증가가 있어도 인구가 같이 증가하지 않는다.
⑤ 자본 증가만이 있을 경우 자본의 생산성이 결국 하락하게 된다.

03 다음 중 물가상승률, 명목이자율, 실질이자율의 관계를 바르게 설명한 것은?

① 명목이자율은 항상 실질이자율보다 높다.
② 명목이자율과 실질이자율은 반비례 관계이다.
③ 물가상승률이 상승하면 실질이자율은 상승한다.
④ 물가상승률이 하락하면 명목이자율은 상승한다.
⑤ 물가상승률이 '0'이면 실질이자율과 명목이자율은 동일하다.

04 다음 중 우리나라의 총수요 증가를 초래한다고 볼 수 없는 것은?

① 환율이 상승해 원화 가치가 떨어졌다.
② 미국 정부가 대규모 인프라 투자를 시행했다.
③ 한국 정부가 대규모 인프라 투자를 시행했다.
④ 한국 소비자에게 미국산 소고기의 인기가 높아졌다.
⑤ 미국 소비자 사이에 한국산 부품이 들어간 전자제품의 인기가 높아졌다.

05 경기침체 상황에서 총수요를 증가시키는 방법들을 〈보기〉에서 고르면?

> 보기
> 가. 정부지출을 늘린다.
> 나. 법정지급준비율을 인하시킨다.
> 다. 중앙은행이 채권을 발행한다.
> 라. 수입상품에 대한 관세율을 하락시킨다.

① 가, 나   ② 가, 다
③ 나, 다   ④ 나, 라
⑤ 다, 라

06 다음 자료에 대한 설명으로 옳지 않은 것은?

> 디플레이션은 발생 원인에 따라 경제에 긍정적인 효과를 낳기도 하고 부정적인 영향을 미치기도 한다. ㉠ 긍정적인 디플레이션은 기술 진보에 따른 생산비용 또는 유통비용의 하락으로 발생하는 경우이고 ㉡ 부정적인 디플레이션은 수요 위축으로 발생하는 경우이다.

① 전자 상거래 활성화는 ㉠의 요인이다.
② 재정 위기의 발생은 ㉡을 초래할 수 있다.
③ 부동산 등 자산의 가치가 줄어드는 것은 ㉡을 초래할 수 있다.
④ 예상치 못한 ㉠과 ㉡은 모두 근로자의 실질 임금소득을 증가시킨다.
⑤ 예상치 못한 ㉠과 ㉡은 모두 채무자로 부를 이전시킨다.

07 다음 자료를 통해 도출할 수 있는 추론으로 적절하지 않은 것은?

표는 A국의 연도별 민간소비지출, 민간투자지출, 정부지출, 순수출을 나타낸다. (단, 모든 변수는 실질 변수이다)

(단위 : 조원)

구 분	20x8년	20x9년
민간소비지출	60	140
민간투자지출	10	20
정부지출	20	40
순수출	10	0

① 20x9년에 수출과 수입이 같았다.

② 20x8년 ~ 20x9년 기간 중 실질GDP 증가율은 100%이다.

③ 20x8년 ~ 20x9년 기간 중 해외 부문은 실질GDP 증가에 기여하지 못했다.

④ 20x8년 ~ 20x9년 기간 중 GDP에서 수출이 차지하는 비중의 변화는 알 수 없다.

⑤ GDP에서 민간소비지출이 차지하는 비중은 20x8년과 20x9년이 동일하다.

08 통화정책이란 중앙은행이 통화량이나 이자율을 조정함으로써 경제를 안정시키는 정책을 말한다. 다음 중 경기침체 시 시행해야 할 통화정책은?

㉠ 국공채 매입
㉡ 재할인율 인하
㉢ 지급준비율 인상
㉣ 시중은행 대출 감소

① ㉠, ㉡

② ㉠, ㉢

③ ㉠, ㉣

④ ㉡, ㉢

⑤ ㉢, ㉣

09 다음 자료로부터 도출할 수 있는 추론으로 가장 적절한 것은?

> 지난 해 6월 1일 우리나라의 이자율은 연 3.25%로 미국의 0.16%, 일본의 0.10%보다 높았다. 당시 달러당 1,182원을 기록했던 환율이 최근 1,075원으로 하락했다.

① 지난 6월 이후 원화 가치는 달러화에 비해 하락했다.
② 지난 6월 이후 국내 금융 시장에서는 달러화의 공급이 감소했을 것이다.
③ 지난 6월 이후 환율 변화는 우리나라의 경상 수지 흑자를 늘리는 요인이다.
④ 지난 6월 이후 원/엔 환율이 일정하다면 원화 표시 국채보다 일본 엔화 표시 국채에 투자하는 것이 유리했을 것이다.
⑤ 지난 6월 1일 우리나라의 원화 표시 국채에 투자한 사람은 미국의 달러 표시 국채에 투자한 사람보다 더 높은 수익률을 기록했을 것이다.

10 다음 중 예상치 못한 디플레이션이 발생했을 때 나타날 수 있는 현상으로 가장 적절한 것은?

① 정부의 조세수입이 증가할 것이다.
② 고정급을 받는 회사원들의 실질소득이 감소할 것이다.
③ 화폐의 구매력이 감소하므로 사재기가 성행할 것이다.
④ 부동산에 투자한 사람이 동일한 금액의 정기예금에 가입한 사람보다 유리해질 것이다.
⑤ 은행에서 고정금리 대출을 받은 사람은 변동금리 대출을 받은 사람보다 불리해질 것이다.

11 물가상승을 유발하는 요인이 아닌 것은?

① 통화량의 증가
② 국내 물류비용의 상승
③ 미래의 물가상승 예상
④ 환율 하락
⑤ 생산성 이상의 임금 상승

12 우리나라의 실업률은 대체로 유럽국가의 실업률에 비해서 낮다. 예를 들어, 1990년대 독일의 평균 실업률은 9.4%였으나 우리나라는 3.2%였다. 독일에 비해 우리나라의 실업률이 낮은 이유를 추론한 것 중 타당하지 않은 것은?

① 우리나라는 스스로 고용을 만들어 내는 자영업자가 상대적으로 많다.

② 우리나라는 실업 가능성이 낮은 농업 부문의 취업자가 상대적으로 많다.

③ 우리나라의 근로자는 한 직장에서 상대적으로 장기간 근무한다.

④ 우리나라의 근로자는 실직했을 때 구직활동을 더 오래 한다.

⑤ 우리나라의 사회보장제도가 독일에 비해서 뒤떨어져 있다.

13 달러에 대한 원화가치가 1달러당 1,100원에서 1,200원으로 변동했다. 반면 엔화에 대한 원화가치는 100엔당 1,100원에서 1,000원으로 바뀌었다. 이 경우 나타날 것으로 예측되는 상황과 가장 거리가 먼 것은? 〔최신출제유형〕

① 국산 자동차의 미국 수출은 더 늘어날 것이다.

② 우리나라로 오는 일본인 관광객은 감소할 것이다.

③ 일본에서 미국산 옥수수의 가격은 상승할 것이다.

④ 우리나라의 대일(對日) 무역수지는 악화될 것이다.

⑤ 미국으로 어학연수를 떠나는 우리나라 학생은 증가할 것이다.

14 우리나라 경제 상황에 대해 옳게 설명한 것을 〈보기〉에서 모두 고르면?

ㄱ. 실업률은 25%보다 높았다.
ㄴ. 경상수지는 적자를 기록하였다.
ㄷ. 1인당 GDP는 세계 10위권이었다.
ㄹ. GDP 대비 정부지출의 비중은 10%보다 컸다.
ㅁ. 수출에서 가장 큰 비중을 차지한 나라는 중국이었다.

① ㄱ, ㄴ   ② ㄴ, ㄷ

③ ㄴ, ㅁ   ④ ㄷ, ㄹ

⑤ ㄹ, ㅁ

15 다른 조건이 일정할 때, 국민경제 주요 지표 간의 관계에 대한 설명 중에서 타당한 것은?

① 실업률과 물가상승률 간에는 단기적으로 역(-)의 상관관계가 있다.

② 실업률과 GDP 증가율 간에는 단기적으로 정(+)의 상관관계가 있다.

③ 인플레이션은 장기적으로 통화공급의 증가와 반비례한다.

④ 통화공급의 증가는 단기적으로 이자율을 상승시킨다.

⑤ 통화공급이 증가할수록 환율이 하락한다.

16 경기변동에 대한 다음 서술 중 적절하지 않은 것은?

① 경기변동의 주기와 진폭은 일정하지 않다.

② 역사적으로 경기변동이 없는 시장경제는 없었다.

③ 경기확장 국면에서는 생산의 증가세가 확대되고 고용이 증가한다.

④ 예상되지 못한 정책변화나 유가 변동 등에 의해서 경기변동이 야기될 수 있다.

⑤ 경기변동에 따라 쌀에 대한 소비지출이 자동차에 대한 소비지출보다 민감하게 변화한다.

신용평가 종합사례

[01~29] 다음 보기에 제시된 재무제표의 내용을 바탕으로 주어진 질문에 대답하시오.

비교재무상태표

(단위 : 천원)

계정과목	기말잔액	기초잔액	증가(감소)
현 금	67	66	1
매출채권	10	–	10
단기투자자산	20	27	(7)
재고자산	62	48	14
비유동자산	4	–	4
		–	
	163	141	22

계정과목	기말잔액	기초잔액	증가(감소)
매입채무	9	–	9
단기차입금	50	50	–
비유동부채	9	6	3
자본금	50	50	–
잉여금	45	35	10
	163	141	22

당기손익계산서

(단위 : 천원)

계정과목		금 액
매출액		100
매출원가		(50)
판매비와관리비		(25)
급 료	(8)	
운반비	(10)	
감가상각비	(7)	
영업외수익		3
이자수익	3	
영업외비용		(8)
이자비용	(8)	
법인세비용		(10)
당기순이익		10

현금흐름표(직접법)

(단위 : 천원)

영업활동으로 인한 현금흐름		**16**
가. 매출 등 수익활동으로부터 유입된 현금		90
매출액	100	
매출채권 증가액	(10)	
나. 매입 및 종업원에 대한 현금유출		(49)
매출원가	(50)	
매입채무 증가액	9	
급 료	(8)	
다. 판매관리비 등 유출액		(10)
운반비	(10)	
라. 이자수익 유입액		3
마. 이자비용 유출액		(8)
바. 법인세 유출액		(10)

보통주 1주의 시가 2,000원

액면가 1,000원

01 유동비율을 계산한 것은?

① 268% ② 283%

③ 267% ④ 254%

⑤ 269%

02 당좌비율을 계산한 값은?

① 177% ② 158%

③ 169% ④ 125%

⑤ 164%

03 매출액영업이익률을 바르게 계산한 것은?

① 25% ② 20%

③ 15% ④ 10%

⑤ 5%

04 기업이 유동부채의 상환을 위해 어느 정도 수준의 영업현금흐름으로 보유하고 있는가를 나타내는 지표는?

① $\dfrac{\text{영업현금흐름} - \text{우선주배당금}}{\text{가중평균유통보통주식수}}$

② $\dfrac{\text{영업현금흐름}}{\text{현금배당금}}$

③ $\dfrac{\text{영업현금흐름}}{\text{유동부채}}$

④ $\dfrac{\text{영업현금흐름}}{\text{총자산}}$

⑤ $\dfrac{\text{영업현금흐름}}{\text{총부채}}$

05 CPS 계산 결과로 바른 것은? (단, 총유통보통주식수는 5만주이다)

① 0.32 ② 0.34

③ 0.36 ④ 0.38

⑤ 0.39

06 기업이 매출활동을 통해 얼마만큼의 현금을 창출할 수 있는가를 판단하는 지표 계산의 결과에 해당하는 것은?

① 12% ② 13%

③ 14% ④ 15%

⑤ 16%

07 현금보상비율을 계산한 것은?

① 41% ② 32%

③ 28% ④ 18%

⑤ 15%

08 금융비용보상비율을 계산한 결과는?

① 100% ② 200%

③ 300% ④ 400%

⑤ 500%

09 영업활동으로 인한 현금흐름과 투자활동으로 인한 현금지출을 비교한 결과는? (단, 투자활동 현금지출액은 10(천원)이다)

① 140% ② 130%

③ 160% ④ 170%

⑤ 180%

10 CPS비율 계산 결과는? (단, 총유통보통주식수는 1,000주이다)

① 16   ② 20

③ 28   ④ 32

⑤ 40

11 PCR을 바르게 계산한 것은?

① 125   ② 100

③ 71   ④ 62

⑤ 50

12 PBR 계산 결과는?

① 1.14   ② 1.25

③ 1.30   ④ 1.50

⑤ 1.05

13 재무제표를 활용해 기업의 재무상태와 경영성적을 진단하는 것을 재무비율분석이라고 한다. 다음 중 안정성비율과 관련이 없는 것은?

① 유동비율

② 부채비율

③ 이자보상배율

④ 총자산증가율

⑤ 자기자본비율

14 다음 중 안정성지표로 볼 수 있는 것은?

① 유동비율

② 주가수익비율

③ 매출액이익률

④ 매출액증가율

⑤ 자기자본이익률

15 자기자본증가율을 계산한 수치는?

① 8%   ② 9%

③ 10%   ④ 11.76%

⑤ 15%

16 순이익증가율에 대해 계산한 수치는? (단, 전기순이익은 8천원이다)

① 22%   ② 56%

③ 30%   ④ 25%

⑤ 40%

17 재무비율분석엔 여러 가지가 있는데 안정성비율과 수익성비율, 성장성비율을 순서대로 짝지은 것은?

① 이자보상배율 – 총자산이익률 – 매출액증가율

② 이자보상배율 – 매출액증가율 – 총자산순이익률

③ 총자산순이익률 – 이자보상배율 – 매출액증가율

④ 총자산순이익률 – 매출액증가율 – 이자보상배율

⑤ 매출액증가율 – 이자보상배율 – 총자산순이익률

18 다음은 재무위험에 관한 설명이다. 괄호 안에 들어갈 적절한 용어는?

> 재무위험은 기업이 자금을 조달할 때 (   )을 이용함으로써 발생하는 위험이다. (   )
> 에 대한 의존도가 높을수록 고정자본비용이 커지므로 재무위험도 증가하게 된다.

① 자기자본   ② 타인자본

③ 고정자산   ④ 보통주 발행

⑤ 우선주 발행

19 자기자본이익률(ROE)과 총자산순이익률(ROA)은 기업 수익성을 측정하는 대표적인 재무분석지표다. 어떤 상장기업의 재무분석 결과 ROE가 ROA보다 훨씬 크게 나타날 때 이를 올바르게 분석한 것은?

① 현재 기업의 주가는 고평가됐다.
② 수익성 둔화가 나타나고 있다.
③ 낮은 부채비율로 안정적인 재무구조를 가진다.
④ 타인자본의 레버리지효과를 활용해 수익을 내고 있다.
⑤ 기업이 창출한 영업이익으로 이자비용을 충당하기 어렵다.

20 당기순이익 중에서 기업내부에 유보된 금액은 어느 항목에 기록하는가?

① 자본금
② 매출채권
③ 자본조정
④ 감가상각비
⑤ 이익잉여금

21 무상증자나 주식배당을 실시한 기업에 대한 직접적인 효과를 열거한 것이다. 옳은 것을 모두 고르면?

가. 유동자산의 증가
나. 자기자본의 증가
다. 자본금의 증가
라. 잉여금의 감소

① 가, 나   ② 가, 다
③ 나, 다   ④ 나, 라
⑤ 다, 라

22 주식회사의 가공자본이 많아지면 자본이 충실하지 못해 자산 건전성이 위협받으며, 동시에 가공자본으로 기업을 지배하는 세력이 발생해 기업지배구조의 효율성을 저해하므로 이를 억제해야 한다는 주장이 있다. 반면에 가공자본의 존재 사실을 주주들이 알고 가공자본이 규모의 경제 효과를 볼 수 있기 때문에 경영 효율성 제고에 기여하는 바가 크므로 이를 통제할 필요가 없다는 목소리도 있다. 다음 가공자본과 관련이 없는 것은?

① 상호출자   ② 순환출자

③ 현물출자   ④ 자기주식 소유

⑤ 상호주식 소유

23 주변 경쟁국의 법인세 인하 추세와 반대로 한국이 법인세율을 올릴 경우 발생할 수 있는 현상을 올바르게 설명한 것은?

① 국내 기업의 투자여력이 증가한다.
② 국내 기업의 배당여력이 증가한다.
③ 국내 기업의 해외 투자가 증가한다.
④ 외국 기업의 한국 내 투자가 증가한다.
⑤ 다국적 기업이 한국 내 자회사에 공급하는 부품의 이전가격이 낮아진다.

24 경제가 불안해지면 사람들이 현금을 선호하는 경향도 높아지고 현금 인출이 늘어나면 은행 예금은 줄어들게 된다. 이때 은행의 지급준비금과 본원통화의 변화에 대해 올바르게 설명한 것은?

① 지급준비금과 본원통화 모두 감소
② 지급준비금은 감소하고 본원통화는 증가
③ 지급준비금은 증가하고 본원통화는 감소
④ 지급준비금은 감소하고 본원통화는 변함없음
⑤ 지급준비금은 증가하고 본원통화는 변함없음

25 기업의 재무제표 중 일정기간 발생한 영업활동, 투자활동, 재무활동의 현금 변동을 표시한 것은?

① 현금흐름표
② 재무상태표
③ 자본변동표
④ 연결재무제표
⑤ 포괄손익계산서

26 주식회사가 주주들에게 현금이 아닌 주식을 배당했다. 이로 인한 재무상태의 변화를 바르게 설명한 것은?

① 자본이 늘어난다.
② 부채가 감소한다.
③ 자산이 감소한다.
④ 자본금이 늘어난다.
⑤ 부채비율이 높아진다.

27 기업의 재무적 부담의 이행 능력을 측정하는 지표에 해당되지 않는 것은?

① 우선주 배당보상비율
② 배당성향
③ 영업이익률
④ 이자보상비율
⑤ 고정비용보상비율

28 다음 중 ROE가 큰 폭으로 감소하는 이유가 아닌 것은?

① 전년도에 비해 부채가 크게 증가하였다.
② 전년도에 비해 매출액순이익률이 크게 감소하였다.
③ 전년도에 비해 총자본회전율이 낮아졌다.
④ 전년도에 비해 당기순이익이 크게 증가했다.
⑤ 전년도에 비해 자기자본이 크게 증가하였다.

29 EBITDA를 계산하면 얼마인가?   최신출제유형

- 매출액 : 40,000원
- 당기순이익 : 7,000원
- 이자비용 : 3,500원
- 감가상각비 : 500원
- 법인세비용 등 : 2,000원

① 14,500원　　　　　　　　② 13,000원
③ 12,500원　　　　　　　　④ 12,000원
⑤ 10,000원

|재무분석|

01 ④	02 ②	03 ②	04 ①	05 ④	06 ①	07 ④	08 ②	09 ③	10 ④
11 ①	12 ①	13 ④	14 ②	15 ⑤	16 ④	17 ④	18 ①	19 ⑤	20 ③
21 ②	22 ③								

01 ① 규모의 경제란 대규모 설비를 갖추어 생산량이 증가할수록 생산원가가 감소하는 현상을 말한다. 새로운 기업은 규모의 경제가 존재하는 산업에는 진입이 어렵다.
② 제품의 차별화가 이루어진 산업에 진출하기 위해서는 상당한 초기 투자가 필요하다.
③ 높은 진입장벽은 이미 진출한 기업들에게 수익성을 높여주고, 위험은 낮게 해준다.

02 기업의 재무제표는 양적분석에 해당한다. 양적분석은 기업의 재무제표를 이용하여 계량적으로 분석하는 것으로 경영성과의 향상, 자산 파악 등에 유용하다.

03 자산은 유동자산과 고정자산으로 구분한다.

04 ①은 손익계산서의 작성기준이다.

05 ④는 기술적 분석의 한계점을 의미한다. 재무제표가 일정시점이나 일정기간을 중심으로 작성되어 있어서 회계기간 동안의 계절적 변화를 나타내지 못하고, 결산기가 다른 기업과 상호 비교하기 곤란하다. 합리적 경영을 하고 있는 동종 산업에 속하는 기업들 사이에도 경영방침이나 기업의 성격에 따라 재무비율에 큰 차이가 있다. 재무비율 상호 간에는 연관성이 없으며 종합적인 결론을 내릴 수 없기 때문에 표준비율 설정에 어려움이 따른다.

06 매출액영업이익률은 기업의 영업이익을 매출액으로 나눈 비율로, 기업의 주된 영업활동에 의한 경영성과의 좋고 나쁨을 판단하기 위한 지표로 활용된다.

07 해당 산업의 경쟁강도를 결정짓는 구조적 경쟁요인은 진입장벽, 기존업체 간의 경쟁강도, 제품의 대체가능성, 구매자 또는 공급자와의 교섭력 등이다.

08 기업에 현금을 유입하게 만들려면 추가적인 재투자가 필요 없는 상태가 되어야 하며, 이는 곧 성장률은 낮으며, 시장점유율이 높은 상태이다.

09 당기순손익은 법인세비용차감전순손익에서 법인세비용을 차감하여 표시한다.

10 ① 유동비율은 유동자산을 유동부채로 나누어 계산한다. 200% 이상이 이상적이다.
② 재고자산회전율은 매출액을 재고자산으로 나누어 계산한다. 이 비율이 높으면 판매활동이 활발하고, 비율
    이 낮으면 판매활동에 문제가 있는 것이다.
③ 납입자본이익률, 총자본이익률, 자기자본이익률, 매출액순이익률은 수익성 지표이다.

11 분자의 주가지표로 이익발표 직전 일정기간의 주가평균을 사용하는 것이 분모의 주당이익의 정보를 정확히
    반영한다.

12 PBR은 기업의 마진, 활동성, 부채레버리지, 기업수익력의 질적 측면이 반영된 지표로서 자산가치에 대한 평가
    뿐만 아니라 수익가치에 대한 포괄적인 정보가 반영되어 있으나 미래의 수익발생능력을 반영하지 못해 계속기
    업을 전제로 한 평가기준이 되지 못한다.

13 결합레버리지도가 클수록 위험은 커진다.

14 재고 비중이 높아서 쉽게 정리하기 어려운 상황인 기업의 경우 해당 재고자산을 제외하고 난 뒤에 유동성을
    정도를 확인하는 것이 중요하다. 이를 위해서는 당좌비율이 적합하다.

15 유동성 측면에서는 타인자본을 활용하는 것보다는 자기자본을 확충하는 것이 유효하다. 이 과정에서 우선주보
    다는 보통주가 배당의 부담이 덜하기 때문에 재무적 위험이 보다 낮다.

16 적기시정조치는 경영개선권고, 경영개선요구, 경영개선명령의 3가지 종류이다.

17 유동자산구성비율은 총자산에서 유동자산이 차지하는 비율을 말한다.

18 제품의 품질분석의 경우에는 통상적인 재무분석의 범위에서 벗어난다.

19 통상적으로 고정자산은 유동자산보다 위험이 크다.

20 유동비율과 당좌비율의 차이를 유발하는 요인은 재고자산의 보유 정도에 따라 영향을 받는다.

21 자기자본비율의 경우에는 일반적으로 표준비율을 50%를 기준으로 삼고 있다.

22 이 문제를 해결하기 위해서는 행사예상인원으로 2,000명을 예상하고, 그 인원을 바탕으로 손익분기점을 달성
    하려 하므로, 결국 행사예정인원이 손익분기점 매출수량임을 파악할 수 있어야 한다.
    손익분기점 매출수량 = 고정비 / 단위당 공헌이익
    1. 고정비 = 3,000,000(행사장 임대료) + 5,000,000(행사 설비설치비) + 6,000,000(행사 광고비) =
       14,000,000
    2. 단위당 공헌이익 = 고정비 / 손익분기점 매출수량 = 14,000,000 / 2,000 = 7,000
    3. 단위당 변동비 = 기념품비 + 티켓판매 수수료 = 5,000 + 200 = 5,200
    4. 단위당 판매가격 = 단위당 변동비 + 단위당 공헌이익 = 5,200 + 7,000 = 12,200

|현금흐름분석|

01 ①	02 ②	03 ③	04 ②	05 ④	06 ⑤	07 ⑤	08 ②	09 ⑤	10 ⑤
11 ⑤	12 ③	13 ②	14 ②	15 ④	16 ⑤	17 ②	18 ①	19 ④	20 ③
21 ①	22 ③	23 ②	24 ②	25 ①					

---

01 이자비용이 발생하므로 과세대상금액이 줄어 세금은 줄어들고, 당기순이익도 줄어드는 효과가 있으나, 재무비용을 현금유출로 포함해서는 안되므로 영업현금흐름에는 영향이 없다. 그리고 손익계산서상 이자는 영업외비용으로써 영업이익 아래 부분에 위치하므로 영업이익 금액과는 관계가 없다.

02

당기순이익	₩1,500,000
매도가능금융자산처분이익	(110,000)
재고자산 감소	150,000
감가상각비	600,000
매입채무 증가	200,000
유형자산처분이익	(50,000)
사채상환이익	(80,000)
사채할인발행차금상각	100,000
이연법인세부채 증가	150,000
영업활동 현금흐름	₩2,460,000

03

당기순이익	₩120,000
감가상각비	65,000
순외상매출금 감소액	10,000*
외상매입금 감소액	(25,000)
미지급법인세 증가액	80,000
영업활동 현금흐름	₩250,000

*순외상매출금 증가액 : ₩35,000 − 45,000 = (−)₩10,000

04

당기순이익	₩150,000
매출채권(순액)의 증가	(5,000)
매입채무의 감소	(2,000)
미지급비용의 증가	1,000
영업활동으로 인한 현금흐름	₩144,000

05 (1) 유동자산 및 유동부채의 증감

매출채권의 증가	₩5,000	매입채무의 감소	₩10,000
재고자산의 감소	15,000	미지급비용의 증가	8,000
유동자산의 감소	₩10,000	유동부채의 감소	₩2,000

    (2) 기초유동자산을 X, 기초유동부채를 Y라고 하자.

        기초유동비율 : $X/Y = 2 \cdots$ ①

        기말유동비율 : $(X - 10,000) / (Y - 2,000) = 1.5 \cdots$ ②

        위 식 ①, ②를 풀면 Y = ₩14,000, X = ₩28,000

    (3) 기말유동자산 = ₩28,000 − ₩10,000 = ₩18,000

06 당기순이익 200,000 − 매도가능증권처분이익 50,000 + 감가상각비 180,000 + 재고자산의 증가 (−)120,000 + 매입채무의 증가 70,000 = 280,000

07 대여금의 회수, 유가증권처분은 투자활동으로 인한 현금유입, 어음발행 및 주식발생은 재무활동으로 인한 현금유입에 해당한다.

08 단기투자자산 : 금융기관이 취급하는 정기예금·정기적금·사용이 제한되어 있는 예금 및 기타 정형화된 상품 등으로 단기적 자금운용목적으로 소유하거나 기간이 1년 내에 도래하는 것이다.

09 전환사채를 발행하여 대금이 유입될 경우에는 실질적으로 현금의 변동이 유발되지만, 다른 내용들은 회계상의 계정 과목명을 변경하는 내용들이다.

10 이자지급액 = −이자비용 + 선급이자감소 + 미지급이자증가

11 주식보상비용은 현금이 지급되는 비용이 아니다.

12 이자의 지급은 영업활동으로 분류된다.

13 매출원가 (−)100,000 + 재고자산 증가액 (−)10,000 + 매입채무 증가액 5,000 = (−)105,000

14 유동성의 기준은 유동자산과 유동부채를 통해 판단하는 경우가 일반적이다.

15 (1) 매출원가 = 매출액 250,000 × (1 − 0.4) = ₩150,000

    (2)

발생주의 → 현금주의		
매출원가	150,000	현금지급(감소)	168,000
재고자산 증가	15,000		
매입채무 감소	3,000		
	168,000		168,000

16 감가상각비의 변동은 영업활동으로 인한 현금흐름에 영향을 미치지 않는다.

17 간접법은 당기순이익에서 출발하여 영업활동 현금흐름을 표시하는 방식이다.

18 현금성자산이라 함은 커다란 손실 없이 쉽게 현금으로 전환 가능한 금융상품으로서 취득 당시 만기일 또는 상환일이 3개월 이내에 도래하는 것을 말한다.

19 퇴직금의 지급은 당기순이익을 결정하는 거래는 아니지만 투자와 재무활동에 속하지 아니하므로 영업활동으로 구분한다.

20 유형자산처분이익은 현금유입이 없는 수익으로 당기순이익에서 차감한다.

21 주가 = 배당/(요구수익률 − 성장률) = 3,000/(15% − 6%) ≒ 33,333원

22 동일한 금액의 경우 현재의 현금을 더 선호하는데 그 이유는 사람들이 위험회피성향을 가지고 있고, 현재의 소비로 인한 소비자 효용의 증가가 미래 소비보다 크기 때문이다. 인플레이션에 따르는 구매력 감소 가능성이 존재한다. 다음으로 현재의 현금은 새로운 투자기회가 주어질 경우 수익을 실현할 수 있기 때문이다.

23 간접법에 의한 영업활동 현금흐름이므로 당기순이익에서 출발하고 법인세비용은 조정하지 않는다.

당기순이익	₩2,000,000
미수수익의 순증가액	(₩150,000)
매입채무의 순증가액	₩200,000
매출채권의 순감소액	₩500,000
미지급비용의 순감소액	(₩300,000)
합 계	₩2,250,000

24 지급이자를 자본화하는 경우에도 이자지급에 대한 실제현금흐름이 존재하므로 총지급액을 영업현금흐름으로 현금흐름표에 반영한다.

25 현금흐름표는 영업활동으로 인한 현금흐름, 투자활동으로 인한 현금흐름, 재무활동으로 인한 현금흐름으로 구분해 표시한다. 기초의 현금에 이들 활동으로 인한 현금의 유입과 유출을 가산·차감해 기말의 현금을 산출한다. 이자지급은 영업활동으로 인한 현금흐름에 속한다. 손익계산서상 이자지급은 영업외비용으로 계상되지만 현금흐름표상의 이자지급은 영업활동에 포함된다는 점을 유의하자. 현금흐름표상 영업활동은 공장건설 등 투자활동이나 주식·채권 발행 등 재무활동을 제외한 모든 활동을 의미하기 때문이다.

01 초단기 금리인 정책금리는 이자율 기간구조에 따라 장단기 금리에 영향을 미친다. 일반적으로 장기금리는 장기에 따른 불확실성 증대 등으로 단기금리보다 높다. 그러나 미래 경제 예측에 대한 불투명과 경제 외적인 충격 등이 예상될 때는 단기금리는 상승하나 장기금리는 오히려 하락할 수도 있다. 예를 들어 세계 경기침체가 예상 외로 지속된다면 경제의 총수요 하락으로 단기금리 상승에도 불구하고 장기금리는 오히려 하락할 수도 있다. 또한 초단기 정책금리 변동으로 총수요 등 실물경제에 영향을 주기 위해서는 장단기 금리변화에 의한 소비·투자 변화가 있어야 하므로 상당한 시차가 있다.

02 위의 설명은 솔로우 이론에 대한 설명이다. 이 이론에서는 기술 진보 없는 경제 성장은 한계를 지닌다고 역설한다. 그는 근로자들이 많은 장비(자본재)를 갖출수록 생산량과 생산성이 높아지지만 일정한 양을 넘어서면 생산성을 더 이상 높이지 못한다고 주장한다. 자본재의 추가적인 한 단위 투입에 따른 생산량 증가분이 줄어드는 자본의 수확체감(diminishing returns to capital) 원리가 작용하기 때문이다. 솔로우는 이에 따라 기술 진보가 없는 경우 경제가 완전 고용에 도달하면 자본의 한계 생산성이 감소해 더 이상 생산이 증가할 수 없는 단계에 도달하게 된다고 역설하고 있다.

03 명목이자율은 실질이자율과 비교되는 개념으로 물가상승률이 반영되기 전 이자율을 말한다. 앞으로 인플레이션이 있을 것으로 예상하면 자본의 소유자는 실질이자율에 예상되는 인플레이션율을 더한 만큼의 이자율을 받고자 하는데, 이 이자율을 명목이자율이라고 한다. 반면 물가상승률을 고려한 이자율은 실질이자율이라고 한다.
수리경제학자인 어빙 피셔는 '명목이자율 = 실질이자율 + 물가상승률' 방정식으로 명목이자율과 실질이자율의 관계를 명확하게 정리했다. 예를 들어 은행에서 10% 이자를 지급하고, 같은 기간 물가상승률이 3%라면 명목이자율은 10%이며, 명목이자율에서 물가상승률을 3% 고려한 실질이자율은 7%가 된다. 피셔의 이름을 따 '피셔 효과' 또는 '피셔 방정식'이라고 부른다.

04 총수요는 △소비지출 △투자지출 △정부지출 △순수출(수출 − 수입)에 따라 결정된다. 이런 요인에 변화가 생기면 총수요는 증가하거나 감소한다. 환율 상승으로 자국 화폐 가치가 하락하면 외국 화폐로 표시한 한국 수출상품의 가격이 싸지므로 순수출이 증가한다. 외국 정부가 지출을 늘리면 한국의 수출이 증가해 총수요를 늘릴 가능성이 커진다. 한국 정부가 인프라에 투자하면 정부지출이 증가하는 경우다. 미국 소비자 사이에 한국산 전자부품 인기가 높아지면 한국산 부품 수출이 늘어 순수출이 증가한다. 하지만 미국산 소고기를 찾는 한국 소비자가 많으면 수입이 늘어 총수요가 감소한다.

05 총수요를 증가시키기 위해서는 통화량을 증가시키거나 재정적자(정부지출 증가), 수입량을 줄이는 방법 등이 있다. 법정지급준비율 인하는 시중 통화량을 늘려 총수요를 증가시킨다. 통화공급의 증가는 이자율의 하락을 이끌어 투자수요를 증가시키기 때문에 결국 총수요가 증가한다. 수입상품에 대한 관세율이 하락하면 수입이 증가해 총수요는 감소한다. 중앙은행이 채권을 발행하면 이자율이 상승, 투자가 감소해 총수요가 감소한다.

06 전자상거래의 활성화는 유통비용을 낮추므로 긍정적인 디플레이션의 요인이 된다. 재정위기는 소비 및 투자 등 총수요를 줄이게 된다. 부동산 등 자산의 가치가 줄어드는 것도 가계의 소비 등 총수요를 위축시킬 수 있다. 예상치 못한 디플레이션은 긍정적이든지 부정적이든지 근로자가 얻은 임금소득의 구매력을 높이므로 실질 임금소득을 증가시킨다. 또한 예상치 못한 디플레이션은 채무자의 변제 부담을 증가시키므로 채무자에서 채권자로 부를 이전시킨다.

07 20x9년에 순수출이 0원이므로 수출과 수입이 같았다. 20x8년 ~ 20x9년 기간 중 실질GDP는 100조원에서 200조원으로 100% 증가하였다. 20x8년 ~ 20x9년 기간 중 순수출이 감소하였으므로 실질GDP 증가에 대한 해외 부문의 기여는 음(–)이다. 주어진 자료만으로는 GDP에서 수출이 차지하는 비중을 알 수 없다. GDP 대비 민간소비지출의 비중은 20x8년 ~ 20x9년 기간 중 높아졌다.

08 경기가 과열되면 물가와 부동산 가격이 급격히 상승해 시장에 거품이 발생할 수 있다. 반대로 경기침체 시에는 기업들이 만든 물건이 팔리지 않아 생산량이 감소하고, 실업률이 가파르게 상승할 수 있다. 정부는 이와 같이 과도한 경기 변동으로 발생하는 부작용을 최소화하기 위해 경기 안정화 정책을 시행한다. 통화정책은 대표적인 경기 안정화 정책으로 금융 시스템이 충분히 성숙한 국가에서 시행할 때 큰 효과를 거둘 수 있다.
일반적으로 시장에서 통화량이 늘어나고 이자율이 하락하면 민간소비와 기업투자가 증가해 경제가 활성화된다. 따라서 경기가 침체하면 중앙은행은 경기를 부양하기 위해 국공채를 매입하거나 재할인율과 지급준비율을 인하해 통화량을 증가시키는 정책을 시행한다.
또 중앙은행은 다른 대안으로 시중금리를 낮춰 소비와 투자가 활발해지도록 기준금리를 인하하는 정책을 시행하기도 한다.

09 원/달러 환율이 지난 6월 1일 달러당 1,182원에서 최근 1,075원으로 하락한 것은 달러화의 가치가 하락하고 원화 가치가 상승한 것을 의미한다. 우리나라의 이자율이 미국보다 높은 상황은 국내로의 달러화 공급을 증가시키는 요인이 된다. 이러한 환율 변화는 경상수지 흑자를 줄이는 요인이다. 지난 6월 이후 원/엔 환율이 일정하다면 우리나라의 이자율이 일본보다 높았으므로 원화 표시 국채에 투자하는 것이 일본 엔화 표시 국채에 투자하는 것보다 유리했을 것이다. 지난 6월 1일 우리나라의 이자율이 미국보다 높을 뿐만 아니라 이후 원화 가치가 달러화에 비해 상승했으므로 우리나라의 원화 표시 국채에 투자했을 때의 수익률이 미국의 달러 표시 국채에 투자했을 때보다 높았을 것이다.

10 디플레이션은 인플레이션과는 반대로 물가가 지속적으로 하락하는 현상을 일컫는데, 이는 곧 화폐의 가치가 상승함을 의미한다. 이 경우 화폐 자산을 보유한 사람(예 정기예금 가입자, 고정급 회사원 등)이 실물 자산을 보유한 사람(예 부동산 소유자 등)보다 유리하게 된다. 또한 디플레이션은 경기침체 시에 발생하므로 기업 이익이나 근로자들의 소득이 감소함에 따라 정부의 조세수입이 증가하지는 않는다. 일반적으로 디플레이션은 명목금리를 하락시키는 요인으로 작용하므로 고정금리 대출자가 변동금리 대출자에 비해 불리해진다.

11 환율하락은 수입가격을 낮춰 물가하락을 유도한다.

12 구직활동 기간이 길수록 실업률은 상승한다.

13 1달러의 원화표시 가격이 1,100원에서 1,200원으로 바뀌었다면 원화가치는 평가절하됐고 달러가치가 평가절상 됐다고 볼 수 있다. 이 때문에 대외무역에 있어 동일한 1달러짜리 미국 상품을 수입하는 경우 원화로 표시한 가격은 1,100원에서 1,200원으로 오르고, 반대로 1,100원짜리 우리나라 상품을 미국으로 수출하는 경우 달러로 표시한 가격은 1달러에서 92센트로 떨어질 것이다. 마찬가지로 문제의 환율 변화로 보면 원화에 비해 엔화가치 는 평가절하되었고 당연히 달러와 엔화의 관계에서도 엔화는 평가절하되었다. 이 때문에 우리나라로 오는 일본 인 관광객의 여비 부담은 증가되어 관광객이 감소할 것이며, 동일하게 미국으로 떠나는 우리나라 학생의 부담도 증가되어 그 수가 감소할 것으로 예상할 수 있다.

14 실업률은 약 10% 내외를 기록하였으며, 경상수지는 흑자를 기록하였다. GDP 대비 정부지출의 비중은 20% 내외 수준을 기록하고 있으며, GDP 순위는 10위권이나 1인당 GDP 순위는 50위 내외이다. 수출에서 가장 큰 비중을 차지한 나라는 중국이다.

15 실업률 증가는 소비감소와 물가하락을 가져오므로 역의 상관관계가 있다.
② 실업률과 GDP 증가 간에는 단기적으로 역의 상관관계가 있다.
③ 인플레이션은 장기적으로 통화공급의 증가와 비례한다.
④ 통화공급의 증가는 단기적으로 이자율을 하락시킨다.
⑤ 통화공급이 증가하면 유동성이 증가하여 이자율이 떨어지고 자본의 해외유출로 환율이 상승한다.

16 경기변동은 예상치 못한 정책변화나 유가변동 등 대내외적 충격에 대해 경제주체들이 반응함에 따라 경기변동 이 발생하게 되며, 경기변동의 주기와 폭은 대내외적 충격의 크기나 성질, 경제구조 등에 따라 다르게 나타난다. 쌀과 같은 비내구재에 대한 지출이 자동차 등 내구재보다 경기변동에 덜 민감하게 변화한다.

|신용평가 종합사례|

01 ⑤	02 ⑤	03 ①	04 ③	05 ①	06 ⑤	07 ①	08 ③	09 ③	10 ①
11 ①	12 ⑤	13 ④	14 ①	15 ④	16 ④	17 ①	18 ②	19 ④	20 ⑤
21 ⑤	22 ③	23 ③	24 ④	25 ①	26 ④	27 ③	28 ④	29 ②	

---

01 유동비율 = 유동자산 159 / 유동부채 59 × 100(%)

02 당좌비율 = 당좌자산 97 / 유동부채 59 × 100(%)

03 매출액영업이익률 = 영업이익 25 / 매출액 100 × 100(%)

04 ③번 수식이 정답이다.

05 주당현금흐름비율에 대한 설명이다. 이는 영업활동으로 인한 현금흐름 16,000 / 총유통보통주식수 50,000로 계산된다.

06 영업활동으로 인한 현금흐름 16,000 대 매출액 100,000 비율에 대한 설명이다.

07 현금보상비율은 (영업활동으로 인한 현금흐름 16,000 + 금융비용 8,000) / (단기차입금 50,000 + 금융비용 8,000) × 100(%)로 계산된다.

08 금융비용보상비율은 (영업활동으로 인한 현금흐름 16,000 + 금융비용 8,000) / 금융비용 8,000 × 100(%)로 계산된다.

09 영업활동으로 인한 현금흐름 16,000 / 투자활동 현금지출 10,000 × 100(%)로 계산된다.

10 주당현금흐름비율에 대한 설명이다. 이는 영업활동으로 인한 현금흐름 16,000 / 총유통보통주식수 1,000로 계산된다.

11 PCR = 보통주 1주당 시가 2,000 / CPS 16로 계산된다.

12 PBR = 실제주가 2,000 / 주당장부가치 1,900로 계산된다.
주당장부가치 = (총자산 163,000 − 총부채 68,000) / 발행주식수 50

13 안정성비율에는 유동비율(유동자산/유동부채), 부채비율(부채/자기자본), 이자보상배율(영업이익/지급이자), 자기자본비율(자기자본/자산) 등이 있다. 자기자본비율과 유동비율, 이자보상배율은 높을수록, 부채비율은 낮을수록 재무상태가 건실한 것으로 판단한다.

14 재무비율분석은 재무제표를 활용, 기업의 재무상태와 경영성과를 진단하는 것이다. 안정성, 수익성, 성장성 지표 등이 있다. 안정성지표는 부채를 상환할 수 있는 능력을 나타낸다. 유동비율(유동자산/유동부채), 부채비율(부채/자기자본), 이자보상비율(영업이익/지급이자) 등이 해당한다. 유동비율과 이자보상비율은 높을수록, 부채비율은 낮을수록 재무상태가 건실한 것으로 판단한다. 성장성지표에는 매출액증가율, 영업이익증가율 등이 있다. 매출액순이익률(순이익/매출액), 자기자본이익률 등은 수익성지표다.

15 (당기말자기자본 95,000 − 전기말자기자본 85,000) / 전기말자기자본 85,000 × 100(%)로 계산된다.

16 (당기순이익 10,000 − 전기순이익 8,000) / 전기순이익 8,000 × 100(%)로 계산된다.

17 안정성비율은 기업의 장기지급능력을 측정하는 지표다. 쉽게 말해 타인자본에 대한 의존도를 의미한다. 대표적으로 부채비율(부채/자본), 이자보상배율(영업이익/이자비용)이 있다. 수익성비율은 기업의 수익 창출 능력을 나타내는데, 이에는 총자산이익률(순이익/총자산), 매출액이익률(순이익/매출) 등이 있다. 성장성비율은 경영성과의 성장성으로 매출액증가율, 자기자본증가율, 순이익증가율 등이 쓰인다. 이 밖에 기업이 자산을 효과적으로 활용하는 정도를 나타내는 비율로 활동성비율이 있는데, 재고자산회전율(매출액/재고자산), 총자산회전율(매출액/총자산) 등이 있다.

18 기업이 경영활동에 사용하는 자금에는 크게 자기자본과 타인자본이 있다. 자기자본은 자본금에 잉여금(자본잉여금, 이익잉여금)을 합친 것이다. 자본금은 주식을 발행해 모은 자금이고 잉여금은 자본금을 종잣돈으로 사업을 벌이거나 투자해 벌어들인 돈이다. 반면 타인자본은 차입금이나 사채와 같이 외부로부터 조달한 자금으로 만기까지 이자를 고정적으로 줘야 한다. 이익이 났을 때만 배당을 하는 자기자본과 달리 타인자본은 이익에 관계없이 고정적으로 이자를 지급해야 하므로 타인자본 비율을 높지 않게 유지하는 것이 바람직하다. 고정자산은 기업이 보유하고 있는 자산 가운데 기계·설비, 건물처럼 통상 1년 이상 장기 보유하는 자산이다.

19 ROE(Return On Equity)는 순이익을 자본으로 나눈 비율이고, ROA(Return On Assets)는 순이익을 총자산(타인자본과 자기자본의 합계)으로 나눈 비율이다. 두 지표 분자에 공통적으로 들어가는 당기순이익은 자기자본뿐만 아니라 타인자본을 활용해서 증가시킬 수 있다. 즉 자기자본이 적은 기업이라도 타인자본을 활용하면 많은 수익을 내는 것이 가능하다. 이러한 효과는 ROA와 ROE를 통해 확인할 수 있다. 문제와 같이 ROE가 ROA에 비해 훨씬 크게 나타나는 경우가 이에 해당한다.

20 이익잉여금이란 당기순이익의 누적액에서 배당금 지급액 및 기타 이익처분이 차감된 후의 유보액이다.

21 무상증자와 주식배당을 실시하는 재원은 잉여금이다. 잉여금은 기업회계상 자기자본 중 자본금을 초과하는 금액을 말한다. 잉여금엔 △기업이 장사를 잘해서 얻은 이익을 사내에 쌓아두어 생긴 이익잉여금 △회사가 영업 이외의 활동으로 얻은 이익금인 자본잉여금이 있다. 자본금은 기업의 소유자가 사업 밑천으로 기업에 제공한 돈이다. 주식회사의 경우 발행주식의 액면총액을 의미한다. 자본금과 잉여금(이익잉여금, 자본잉여금)을 모두 합친 게 자기자본이다. 재무관리에선 자기자본이라 부르고 회계상으론 자본이라고도 한다. 무상증자와 주식배당은 잉여금을 자본금으로 전입하는 것이다. 따라서 자본금은 늘어나는 반면 잉여금은 줄어든다. 자기자본에는 변화가 없다. 즉 무상증자와 주식배당은 자기자본의 증감과는 관계가 없다.

22 가공자본은 실제보다 과대하게 계산되어 담보력으로서 역할을 하지 못하는 자본을 말한다. 예를 들어 A와 B기업이 상호출자하면 두 회사 자본의 담보력은 과대표시된다. 계열사 간 순환출자, 상호주식 소유, 자기주식 보유 등이 가공자본의 사례로 꼽힌다. 예를 들어 자본금 100억원인 A사가 계열사로 자본금 50억원인 B사의 증자에 참여, 50억원을 출자하면 A사와 B사의 총자본은 200억원이지만 실제 자본은 150억원이다. 50억원은 서류상의 자본(가공자본)일 뿐이다. 현물출자는 가공자본의 문제가 아니라 출자의 방식에 해당한다.

23 개인이 얻은 소득에 물리는 세금이 소득세라면 기업이 얻은 소득(이익)에 부과되는 세금이 법인세다. 한국의 법인세율이 인상되면 국내 기업은 세율이 낮은 주변국가로 사업장을 옮길 유인이 발생하게 된다. 법인세율 인상은 국내 기업의 배당여력과 투자여력을 줄어들게 하고 외국 기업의 국내 투자도 감소시킨다. 또 외국 기업은 법인세 부담으로 국내에서 발생하는 이익을 줄이기 위해 해외 계열사에서 도입하는 부품의 가격(이전가격)을 높일 유인이 생긴다.

24 지급준비금은 은행이 예금자들의 인출 요구에 대비해 예금액의 일정비율을 중앙은행에 의무적으로 예치하는 자금이다. 현금 인출이 늘어나면 지급준비금은 감소한다. 중앙은행이 지급준비율을 올리면 시중 통화량이 줄어들고, 지급준비율을 내리면 통화량이 늘어난다. 본원통화는 중앙은행이 지폐와 동전 등 화폐발행의 독점적 권한을 통해 공급한 통화를 말한다. 따라서 현금 인출이 늘어나도 본원통화는 변하지 않는다.

25 현금흐름표는 일정기간 기업의 현금 유·출입 내용을 알려주는 보고서로 영업·투자·재무활동으로 구분해 현금의 유입과 유출을 기록한 것이다. 현금흐름표상 당기순이익이 발생해 흑자 상태더라도 과도하게 투자한 경우 현금 부족으로 흑자도산이 일어날 수도 있다. 그래서 기업 재무담당자는 현금이 부족할 것으로 예상되면 대출 등 재무활동으로 자금을 조달한다.

26 기업회계기준상 자본은 자본금, 자본잉여금, 이익잉여금으로 세분화할 수 있다. 자본금은 기업의 소유자가 사업의 밑천으로 기업에 제공한 돈이다. 주식회사의 경우 발행주식의 액면총액을 의미한다. 자본잉여금은 회사가 영업 이외의 활동으로 얻은 이익금이다. 사내에 쌓아둔 잉여금을 활용해 현금 대신 주식을 배당했으므로 잉여금이 줄어드는 반면 자본금은 늘어난다. 하지만 자본 총액은 변함이 없다.

27 보상비율에 대한 설명이며, 보상비율에는 배당성향, 이자보상비(배)율, 고정비용보상비율, 우선주 배당보상비율 등이 있다.

28 ROE는 매출액순이익률 × 총자본회전율 × 재무레버리지로 구성되며, 이때 전년도에 비해 당기순이익이 크게 감소하면 매출액순이익률 등이 감소하여 ROE가 감소한다.

29 EBITDA = 세전순이익 + 이자비용 + 감가상각비와 무형자산상각비 = 당기순이익 7,000 + 법인세비용 2,000 + 이자비용 3,500 + 감가상각비 500

신용분석사 2부 한권으로 끝내기 + 무료동영상

개정10판1쇄 발행	2025년 02월 05일 (인쇄 2025년 01월 21일)
초 판 발 행	2015년 02월 25일 (인쇄 2015년 01월 30일)
발 행 인	박영일
책 임 편 집	이해욱
편 저	시대금융자격연구소
편 집 진 행	김준일 · 백한강 · 권민협
표지디자인	하연주
편집디자인	김기화 · 임창규
발 행 처	(주)시대고시기획
출 판 등 록	제10-1521호
주 소	서울시 마포구 큰우물로 75 [도화동 538 성지 B/D] 9F
전 화	1600-3600
팩 스	02-701-8823
홈 페 이 지	www.sdedu.co.kr

I S B N	979-11-383-8674-6 (14320)
	979-11-383-8672-2 (세트)
정 가	24,000원

시대에듀 금융시리즈

시대에듀 금융, 경제·경영과 함께라면 쉽고 빠르게 단기 합격!

금융투자협회	펀드투자권유대행인 한권으로 끝내기	18,000원
	펀드투자권유대행인 핵심유형 총정리	24,000원
	펀드투자권유대행인 출제동형 100문항 + 모의고사 3회분 + 특별부록 PASSCODE	18,000원
	증권투자권유대행인 한권으로 끝내기	18,000원
	증권투자권유대행인 출제동형 100문항 + 모의고사 3회분 + 특별부록 PASSCODE	18,000원
	펀드투자권유자문인력 한권으로 끝내기	30,000원
	펀드투자권유자문인력 실제유형 모의고사 4회분 + 특별부록 PASSCODE	21,000원
	증권투자권유자문인력 한권으로 끝내기	30,000원
	증권투자권유자문인력 실제유형 모의고사 3회분 + 특별부록 PASSCODE	21,000원
	파생상품투자권유자문인력 한권으로 끝내기	30,000원
	투자자산운용사 한권으로 끝내기(전2권)	38,000원
	투자자산운용사 실제유형 모의고사 + 특별부록 PASSCODE	55,000원

금융연수원	신용분석사 1부 한권으로 끝내기 + 무료동영상	24,000원
	신용분석사 2부 한권으로 끝내기 + 무료동영상	24,000원
	은행FP 자산관리사 1부 [개념정리 + 적중문제] 한권으로 끝내기	20,000원
	은행FP 자산관리사 1부 출제동형 100문항 + 모의고사 3회분 + 특별부록 PASSCODE	17,000원
	은행FP 자산관리사 2부 [개념정리 + 적중문제] 한권으로 끝내기	20,000원
	은행FP 자산관리사 2부 출제동형 100문항 + 모의고사 3회분 + 특별부록 PASSCODE	17,000원
	은행텔러 한권으로 끝내기	23,000원
	한승연의 외환전문역 Ⅰ종 한권으로 끝내기 + 무료동영상	25,000원
	한승연의 외환전문역 Ⅱ종 한권으로 끝내기 + 무료동영상	25,000원

| 기술보증기금 | 기술신용평가사 3급 한권으로 끝내기 | 31,000원 |

| 매일경제신문사 | 매경TEST 단기완성 필수이론 + 출제예상문제 + 히든노트 | 30,000원 |
| | 매경TEST 600점 뛰어넘기 | 23,000원 |

| 한국경제신문사 | TESAT(테셋) 한권으로 끝내기 | 28,000원 |
| | TESAT(테셋) 초단기완성 | 23,000원 |

| 신용회복위원회 | 신용상담사 한권으로 끝내기 | 27,000원 |

| 생명보험협회 | 변액보험판매관리사 한권으로 끝내기 | 18,000원 |

| 한국정보통신진흥협회 | SNS광고마케터 1급 7일 단기완성 | 20,000원 |
| | 검색광고마케터 1급 7일 단기완성 | 20,000원 |

※ 도서의 제목 및 가격은 변동될 수 있습니다.

시대에듀 금융자격증 시리즈와 함께하는
금융권 취업의 골든키!

은행텔러

한권으로 끝내기

은행FP 자산관리사

1·2부 [개념정리 + 적중문제]
한권으로 끝내기 &
실제유형 모의고사 PASSCODE

신용분석사

1·2부 한권으로 끝내기
+ 무료동영상

한승연의 외환전문역

1·2종 한권으로 끝내기 &
+ 무료동영상

독학으로 2주면 합격!
핵심개념부터 실전까지 단기 완성!

방대한 내용에서 핵심만 쏙! 쏙!
효율적 학습으로 단기 합격!

개념정리 + 문제풀이 무료동영상
강의로 실전에 강해지는 체계적 학습!

국내 유일! 핵심이론과 유형문제 및
무료동영상 강의로 합격하기!

시대에듀 **금융자격증 시리즈**

시대에듀 금융자격증 도서 시리즈는 짧은 시간 안에 넓은 시험범위를 가장 효율적으로 학습할 수 있도록 구성하여 시험장을 나올 그 순간까지 독자님들의 합격을 도와드립니다.

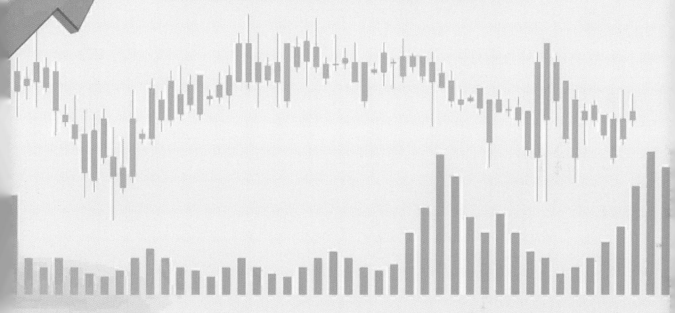

투자자산운용사

한권으로 끝내기 &
실제유형 모의고사 + 특별부록 PASSCODE

펀드투자권유자문인력

한권으로 끝내기 &
실제유형 모의고사 PASSCODE

매경TEST & TESAT

단기완성 & 한권으로 끝내기

매회 최신시험 출제경향을 완벽하게
반영한 종합본과 모의고사!

단기합격을 위한 이론부터 실전까지
완벽하게 끝내는 종합본과 모의고사!

단순 암기보다는 기본에 충실하자!
자기주도 학습형 종합서!

대한민국
모든 시험 일정 및
최신 출제 경향·신유형 문제

꼭 필요한
**자격증·시험 일정과
최신 출제 경향·신유형 문제를
확인하세요!**

출제 경향·신유형 문제

시험 일정 안내

◀ **시험 일정 안내 / 최신 출제 경향 · 신유형 문제** ▶

- 한국산업인력공단 국가기술자격 검정 일정
- 자격증 시험 일정
- 공무원·공기업·대기업 시험 일정

합격의 공식
시대에듀